大成集
DENTONS

国企混改法律实务

徐永前 李雨龙◎编著

MIXED—OWNERSHIP REFORM

中国法制出版社
CHINA LEGAL PUBLISHING HOUSE

《国企混改法律实务》

前 言
preface

我国国资国企改革经历了一个长期探索和不断深化的过程，其发展历程大体可以归纳为探索阶段（1978—1997 年）、攻坚阶段（1998—2002 年）、推进阶段（2003—2013 年）、全面深化阶段（2013 年至今）。当前，我国正处在全面深化改革的新阶段，改革进入攻坚期和深水区。新时代的国企“混改”是在国资管理体制深化改革、三年路线图即将出台实施的大背景下展开的，以提升国有资本市场化配置效率、加快促进国有经济布局结构调整为目标，因此具有更丰富、更创新的内涵和意义。

2013 年 11 月，中共十八届三中全会通过了《中共中央关于全面深化改革若干重大问题的决定》，对全面深化改革作出重要部署，标志着国有企业混合所有制改革的开始。2015年8月，党中央、国务院颁布了《关于深化国有企业改革的指导意见》（中发〔2015〕22 号，简称 22 号文），围绕分类推进国企改革、完善现代企业制度、完善国有产权管理体制、发展混合所有制经济、强化监督防止国有资产损失、加强和改进党对国有企业的领导、为国有企业改革创造良好环境条件七个核心内容做了具体要求。22 号文出台之后，有关部门就前述内容制定了相关配套文件。这些配套文件同 22 号文一起构成了“1+N”政策文件体系，标志着国企改革顶层设计基本完成，至此，分类、分层推进国有企业混合所有制改革成为重中之重。

在全球化新时代，推进国企混改有一个十分重要的问题，即党的领导应法定嵌入公司法人治理结构。这是深化国企混改必须坚守的政治方向、政治原则。坚持党的领导、加强党的建设，是我国国有企业的光荣传统，是国有企业的“根”和“魂”，是我国国有企业的独特优势。习近平总书记在全国国有企业党的建设工作会议上指出，坚持党对国有企业的领导是重大政治原则，必须一以贯之。国有企业的性质和地位决定了我们必须坚持党的领导、加强党的建设。从政治上看，国有企业是我们党执政兴国的重要支柱和依靠力量，对于巩固党的执政地位、巩固我国社会主义制度具有十分重大的意义。要贯彻全面从严治党方针，充分发挥企业党组织政治核心作用，加强企业领导班子建设，创新基层党建工作，深入开展党风廉政建设，坚持全心全意依靠工人阶级，维护职工合法权益，为国有企业改革发展提供坚强有力的政治保证、组织保证和人才支撑。因此在国企混改后的公司制企业特别是国有绝对或相对控股的企业，党的领导要通过《公司法》的修改、公司章程的完善，依照法律规则嵌入法人治理结构。

北京大成律师事务所（以下简称大成）是中国成立最早、规模最大的合伙制律师事务所之一。在大成创办人、大成 Dentons 全球董事局主席彭雪峰律师的带领下，秉承“主持课题、深入实践、推动立法、形成标准”的创新理念，我们全体同人齐心协力，将国资国企改革、法律合规管理和共建阳光“一带一路”等打造成业界的领军品牌，而国企混改又是大成国资国企改革领域的核心品牌业务。大成律师在国有企业改制、主辅分离改制分流、混改投融资、混改上市等领域具有丰富的实践经验，并在业内始终处于领先地位。大成律师参与了《国有资产法》《公司法》《关于规范国有企业改制工作的意见》《关于规范国有企业职工持股、投资的意见》《中央企业合规管理指引（试行）》等立法工作的征求意见，深度参与国家标准《企业法律风险管理指引》的起草，深度参与《企业法律风险管理指引》国际版即 ISO31022 标准的制定。主持的国家部委和省级课题包括《国有资本投资运营公司章程管理研究》、《国资委行使多元投资主体职责研究》、《打造世界一流企业法律支撑与保障研究》、《国有企业依法破产实务研究》、《大型企业法律风险管理实证研究》、《中国开发区经验和模式对“一带一路”建设的借鉴》、《中国生态安全法律保障研究》、《中国金融业走出去战略研究》（课题组成员）等。大成主持了全国律协《律师办理国有企业改制与公司治理业务指引》《律师办理企业法律风险管理业务指引》《律师办理事业单位分类改革与法人治理业务指引》《律师事务所担任破产管理人业务指引》等行业标准的制定，大成合伙人出版的实务专著近 500 册。正是因为在专业上前瞻精进、在服务上优质高效，大成律师事务所成为中国的世界 500 强企业主要的法律服务合作机构之一。

本书由大成 Dentons 全球董事局彭雪峰主席、著名国资国企改革专家李锦先生、全国律协副会长刘守民律师和大成上海主任陈峰律师担任顾问，大成国企混改领域的资深合伙人牵头撰写，主编徐永前律师、执行主编李雨龙律师，均是从事国企改制领域 20 年以上的高级合伙人。全书共分为七个章节，第一章“国有企业混合所有制改革的基本问题”由上海大成合伙人王栋律师和赵薇薇律师撰写。第二章“国企混改中的企业国有资产交易”由王栋律师撰写。第三章“国企混改中的员工持股法律实务”由北京大成高级合伙人谢晓静律师撰写。第四章“国企混改中的投资法律实务”由北京大成合伙人侯佳音律师撰写。第五章“国企混改中的融资法律实务”由北京大成高级合伙人薛京律师撰写。第六章“国企混改与科创板上市法律实务”由北京大成合伙人章蕴芳律师撰写。第七章“国企混改与公司治理实务”由北京大成高级合伙人金忠律师撰写。全书由北京大成合伙人陈景云律师协助进行通稿审核。

本书从法律实务的角度，结合国资委近期出台的以往混改法律文件的集大成者——《中央企业混合所有制改革操作指引》系统梳理了国企混改“为何混”、“与谁混”和“怎么混”的基本问题，紧密结合法律实践案例，详细剖析了员工持股、混改投资、混改融资、混改上市、公司治理等国企混改的具体操作问题，是大成国企混改领域律师集体智慧的结晶。我们期待本书能够为相关国企混改的实践者提供参考借鉴，为新一轮极具战略性的国企混改贡献绵薄之力。

主编：徐永前

执行主编：李雨龙

目录
contents

1

CHAPTER

第一章

国有企业混合所有制改革的基本问题

MIXED-OWNERSHIP REFORM

本章导读

国有经济，即社会主义全民所有制经济，是国民经济中的主导力量。做强做优做大国有资本是我们的既定大政方针。作为国有资本的经营性载体——国有企业是推进国家现代化、保障人民共同利益的重要力量，是党和国家事业发展的重要物质基础和政治基础。近年来，得益于改革开放所带来的红利，国有企业的发展不断取得重大成就并实现突破，运行质量和效益显著提高，在国内外市场上的核心竞争力日益提升，为推动市场经济和经济社会发展、保障和改善民生、开拓国际市场、增强我国综合实力作出了极其重大的贡献。可以说，国有企业至今取得的骄人成绩与其所实施的改革密不可分。2013年，中共十八届三中全会强调混合所有制经济是我国基本经济制度的重要实现形式。自此，国有企业的改革之路有了新的发展方向，混改成为国有企业改革的重要突破口和落脚点。随之而来的是如火如荼发展起来的国有企业混合所有制改革（以下简称国企混改），而这股从中央到地方的“混改热”发展至今，已经逐步进入国企改革的“深水区”，国企混改作为国企改革的重要一环，今后更有望继续发展壮大，这是国有企业自身做强、做优、做大的需要，也是增强我国综合经济实力的需要。

本章主要介绍国企混改的以下基本问题：1.国企混改的概念与重要性；2.国企混改的法律政策和推进要求；3.国企混改的操作方式及主要内容；4.国企混改的现状及后续发展方向。

第一节 ┃ 国企混改的概念与重要性

国有企业是社会主义市场经济主体的中坚力量，是中国特色社会主义经济体制的关键支撑。国有企业是国家财政的主要收入来源和主要支出渠道，在推动经济社会发展、增强我国综合实力等方面作出了重大贡献。

随着我国社会主义经济体系的建立，生产力显著提高的同时，经济结构、规模也发生了巨大变化，飞速发展的非公有制经济成为社会主义市场经济的重要力量。国有企业在日益激烈的市场竞争中，逐渐显露出政企不分、监管体制不完善、内部管理混乱、效率低下和国有资产损失等亟待解决的矛盾和问题。由此，改革成为国有企业发展的必然趋势。

一、国企混改的概念及定义

“国企混改”的全称是国有企业混合所有制改革。国有企业，在实践中一般是指国务院和地方人民政府分别代表国家履行出资人职责的国有独资企业、国有独资公司以及国有资本控股公司，包括中央和地方国有资产监督管理机构和其他部门所监管的企业本级及其逐级投资形成的企业。混合所有制，是指国有资本、集体资本、非公有资本等交叉持股、相互融合的一种所有制形式。[①]在宏观层面，混合所有制是指一个国家或地区经济结构的非单一性，既有国有、集体等公有制经济，也有个体、民营、外资等非公有制经济。在微观层面，混合所有制是指不同所有制性质的投资主体共同出资组建的经济实体。在这类经济实体中，国有资本、集体资本、非公有资本实现了交叉持股、相互融合。国企混改是指在国有企业中引入其他国有资本或各类非国有资本，使得国有企业变成多方持股的企业来参与市场竞争。

① 中国宏观经济分析与预测课题组，杨瑞龙:《新时期新国企的新改革思路——国有企业分类改革的逻辑、路径与实施》，载《经济理论与经济管理》2017 年第 5 期，第 14 页。

二、国企混改的重要性及目的

改革是社会发展的强大动力，是对旧有的生产关系、上层建筑进行局部或根本性的调整。直到今天，改革仍然是经济建设的中心和重点。自1978年中共十一届三中全会以来，通过一系列改革，中国的经济建设、综合国力、人民的生活水平都有了很大的提升。中国的社会主义经济制度经受住了严峻的考验，显示出顽强的生命力。历史证明，改革是解放和发展社会生产力、不断创新充满活力的体制机制的必然要求和根本动力，是发展中国特色社会主义、实现中华民族伟大复兴的必由之路。

在改革创新的主旋律下，本着提高效率的宗旨，对国有企业的经济制度进行改革成为发展的必然趋势。混合所有制并不是为了混合多方资本而混合，最终目的是让国企在改革中能够增强竞争力和活力。

具体而言，国企混改的目的主要包括：

1.促进国有企业转换经营机制，推动完善现代企业制度，健全企业法人治理结构。

2.提高国有资本配置和运行效率，优化国有经济布局，增强国有经济活力、控制力、影响力和抗风险能力，主动适应和引领经济发展新常态。

3.实现各种所有制资本取长补短、相互促进、共同发展，夯实社会主义基本经济制度的微观基础。

确认国企混改的主要目的，有助于明确国企混改的方向，有助于国企通过混改，打造一个符合现代企业治理的有竞争力和创新力的经营实体，实现国有资产保值增值，最终实现国有企业的做强、做优、做大。

三、国企混改的意义

国企混改能够激活国有企业的创新能力和潜能，更大程度地解放和发展生产力，提高全社会的价值创造能力。对于国有企业而言，大力发展多种资本相互融合的混合所有制经济具有重要意义，主要包括：

1.有助于改善国有企业的产权结构，从根本上解决商业类公司治理的有效性，激发组织活力，促进国企更好地履行社会责任。从我国的国有企业产权的调整现状来看，部分经过股份制改造的国有企业实际上并没有建立起真正的公司法人的治理结构，也尚未完全实现企业经营机制的本质转变。实践中，大部分企业的国家股权占绝对控制地位，而其本身为一般性竞争企业，这使得这些企业的法人财产权可能落空。而混合所有制改革能够改变这种现状，通过改革使国有企业产权结构多元化、分散化，尤其对于一般性竞争的国有企业而言，通过产权结构的调整能够建立起规范的企业治理结构。此外，混合所有制企业作为一个多元投资主体的企业，建立起股东会、董事会、监事会和经理层作为公司治理框架的基本架构，在公司的治理过程中也会按照《公司法》进行运转，因此混改在很大程度上能够改变当前企业组织机构不灵活、经营效益低下等问题，最终促进企业的良性运行及健康发展。

2.有助于打破国有资本在一些行业中的垄断，优化资源配置，促进国有产权的流动，提高运营效率。混合所有制经济的发展有利于打破一些行业中的国有资本垄断。我国除了存在自然垄断的行业，还存在着一些行业的行政性垄断，针对当下国有企业对中国经济运行的影响而言，许多单一所有制领域国有企业的垄断经营及低效率、财务指标恶化，既拖累了中国经济，又不同程度地阻碍了企业自身乃至整个行业的发展。而改变这种垄断状况的办法之一就是在这些行业中发展混合所有制经济，通过吸收和纳入一部分非国有资本，或者存量减持一部分国有资本，从而达到国有资本与非国有资本共同发展的格局。而非国有资本的加入也有利于优化资源上的配置，各方股东由于各自的自身利益，会更加关注企业的经营状况，通过改变国有资本的垄断状况，为国有资本控制力的增强、国有产权流动的促进提供了切实可行的途径。

3.有助于增强国有资本的辐射功能，提高国有经济的控制力、影响力和带动力。混合所有制经济从本质上说就是不同所有制资本之间相互参股的股份制经济，是一种富有活力和效率的资本组织形式。根据我国的国企改革进程来看，促进效率的关键是要解决所有制形式的问题。混合所有制经济的导向是效益最大化和效率最优化，因此在新的历史条件下推动国有企业发展混合所有制经济，依托混合所有制的多元产权架构及其运行机制，可以增强国有资本或公有资本对其他资本的辐射带动功能，吸引和放大民营资本投资，从而直接放大国有资本功能，激发国有企业内在发展动力，在市场竞争、资本流动和优化重组中不断增强国有经济的活力、控制力、影响力和抗风险能力。混合所有制基于它对于国有企业体系中融入所有权约束力的内在要求，将成为一种可以理顺国家所有权的组织形式与其他所有权的关系的高效的国有经济所有制实现形式。

4.有助于我国加快产业优化或转型升级，加快供给侧结构性改革，提升我国经济的世界竞争力水平。

近些年来，我国宏观经济已然从过去的高速增长阶段进入了减速换挡的新常态，为了适应这一特点，我国改变了过去传统的需求侧改革思路，提出了要加快供给侧结构性改革的新要求。新时期我国供给侧改革思路的提出，意味着今后相当长的一段时间内，我国宏观经济发展的主要任务就是加快产业结构调整和产业转型升级，促进资本、劳动等各种生产要素的自由流动，降低供给成本，提高供给效率。国有企业是我国产业结构调整，实施供给侧结构改革的重要载体。所谓供给侧改革，从对象来讲主要就是企业改革。企业改革旨在解决企业经营发展中所遇到的产业结构的调整和升级，淘汰落后产能，清除僵尸企业，加强管理等问题，国有企业与民营企业同样存在这些问题，而且，国有企业由于天然承载的政策使命，更能够按照国家需要贯彻执行供给侧改革的各项决议。因此，国有企业的混合所有制改革，能够进一步放大国有经济对社会的影响力和控制力，能够带动集体经济、民营经济和外资经济共同参与产业结构调整和转型升级，推进供给侧结构改革。所以，国有企业改革是供给侧改革中最重要的组成部分，加快国有企业混合所有制改革，有利于加快供给侧结构改革的推进，从而适应我国经济现状，进一步稳定地提升我国的经济实力和在世界范围内的竞争力。

综上，混改的目的是增强企业的活力，优化资源配置，促进国有资本流动，激发国企活力，提升国际竞争力，通过增量资本引进先进的设施设备，扩大资本规模，等等。这对加快产业优化或转型升级，加快供给侧结构改革，有着积极且深远的意义。

第二节 ▎国企混改的法律政策和推进要求

党中央、国务院为了加强和改进党对国有企业的领导，强化对国有企业的监督，防止国有资产损失，完善现代企业制度和国有资产管理体制，深化国有企业改革工作，发展混合所有制经济而制定了对应的法律政策，同时针对不同的改革主体也提出了相应的推进要求。

一、国企混改的“1+N”文件

为深入贯彻落实党的十八大和十八届二中、三中、四中、五中全会精神，牢固树立和贯彻落实创新、协调、绿色、开放、共享的发展理念，创造良好的环境和条件支持国有企业改革，进一步深化国有企业改革工作，解决制约国有企业发展的突出矛盾和深层次问题，不断增强国有经济活力、控制力、影响力和抗风险能力，中共中央、国务院颁布了《中共中央、国务院关于深化国有企业改革的指导意见》（中发〔2015〕22号，以下简称《意见》），它和其后出台的相关配套文件，形成了“1+N”的政策体系，构成了本次深化国有企业改革顶层设计和四梁八柱的大框架。

“1”即是2015年8月24日中共中央、国务院对外发布的《意见》,《意见》作为总纲性的文件对国有企业发展混合所有制经济的指导思想、基本原则、操作方式和实施路径进行了全面部署。

“N”即是相对应的配套文件，包括但不限于以下文件：

表 1–1　相对应的配套文件

序号	文件名称
一、分类推进国有企业改革	
1	《关于国有企业功能界定与分类的指导意见》
2	《关于完善中央企业功能分类考核的实施方案》
二、完善现代企业制度	
3	《关于进一步完善国有企业法人治理结构的指导意见》

续表

序号	文件名称
三、完善国有资产管理体制	
4	《关于改革和完善国有资产管理体制的若干意见》
5	《关于推动中央企业结构调整与重组的指导意见》
四、完善混合所有制经济	
6	《关于国有企业发展混合所有制经济的意见》
7	《关于鼓励和规范国有企业投资项目引入非国有资本的指导意见》的通知
8	《关于国有控股混合所有制企业开展员工持股试点的意见》
五、强化监督防止国有资产损失	
9	《关于建立国有企业违规经营投资责任追究制度的意见》
10	《企业国有资产交易监督管理办法》
11	《上市公司国有股权监督管理办法》

二、国企混改的其他重要文件

为贯彻落实党中央、国务院关于积极发展混合所有制经济的决策部署，稳妥有序地推进中央企业混改，促进各种所有制资本取长补短、相互促进、共同发展，夯实社会主义基本经济制度的微观基础，国资委于2019年10月31日印发了《中央企业混合所有制改革操作指引》，该指引的颁布，将对于中央企业所属各级子企业通过产权转让、增资扩股、首发上市（IPO）、上市公司资产重组等方式，引入非公有资本、集体资本实施混改等相关工作的落实提供了参考依据和对应的操作规范。

同时上述指引中附有混改涉及的法律法规制度目录，具体如下：

表1-2　混改涉及的法律法规制度

序号	文件名称
一、法律、法规	
1	《中华人民共和国公司法》
2	《中华人民共和国证券法》
3	《中华人民共和国企业国有资产法》

续表

序号	文件名称
4	《中华人民共和国资产评估法》
5	《国有资产评估管理办法》（国务院令第 91 号）
二、国务院文件	
6	《国务院关于促进企业兼并重组的意见》（国发〔2010〕27 号）
7	《国务院关于进一步优化企业兼并重组市场环境的意见》（国发〔2014〕14 号）
8	《国务院关于国有企业发展混合所有制经济的意见》（国发〔2015〕54 号）
9	《国务院关于全民所有自然资源资产有偿使用制度改革的指导意见》（国发〔2016〕82 号）
10	《国务院办公厅转发国务院国有资产监督管理委员会关于规范国有企业改制工作意见的通知》（国办发〔2003〕96 号）
11	《国务院办公厅转发国资委关于进一步规范国有企业改制工作实施意见的通知》（国办发〔2005〕60 号）
12	《国务院办公厅转发证监会等部门关于依法打击和防控资本市场内幕交易意见的通知》（国办发〔2010〕55 号）
13	国务院办公厅关于加强和改进企业国有资产监督防止国有资产流失的意见》（国办发〔2015〕79 号）
14	《国务院办公厅关于印发中央企业公司制改制工作实施方案的通知》（国办发〔2017〕69 号）
三、部门规章、规范性文件	
15	《国有企业清产核资办法》（国资委令第 1 号）
16	《企业国有资产评估管理暂行办法》（国资委令第 12 号）
17	《中央企业境外国有产权管理暂行办法》（国资委令第 27 号）
18	《企业国有资产交易监督管理办法》（国资委 财政部令第 32 号）
19	《中央企业投资监督管理办法》（国资委令第 34 号）
20	《中央企业境外投资监督管理办法》（国资委令第 35 号）
21	《上市公司国有股权监督管理办法》（国资委 财政部 证监会令第 36 号）
22	《中央企业违规经营投资责任追究实施办法（试行）》（国资委令第 37 号）
23	《关于印发〈国土资源部关于加强土地资产管理促进国有企业改革和发展的若干意见〉的通知》（国土资发〔1999〕433 号）
24	《关于印发〈国有企业清产核资经济鉴证工作规则〉的通知》（国资评价〔2003〕78 号）

续表

序号	文件名称
25	《关于印发〈国有控股上市公司（境外）实施股权激励试行办法〉的通知》（国资发分配〔2006〕8号）
26	《关于印发〈国有控股上市公司（境内）实施股权激励试行办法〉的通知》（国资发分配〔2006〕175号）
27	《关于加强企业国有资产评估管理工作有关问题的通知》（国资发产权〔2006〕274号）
28	《关于规范国有控股上市公司实施股权激励制度有关问题的通知》（国资发分配〔2008〕171号）
29	《关于印发〈企业国有产权交易操作规则〉的通知》（国资发产权〔2009〕120号）
30	《关于企业国有资产评估报告审核工作有关事项的通知》（国资产权〔2009〕941号）
31	《关于印发〈中央企业商业秘密保护暂行规定〉的通知》（国资发〔2010〕41号）
32	《关于印发〈中央企业资产评估项目核准工作指引〉的通知》（国资发产权〔2010〕71号）
33	《关于建立国有企业改革重大事项社会稳定风险评估机制的指导意见》（国资发〔2010〕157号）
34	《关于规范中央企业选聘评估机构工作的指导意见》（国资发产权〔2011〕68号）
35	《关于中央企业国有产权置换有关事项的通知》（国资发产权〔2011〕121号）
36	《关于加强上市公司国有股东内幕信息管理有关问题的通知》（国资发产权〔2011〕158号）
37	《关于印发〈企业国有资产评估项目备案工作指引〉的通知》（国资发产权〔2013〕64号）
38	《关于促进企业国有产权流转有关事项的通知》（国资发产权〔2014〕95号）
39	《关于印发〈国有科技型企业股权和分红激励暂行办法〉的通知》（财资〔2016〕4号）
40	《关于进一步深化中央企业劳动用工和收入分配制度改革的指导意见》（国资发分配〔2016〕102号）
41	《关于印发〈关于国有控股混合所有制企业开展员工持股试点的意见〉的通知》（国资发改革〔2016〕133号）
42	《关于做好中央科技型企业股权和分红激励工作的通知》（国资发分配〔2016〕274号）
43	《关于印发〈中央企业实施混合所有制改革有关事项的规定〉的通知》（国资发产权〔2016〕295号）
44	《关于印发〈中央科技型企业实施分红激励工作指引〉的通知》（国资厅发考分〔2017〕47号）

续表

序号	文件名称
45	《关于深化混合所有制改革试点若干政策的意见》（发改经体〔2017〕2057号）
46	《关于扩大国有科技型企业股权和分红激励暂行办法实施范围等有关事项的通知》（财资〔2018〕54号）
47	国家发展改革委办公厅关于印发《国有企业混合所有制改革相关税收政策文件汇编》的通知（发改办经体〔2018〕947号）
48	关于印发《关于深化中央企业国有资本投资公司改革试点工作意见》的通知（国资发资本〔2019〕28号）
49	关于印发《关于深化中央企业国有资本运营公司改革试点工作意见》的通知（国资发资本〔2019〕45号）

三、国企混改的原则

确定国企混改的原则有利于相关法律法规及政策的制定，对国企混改的稳步推进和实际操作起着最根本的指导作用。就国企混改的背景、意义及目标而言，当前国企混改应遵循以下六个原则：

1. 坚持和完善基本经济制度。这是深化国企混改必须把握的根本要求。以公有制为主体、多种所有制经济共同发展，作为中国特色社会主义的基本经济制度，是中国特色社会主义制度的重要支柱，是社会主义市场经济体制的根基，是在涉及改革方案中必须严格遵守的最根本制度。通过发展混合所有制经济，可以促进各种所有制经济交叉持股和相互融合，从而充分发挥国有经济的规模优势、技术优势和管理优势。我们必须毫不动摇巩固和发展公有制经济，毫不动摇鼓励、支持、引导非公有制经济发展。坚持公有制主体地位，发挥国有经济主导作用，不断增强国有经济活力、控制力、影响力，同时应激发非公有制经济的活力和创造力，积极促进国有资本、集体资本、非公有资本等交叉持股、相互融合，推动各种所有制资本取长补短、相互促进、共同发展，从而促进基本经济制度不断完善。

2. 坚持做强做优做大国有资本。这是深化国企混改必须坚持的方向。国有资本是壮大国家综合实力、保障人民共同利益的重要力量，应当做强做优做大，并不断增强其活力、影响力、抗风险能力，实现保值增值。国有资本在关系国民经济命脉和国家安全的重要行业和关键领域中占据着支配地位，是国民经济的重要支柱。中共中央国务院颁布的《意见》明确指出，国有企业属于全民所有，对于推进国家现代化与保障人民共同利益具有重要作用，是我们党和国家事业发展的物质基础和政治基础。做强做优做大国有企业是坚持走中国特色社会主义道路的必然要求，是保障国家安全、经济安全和提升我国国际竞争力的必然选择，是维护保障发展最广大人民利益的必然条件。没有国有资本，就没有国有经济，就没有我们今天现代化建设的辉煌成就。进入新时代，全面建成小康社会、实现中华民族伟大复兴的中国梦，国有资本不仅不能削弱，而且必须要做强做优做大，将“两个坚定不移”扎实推进。

3.坚持增强企业活力和强化监管相结合。这是深化国企混改必须把握的重要关系。增强活力是搞好国有企业的本质要求，加强监管是搞好国有企业的重要保障，要切实做到两者的有机统一。加快建立有效制衡的法人治理结构、灵活高效的市场化经营机制，继续简政放权，依法落实企业法人财产权和经营自主权，进一步激发企业活力、创造力和市场竞争力。进一步完善国有企业监管制度，以切实防止国有资产损失，保障国有资产保值增值为目标，加快形成全面覆盖、分工明确、协同配合、制约有力的国有资产监督体系，增强企业内部控制体系的整体性，确保内部监督及时有效。建立健全国有企业重大决策失误和失职、渎职责任追究倒查机制，加大国有企业违规经营投资责任追究力度。

4.坚持党对国有企业的领导。这是深化国企混改必须坚守的政治方向、政治原则。坚持党的领导、加强党的建设，是我国国有企业的光荣传统，是国有企业的“根”和“魂”，是我国国有企业的独特优势。习近平同志在全国国有企业党的建设工作会议上指出，坚持党对国有企业的领导是重大政治原则，必须一以贯之。国有企业的性质和地位决定了我们必须坚持党的领导、加强党的建设。从政治上看，国有企业是我们党执政兴国的重要力量，对于巩固党的执政地位、巩固我国社会主义制度具有十分重大的意义。要贯彻全面从严治党方针，充分发挥企业党组织政治核心作用，加强企业领导班子建设，创新基层党建工作，深入开展党风廉政建设，坚持全心全意依靠工人阶级，维护职工合法权益，为国有企业改革发展提供坚强有力的政治保证、组织保证和人才支撑。

5.坚持积极稳妥统筹推进。这是深化国企混改必须采用的科学方法。由于不同类别国有企业的功能定位和发展目标不同，推进国有企业混合所有制改革和发展的思路和对策也不同。国企混改不是“一混了之”，也不可能“一混就灵”，实践中有的国有企业会担心公有制主体地位，所以在这一过程中，要坚持积极稳妥推进。此外，要正确处理推进改革和坚持法治的关系，正确处理改革发展稳定的关系，正确处理搞好顶层设计和尊重基层首创精神的关系，突出问题导向，坚持分类推进，把握好改革的次序、节奏、力度，确保改革扎实推进、务求实效。

6.坚持社会主义市场经济改革方向。这是深化国企混改必须遵循的基本规律。我国的社会主义市场经济是市场经济与社会主义制度相结合的产物，社会主义市场经济的所有制基础是公有制经济，公有制为主体是我们国家基本经济制度的主要内容，所以在坚持基本经济制度的情况下，也要坚持社会主义市场经济。国有企业改革要遵循市场经济规律和企业发展规律，坚持政企分开、政资分开、所有权与经营权分离，坚持权利、义务、责任相统一，坚持激励机制和约束机制相结合，促使国有企业真正成为依法自主经营、自负盈亏、自担风险、自我约束、自我发展的独立市场主体。社会主义市场经济条件下的国有企业，要成为自觉履行社会责任的表率。

四、国企混改的不同主体及各自要求

国企混改是一项系统性工程，体量巨大且程序繁复，在推进方式上应当有所选择，有所侧重。针对不同类别、层次的国企主体，应当紧密结合实际，制定相应的战略和目标，规范有序地推进改革的全面覆盖。

（一）分类推进国企混改

根据国有资本的战略定位和发展目标，结合不同国有企业在经济社会发展中的作用、现状和发展需要，将国有企业分为商业类和公益类，不同类型的国有企业应当采用不同的途径和形式来深化改革。

1.商业类国有企业的混改方向及要求

商业类国有企业，一类主业是处于充分竞争行业和领域的企业，也就是人们常说的竞争性国有企业，现在大部分国企应属于这一类。另一类是主业处于关系国家安全、国民经济命脉的重要行业和关键领域，或处于自然垄断行业、经营专营业务、承担重大专项任务的企业，比如输电、管道燃气、自来水、铁路运输、水利基础设施建设等。[①]

商业类国有企业按照市场化要求实行商业化运作，以增强国有经济活力、放大国有资本功能、实现国有资产保值增值为主要目标，依法独立自主开展生产经营活动，实现优胜劣汰，有序进退。

主业处于充分竞争行业和领域的商业类国有企业，原则上都要实行公司制股份制改革，积极引入其他国有资本或各类非国有资本实现股权多元化，国有资本可以绝对控股、相对控股，也可以参股，并着力推进整体上市。对这些国有企业，重点考核经营业绩指标、国有资产保值增值情况和市场竞争能力。

主业处于关系国家安全、国民经济命脉的重要行业和关键领域，主要承担重大专项任务的商业类国有企业，要保持国有资本控股地位，支持非国有资本参股。对于自然垄断行业，实行以政企分开，政资分开、特许经营、政府监管为主要内容的改革，根据不同行业特点实行网运分开、放开竞争性业务，促进公共资源配置市场化；对需要实行国有全资的企业，也要积极引入其他国有资本实行股权多元化；对特殊业务和竞争性业务实行业务板块有效分离，独立运作、独立核算。对这些国有企业，在考核经营业绩指标和国有资产保值增值情况的同时，加强对服务国家战略、保障国家安全和国民经济运行、发展前瞻性战略性产业以及完成特殊任务的考核。

2. 公益类国有企业的混改方向及要求

公益类国有企业，是以社会效益为导向，以保障民生、提供公共产品和服务为主要目标的企业。[②]这类企业通过引入市场机制，能够提高公共服务效率和能力，可以采取国有独资形式，具备条件的也可以推行投资主体多元化，还可以通过购买服务、特许经营、委托代理等方式，鼓励非国有企业参与经营。对公益类国有企业，重点考核成本控制、产品服务质量、营运效率和保障能力，根据企业不同特点有区别地考核

① 国家发展改革委体改司:《国企混改面对面——发展混合所有制经济政策解读》，人民出版社 2015 年版，第 15 页。

② 国家发展改革委体改司:《国企混改面对面——发展混合所有制经济政策解读》，人民出版社 2015 年版，第 16 页。

经营业绩指标和国有资产保值增值情况，考核中还应当要引入社会评价体系。

（二）分层推进国企混改

国有企业一般分为中央企业集团公司、中央二级及以下子公司和地方国有企业，它们各有特点，各有优势，它们推进混合所有制改革的基础条件也各不相同，因此要充分认识和研究各层级企业的特点，因企施策、因地制宜，针对不同层级国有企业的现状特点和股权结构，有针对性地推进改革。

1. 中央企业集团公司

中央企业集团公司，主要是指由国务院国资委监管的中央一级企业以及中央其他部门监管的一级企业。[①]截至2019年7月，国务院国资委监管的中央企业数量由最初的198家调整到96家，中央企业的战略性重组取得了实质性进展。

但是，在目前看来，中央企业集团公司改革进程相对来说比较缓慢。具体原因如下：一是我国的很多国有企业集团是通过国企改制组建的，组建的背景不同，资产结构和业务构成较为复杂；二是绝大部分集团公司资产规模大，子公司行业分布广，业务类型差别大，股权定价困难。由于中央企业集团公司层面混合所有制改革的牵涉面广，引入非国有资本参加改革的难度相对较大，因此需要慎重选择满足条件的企业集团进行个别试点。

特定领域的集团公司关系国家安全和国民经济命脉，承担着特定使命和功能，规模庞大，企业治理比较复杂，因此改革的难度相对较大。国家对这类企业需要保持国有独资或绝对控股，应先在重要子公司进行试点后再逐步推进。

其他领域的集团公司要调整国有股权比例，通过并购重组、整体上市、发行可转债等方式引入各类投资者，形成多元化的股权结构、规范化的治理机制和市场化的经营机制。

2. 中央二级及以下子公司

中央二级及以下子公司，主要是指由中央企业集团公司履行出资人职责并全资、

---

① 国家发展改革委体改司：《国企混改面对面——发展混合所有制经济政策解读》，人民出版社2015年版，第39页。

控股或参股的集团公司成员企业。[①]相较于中央企业集团公司来说，这类企业大多主营业务明确，业务相对单一，企业收入、利税的情况更加清晰准确，经营机制更加灵活，管理层结构更加规范，资产定价比较容易，更有利于开展混合所有制改革、转换企业经营机制。

中央企业子公司应当将重点放在优化子公司的股权结构和治理结构上，要建立完善的董事会，充分保障各类股东在资本收益、重大决策、选择经营管理者等方面的权利。同时，中央企业子公司要引入非国有资本，接受民营资本参与改制，广泛与民营企业开展合作，进行混合所有制改革。在技术研发、生产服务方面进行创新，并且积极推进市场化改革、海内外上市，提高公司的经营效率和盈利能力。

3. 地方国有企业

地方国有企业包括地方国资委监管的地方一级国有企业和由地方一级国有企业履行出资人职责并全资、控股或参股的各级子公司。我国的地方国有企业大多是在由计划经济体制向市场经济体制转轨时，在特殊的经济社会发展环境及法律、政策环境中，由地方政府投资或中央划归地方管理而不断形成和发展起来的。[②]地方国有企业经营机制比较灵活，更适合开展混合所有制改革。

但目前来说，大部分地方层面的国有企业缺乏统一的监管体制机制和完善的统筹规划方案，因此必须加强制度建设，做好顶层设计工作，鼓励和引导地方国有企业依法合规、规范有序地推进所有制改革。同时由于地方层面的国有企业分布范围广，情况差异大，因此需要根据企业发展的实际情况，紧密结合本地实际，结合企业所处行业、发展潜力、盈利能力、经营机制、人员结构等方面的情况，合理选择企业试点，制定切实可行的试点方案和相关配套措施，有序推进试点改革工作。在上述改革取得成效之后，应当及时总结经验在全国范围内进行推广，逐步扩大混合所有制改革的覆盖面。

---

① 国家发展改革委体改司：《国企混改面对面——发展混合所有制经济政策解读》，人民出版社 2015 年版，第 40 页。

② 国家发展改革委体改司：《国企混改面对面——发展混合所有制经济政策解读》，人民出版社 2015 年版，第 42 页。

第三节 ┃ 国企混改的操作方式及主要内容

明确国企混改的背景、意义和要求后，接下来需要探讨的就是国企混改的方案设计，目的是以完备的理论体系并结合具体的操作思路来指导实践。混改的初始操作思路为资本层面的混合，进而实现不同所有制之间的相互融合，取长补短，最终实现改革的目的。站在国企集团的高度，想对企业的长久发展进行全面规划，除着眼于实现国有经济的国企改革总目标、确保混改宏观设计方向的正确性以外，还应以实现微观企业持久竞争力为追求，并致力于二者的统一。通过对实行模式的优化程度及可行性进行评估，确定国企混改的基本对象和具体的操作方式，继而在实务操作过程中降低风险、提高效率。本节中，我们将简要介绍参与国企混改的对象、操作方式及主要内容。

一、参与国企混改的对象

发展国有资本、集体资本、非公有资本等交叉持股、相互融合形式的混合所有制经济，能够使国有资本的平台规模及技术优势得到充分发挥，从而实现各种所有制资本取长补短、相互促进、共同发展的目标。《意见》鼓励各类资本参与国企混改，通过股权多元化促进国有企业转换经营机制，形成主业突出、治理科学、机制灵活创新和运营高效的具有持久竞争力的混合所有制企业，进而使国有企业更好地融入市场经济，放大国有资本功能，提高国有资本配置和运行效率，最终实现国有资产保值增值。一般而言，在实践中参与国企混改的对象大致可以分为集体资本、民间资本、私募基金和外资四大类。

（一）集体资本

集体资本主要是集体经济在长期的发展过程中逐渐形成的，是参与国企混改的重要力量之一。集体经济是我国社会主义公有制经济的基本组成部分，其财产属于社会主义劳动群众集体所有，实行共同劳动，在分配方式上以按劳分配为主体。在我国，集体经济分为农村集体经济与城镇集体经济。在农村中主要体现为生产、供销、信用、消费等各种形式的合作经济；在城镇中主要体现为手工业、工业、建筑业、运输业、商业、服务业等行业的各种形式的合作经济。

集体资本参与国企混改需要重点关注三个方面的内容。首先，参与国企混改的集体资本产权应当明晰。众所周知，集体资本往往涉及众多纷繁复杂的历史遗留问题，产权形成过程较为复杂，因此对集体资本的产权界定一般较为困难，这也是实务中集体资本难以大规模参与国企混改的重要原因。其次，集体资本参与国企混改一般采用的是股份合作经济（企业）方式，因此在混改时需要研究制定相应的股份合作经济（企业）管理办法。最后，将经确权认定的集体资本和其他生产要素作价入股后，可再通过出资入股、收购股权、认购可转债、股权置换等方式参与国企混改。

（二）民间资本

民间资本一般指除国有资本、集体资本和外资之外的其他国内企业资本及民间闲置资本，主要是民营企业和个人的资金，是目前参与国企混改的主力军。在某些具有高度竞争性的领域，国有资本优势不足，而民营企业相较国有企业而言具有更强的经营灵活性、决策高效性、自主创新性和市场竞争力，因此放宽民间资本市场准入领域，保证民间资本和国有资本享有平等的投资权利，形成具备竞争形势的市场格局，能使公有制经济与非公有制经济在企业发展层面逐步融合，达到优势互补的效果。

民间资本可通过出资入股、收购股权、认购可转债、股权置换等多种方式，参与国有企业改制重组或国有控股上市公司增资扩股以及企业经营管理等国企混改事宜，其出资形式亦较为灵活，可以货币出资，或以实物、股权、土地使用权、知识产权等法律法规允许的方式出资。

（三）私募基金

私募基金是以非公开方式向特定投资者募集资金并以特定目标为投资对象的投资基金，按投资方向可以分为股权投资基金、证券投资基金、创业投资基金及其他投资基金，在性质上可能含有国有成分，也可能不含有国有成分（此时有可能属于上文提到的“民间资本”范畴），是目前参与国企混改的新兴力量。私募基金参与国企混改，一方面能够激发大量民间资本流入国有企业，拓宽国有企业的融资渠道，帮助国有企业扩大产能；另一方面由于私募基金通常掌握着先进的企业管理经验，其所带来的新型企业管理理念和科学管理机制还能帮助国有企业形成规范的公司治理机制，强化国有企业的内部治理体系。私募基金介入国企混改会直接促使国有企业从传统企业向现代企业进行转换，私募基金不仅能够分享改革红利，还可以借助国有平台，发现更好的投资标的。这样互利共赢的结果，也直接导致了目前越来越多的私募基金投身国企混改行列。

（四）外资

外资，即外国资本，主体一般包括外国的自然人、企业或者其他组织。在坚持改革开放的基本国策下，国家实行高水平投资自由化便利化政策。积极利用外资是我国改革开放战略的重要内容，随着《外商投资法》的施行，在国家建立和完善外商投资促进机制，积极营造的稳定、透明、可预期和公平竞争的市场环境下，可以预见，外资将在我国的经济发展中越发活跃。从总体上看，外资虽然在推动我国的经济发展中发挥了不小的作用，但同时也存在着不容忽视的消极影响，如大量挤占市场、削弱我国企业自主研发能力、引发经济投机等。有鉴于此，《意见》提出，应有序吸收外资参与国企混改，即应提高国企利用外资的质量，减少外资带来的风险等消极影响。在此基础意义上，国有企业可以通过改制重组、合资合作的方式引入外资，同时也可通过海外并购、投融资合作、离岸金融等方式充分利用国际市场、技术及人才等资源，实现“引进来”“走出去”的战略方针。但需要注意的是，对引入的外资应进行必要的国家安全审查，在建立完善的国家安全审查机制的基础上，对影响国家安全、涉及敏感领域的外资要素应予以严格审查和监管。

值得注意的是，国企混改不仅仅是非国有资本参与国企的改革、改制与重组的单向输入过程，同时也是民营企业引进国有资本，国有资本参与非国有企业改革、改制与重组的双向混合过程，是不同所有制资本相互融合、优势互补、共同发展，从而达到双赢的过程。

二、国企混改的方式与路径

实现股权多元化是国企混改要实现的战略目标。在提高企业经济效益时，必须创新企业管理体制，在进行产业结构调整或企业重组过程中，应根据自身专业特点、技术能力、人才优势进行资源优化配置，形成与非国有资本进行优势互补的双向混合模式，打造具有核心竞争力的专业化公司，以此推动混合所有制企业的多元化发展。

基于对上述国企混改的总目标所作的简要阐述，在此指导下，混改的具体操作方式成为实现目标的关键步骤，本节仅对混改的基本方式及主要路径作简要介绍，具体方式将在后续章节中展开分析。

（一）员工持股

广义的员工持股包括激励性股权和投资性股权两大类：激励性股权主要包括股票期权、股票增值权、限制性股票等，其核心是激励，属于员工薪酬体系的一部分；投资性股权，其分红本质上是员工投资所得，属于资本回报，不纳入薪酬体系。狭义的员工持股一般仅指投资性股权。就目前而言，国有控股混合所有制企业开展的员工持股，其概念属于狭义的员工持股，即投资性股权，入股员工与企业共享改革发展成果，共担市场竞争风险。员工持股作为一种长期激励制度能够更好地提高企业员工的凝聚力，加深员工对企业的归属感，构建企业与员工的利益共同体，促使员工自觉自愿地推进企业的改革与发展，实现企业高效率及可持续的发展。

我国的员工持股制度最早始于20世纪80年代，是顺应国有企业改革发展的产物，发展至今，主要经历了1984年至1991年的探索阶段、1992年至1998年的发展阶段、1999年至2004年的激励阶段、2005年至2012年的完善阶段、2013年至今的全面提升阶段。可以看出，员工持股在国有企业改革中一直发挥着重要作用，现今更是作为国企混改的重要抓手。

《意见》提出，探索实行混合所有制企业员工持股，是建立激励约束长效机制的有效方式。员工持股是备受关注的国企混改方式之一，主要采用增资扩股、出资新设等方式进行，且一般要保证国有资本处于控股地位。目前，国有控股混合所有制企业开展员工持股仍处于试点阶段，中央及各地方层面纷纷出台了政策文件，对员工持股的范围、比例、价格等作出了框架性指导。员工持股以体现爱岗敬业为导向，与岗位和业绩紧密挂钩，主要由关键技术岗位、管理岗位和业务岗位人员作为持股主体。在此意义上，率先开展试点工作并得到优先支持的是人才资本和技术要素贡献占比较高的转制科研院所、高新技术企业等，持股员工主要采取增资扩股、出资新设等方式，与企业共同分享发展收益，并共同承担了市场竞争带来的风险。

【案例】中国电器院员工持股①

中国电器科学研究院有限公司（以下简称中国电器院）始建于1958年，前身为广州电器科学研究所，隶属于中央直管国有重要骨干企业——中国机械工业集团有限公司（以下简称国机集团），是一家历史悠久的转制科研院所，人力资本和技术要素占比高，业务处于充分竞争行业，地处区域市场经济发达、民营经济活跃的珠三角地区，长期受到核心人才流失的严重困扰，迫切需要在体制机制方面进行改革。2016年12月，中国电器院获准成为中央企业首批开展员工持股改革试点的10户企业之一。在国务院国资委和国机集团的指导与推动下，中国电器院按照《关于国有控股混合所有制企业开展员工持股试点的意见》（国资发改革〔2016〕133号）的要求，坚持依法合规、公开透明、程序完备的原则，以吸引和留住优秀人才、完善法人治理结构、促进机制转变、激发内在发展动力为目标，全力推进混合所有制员工持股改革的各项工作。

通过本次改革，中国电器院引进战略投资者3家，约30%的骨干员工参与持股，引入增资资金5.17亿元，已打造成为国有控股、民营企业作为战略投资者参股，骨干员要持股的混合所有制企业。

混合所有制员工持股改革是深化国有企业改革的重要突破口，中国电器院在新的公司治理架构下，以体制变革为契机，健全现代企业制度，建立利益共享、风险共担的长效人才激励约束机制，为深化国有企业改革探索可复制、可推广的宝贵经验。

① 资料来源：《国机集团所属中国电器院率先完成员工持股改革》，载国资委网站 http://www.sasac.gov.cn/n2588025/n2588124/c4445447/content.html，最后访问日期为 2020 年 8 月 7 日。

（二）对外投资

国企混改并不是只强调非国有资本参与国企的改革、改制与重组，《意见》提出，要鼓励国有资本以多种方式入股非国有企业，即对外投资非国有企业。非国有企业既包括境外企业也包括境内企业，其中境内企业又涵盖了民营企业、上市公司等。在对外投资方面发挥重要核心作用的主要是国有资本投资、运营公司。国有资本投资、运营公司能够充分发挥资本运作的平台作用，通过市场化方式，以公共服务、高新技术、生态环保、战略性产业为重点领域，对发展潜力大、成长性强的非国有企业进行股权投资，促进国有资本合理流动，优化国有资本投向，向重点行业、关键领域和优势企业集中，推动国有经济布局优化和结构调整，提高国有资本配置和运营效率，更好地服务国家战略需要。

国有企业与非国有企业的合作方式较为灵活，可以通过合作新设企业、增资入股、联合投资、重组、受让股权、设立混改投资基金等多种方式，与非国有企业进行股权融合、战略合作以及资源整合。

（三）引入战略投资者

引入战略投资者有助于国有企业实现改善财务状况、获取杠杆资金等目的，同时还能帮助国有企业补充资本运作与资源整合等能力，增强市场拓展与产品研发等能力。引入战略投资者获得人才等方面的优势，能够促进产业结构升级，在行业、市场、商业模式上给企业提供参考和帮助，增强企业核心竞争力和创新能力，拓展企业产品市场占有率，协助被投资企业创造并在资本市场上实现更大的价值。通过增资扩股、股权转让等方式引入战略投资者，搭建相对制衡的多元化股权结构，有利于提高混改企业的公司治理水平，对国有企业在增强资金实力、构建合理产权结构、完善治理结构、提高管理水平和提升核心竞争力等方面都可发挥出重要且积极的作用。

国企混改中对战略投资者的选择是一个全方位且系统性的工作，需要在明确混改目标的基础上运用财务类（如资产负债率、净资产收益率、主营业务利润率、主营业务现金流量等）和非财务类（如主营业务的关联性、企业文化、战略规划等）的指标对战略投资者的资金、技术、市场、社会信用、企业文化、产业发展以及管理能力等指标进行综合考察。

国有企业引入战略投资者的方式较为灵活，可以采用增资方式、股权转让方式、债转股方式等。

【案例】中核新能源引入战略投资者[①]

中核新能源是中国核建在整合旗下环保产业资源的基础上设立的公司，主要致力于国内环保和新能源领域的项目投资、建设和运营。2016年，为完善股权结构，加速业务发展，中核新能源通过增资扩股引入六家战略投资者，其中包括能够与中核新能源产生战略协同效应的，在水利、能源投资方面具有丰富经验的产业投资者——安徽建工集团，以及上海信熹投资管理有限公司、北京科桥投资顾问有限公司等具有一定资本运作能力的财务投资者。在引入战略投资者过程中，中核新能源要求单个投资者认购金额不低于人民币1亿元、不高于人民币3亿元，即单一外部投资者持股的上下限分别为16.5%和5.5%。引资完成后，中国核建的持股比例下降到33.4%，外部资本持股达到66.6%。如此设计的股权结构既保证了中国核建保持单一最大股东的相对话语权，也有助于每个外部投资者都能有效参与，发挥各自积极作用且做到公司权力互相制衡。最终，战略投资者的参与为中核新能源完善公司治理结构、进一步对接资本市场夯实了基础。

（四）企业上市

上市是国有企业深化体制机制改革、提升持久竞争力的重要途径，不仅有利于国有企业加快股份制改革步伐并建立现代企业制度，也有利于优化企业融资结构和防范金融风险，从而达成进一步做优做强做大国有企业的目标。混改上市前，在国资股东一股独大的局面下，国资国企的问题主要集中在信息不公开透明、公司治理结构不完善和国有资本的流动性不足等方面，而上市为较好解决这些问题提供了重要契机。尤其在信息公开透明方面，成为上市公司后，混合所有制企业按照较为严格的监管要求和指引，信息披露和保障工作将更为规范，由此可更好地发挥公众的

① 资料来源：《中核新能源投资有限公司混改案例启示》，载 http://www.cspea.org.cn/article/hydt/scdt/201803/20180300006349.shtml，最后访问日期为2020年8月7日。

监督作用。此外，混改上市更能够解决国企内部同业竞争和产品链断裂等问题，使其业务更为合理、完善。

除了在主板上市，对于符合国家战略、拥有关键核心技术、科技创新能力突出、主要依靠核心技术开展生产经营、具有稳定商业模式、市场认可度高、社会形象良好、具有较强成长性的国有企业，选择在科创板上市，也不失为一种较好的方式。

（五）政府和社会资本合作（PPP）模式

PPP模式下，政府与私人企业在基础设施及公共服务领域达成协议、进行合作。运用这种机制，一方面可以在减轻政府财政压力的同时，使得社会公众可以享受到更高质量的公共基础设施和公共服务；另一方面也可以为日益壮大的民间资本、社会资本提供更为广阔的发展空间，使得市场主体在市场体系下能够更好地发挥自身的优势及创造力，这与国企混改在某种程度上具有一定的共性，也为国企混改提供了又一重要路径。《意见》提出，国企混改要推广PPP模式，鼓励社会资本投资或参股基础设施、公用事业、公共服务等领域项目，使投资者在平等竞争中获取合理收益。同时，应通过投资补助、基金注资、担保补贴、贷款贴息等方式优先支持引入社会资本的项目，优化政府投资方式，组合引入保险资金、社保基金等长期投资者参与国家重点工程投资。在此基础上，以项目运营绩效评价结果为依据，适时对价格和补贴进行调整并加强信息公开和项目储备，建立综合信息服务平台。

PPP模式能够进一步加快国企混改进程，其带来的不只是社会资本，还包括出资方的知识技能、管理经验、创新能力、市场约束等“附加值”。在社会资本的催化之下，PPP项目的效率不容小觑。

三、国企混改的主要内容

明确混改的意义及目的并深刻体会其内涵，有助于落实各项改革策略。混改的首要任务就是深入实施公司制改革，提升公司治理能力，全面完善股东（大）会制度及董事会制度，建立有效制衡、平等保护的法律治理结构，健全现代企业制度。建立以市场为导向的选人用人机制和激励约束机制同样是目前国企混改切实可行的操作方式，在此基础上，加速产业结构调整能够进一步提升国企混改的效能。这些方面共同构成了现阶段国企混改的主要内容。

（一）健全法人治理结构

完善国有企业法人治理结构是全面推进依法治企、推进国家治理体系和治理能力现代化的内在要求，是新一轮国企混改的重要任务。在国企混改过程中，明确从何处入手企业的管理制度性安排，实现现代化治理结构，是健全现代法人治理体制的重要突破口。《意见》提出了在混改中实现规范公司治理的要求，而健全公司法人治理结构，是建立现代企业制度的核心。从新型的混合型企业的管理治理角度出发，使董事会治理规范化、兼顾投资者权责对等，是保护各类投资者权利、建立国有资本及非国有资本之间制衡机制的关键，是混改的基础内容。然而，将外部非国有资本引入国有资本中，并不是使外部非国有股东代替国资股东，也不是使外部非国有股东带动国资股东，使其顺利“搭便车”，而是使混合所有制企业中的各个股东都明确界定责与权，以平等、高效的治理机制促进企业又好又快地发展。

公司治理结构是一种契约制度，合理的治理结构能使企业内的不同利益主体形成有效的自我约束和相互制衡的机制。首先，混合所有制企业的运营管理中应严格依《公司法》及公司章程的规定，按规定开展日常经营管理活动，健全法人治理结构，完善制衡机制，构建以股东（大）会、董事会、监事会及经理层的法人治理框架，并理顺各治理主体之间的工作关系，注重沟通与协调、支持与配合，由此实现国有企业机制的内部协调运转和对外富有竞争力的转变。其次，《意见》特别强调要落实推进董事会的依法行权行为，同时加强董事会内部的制衡约束，改进董事会和董事评价方法，强化对多元化董事的考核评价与管理，承担对董事会决议的履职责任。最后，在股权结构的优化制衡的基础上，应通过董事会的多元化组成形成内部的有效制衡，并提高监事会的专业性和独立性，各管理层依法依规行使权力，从而有效规范治理主体的责任、促进企业持久良性地运营和发展。

（二）引入职业经理人制度

在混合所有制企业引入市场化职业经理人制度，对国有企业产权制度的改革与现代企业制度的建立具有重要意义。职业经理人是经济发展过程中的一种特殊人力资源，是人才市场中最为活跃的阶层，企业的发展有赖于日益强大的企业家群体和职业经理阶层。国企中虽人才济济，但传统的用人机制似乎并未充分激发他们的能力与积极性，而如今市场中相关行业竞争环境的成熟，使经理人群体具有较多高素质人才，同时经理人评价体系的建立已较为完善，因此采用开放的态度引入职业经理人管理企业，能够更大化地激发市场与内部的竞争活力。

因此，在传统国企领域通过“去行政化”和聘任制转换国企员工身份，使其在动力机制的制度保障下真正进入市场，重点是完善经营层的职业经理人制度，关键是引入市场竞争机制。在上述意义上，要实现员工身份的转换，关键需要人员流动的动力机制、严格的考核监督机制、市场化的劳动用工薪酬机制以及创新激励机制等配套制度及有效落实。

职业经理人在一定程度上是为实现个人价值，追求自身收益最大化的个体，当其目标与企业的目标达成一致时，企业收益就成为他们实现自我价值的共同追求，在此过程中，市场化的劳动用工制度起到极大的激励作用，目标管理、岗位竞争、信任机制的构建等将企业员工个体与企业的未来紧紧联系在一起，强化企业员工个人责任意识，有利于人才资源的优化配置。

（三）完善市场化劳动用工制度

完善市场化的劳动用工管理制度，是国企混改过程中深化企业内部用人制度改革的必然要求，是真正形成企业各类管理人员能上能下、员工能进能出的合理流动机制的重要前提。完善现有的市场化劳动用工制度有利于更充分地调动国有企业员工的积极性与主动性，吸引和稳定核心骨干人才，保持企业活力，推动企业健康持续地发展。国有企业在实施混改的过程中应拓宽选人用人视野和渠道，在健全完善企业各类管理人员公开招聘、竞争上岗等制度的同时，对特殊管理人员可以通过委托人才中介机构推荐等方式进行招募。此外，建立分级分类的企业员工市场化公开招聘制度，切实做到信息公开、过程公开、结果公开，也是完善市场化劳动用工制度的重要手段。

与此同时，国有企业在混改过程中应大力推进全员绩效考核，以业绩为导向，科学评价不同岗位员工的贡献，合理拉开收入分配差距，切实做到收入能增能减和奖惩分明，充分调动广大职工积极性，建立健全和完善与劳动力市场基本适应、与企业经济效益和劳动生产率挂钩的工资决定和正常增长机制。

（四）强化激励和约束机制

企业的竞争归根结底是人才的竞争，市场化的激励与约束机制对人才的孕育和吸引作用是举足轻重的，因此强化市场化的激励与约束机制是国企混改的重心之一。当前，我国国有企业在激励制度方面仍存在较为严重的缺陷，即企业家人力资本贡献及价值并未被高度重视，企业活力得不到高效激发。通过行之有效的激励机制，能够为国有企业引入积极作为的股东，从而激发和保护企业家精神。随着员工持股、激励计划在混合所有制企业中的确定和实施，国企负责人的收入、企业家的动能在市场化的激励与约束机制中得到更多发展空间，成为驱动改革高效进行的重要因素。实践中，从股权的分置改革、监督治理体系的完善、市场化薪酬机制的推动方面，逐步将企业管理层和员工利益与企业众股东绑定在一起，将能够有效激发管理层追求企业长远发展、员工追求自身利益的动力，推进混合所有制企业步入现代化快速发展的道路。混改企业在强化激励和约束机制时，应充分考虑企业长远和可持续发展，可以从突破体制机制束缚入手，结合员工持股、收益分享、虚拟股权、岗位分红等多种方式，探索产权层面一切有效的激励举措，同时也要注重短期的激励，如市场化薪酬、绩效薪酬、利润增量分成和特殊奖励等方式，多管齐下，从而最终实现有效激励和约束的目的。

（五）加速产业结构调整

2015年11月，中共中央总书记、国家主席、中央军委主席、中央财经领导小组组长习近平同志在其主持召开的中央财经领导小组第十一次会议中提出要着力加强供给侧结构性改革。从提高供给质量出发，用改革的办法推进结构调整，矫正要素配置扭曲，扩大有效供给，提高供给结构对需求变化的适应性和灵活性。供给侧结构性改革强调用增量改革促存量调整，在增加投资过程中优化投资结构、产业结构开源疏流，在经济可持续高速增长的基础上实现经济可持续发展与人民生活水平不断提高。供给侧结构性改革的提出对国有企业改革发展提出了新要求，亦推动了国企混改的前进步伐。国企混改应当注重与供给侧结构性改革紧密结合，围绕“三去一降一补”五大任务稳步发展。为稳步推进供给侧结构性改革，国有企业应注意改变以往的发展方式，从创新制度、创新管理、调整发展战略等角度，不断提升自身竞争力并实现绿色可持续发展。同时，国有企业应主动承担社会责任，积极发挥带头作用，改善产品供给结构，引领社会探索发展科学、先进、高效的技术和模式。

在混改过程中，国有企业应注重以高新技术产业为驱动力，以现代服务业和现代制造业为发展的两个车轮，带动产业结构的优化升级，从而稳固市场地位和竞争力。

总之，国企混改的内涵指引着国有企业层层递进的改革。有经济学家指出：“如果我们将混改比喻成一座拔地而起的摩天大楼，产权制度改革可以视为打好了坚固的地基。治理体系和经营机制改革则是构建钢筋骨架和浇注混凝土的关键步骤。”从资本融合后的公司治理开始，以市场化为主要方向、以动力机制为核心，调动企业的原动力，使企业积极面对市场竞争，不断向着做优做强的目标前进。

第四节 ┃ 国企混改的现状及后续发展方向

纵观国有企业历史发展，从1978年中共十一届三中全会到20世纪90年代初期是改革的萌芽阶段，主要表现为政府对国有企业逐渐放权，由政府牵头，搞活小国企，调动职工工作的积极性。从20世纪90年代起，以股权多元化为目标的国企股份制、公司化改造为实施混合所有制打开了思路。1993年中共十四届三中全会最早提出了混合所有制经济，之后的4年中改革初见效果。1997年中共十五大正式提出这一概念后，我国混改的序幕全面拉开。2002年中共十六大明确了在国企中引进非国有资本的改革方向，改革继续深入。2013年中共十八届三中全会把混合所有制经济确定为基本经济制度的重要实现形式，吹响了新一轮国企改革的集结号，由此展开了改革的攻坚战。2017年，中共十九大进一步提出“深化国有企业改革，发展混合所有制经济，培育具有全球竞争力的世界一流企业”这一新时代国企改革的方向，时至今日我国正在进一步全面实施混改，随着时代的发展，混改的内容及形式也在不断地发生变化，在之前改革的基础上呈现出崭新的一面。

一、国企混改的现状及特点

（一）国企混改的现状

放眼我国国企混改全局，我国已相继进行了多批混改试点，将混改从中央延伸至地方；推广“双百行动[①]”，国有企业混改层级向纵深发展，联动国企子公司，协同地方国企力量，调动混改内生动力；吸引民间资本，放大国资势能，将国企混改的灵活性与空间提上一个新层级。

---

① 2018年3月国资委发布《关于开展“国企改革双百行动”企业遴选工作的通知》，国务院国有企业改革领导小组办公室决定选取百家中央企业子企业和百家地方国有骨干企业（“双百企业”），2018—2020年实施“国企改革双百行动”，深入推进国有企业综合性改革。

以上海、深圳、沈阳三地国资国企实施的“综改试验”为例，按照三地明确的2022年改革总体目标，未来两年，上海竞争类国企基本完成整体上市或核心业务资产上市；深圳将实施“上市公司+”战略，依托国内外资本市场，综合运用股权、基金、资金等运作方式，推进资源资产化、资产资本化、资本证券化，大力推动国有企业上市，创造条件实现集团公司整体上市；沈阳明确，具备条件的竞争类国有企业基本完成混合所有制改革。目前，三地都在根据区域和国资发展特点进一步细化改革行动方案，加快相关改革落地。[①]

（二）国企混改的特点

根据2020年1月在北京举行的“HRA国企改革主题论坛”对2019年国企混改特点的回望与解读，总结了目前国企混改呈现的以下几个显著特点[②]：

1.政策密集落地。从2013年中共十八届三中全会召开到现在，中央层面的相关政策共有116项。各省级行政区截止到2019年年末，跟国企改革特别是混改相关的政策有1239项。国企混改政策早已形成了相互支持的政策矩阵，其政策数量之可观，颁布密度之大，质量之节节提升，不容置疑。

2.监管持续升级。随着国有企业混改的进一步深入，配套监管措施也不断改革升级。仅2019年一年便出台四部与国资监管相关的政策，为构建国资监管体系大格局打下坚实基础。同时为推动从“管企业”到“管资本”的监管机构职能转变进行着不懈努力。

3.项目批量涌现。自2016年起，我国已相继进行了多批次的混改试点。2019年，参与第四批国企混改试点的共有160家企业，且新增了40家双百企业。从下列数据[③]可以看出，我国国企混改项目数量连年持续增长，项目领域不断扩展。

① 资料来源：《混改扩围做实，激发国资新动能》，载中国证券报 http://www.xinhuanet.com/money/2019-09/17/c_1125003104.htm，最后访问日期为2020年8月7日。

② 资料来源：《2019年中国国企混改特点与新年趋势展望》，载新浪财经头条 https://cj.sina.com.cn/articles/view/1738421583/679e354f001001176?cre=tianyi&mod=pcpager_fintoutiao&loc=26&r=9&rfunc=100&tj=none&tr=9，最后访问日期为2020年8月7日。

③ 资料来源：普华永道中国，载 https://www.pwccn.com/zh/blog/state-owned-enterprise-soe/review-on-the-reform-mixed-ownership-central-enterprises.html，最后访问日期为2020年8月7日。

表 1-3　混改试点

时间	试点名称	详情
2014 年 7 月	"四项改革"试点	中国医药集团、中国建筑材料集团开展混改试点。
2016 年 2 月	"十项改革"试点	提出在电力、石油、天然气、铁路、民航、电信、军工等领域开展混合所有制改革试点。提出开展员工持股试点。
2016 年 7 月	第一批混改试点	确定第一批混改试点企业 9 家，包括中国联通、东航、南方电网等。
2016 年 12 月	中央企业子企业员工持股试点	确定 10 家央企的三级单位开展员工持股试点，包括中铁工程设计咨询集团、欧冶云商、中国茶叶、中节能大地环境修复等。
2017 年 4 月	第二批混改试点	确定 10 家第二批混改企业，包括中金珠宝、中粮资本等。
2017 年 11 月	第三批混改试点	确定 31 家第三批混改试点企业，其中中央企业子企业 10 家，地方国有企业 21 家。
2019 年 5 月	第四批混改试点	确定第四批试点企业共 160 家，其中中央企业系统 107 家，地方企业 53 家。

4. 难题层出不穷。国企混改之路也并非一帆风顺，在改革过程中会遇到各种各样的难题实属正常，尤其是目前改革已经迈入深水区，在经济新常态下，改革反复"触礁"，难题层出不穷，原先未显露或未完全解决的诸如利益分配、公司治理等问题不时出现。

基于目前国企混改呈现的特点，需要从科学的制度设计，以及法律法规及政策的角度把握未来国企混改的方向，给予企业更多的支持，激发企业自身的动能和活力，但与此同时，各级国资监管部门应加强监管，把握原则、守住底线，防止国有资产损失。

二、现阶段国企混改的重点

（一）"放权"——加大授权、放权力度

国资委加大授权、放权力度，放活权利，推动"双百行动"与"两类公司"（即国有资本投资公司、国有资本运营公司）试点，配合监管机构从"管企业"到"管

资本”的职能转变。一方面简化审批，给企业更多权利，激活资本动力；另一面转变政府角色，减少干预，将市场还给企业与资本，以充分发挥市场的调节作用，增强国企的市场活力。国资委根据目前国企混改的情况，要求进一步加大授权力度，建立授权调整机制，让作为混改主体的企业有权决定自己是否混改、如何混改。

（二）“扩围”——扩大改革试点范围及产业领域

综观国企混改试点企业情况，参与混改的企业从中央到地方，从央企到地方国企，从母公司到子公司，从传统领域到新兴领域再到自然垄断领域，加之目前“双百行动”的深入推广，国企混改的试点范围不断扩大，涉及产业领域不断增多。随着改革的不断深入，“扩围”已成为国企混改不可忽视的重点方向之一，国企混改形成向全方位延伸、向纵深化发展、向短板处突破的格局。扩大国企改革试点范围及产业领域就是需要纳入更多的地方企业，更基层的国企子公司，去探索并解决深藏的问题和盲点。

（三）“做实”——落实混改政策实质落地

国企混改已进入放权、做实、重视效应的新阶段。经过多年的试点经验积累，多项混改政策的实施到了结果成熟之时。一系列经典混改项目的涌现，从侧面体现了国企改革期待由实施向实质效果的转变。随着改革的利好政策密集落地，正确理解与运用才能乘“国企混改”的东风，将企业做强、做优、做大。放权是改革的动力，做实则是改革现阶段的目标。混改政策的实质落地，须在统筹兼顾中正确处理国企混改与国企改革发展的关系，从而激励微观个体突破混改路径方式方法上的阻碍。

三、现阶段国企混改的难点

（一）配套制度建设有待进一步补充完善

发展混合所有制经济必然要涉及多方利益关系的重新调整，难免会遇到各种各样的阻力，产生形形色色的问题，而这些问题产生的本质原因是国企混改仍在用旧的、不完善的制度来约束新的市场机制。国企混改若想取得实质性的突破，就必须解决深层次的制度性矛盾，做好顶层制度设计，出台相关配套措施，为国企混改提供科学民主且有迹可寻的制度规则。第一，建立改革容错机制。用容错机制鼓励改革，用纠错机制承担试错成本，营造一个敢做善成的改革环境。第二，完善公司法人治理结构。在混合所有制企业有序推进市场化选聘、全面实行契约化管理和市场化薪酬制度、推行职业经理人制度，以释放“人”的积极性和激发企业活力。第三，加强有效衔接配套政策。制度环境是企业行为的重要外部因素，推进混改需制定政策细节，要配套推进，让改革各方吃下“定心丸”。改革以“组合拳”发力，层层递进，只有制度内洽，才能对外部市场起到良好的引导作用。

（二）公司治理须进一步优化提升

公司治理问题主要表现为：国有企业在管理上存在运营与监管职能不分、管理方式行政化、出资人职能不到位、政企不分等。这些问题不解决，在混改之后会使非国有资本受到牵连造成损失，也会阻碍国有企业混合所有制改革的发展。所以，应当实现所有权与经营权的分离，建立市场化的激励机制、约束机制和人员考核机制，与此同时，应进一步促进国有企业和民营企业管理优势的有效融合。在决策机制方面要深入贯彻落实好以“坚持党对国有企业的领导是重大政治原则，必须一以贯之；建立现代企业制度是国有企业改革的方向，也必须一以贯之”为内容的“两个一以贯之”。另外也要进一步采取实施激励机制相关配套措施，以调动企业经理人和业务骨干的积极性，从而推动企业更好地发展。

（三）利益分配制度应进一步科学调整

在利益分配方面，兼顾国有资本和民营资本的利益是一大难点，解决问题的重点是要按市场规则运行。在国企混改过程中，法律应给予国有资本和民营资本平等的保护，尤其是在一些国有控股或者保持相对优势的领域。在混合所有制企业中做到同股同权，适当考虑到民营资本进入的利益，关键是进一步健全市场经济的规则，按照其原则和现代企业制度的要求来运行，这样才能够较好地处理国资和民资的利益分配问题，解决各方可能产生的担忧和顾虑。

（四）各类产权交易市场有待进一步发展

国企混改本质是产权的变动，以及因产权变动引发的治理结构的调整。因此，国企混改过程中首先面临的就是如何公开、公平、公正地选择参与混改的合作伙伴，其次是如何对国有资产进行定价的问题。

就当前产权交易所遇到的具体问题而言：第一，是政府干预下的产权问题。国有资本有先天的政府背景，有国家的信用作背书，可以得到充分的产权保护，但是非国有资本作为“外来参与者”，对自身的财产缺乏安全感，担心自己的产权不能得到一定的保护，所以不敢轻易参与到改革中来。对于中小投资者来说，在混改之后也属于中小股东，很难有话语权，自己难以有效地参与到投资决策中来。第二，在产权交易环节也存在不少问题。国有资产交易是国有企业改革的重要环节，但是对资产的评估容易被人为操控，很难完全做到既科学又准确地确定资产价格，信息披露不够充分、不够完整，受众面也不够广泛，经营过程中容易滋生腐败，最终造成国有资产的流失。而解决上述问题恰恰是产权交易市场最基本的功能属性。而当前我国产权交易市场的发展不完善，各地的产权交易市场发展不平衡，所以建立和完善统一规范的产权交易市场，对产权交易的各个环节严格把关显得极为重要。

四、国企混改未来的发展方向

中共十八届三中全会以来，国内外经济形势发生了巨大变化，我国经济由高速增长阶段向高质量发展阶段转变，国企深化改革进入新时代。

在新时代背景下的国企“混改”具有更丰富、更创新的内涵和意义，本次混改的核心要义是促进国有企业转换经营机制，提升国有资本配置和运行效率，促进国有资本战略布局影响力，为我国经济发展提供新动力。与此同时，新常态下国内外经济环境的不确定性，对我国经济深化改革，尤其是国企“混改”提出了新的挑战。

综合国企混改的现状、面临的困境以及新时代经济态势提出的要求来看，国企混改的未来发展趋势可以概括为以下五个方向：

（一）推进监管机构职能转变，完善监管体系

为进一步激发国企内生活力，国资监管部门将以“管企业”向“管资本”的方式转变。为推动构建国资监管大格局，形成国资监管一盘棋，2019年4月出台了《改革国有资本授权经营体制方案》、2019年6月出台了《国务院国资委授权放权清单（2019年版）》、2019年11月出台了《国务院国资委关于以管资本为主加快国有资产监管职能转变的实施意见》和《关于进一步推动构建国资监管大格局有关工作的通知》（简称《通知》），其中上述《通知》明确指出争取在2年至3年内，构建全国国有资本监管规划体系。上述一系列完善国资监管体系政策的出台，标志着国资委由管理向监管的职能转变，这也意味着构筑完整的“管资本”为主的全新国资监管格局将成为未来新的国资监管方向。

以“管资本”为主的国资监管方式，更加尊重国企的市场地位与企业法人的财产权地位，通过厘清国资监管部门的权责边界，来切实转变直接管理的监管理念，更加关注国有资本的收益和控制力，能够有效化解国企混改内部的“公私”权益冲突，带动国企管理去行政化，从而使国企混改更多依托产权关系和资本纽带的红利，更高效发挥公司章程和法人治理结构的机能，更多采取行使股东权和发挥董事作用等规范化的手段以履行出资人职责，促使国有企业真正成为依法自主经营、自负盈亏、自担风险、自我约束、自我发展的独立市场主体，进一步推动改革措施实质落地。

（二）深化扩容“两类公司”试点，扩大试点范围

2020年，国企混改进入了转折期，也进入了深水期，改革步伐加快，力度加大，最显著的趋势是改革范围扩大。以2019年进行的第四批混改试点的统计数据为例，从试点展开的不同方向来分析国企混改的“放大趋势”[①]：

1. 从行业领域看，第四批混改试点企业既有传统制造业领域，也有互联网、软件及信息技术服务、新能源、新材料和节能环保等战略性新兴产业。目前，国资委

---

① 《国企混改第四批试点160家，多地扩范围降门槛》，载新华网 http://www.xinhuanet.com/fortune/2019-05/20/c_1124516010.html，最后访问日期为2020年8月7日。

已经明确了向石油、天然气、电力、军工等重点领域推动国企混改的方向，这意味着涉及混改的国企行业范围进一步扩大。

2.从企业层级看，第四批混改试点企业中的中央企业主要集中在二、三级企业，其中二级企业55家，三级企业50家；地方企业以一、二级企业居多，其中一级企业14家，二级企业32家。这预示着将放宽限制一级国企集团混改的要求，国企混改层次将试点逐步向一级集团层面延伸。

3.从试点区域看，第四批试点进一步纵深了从中央到地方的混改推广，各地方加快国企混改，不仅试点发力，更呈现批量推动态势。各地方国企混改充分发挥区域优势，因地制宜地围绕各自区域产业特色进行深度混改，尤其是山东、山西、天津、浙江、辽宁、广州等地，推动国企混改力度明显加大。

深入扩容“两类公司”试点，也是国企混改扩大试点范围的重要手段和方式之一，二者相辅相成，是“放大放宽混改试点”的一体两面。自中共十八届三中全会正式提出改组组建国有资本投资公司、国有资本运营公司“两类公司”的概念以来，国企混改突出了由“管企业”向“管资本”转变的全新改革思路，体现了依托“两类公司”实行国有资本的市场化、专业化运营，重塑国有资产管理、国有资本运营、企业生产经营关系的新时代目标。目前，国资委加大改革力度，采取实施“一企一策[①]”放权授权以扩大“两类公司”试点。在可预见的未来，将在既有间接授权试点基础上，加快直接授权改革试点，赋予“两类公司”更多资本投资运营自主权。这一举措的实施将标志着国企深化改革从有限试点阶段向大规模综合实施阶段转变，进而为国企混改机制创新改革提供更大的空间和灵活性。[②]

（三）调整优化产业结构，发展壮大新兴产业

“扩数量”“扩领域”，国企混改进入快车道，但只注重数量而忽视质量的改革是

---

① “一企一策”是指地方政府为实现经济和社会发展目标，采用个体策略方式，对每个企业采用适合企业的特定政策。

② 《国务院关于推进国有资本投资、运营公司改革试点的实施意见》，载中华人民共和国中央人民政府网 http://www.gov.cn/zhengce/content/2018-07/30/content_5310497.htm，最后访问日期为2020年8月7日。

要不得的。因此以产业结构调整促混改，以混改促进产业结构调整，成为新时代背景下国企混改的必要手段。我国国企产业布局天平长期呈现“一边倒”的态势，重工业占据了大量的国有资产，导致市场资源配置失衡，持续输出低质产能，积攒过剩产能。而新时代背景下的国企混改正是以提升国有资本市场化配置效率、促进国有资本战略布局影响力为目标的，只有优化国有经济布局结构、优化产业结构，才能放大国有资本的功能。

此外，需要充分发挥国有资本在调整产业结构、培育新兴产业方面的引领带动作用，打造国企混改资本运作、产业整合平台。一方面，在选择混改主体时，要以产业为主体和导向，摒弃以法人为主体的陈旧观点，放大国有资本的价值功能，对天平劣势端的轻资产、技术类产业予以鼓励支持，通过混改促进产业结构优化升级；另一方面，充分发挥国有资本的导向作用，积极向高新技术产业、战略性新兴产业和生态绿色环保等产业倾斜，引领新兴产业发展。

（四）深入做强核心主业，化解过剩产能

随着进一步全方位、全领域的改革开放，持续推进改革的广度与力度，我国全面开放新格局已初步形成。在充满机遇与挑战的全球化市场环境下，国企改革将面临更为复杂的国际、国内形势与更为激烈的竞争。国企混改定位于竞争力提升，而打造全球一流企业是中国在全面对外开放格局下，参与全球治理和资源要素配置的必然要求。李克强总理多次在政府报告中提出了“让国有企业瘦身健体，增强核心竞争力”的方向指引。国务院国资委更是系统性提出了培养世界一流企业的观点，并要求加快形成一批在国际资源配置中占据主导地位的领军企业，形成一批引领全球行业技术发展的领军企业，形成一批在全球产业发展中具有话语权和影响力的领军企业。

对于国企混改将产生红利毋庸置疑，它对盘活国有资产价值，发挥规模优势，帮助国企增强市场竞争力起着关键性的作用，但是距离增强核心竞争力，打造全球领军企业还有很长的一段路要走。首先，我国国有企业产业布局不均衡的特点显著，其结构总体偏“重”，大多处于传统重工业，分布领域过宽过散，导致产业集中度低，主业不精干，“大而全”的问题仍根深蒂固；其次，大部分国企缺乏自主知识产

权的关键技术与行业知名品牌，核心元器件、关键原材料高度依赖进口，缺乏核心竞争力。相应地，为突破这一困境，在未来的国企混改方向中，应大力提升企业自主创新能力，着力突破战略性前瞻性领域关键核心技术，提高核心竞争力，打造国际品牌；继续推动企业强身健体改革，做强做优做大实业、主业，促进各产业均衡发展，加大供给侧改革力度，推动产业价值链向高端迈进；贯彻落实去库存、去产能、去杠杆、降成本与补短板的任务要求，高度重视国企化解过剩和落后产能，深入推进“减压”，推进“处僵治困”。

此外，主业的核心竞争力是国家实力的重要体现，如何做强做优主业，从而带动化解过剩产能，是国企混改未来应该普遍重视的问题。

（五）破冰垄断领域改革，改善市场经营环境

2019年政府工作报告明确提及自然垄断领域的改革，具体而言要求深化电力、油气、铁路等领域的改革，并要求自然垄断行业根据不同行业特点实施网运分开，将竞争性业务全面推向市场。

国企混改目前已进入“攻坚”阶段。根据国家统计局数据，近年来民间固定资产投资增速呈现下滑的态势。有关分析指出，除却经济下行压力的增大的影响，从第二产业与第三产业的行业数据对比可观察发现，自2016年国家提出供给侧改革，民间资本加快退出产能过剩的第三产业也是导致该民间资本投资萎缩趋势的原因之一。究其根本，由于技术、资金和体制等限制，加上我国自然垄断领域天然形成的市场壁垒，导致投资能力有限的民间资本丧失部分投资意愿。

因此，为了疏通民间资本投资渠道，充分释放投资动力，加速推动国企混改，这就需要逐步放开垄断领域，营造公平的市场环境。同时，要求政府降低或消除由于市场准入限制而形成的垄断行业壁垒，并使之与国企混改相结合。对于开放自然垄断领域的范围，2017年政府工作报告已提出明确方向，即要在电力、石油、天然气、铁路、民航、电信、军工等七大领域迈出国企混改的实质性步伐。这些领域是典型的蓝海市场，它们的开放必然会吸引优质民营资本参与。这既可以引入竞争，引导资源合理配置，也会推动垄断国企的改革，释放出更多活力，是一举多得的措施。对于向民间资本开放自然垄断领域的方式，《关于国有企业功能界定与分类的指

导意见》提出了科学的思路。首先，对于提供公共物品和准公共物品的国企，可通过转让股权、购买服务、特许经营、委托代理等方式，鼓励社会资本参与。其次，对于关系国家安全、国家经济命脉的行业领域和承担重大专项任务的国企，以及某些由生产技术特点决定的自然垄断类国企，要分行业、分企业明确混改边界和程度。[①]总之，科学区分垄断中的自然垄断和非自然垄断环节，对前者要加强行业监管，对后者要坚决放开，以营造更具活力、更安全、更公平的市场经济环境。

① 《国有企业混合所有制改革五个关键问题》，载新华网 http://jjckb.xinhuanet.com/2018-05/07/c_137160062.htm，最后访问日期为 2020 年 8 月 7 日。

2

CHAPTER

第二章

国企混改中的企业国有资产交易

MIXED-OWNERSHIP REFORM

本章导读

近年来，国企混改不断向前推进。国有企业通过股权转让、增资扩股、改制上市、上市公司增发、合资新设、市场化重组以及基金投资等多种方式，将民营资本、外资等非公有资本作为战略投资或产业投资积极引入国有企业，为国有企业注入活力，增强竞争力。而企业国有资产交易在其中扮演着至关重要的角色，是国企混改的主要方式之一。

本章主要介绍国企混改中企业国有资产交易的如下内容：1.企业国有资产交易概述；2.企业国有产权转让；3.企业增资；4.企业国有资产转让。

第一节 | 企业国有资产交易概述

一、企业国有资产交易的概念演变及定义

党的十八大、十九大以来，习近平总书记对国企混改作出了一系列重要指示，通过多次会议研究国企混改工作并作出重要安排，为深化国有企业改革提供了根本依据。国务院国有资产监督管理委员会（以下简称国务院国资委）和中央企业、各地方国有企业以习近平新时代中国特色社会主义思想为指引，认真贯彻落实党中央、国务院的战略部署，落实“1+N”系列文件提出的各项改革要求，深入推进各项国企混改措施落地落实。其中，企业国有资产交易起着至关重要的作用，国有企业通过企业国有资产交易解决了很多长期想解决而未解决的国企混改难题。

2016年6月24日，国务院国资委、财政部联合颁布《企业国有资产交易监督管理办法》（国资委、财政部令第32号，以下简称32号令），对企业国有资产交易中的企业产权转让、企业增资、企业资产转让行为进行规范。32号令是目前现行有效的对企业国有资产交易行为规定最为完整、清晰的法律规范性文件，并首次提出了“企业国有资产交易行为”这一概念，对国有资产交易行为的概念、流程等均作出了明确规定，在加强企业国有资产交易的实践操作、监督管理、防止国有资产损失等方面，与先前相对较为散乱的规范性文件相比，具有非常大的进步意义。有鉴于此，下文将以32号令为界，对企业国有资产交易行为的概念进行梳理。

1. 32号令颁布实施前关于企业国有资产交易的概念演变

在32号令出台之前，我国的法律法规中并没有“企业国有资产交易”这一明确的概念，与之相似的诸如“企业国有产权转让”“国有资产转让”和“企业国有产权交易”等概念，分散在不同的法律规范性文件中。其中，较为常见的三类概念主要包括：

（1）“企业国有产权转让”。国务院国资委、财政部在2003年12月31日发布的

《企业国有产权转让管理暂行办法》[1]（国务院国有资产监督管理委员会、财政部令第3号，以下简称3号令）中将“企业国有产权转让”定义为“国有资产监督管理机构、持有国有资本的企业将所持有的企业国有产权有偿转让给境内外法人、自然人或者其他组织的活动”。

（2）“国有资产转让”。第十一届全国人民代表大会常务委员会在2008年10月28日通过的《中华人民共和国企业国有资产法》（以下简称《企业国有资产法》）将“国有资产转让”定义为“依法将国家对企业的出资所形成的权益转移给其他单位或者个人的行为，按照国家规定无偿划转国有资产的除外”。

（3）“企业国有产权交易”。国务院国资委在2009年6月15日发布的《关于印发〈企业国有产权交易操作规则〉的通知》（国资发产权〔2009〕120号）将“企业国有产权交易”定义为“企业国有产权转让主体在履行相关决策和批准程序后，通过产权交易机构发布产权转让信息，公开挂牌竞价转让企业国有产权的活动”。

2. 32号令对企业国有资产交易的定义

32号令出台后，企业国有资产交易行为这一概念被正式提出。根据32号令的规定，企业国有资产交易行为包括以下三类：

（1）企业国有产权转让。其具体指：履行出资人职责的机构、国有及国有控股企业、国有实际控制企业转让其对企业各种形式出资所形成权益的行为。

（2）企业增资。其具体指：除政府以增加资本金方式对国家出资企业的投入以外的国有及国有控股企业、国有实际控制企业增加资本的行为。

（3）企业国有资产转让。其具体指：国有及国有控股企业、国有实际控制企业的重大资产转让行为。

上述32号令的三类划分，是现行法律法规中对企业国有资产交易行为最为系统且全面的认定标准，也是目前实务当中广泛采用的认定依据。

---

① 该暂行办法已被2017年12月29日发布并实施的《国务院国资委关于公布规章规范性文件清理结果的公告》废止。

二、国企混改中的企业国有资产交易行为

开展国企混改工作的重要方式之一就是国有资产交易，下文将从国企混改中企业国有资产交易的重要意义、原则、主体、内容、监管、方式、争议解决及法律责任，以及保障企业国有资产交易制度的条件等方面宏观地介绍企业国有资产交易行为。

（一）企业国有资产交易的意义

企业国有资产交易行为有利于调整产业结构和产品结构，实现产业结构合理化；有利于资产存量调整、缓解资产增量的资金不足，在一定程度上抑制投资需求和消费需求双膨胀；有利于国有资产的保值和增值，防止国有资产损失；有利于人力资源的挖掘，解放和发展社会生产力。

（二）企业国有资产交易的原则

国有资产不同于民间资本，极易发生国有资产损失现象。根据32号令的规定，企业国有资产交易行为应当遵守国家法律法规和政策规定，有利于国有经济布局和结构调整优化，充分发挥市场配置资源作用，遵循等价有偿和公开公平公正的原则，在依法设立的产权交易机构中公开进行，国家法律法规另有规定的从其规定。

（三）企业国有资产交易的主体

企业国有资产交易行为的主体主要包括履行出资人职责的机构和国有及国有控股企业、国有实际控制企业。

1.履行出资人职责的机构

根据《企业国有资产法》的规定，履行出资人职责的机构是指：

（1）国务院国有资产监督管理机构和地方人民政府按照国务院的规定设立的，根据本级人民政府的授权，代表本级人民政府对国家出资企业履行出资人职责的国有资产监督管理机构；

（2）国务院和地方人民政府根据需要，授权代表本级人民政府对国家出资企业

履行出资人职责的其他部门、机构。

2.国有及国有控股企业、国有实际控制企业

根据32号令的规定，国有及国有控股企业、国有实际控制企业是指：

（1）政府部门、机构、事业单位出资设立的国有独资企业（公司），以及上述单位、企业直接或间接合计持股为100%的国有全资企业；

（2）上述（1）所列单位、企业单独或共同出资，合计拥有产（股）权比例超过50%，且其中之一为最大股东的企业；

（3）上述（1）、（2）所列企业对外出资，拥有股权比例超过50%的各级子企业；

（4）政府部门、机构、事业单位、单一国有及国有控股企业直接或间接持股比例未超过50%，但为第一大股东，并且通过股东协议、公司章程、董事会决议或者其他协议安排能够对其实际支配的企业。

（四）企业国有资产交易的内容

目前，在实务中，对于企业国有资产交易的内容所广泛采用的认定依据是32号令，即企业国有资产交易的内容包括企业国有产权转让、企业增资和企业国有资产转让。

（五）企业国有资产交易的监管

为深化国有资产管理体制改革，完善社会主义市场经济体制，加强对国有资产的保护，防止国有资产损失，对国有资产交易行为进行监督管理就显得尤为重要，这也是推进行政管理体制和政府机构改革的重要内容，是深化国有企业改革的重大措施。

企业国有资产交易行为的监管主体包括国有资产监督管理机构（以下简称国资监管机构）和国家出资企业两大类，它们分别在各自的权限范围内履行监管职责。

1.国资监管机构

（1）国资监管机构的概念及类型

国资监管机构是指代表本级政府履行出资人职责，监督管理企业国有资产的机构。企业国有资产的监督管理遵循分级原则，即国务院，省、自治区、直辖市人民政府，设区的市、自治州级人民政府，分别设立国资监管机构。国资监管机构根据授权，依法履行出资人职责，依法对企业国有资产进行监督管理。各级国资监管机构对应监管各级政府及各级国有资产监督管理委员会履行出资人职责的企业及下属企业。

各级国有资产监督管理委员会并不是国有资产的唯一监管主体。在现有国资监管体系内，行政事业单位及其下属企业的国有资产、金融企业的国有资产、中央文化企业的国有资产由对应的各级财政部门进行监管。由此，也基本形成了“国资委体系”“财政部体系”的二元监管主体体系。同时，部分事业单位因存在特定主管部门，该类事业单位及下属企业的国有资产还受到相应主管部门的监管，如高等院校及其下属企业的国有资产除受财政部门监管外，主要由对应的各级教育部门负责监管。

（2）国资监管机构的监管权限

国资监管机构负责所监管企业的国有资产交易监督管理，国资监管机构及其他履行出资人职责的机构具体监管内容主要包括：

①负责根据国家有关法律法规，制定企业国有资产交易监管制度和办法。

②依照32号令的规定，审核批准企业国有产权转让、增资等事项。

③选择从事企业国有资产交易业务的产权交易机构，并建立对交易机构的检查评审机制。对产权交易机构开展企业国有资产交易业务的情况进行动态监督，如发现转让方或增资企业未执行或违反相关规定、侵害国有权益的，应当责成其停止交易活动。

④对企业国有资产交易制度的贯彻落实情况进行监督检查。

⑤负责企业国有资产交易信息的收集、汇总、分析和上报工作。

⑥履行本级人民政府赋予的其他监管职责。

⑦定期对国家出资企业及其控股和实际控制企业的国有资产交易情况进行检查和抽查，重点检查国家法律法规政策和企业内部管理制度的贯彻执行情况。

2. 国家出资企业

（1）国家出资企业的概念

32号令中虽然频繁出现“国家出资企业”，但是并没有就国家出资企业作出明确的定义。国家出资企业的定义在《企业国有资产法》中有明确的规定。《企业国有资产法》将国家出资企业定义为“国家出资的国有独资企业、国有独资公司，以及国有资本控股公司、国有资本参股公司”。其中，国务院确定的关系国民经济命脉和国家安全的大型国家出资企业、重要基础设施和重要自然资源等领域的国家出资企业，由国务院代表国家履行出资人职责；其他的国家出资企业，由地方人民政府代表国家履行出资人职责。

从上述《企业国有资产法》对国家出资企业的界定来看，国有出资企业几乎涵盖了所有国有控股企业和国有参股企业，范围非常广泛。鉴于32号令规制的是国有及国有控股企业、国有实际控制企业的国有资产交易行为，因此32号令语境下的国家出资企业，我们认为，只是《企业国有资产法》中界定的“国家出资企业”的一部分，仅限于国家出资企业中的国有及国有控股企业、国有实际控制企业。

（2）国家出资企业的监管权限

国家出资企业具体监管内容主要包括：

①负责其各级子企业国有资产交易的管理，定期向同级国资监管机构报告本企业的国有资产交易情况。

②负责制定其子企业国有产权转让管理制度，确定审批管理权限。

③决定其子企业的增资行为。但对主业处于关系国家安全、国民经济命脉的重要行业和关键领域，主要承担重大专项任务子企业的产权转让或增资行为，须由国家出资企业报同级国资监管机构批准。

④对采取非公开协议方式进行企业国有产权转让或企业增资的情形进行审议决策。

⑤负责制定本企业不同类型资产转让行为的内部管理制度，明确责任部门、管理权限、决策程序、工作流程，对其中应当在产权交易机构公开转让的资产种类、金额标准等作出具体规定，并报同级国资监管机构备案。

⑥对于涉及国家出资企业内部或特定行业的资产转让，确需在国有及国有控股、国有实际控制企业之间非公开转让的，由转让方逐级报国家出资企业审核批准。

（六）企业国有资产交易的方式

本着公开、公平、公正的原则，企业国有资产交易原则上应当通过产权交易机构公开进行。在符合特殊条件的情况下，企业国有资产交易行为可以采取非公开协议方式进行交易。

1.原则——公开交易

为了进一步规范企业国有资产交易行为，加强企业国有资产交易行为的监管管理，促进国有资产保值、增值，防止国有资产损失，企业国有资产交易原则上应当通过产权交易机构公开进行。在企业国有资产交易公开进行的大环境下，各地纷纷建立产权交易机构，如北京产权交易所（以下简称北交所）、上海联合产权交易所有限公司[①]（以下简称上海联交所）、天津产权交易中心（以下简称天津交易中心）、重庆联合产权交易所（以下简称重交所）等。

2.例外——非公开协议方式交易

只有在符合特殊条件的情况下，企业国有资产交易方可采取非公开协议方式进行。

（1）非公开协议转让企业国有产权（资产）的条件

①经国资监管机构批准，可以采取非公开协议转让方式的条件：涉及主业处于关系国家安全、国民经济命脉的重要行业和关键领域企业的重组整合，对受让方有特殊要求，企业产权（资产）需要在国有及国有控股企业之间进行转让。

②经国家出资企业审议决策，可以采取非公开协议转让方式的条件：同一国家出资企业及其各级控股企业或实际控制企业之间因实施内部重组整合进行产权（资产）转让。

（2）非公开协议增资的条件

①经同级国资监管机构批准，可以采取非公开协议方式进行增资的条件：因国有资本布局结构调整需要，由特定的国有及国有控股企业或国有实际控制企业参与增资；因国家出资企业与特定投资方建立战略合作伙伴或利益共同体需要，由该投资方参与国家出资企业或其子企业增资。

②经国家出资企业审议决策，可以采取非公开协议方式进行增资的条件：国家

① 上海联合产权交易所有限公司的前身是“上海联合产权交易所”（事业单位性质），于2017年12月30日由事业单位整体改制成为国有独资公司，并更名为“上海联合产权交易所有限公司”。本章中所称的“上海联交所”既指改制前的上海联合产权交易所，又指改制后的上海联合产权交易所有限公司。

出资企业直接或指定其控股、实际控制的其他子企业参与增资；企业债权转为股权；企业原股东增资。

（七）企业国有资产交易中的争议解决及法律责任

企业资产交易行为在实施过程中必然会发生各种各样的争议，其中也涉及交易双方的法律责任划分问题，下文将对企业国有资产交易行为的争议解决和法律责任进行详细介绍。

1. 争议解决

根据32号令规定，企业国有资产交易过程中交易双方发生争议时，当事方可以向产权交易机构申请调解；调解无效时可以按照约定向仲裁机构申请仲裁或向人民法院提起诉讼。

针对企业国有资产交易行为的争议解决，各地的产权交易机构纷纷发布了细则。上海联交所在2019年8月14日发布了《上海联合产权交易所有限公司产权交易争议调解操作细则》（沪联产交〔2018〕51号），申请人可以提交书面申请要求联合产权交易所组织调解。北交所在2018年5月22发布了《北京产权交易所企业国有产权转让争议调解操作细则》，对争议调解作出详细规定。天津交易中心、重交所也都有相应的争议解决规定。

2. 法律责任

（1）国资监管机构、国有及国有控股企业、国有实际控制企业的法律责任

企业国有资产交易应当严格执行“三重一大”决策机制。国资监管机构、国有及国有控股企业、国有实际控制企业的有关人员违反规定越权决策、批准相关交易事项，或者玩忽职守、以权谋私致使国有权益受到侵害的，由有关单位按照人事和干部管理权限给予相关责任人员相应的处分；造成国有资产损失的，相关责任人员应当承担赔偿责任；构成犯罪的，依法追究其刑事责任。

（2）社会中介机构的法律责任

社会中介机构在为企业国有资产交易提供审计、资产评估和法律服务中存在违规执业行为的，有关国有企业应及时报告同级国资监管机构，国资监管机构可要求国有及国有控股企业、国有实际控制企业不得再委托其开展相关业务；情节严重的，

由国资监管机构将有关情况通报其行业主管部门，建议给予其相应的处罚。

（3）产权交易机构的法律责任

产权交易机构在企业国有资产交易中弄虚作假或者玩忽职守、给企业造成损失的，应当承担赔偿责任，并依法追究直接责任人员的责任。

（八）保障企业国有资产交易顺利进行的条件

企业国有资产交易行为要科学、顺利地开展，应具备一定的条件。一般而言，该条件包括完善的法律法规、健全的企业国有资产交易市场、权属清晰的企业国有资产交易标的、真实有效的资产评估备案制度等。

1. 完善的法律法规

完善的法律法规是企业国有资产交易的根本保证。法律法规的作用一般包括指引、评价、教育、预测和强制。首先，完善的法律法规对国有企业的资产交易具有引导作用，通过具体程序的设定给予交易主体规范性指引。其次，法律法规作为一种行为标准，具有判断、衡量交易主体的行为合法与否的作用，交易主体可以凭借法律法规预测到相对方会如何作为。同时，法律的强制性又可以保证法律法规得到贯彻实施。因此，完善的法律法规是规范企业国有资产交易的根本制度保证。

2. 健全的企业国有资产交易市场

健全的企业国有资产交易市场是企业国有资产交易行为的必要条件。企业国有资产交易市场是经济成熟发展、社会化程度显著提高、竞争机制全面渗入经济过程的必然产物。通过企业国有资产交易市场可以快捷、便利、有效率地将资产重新组合，为国有企业注入新的活力，防止国有资产损失，促进经济的新发展。

3. 权属清晰的企业国有资产交易标的

权属清晰的企业国有资产交易标的是企业国有资产交易行为的首要条件。企业国有资产交易标的应当权属清晰，不存在法律法规禁止或限制交易的情形。已设定担保物权的国有资产的交易行为，应当符合《中华人民共和国物权法》《中华人民共和国担保法》等有关法律法规规定。涉及政府社会公共管理事项的，应当依法报政府有关部门审核。只有明晰企业国有资产交易标的，才能使企业国有资产交易标的在交易市场上依法、有效、顺畅地流动起来，否则将可能产生后续纠纷，最终导致交易无法进行。

4.真实有效的资产评估备案制度

资产评估是企业国有资产交易的基础性环节。企业国有资产交易行为要全面、合理地展开，就必须简单明了地用价值概念表示财产的价格，因此在企业国有资产交易行为中对被经营企业的资产价值进行评估是确定交易价格的基础环节。为了防止国有资产损失，使企业国有资产交易行为更规范，资产评估就更具有特别的意义和作用。与此同时，对于国有资产交易定价而言，除资产评估外，对评估结果进行备案也是极其重要的环节。资产评估的备案，是指国有资产交易行为的相关资产评估应当向主管机关报告事由存案以备查考。备案有利于加强对企业国有资产交易行为的监督管理，防止国有资产损失，对于后续的查证工作具有极其重要的意义。

（1）资产评估的核准主体

根据《企业国有资产评估管理暂行办法》的规定，经各级人民政府批准经济行为的事项涉及的资产评估项目，分别由其国有资产监督管理机构负责核准。根据《关于加强企业国有资产评估管理工作有关问题的通知》的规定，国务院批准的重大经济事项同时涉及中央和地方的资产评估项目，可由其国有股最大股东依照其产权关系，逐级报送国务院国有资产监督管理机构进行核准。

（2）负责资产评估备案的主体

经国务院国有资产监督管理机构批准经济行为的事项涉及的资产评估项目，由国务院国有资产监督管理机构负责备案；经国务院国有资产监督管理机构所出资企业（以下简称中央企业）及其各级子企业批准经济行为的事项涉及的资产评估项目，由中央企业负责备案。地方国有资产监督管理机构及其所出资企业的资产评估项目备案管理工作的职责分工，由地方国有资产监督管理机构根据各地实际情况自行规定。

（3）办理核准与备案手续的主体

若在一个拟增资、拟转让产权、拟转让资产的企业中（以下简称标的企业），该标的企业有多个国有股东发生资产评估事项，经该等国有股东协商一致可由标的企业的国有股最大股东依照其产权关系办理核准或备案手续；国有股股东持股比例相等的，经协商一致可由其中一方依照其产权关系办理核准或备案手续。

三、企业国有资产交易主体的认定、类型比较及责任追究

目前，很多人对企业国有资产交易行为的主体认定、类型划分以及责任追究等问题较为关注。判断某一企业是否属于国有及国有控股企业、国有实际控制企业，是进行国有资产交易最为关键的第一步，其关系到是否需要进场公开交易以及是否受制于国有资产监督管理的规范。而了解企业国有资产交易行为的责任追究，有助于防止国有企业相关责任人员因未履行或未正确履行职责而造成国有资产损失或其他严重不良的后果。

（一）国有及国有控股企业、国有实际控制企业的认定与识别

国有及国有控股企业、国有实际控制企业是企业国有资产交易的主体，因而，对国有及国有控股、国有实际控制企业的认定在研究国有企业产权交易行为中十分关键。下面，我们总结了认定国有及国有控股企业、国有实际控制企业的相关步骤。

第一步，绘制企业国有资产交易标的企业的完整的股权结构图（直至其最终出资的政府部门、机构、事业单位及自然人）。

第二步，确认标的企业与股东之间的实际隶属和支配关系。

第三步，将股权结构图中所罗列的政府部门、机构、事业单位、国有独资企业（公司）、国有全资企业进行标注。

第四步，根据32号令对国有企业的分类，逐级向下对企业股东中的国有企业进行标记，并确认其具体的持股比例。

第五步，根据以上对国有企业的分类，识别标的企业是否属于国有及国有控股企业、国有实际控制企业。

（二）企业国有资产交易类型比较

企业国有资产交易类型主要包括企业国有产权转让、企业增资和企业国有资产转让三类。以下总结了三类不同交易行为的差异比较。

表 2-1　三类不同交易行为的差异

序号	企业国有资产交易行为		企业国有产权转让	企业增资	企业国有资产转让
1	强制进场交易	进场范围	履行出资人职责的机构、国有及国有控股企业、国有实际控制企业转让其对企业各种形式出资所形成权益的行为	国有及国有控股企业、国有实际控制企业增加资本的行为	国有及国有控股企业、国有实际控制企业的重大资产（一定金额以上的生产设备、房产、在建工程以及土地使用权、债权、知识产权等资产）转让行为
		交易审批	国资监管机构审核国家出资企业的产权转让事项（导致国家不再拥有国家出资企业控股权的，报本级人民政府批准） 国家出资企业决定其子企业国有产权转让事项（重要子企业国有产权转让事项，报同级国资监管机构批准）	原则上同企业国有产权转让	国家出资企业应制定内部管理制度，明确管理权限等事项，同时具体规定应当在产权交易机构公开转让的资产种类，金额标准等，并报同级国资监管机构备案
2	以非公开协议方式进行交易	适用范围	涉及主业处于关系国家安全、国民经济命脉的重要行业和关键领域企业的重组整合，对受让方有特殊需求，企业产权需要在国有及国有控股企业之间转让； 同一国家出资企业及其各级控股企业或实际控制企业之间因实施内部重组整合进行产权转让的	因国有资本布局结构调整需要，由特定的国有及国有控股企业或国有实际控制企业参与增资；因国家出资企业与特定投资方建立战略合作伙伴或利益共同体需要，由该投资方参与国家出资企业或其子企业增资； 国家出资企业直接或指定其控股、实际控制的其他子企业参与增资；企业债权转为股权；企业原股东增资	涉及国家出资企业内部或特定行业的资产转让，确需在国有及国有控股、国有实际控制企业之间非公开转让的
		交易审批	前者经国资监管机构批准 后者经该国家出资企业审议决策	前者经国资监管机构批准 后者经该国家出资企业审议决策	逐级报国家出资企业审核批准

续表

序号	企业国有资产交易行为		企业国有产权转让	企业增资	企业国有资产转让
3	可豁免评估的交易		同一国家出资企业内部实施重组整合，转让方和受让方为该国家出资企业及其直接或间接全资拥有的子企业； 同一国有控股企业或国有实际控制企业内部实施重组整合，转让方和受让方为该国有控股企业或国有实际控制企业及其直接、间接全资拥有的子企业	增资企业原股东同比例增资的； 履行出资人职责的机构对国家出资企业增资的； 国有控股或国有实际控制企业对其独资子企业增资的； 增资企业和投资方均为国有独资或国有全资企业的	规定转让方应根据转让标的情况合理确定转让底价，未对应否评估作出具体规定
4	交易信息披露	时间	信息预披露（选择适用，导致实际控制权转移的强制适用），不少于 20 个工作日； 正式信息披露，不少于 20 个工作日； 自首次正式披露信息之日起不超过 12 个月，否则应重新履行审计、评估及信息披露等程序	不少于 40 个工作日	100 万元＜转让底价＜ 1000 万元，不少于 10 个工作日 转让底价＞ 1000 万元，不少于 20 个工作日
		受让方资格条件	原则上不得针对受让方设置条件； 确需设置的，不得有明确指向性或违反公平竞争原则； 所设资格条件相关内容应当在信息披露前报同级国资监管机构备案	可以设定资格条件，但我们理解原则上仍不得有明确指向性或违反公平竞争原则	除国家法律法规或相关规定另有要求的外，资产转让不得对受让方设置资格条件

续表

序号	企业国有资产交易行为		企业国有产权转让	企业增资	企业国有资产转让
5	交易竞价及成交	竞价方式	采取拍卖、招投标、网络竞价以及其他竞价方式	采用竞价、竞争性谈判、综合评议等方式； 企业董事会或股东会以资产评估结果为基础，结合意向投资方的条件和报价等因素审议选定投资方	参照32号令关于企业国有产权转让的规定执行
		交易价款支付	原则上应当自合同生效之日起5个工作日内一次付清； 采用分期付款方式的，首期付款不得低于总价款的30%，并在合同生效之日起5个工作日内支付；其余款项应当提供转让方认可的合法有效担保，并按同期银行贷款利率支付延期付款期间的利息，付款期限不得超过1年	未作要求	原则上一次性付清
		交易凭证出具	产权交易合同生效且受让方按照合同约定支付交易价款后 （要求支付全款或在约定分期中已足额付款首付款）	增资协议签订并生效后，产权交易机构应当出具交易凭证	参照32号令关于企业国有产权转让的规定执行
		交易成立公告	通过交易机构网站对外公告； 公告内容包括交易标的名称、转让标的评估结果、转让底价、交易价格； 公告期不少于5个工作日	通过交易机构网站对外公告； 公告内容包括投资方名称、投资金额、持股比例等； 公告期不少于5个工作日	参照32号令关于企业国有产权转让的规定执行

（三）产权转让的责任追究

2018年7月30日，国务院国资委印发了《中央企业违规经营投资责任追究实施办法（试行）》（国资委令第37号，以下简称37号令），旨在贯彻落实党中央国务院关于以管资本为主加强国有资产监管、有效防止国有资产损失的要求，加强和规范中央企业责任追究工作。

37号令在《国务院办公厅关于建立国有企业违规经营投资责任追究制度的意见》（国办发〔2016〕63号，以下简称《意见》）的基础上，进一步明确了中央企业违规经营投资责任追究的范围、标准、责任认定、追究处理、职责和工作程序等。针对违规经营投资问题集中的领域和环节，37号令明确了集团管控、风险管理、购销管理、工程承包建设、资金管理、固定资产投资、投资并购、改组改制、境外经营投资和转让产权、上市公司股权、资产以及其他责任追究情形11个方面共72种责任追究情形。以下主要对中央企业在国有产权转让方面的责任追究进行介绍。

1.产权转让方面的责任追究情形

37号令在《意见》的基础上，对中央企业经营管理有关人员在转让产权、上市公司股权、资产时，未履行或未正确履行职责，造成国有资产损失或其他严重不良后果的责任追究情形做了进一步的补充、细化和调整，具体差异如下：

表2-2 关于产权转让的责任追究，《意见》与37号令具体差异

序号	《意见》规定的情形	37号令规定的情形	说明
1	未按规定履行决策和审批程序或超越授权范围转让	未按规定履行决策和审批程序或授权范围转让	无变化
2	财务审计和资产评估违反相关规定	财务审计和资产评估违反相关规定	无变化
3	组织提供和披露虚假信息，操纵中介机构出具虚假财务审计、资产评估鉴证结果	隐匿应当纳入审计、评估范围的资产，组织提供和披露虚假信息，授意、指使中介机构出具虚假财务审计、资产评估鉴证结果及法律意见书等	（1）新增隐匿应当纳入审计、评估范围的资产情形； （2）将“操纵中介机构”改为“授意、指使中介机构”； （3）中介机构增加律师事务所

续表

序号	《意见》规定的情形	37号令规定的情形	说明
4	未按相关规定执行回避制度，造成资产损失	未按相关规定执行回避制度	删除“造成资产损失”
5	违反相关规定和公开公平交易原则，低价转让企业产权、上市公司股权和资产等	违反相关规定和公开公平交易原则，低价转让企业产权、上市公司股权和资产等	无变化
6	/	未按规定进场交易	新增

根据上表内容可知，37号令对中央企业经营管理有关人员在转让产权、上市公司股权、资产方面，提出了更严格的履职要求，具体而言：

在审计、评估方面，新增了“隐匿应当纳入审计、评估范围的资产”作为追责情形。将“操纵中介机构”调整为“授意、指使中介机构”，降低了追责的门槛，原先要达到“操纵”中介机构出具虚假报告的程度才进行追责，现在只要达到“授意、指使”中介机构就要进行追责。原先未按相关规定执行回避制度，造成资产损失的，才进行追责；现在只要未按相关规定执行回避制度，无论是否造成资产损失，就要进行追责。新增了“未按规定进场交易”的追责情形。

2. 资产损失的认定标准

违规是追责的前提，37号令指的资产损失是“违规经营投资”所造成的资产损失。在此基础上，对违规经营投资造成的资产损失，经调查核实，根据司法、行政机关等依法出具的书面文件，具有相应资质的会计师事务所、资产评估机构、律师事务所、专业技术鉴定机构等专业机构出具的专项审计、评估或鉴证报告，以及企业内部证明材料等，综合研判认定资产损失金额以及对企业、国家和社会等造成的影响。资产损失包括直接损失和间接损失。直接损失是与相关人员行为有直接因果关系的损失金额及影响；间接损失是由相关人员行为引发或导致的，除直接损失外、能够确认计量的其他损失金额及影响。

资产损失标准是有效开展追责工作的重要基础。为此，37号令将中央企业资产损失程度划分如下：

表 2–3　37 号令对中央企业资产损失程度划分

序号	损失认定	损失金额
1	一般资产损失	500 万元以下
2	较大资产损失	500 万元以上（含 500 万元）5000 万元以下
3	重大资产损失	5000 万元以上（含 5000 万元）

3. 责任认定

中央企业经营管理有关人员任职期间违反规定，未履行或未正确履行职责造成国有资产损失或其他严重不良后果的，应当追究其相应责任。违规经营投资责任根据工作职责划分为直接责任、主管责任和领导责任，具体而言：

表 2–4　责任认定与适用情形

<table>
<tr><th>序号</th><th>责任认定</th><th colspan="2">适用情形</th></tr>
<tr><td>1</td><td>直接责任</td><td>相关人员在其工作职责范围内，违反规定，未履行或未正确履行职责，对造成的资产损失或其他严重不良后果起决定性直接作用时应当承担的责任。</td><td>企业负责人存在以下情形的，应当承担直接责任：
1. 本人或与他人共同违反国家法律法规、国有资产监管规章制度和企业内部管理规定；
2. 授意、指使、强令、纵容、包庇下属人员违反国家法律法规、国有资产监督规章制度和企业内部管理规定；
3. 未经规定程序或超越权限，直接决定、批准、组织实施重大经济事项；
4. 主持相关会议讨论或以其他方式研究时，在多数人不同意的情况下，直接决定、批准、组织实施重大经济事项；
5. 将按有关法律法规制度应作为第一责任人（总负责）的事项、签订的有关目标责任事项或应当履行的其他重要职责，授权（委托）其他领导人员决策且决策不当或决策失误等；
6. 其他应当承担直接责任的行为。</td></tr>
<tr><td>2</td><td>主管责任</td><td colspan="2">相关人员在其直接主管（分管）工作职责范围内，违反规定，未履行或未正确履行职责，对造成的资产损失或其他严重不良后果应当承担的责任。</td></tr>
<tr><td>3</td><td>领导责任</td><td colspan="2">企业主要负责人在其工作职责范围内，违反规定，未履行或未正确履行职责，对造成的资产损失或其他严重不良后果应当承担的责任。</td></tr>
</table>

此外，中央企业所属子企业违规经营投资致使发生下列情形的，上级企业经营

管理有关人员应当承担相应的责任。其中，上一级企业有关人员应当承担相应责任的情形包括：发生重大资产损失且对企业生产经营、财务状况产生重大影响的；多次发生较大、重大资产损失，或造成其他严重不良后果的。除上一级企业有关人员外，更高层级企业有关人员也应当承担相应责任的情形包括：发生违规违纪违法问题，造成资产损失金额巨大且危及企业生存发展的；在一定时期内多家所属子企业连续集中发生重大资产损失，或造成其他严重不良后果的。

中央企业违反规定瞒报、漏报或谎报重大资产损失的，对企业主要负责人和分管负责人比照领导责任和主管责任进行责任认定。中央企业未按规定和有关工作职责要求组织开展责任追究工作的，对企业负责人及有关人员比照领导责任、主管责任和直接责任进行责任认定。中央企业有关经营决策机构以集体决策形式作出违规经营投资的决策或实施其他违规经营投资的行为，造成资产损失或其他严重不良后果的，应当承担集体责任，有关成员也应当承担相应责任。

4. 国企产权转让方面的建议

37号令的颁布，是国家加强和改进国有资产监督工作、有效防止国有资产损失的重要举措，对于加强和规范中央企业责任追究工作，落实国有资产保值增值责任，进一步完善国有资产监督管理制度等具有重要作用。虽然37号令主要适用于中央企业，但在现行法治环境下，对于未被列入适用范围的其他的国有企业领导人也应当给予足够的重视。

产权交易作为国有企业日常经营过程中的重要环节，容易引发各种争议纠纷。稍有不慎，相关领导人员可能就要面临终身追责的风险。对此，在国有企业进行产权交易方面，有以下建议：重视清产核资、审批评估工作，并向相关中介机构如实披露相关信息，避免隐匿应当纳入审计、评估范围的资产；保证各中介机构的独立性、专业性，不要授意、指使甚至操纵中介机构出具虚假财务审计、资产评估鉴证结果及法律意见书等报告；严格按照法律法规、企业内部制度的规定执行回避制度；严格按照《企业国有资产法》《企业国有资产监督管理暂行条例》《企业国有资产交易监督管理办法》等法律法规的规定，在依法设立的产权交易机构中公开进行国有资产交易；聘请专业的法律顾问对整个交易环节的法律风险进行防控、管理。

第二节 | 企业国有资产交易之企业国有产权转让

企业国有产权转让是企业国有资产交易行为的重要内容之一，企业国有产权转让推动着产业结构调整，促进产业结构合理化，对我国经济发展有着深远的影响。本节主要介绍企业国有资产交易行为中的企业国有产权转让，分别将从企业国有产权转让的大致流程、企业国有产权转让进场交易流程、企业国有产权转让的特殊方式、特殊企业国有产权转让应遵循的规定、企业国有产权转让操作的重点与难点、相关案例及案例分析等方面进行介绍。

一、企业国有产权转让概述

企业国有产权转让是指履行出资人职责的机构和国有及国有控股企业、国有实际控制企业转让其对企业各种形式出资所形成权益的行为。

二、企业国有产权转让的流程

以交易方式为标准，企业国有产权转让大致可分为进场的企业国有产权转让和非公开协议方式的企业国有产权转让。其中，进场的企业国有产权转让程序是大家尤为关注的问题，具体而言，一般包括企业国有产权转让进场前的准备、企业国有产权转让进场后的程序、企业国有产权转让变更登记程序。

（一）企业国有产权转让进场前的准备

企业国有产权转让进场交易之前需要完成进场前的准备工作，一般包括拟转让方及标的企业的内部决策、本次转让的可行性研究和方案论证、拟定转让方案、审核批准、对转让标的进行审计与评估。

1. 内部决策

产权转让应当由转让方按照企业章程和企业内部管理制度进行决策，形成书面决议。国有控股和国有实际控制企业中国有股东委派的股东代表，应当按照32号令和委派单位的指示发表意见、行使表决权，并将履职情况和结果及时报告委派单位。转让方及标的企业基于本次转让的内部决策除依据法律法规外，还需遵循转让方及标的企业现行有效的公司章程。

2. 可行性研究和方案论证

转让方应当按照企业发展战略做好产权转让的可行性研究和方案论证。具体包括：确认转让标的、分析转让目的对企业战略发展规划的影响、转让标的的价值分析、转让标的企业所具备的基础、提出对受让方的要求等。

产权转让涉及职工安置事项的，安置方案应当经职工代表大会或职工大会审议通过；涉及债权债务处置事项的，应当符合国家相关法律法规的规定。安置方案应包括所有涉及职工利益的重大事项的处置措施，例如劳动关系的处理、拖欠职工债务的处理、社会保险的接续等。

3. 拟定转让方案

转让方应当针对国有产权转让事宜拟定转让方案（方案内容包括但不限于转让标的企业国有产权的基本情况、转让行为合法合规性论证、转让收益的分配处置方案和转让公告的主要内容等），并报送相应的国有资产监督管理机构审批。

4. 审核批准

（1）国资监管机构负责审核国家出资企业的产权转让事项。其中，因产权转让致使国家不再拥有所出资企业控股权的，须由国资监管机构报本级人民政府批准。

（2）国家出资企业负责制定其子企业国有产权转让管理制度，确定审批管理权限。其中，对主业处于关系国家安全、国民经济命脉的重要行业和关键领域，主要承担重大专项任务子企业的产权转让，须由国家出资企业报同级国资监管机构批准。

（3）履行批准程序的主体：转让方为多家国有股东共同持股的企业，由其中持股比例最大的国有股东负责履行相关批准程序；各国有股东持股比例相同的，由相关股东协商后确定其中一家股东负责履行相关批准程序。

5. 审计与评估及备案

为加强国有资产管理，促进国有资产保值增值，推动企业国有资产交易顺利进行，为企业国有资产交易提供专业化估价意见，转让方应当对转让标的企业进行审计与评估。

产权转让事项经批准后，由转让方委托会计师事务所对转让标的企业进行审计。涉及参股权转让不宜单独进行专项审计的，转让方应当取得转让标的企业最近一期年度审计报告。

资产评估。对按照有关法律法规要求必须进行资产评估的产权转让事项，转让方应当委托具有相应资质的评估机构对转让标的进行资产评估，产权转让价格应以经核准或备案的评估结果为基础确定。

国有资产评估项目的备案主体：经国务院国资监管机构批准经济行为的事项涉及的资产评估项目，由国务院国资监管机构负责备案；经中央企业及其各级子企业批准经济行为的事项涉及的资产评估项目，由中央企业负责备案。地方国有资产监督管理机构及其所出资企业的资产评估项目备案管理工作的职责分工，由地方国有资产监督管理机构根据各地实际情况自行规定。

办理核准与备案手续的主体：有多个国有股东的企业发生资产评估事项，经协商一致可由该标的企业国有股最大股东依照其产权关系办理核准或备案手续；国有股股东持股比例相等的，经协商一致可由其中一方依照其产权关系办理核准或备案手续。

国有资产评估项目备案程序具体如下。

一是申请备案。企业收到资产评估机构出具的评估报告后，将备案材料逐级报送给国资监管机构或其所出资企业，自评估基准日起9个月内提出备案申请。资产评估项目备案需报送下列文件材料一般包括：国有资产评估项目备案表一式三份；资产评估报告（评估报告书、评估说明和评估明细表及其电子文档）；与资产评估项目相对应的经济行为批准文件；其他有关材料。

二是审核备案材料。国资监管机构或者所出资企业收到备案材料后，对材料齐全的，在20个工作日内办理备案手续，必要时可组织有关专家参与备案评审。

三是确认备案。国资监督机构及所出资企业根据下列情况确定是否对资产评估项目予以备案：资产评估所涉及的经济行为是否获得批准；资产评估机构是否具备相应的评估资质，评估人员是否具备相应的执业资格；评估基准日的选择是否适当，评估结果的使用有效期是否明示；资产评估范围与经济行为批准文件确定的资产范围是否一致；评估依据是否适当；企业是否就所提供的资产权属证明文件、财务会计资料及生产经营管理资料的真实性、合法性和完整性作出承诺；评估程序是否符合相关评估准则的规定。

（二）企业国有产权转让进场交易程序

企业国有产权转让进场交易的程序往往是实务操作中备受关注的重点问题之一。一般而言，企业国有产权转让进场交易程序一般经历受理转让申请、发布转让信息、登记意向受让、组织交易签约、结算交易资金、出具交易凭证等。同时，各个地区的产权交易机构根据32号令的相关规定，也发布了各自企业国有产权转让进场交易的具体操作细则。

1.受理转让申请

转让方向产权交易机构提出信息预披露或者正式披露的申请，并应当按照要求向产权交易机构提供披露信息内容的纸质文档材料，并对披露内容和所提供材料的真实性、完整性、准确性负责。产权交易机构对信息披露的规范性负责。

（1）转让方披露信息的主要内容：包括转让标的基本情况；转让标的企业的股东结构；产权转让行为的决策及批准情况；转让标的企业最近一个年度审计报告和最近一期财务报表中的主要财务指标数据，包括但不限于资产总额、负债总额、所有者权益、营业收入、净利润等（转让参股权的，披露最近一个年度审计报告中的相应数据）；受让方资格条件（适用于对受让方有特殊要求的情形）；交易条件、转让底价；企业管理层是否参与受让，有限责任公司原股东是否放弃优先受让权；竞价方式，受让方选择的相关评判标准；其他需要披露的事项。其中信息预披露应当包括但不限于以上前五项内容。

（2）设置受让方资格条件的注意事项：根据32号令的规定，产权转让原则上不得针对受让方设置资格条件，确需设置条件的，不得有明确指向性或违反公平竞争原则，所设资格条件相关内容应当在信息披露前报同级国资监管机构备案，国资监管机构在5个工作日内未反馈意见的视为同意。

2.发布转让信息

产权转让原则上通过产权市场公开进行。转让方可以根据企业实际情况和工作进度安排，采取信息预披露和正式披露相结合的方式，通过产权交易机构网站分阶段对外披露产权转让信息，公开征集受让方。

（1）转让底价的确定

产权转让项目首次正式信息披露的转让底价，不得低于经核准或备案的转让标的评估结果。信息披露期满未征集到意向受让方的，可降低转让底价的，新的转让底价若低于评估结果的90%时，应当经转让行为批准单位书面同意。

（2）信息披露期限

正式披露信息时间不得少于20个工作日。因产权转让导致转让标的企业的实际控制权发生转移的，转让方应当在转让行为获批后10个工作日内，通过产权交易机构进行信息预披露，时间不得少于20个工作日。在正式披露信息期间，转让方不得变更产权转让公告中公布的内容，由于非转让方原因或其他不可抗力因素导致可能对转让标的价值判断造成影响的，转让方应当及时调整补充披露信息内容，并相应延长信息披露时间。

（3）信息披露期满未征集到受让方的处理

信息披露期满未征集到意向受让方的，可以延期或在降低转让底价、变更受让条件后重新进行信息披露。降低转让底价或变更受让条件后重新披露信息的，披露时间不得少于20个工作日。转让项目自首次正式披露信息之日起超过12个月未征集到合格受让方的，应当重新履行审计、资产评估以及信息披露等产权转让工作程序。

3.登记受让意向

产权交易机构负责意向受让方的登记工作，对意向受让方是否符合受让条件提出意见并反馈转让方。产权交易机构与转让方意见不一致的，由转让行为批准单位决定意向受让方是否符合受让条件。

4.确定受让意向

产权转让信息披露期满、产生符合条件的意向受让方的，按照披露的竞价方式组织竞价。竞价可以采取拍卖、招投标、网络竞价以及其他竞价方式，且不得违反国家法律法规的规定。

5.组织交易签约

受让方确定后，转让方与受让方应当签订产权交易合同，交易双方不得以交易期间企业经营性损益等理由对已达成的交易条件和交易价格进行调整。产权交易合同生效后，产权交易机构应当将交易结果通过交易机构网站对外公告，公告内容包括交易标的名称、转让标的评估结果、转让底价、交易价格，公告期不少于5个工作日。

6.结算交易资金

产权转让价格应以经核准或备案的评估结果为基础确定。交易双方不得以交易期间企业经营性损益等理由对已达成的交易条件和交易价格进行调整。交易价款应当以人民币计价，通过产权交易机构以货币进行结算。因特殊情况不能通过产权交易机构结算的，转让方应当向产权交易机构提供转让行为批准单位的书面意见以及受让方付款凭证。

交易价款原则上应当自合同生效之日起5个工作日内一次付清。金额较大、一次付清确有困难的，可以采取分期付款方式。采用分期付款方式的，首期付款不得低于总价款的30%，并在合同生效之日起5个工作日内支付；其余款项应当提供转让方认可的合法有效担保，并按同期银行贷款利率支付延期付款期间的利息，付款期限不得超过1年。

7.出具交易凭证

产权交易合同生效，并且受让方按照合同约定支付交易价款后，产权交易机构应当及时为交易双方出具交易凭证。

（三）企业国有产权转让变更登记程序

企业国有产权转让交易完成后，标的企业须前往相应的市场监督管理局完成相应的股东变更的工商变更登记备案手续。同时，根据《企业国有资产产权登记管理办法》的规定，国有资本占企业实收资本比例发生变化的，应当自变动之日起30日内向相应的国资监管机构办理变动产权登记。

三、企业国有产权转让进场交易流程

在32号令对企业国有产权转让一般流程进行规定之后，各地的产权交易所分别制定了企业国有产权转让进场交易的操作细则，以下总结了北京产权交易所（以下简称北交所）、上海联合产权交易所有限公司（以下简称上海联交所）、天津产权交易中心（以下简称天津交易中心）和重庆联合产权交易所（以下简称重交所）发布的企业国有产权转让进场交易流程：

（一）北交所对企业国有产权转让进场交易流程

根据北交所发布的《北京产权交易所企业国有产权转让操作规则》《北京产权交易所企业国有产权转让预披露转让信息操作细则》《北京产权交易所企业国有产权转让受理转让申请操作细则》《北京产权交易所企业国有产权转让发布转让信息操作细则》《北京产权交易所企业国有产权转让登记受让意向操作细则》《北京产权交易所企业国有产权转让组织交易签约操作细则》《北京产权交易所企业国有产权转让结算交易资金操作细则》《北京产权交易所企业国有产权转让出具交易凭证操作细则》，企业国有产权转让进场交易流程如图2-1所示。

（二）上海联交所对企业国有产权转让进场交易流程

根据上海联交所发布的《上海联合产权交易所有限公司企业国有产权转让受理转让申请操作细则》、《上海联合产权交易所有限公司企业国有产权转让披露信息操作细则》、《上海联合产权交易所有限公司企业国有产权转让登记受让意向操作细则》、《上海联合产权交易所有限公司企业国有产权转让组织交易签约操作细则》、《上海联合产权交易所有限公司企业国有产权转让结算交易资金操作细则》、《上海联合产权交易所有限公司企业国有产权转让出具交易凭证操作细则》、《上海联合产权交易所有限公司非国有产权交易操作细则》、《上海联合产权交易所有限公司非公开协议转让项目登记操作细则（试行）》企业国有产权转让进场交易流程如图2-2所示。

（三）天津交易中心对企业国有产权转让进场交易流程

根据天津交易中心发布的《天津产权交易中心企业国有产权交易规则》《天津产权交易中心企业国有产权转让登记受让意向操作细则》《天津产权交易中心企业国有产权转让组织交易签约操作细则》，企业国有产权转让进场交易流程如图2-3所示。

（四）重交所对企业国有产权转让进场交易流程

根据重交所于2018年12月28日发布的《重庆联合产权交易所企业国有产权交易业务规则》，企业国有产权转让进场交易流程如图2-4所示。

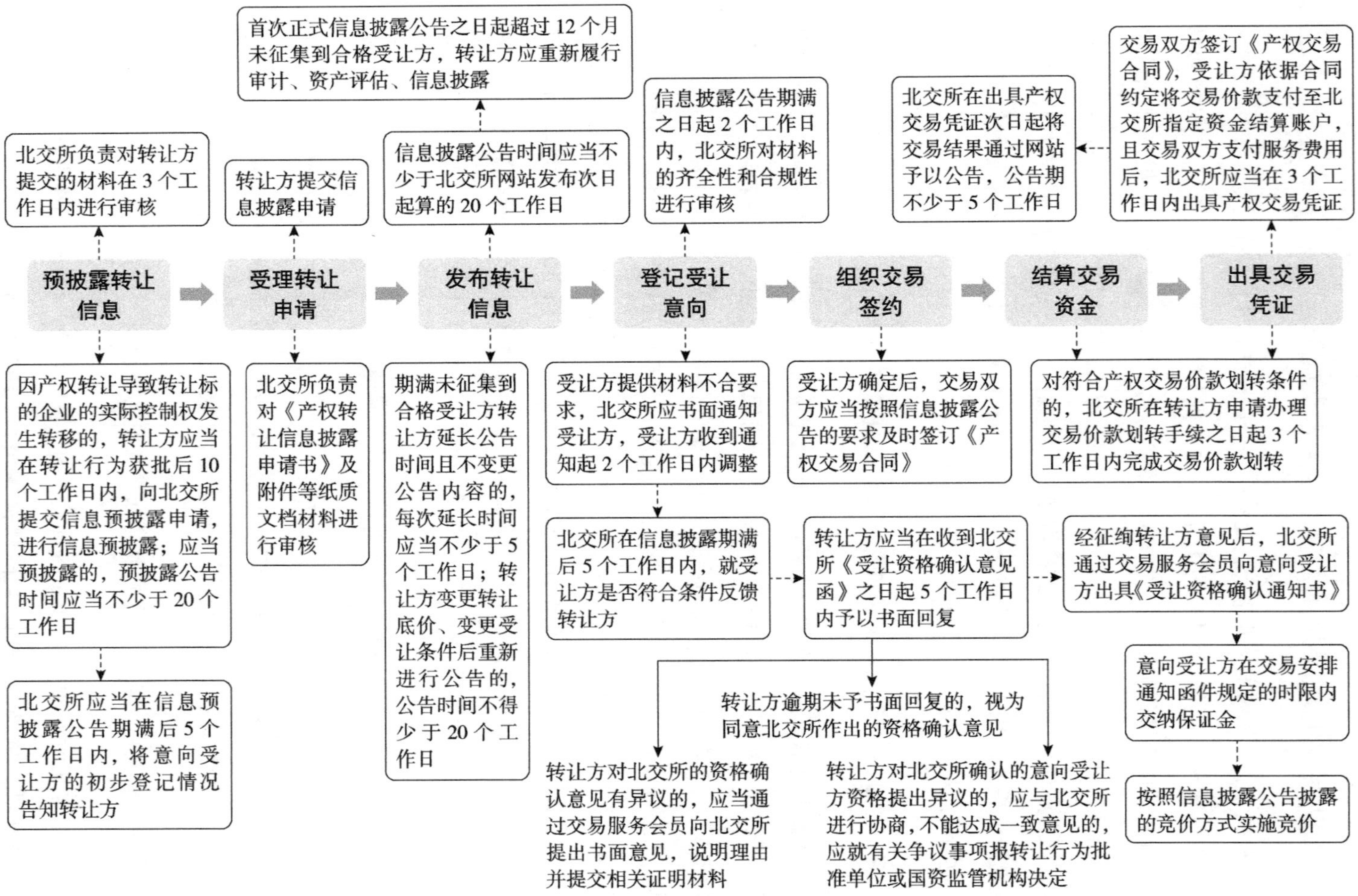

图 2-1　北交所对企业国有产权转让进场交易流程

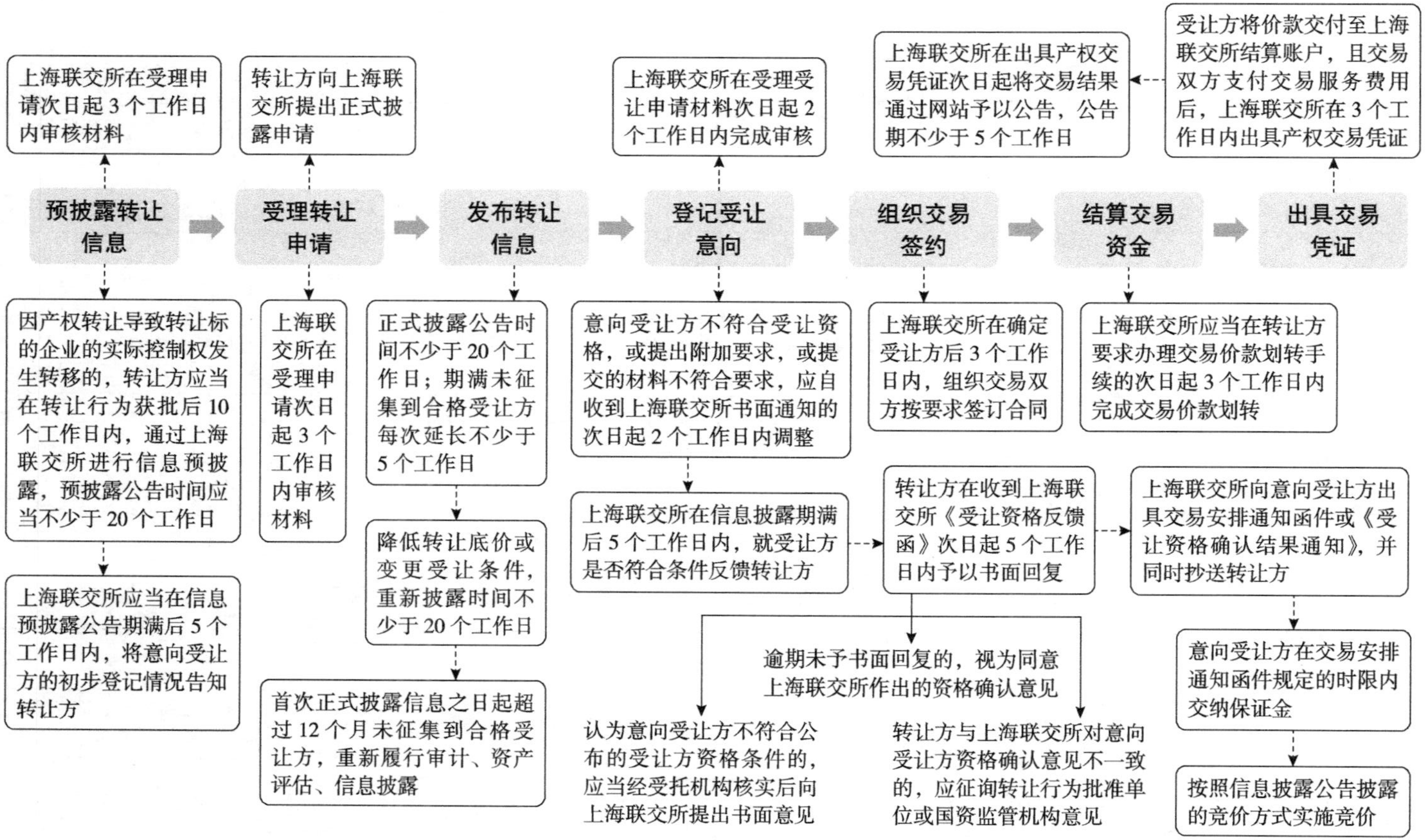

图2-2　上海联交所对企业国有产权转让进场交易流程

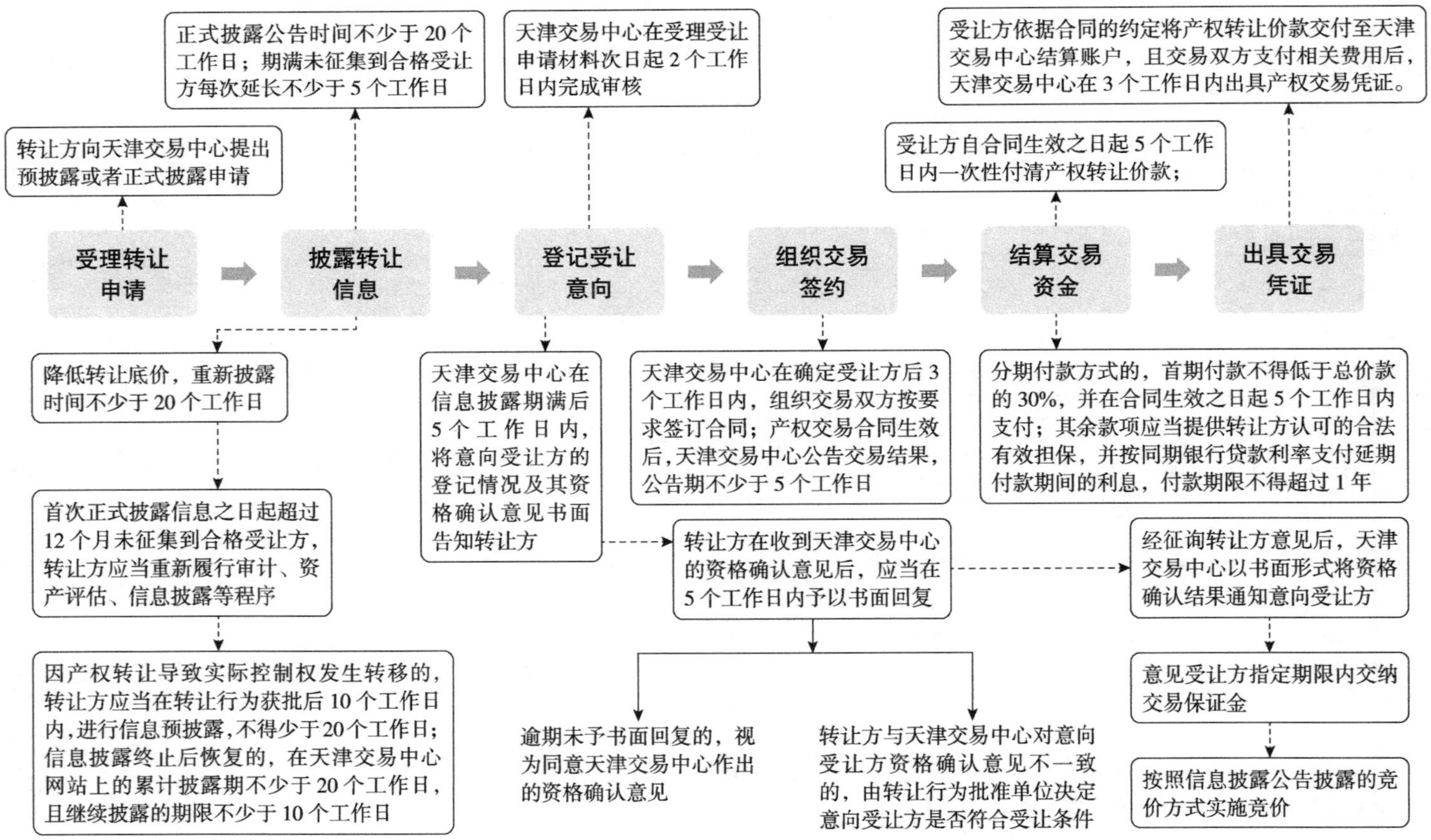

图 2-3　天津交易中心对企业国有产权转让进场交易流程

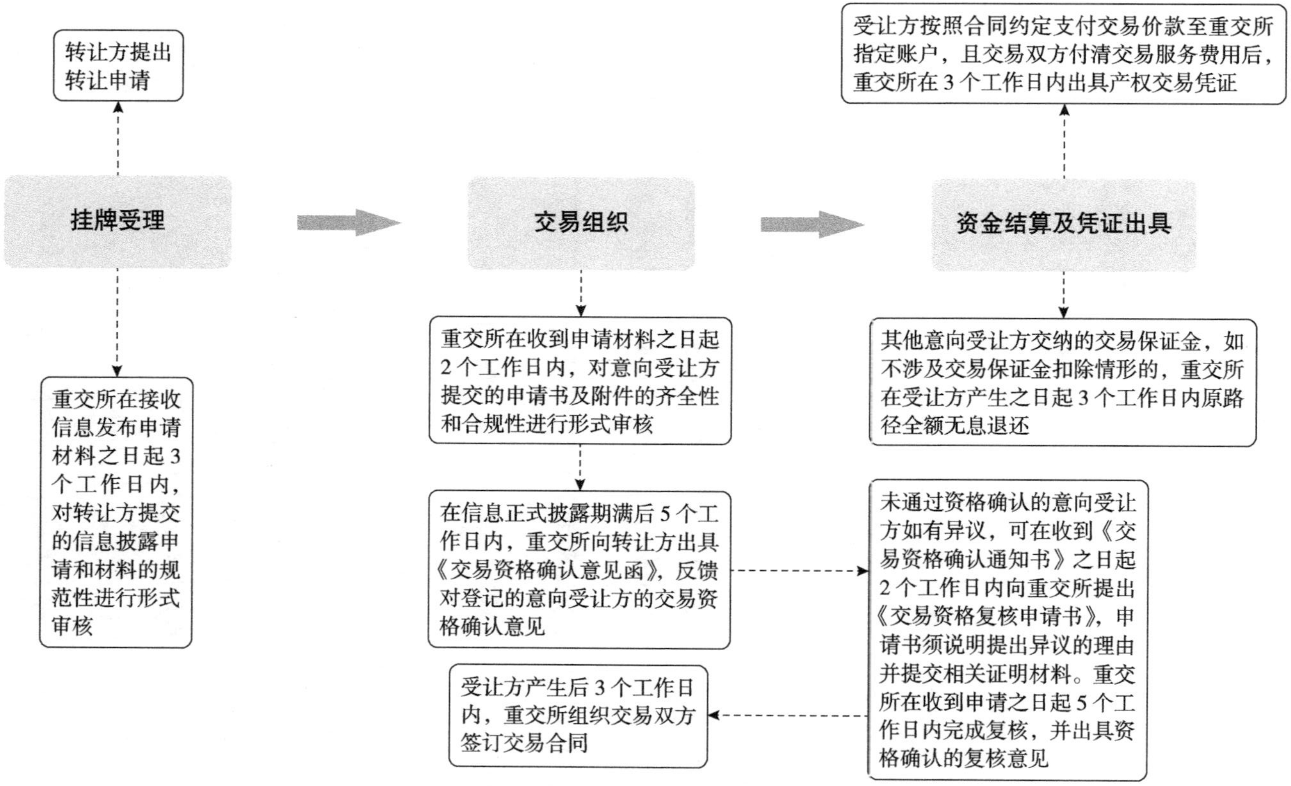

图 2-4　重交所对企业国有产权转让进场交易流程

四、非公开协议转让方式

为了防止国有资产损失，企业国有产权转让原则上应当在产权交易机构公开进行，但是特定情形下，经过特定的审批程序，可以采取非公开协议转让的方式进行企业国有产权转让。

（一）非公开协议方式产权转让的情形

1.涉及主业处于关系国家安全、国民经济命脉的重要行业和关键领域企业的重组整合，对受让方有特殊要求，企业产权需要在国有及国有控股企业之间转让的，经国资监管机构批准，可以采取非公开协议转让方式。

2.同一国家出资企业及其各级控股企业或实际控制企业之间因实施内部重组整合进行产权转让的，经该国家出资企业审议决策，可以采取非公开协议转让方式。

（二）非公开协议方式产权转让的定价

1.采取非公开协议转让方式转让企业产权，转让价格不得低于经核准或备案的评估结果。

2.同一国家出资企业内部实施重组整合，转让方和受让方为该国家出资企业及其直接或间接全资拥有的子企业或同一国有控股企业或国有实际控制企业内部实施重组整合，转让方和受让方为该国有控股企业或国有实际控制企业及其直接、间接全资拥有的子企业，按照《公司法》、企业章程履行决策程序后，转让价格可以资产评估报告或最近一期审计报告确认的净资产值为基础确定，且不得低于经评估或审计的净资产值。

（三）非公开协议方式产权转让的审核文件

国资监管机构批准、国家出资企业审议决策采取非公开协议方式的企业国有产权转让行为时，应当审核的文件包括：产权转让的有关决议文件，产权转让方案，采取非公开协议方式转让产权的必要性以及受让方情况，转让标的企业审计报告、资产评估报告及其核准或备案文件。其中属于32号令第三十二条第（一）款、第（二）款[①]规定的可采取非公开协议转让的情形，可以仅提供企业审计报告；产权转让协议；转让方、受让方和转让标的企业的国家出资企业产权登记表（证）；产权转让行为的法律意见书；其他必要的文件。

五、特殊企业国有产权转让应遵循的规定

除了一般情况下的企业国有产权转让规定，当企业国有产权转让涉及导致国有股东持有上市公司股份间接转让，交易主体资格审查、反垄断审查、特许经营权、国有划拨土地使用权、探矿权和采矿权等政府审批事项，受让方为境外投资者等特殊情况时，企业国有产权转让不仅要遵守32号令，还要遵循相关行业的特殊规定。

1.产权转让导致国有股东持有上市公司股份间接转让的，应当同时遵守上市公司国有股权管理以及证券监管相关规定。

2.企业国有产权转让涉及交易主体资格审查、反垄断审查、特许经营权、国有划拨土地使用权、探矿权和采矿权等政府审批事项的，按照相关规定执行。

3.受让方为境外投资者的，应当符合外商投资产业指导目录和负面清单管理要求，以及外商投资安全审查有关规定。

六、企业国有产权转让操作的重点与难点

在企业国有产权转让的具体实务操作中存在一系列的重点与难点，以下总结了企业国有产权转让项目涉及的可行性研究、职工安置、债权债务处理、内控决议的出具要求、优先购买权的具体操作、产权交易合同关于“期间盈亏由原股东承担”

① 32号令第三十二条规定，采取非公开协议转让方式转让企业产权，转让价格不得低于经核准或备案的评估结果。以下情形按照《中华人民共和国公司法》、企业章程履行决策程序后，转让价格可以资产评估报告或最近一期审计报告确认的净资产值为基础确定，且不得低于经评估或审计的净资产值：（一）同一国家出资企业内部实施重组整合，转让方和受让方为该国家出资企业及其直接或间接全资拥有的子企业；（二）同一国有控股企业或国有实际控制企业内部实施重组整合，转让方和受让方为该国有控股企业或国有实际控制企业及其直接、间接全资拥有的子企业。

约定的合法性以及非公开协议转让的法律意见书内容等实务要点。

（一）企业国有产权转让项目所涉及的可行性研究

1.确认转让标的。包括转让标的的价值，转让的是整体还是部分，如果是部分转让，那么涉及的份额是多少，是否涉及控股权的转移等。

2.分析转让目的对企业战略发展规划的影响。合理规范的企业国有产权转让，会对转让方实施战略发展规划产生积极的影响。企业战略发展规划应当经过多方论证，并被企业接受。企业国有产权转让应成为战略发展规划实施的重要环节，企业国有产权转让的目的必须与企业战略发展规划的目标相一致。

对于转让方来说，企业国有产权转让目的之一是为了引进战略投资者的各种资源，如市场资源、人力资源等，达到企业整体资源的优化，特别要借此引入新的经营机制，为企业实现战略发展规划奠定基础。企业国有产权转让目的之二是为了实现国有资本的退出，并通过规范的市场运作，取得企业国有产权的市场最优价格。

3.转让标的的价值分析。由于在可行性研究阶段，尚未开展财务审计、资产评估等工作，因此只能以产权标的的账面价值为基础，作出转让标的的价值分析。

4.转让标的企业具备的基础。除经济因素方面的基础，还包括改制动员过程中形成的职工思想的基本共识、出资单位和主管部门对企业改制思路的基本认同等非经济因素。

5.提出对受让方的要求。在征集受让方时，转让方以对受让方的资质、商业信誉、经营情况、财务状况、管理能力、资产规模等提出必要的条件。

6.综合选择。转让方要拿出多个研究方案，将多个方案进行比较，权衡利弊，形成最终决策，进而提高企业的核心竞争力、促进企业的持续发展、促进社会的稳定。

（二）企业国有产权转让项目所涉及的职工安置

职工安置方案是企业国有产权转让时，所涉及的职工经济补偿、一次性安置费标准，社会保险、医疗、养老、失业、工伤等各项社会保障关系的接续方式，职工劳动关系的处理以及再就业等问题的解决或处理方案，构成了企业国有产权转让方案的重要内容，也是企业国有产权转让审批的重要内容。在企业国有产权转让过程中，职工安置方案的制定与落实集中体现了对职工合法权益的保护。如果企业国有产权转让行为涉及职工合法权益的，在企业国有产权转让发生之前，转让方就应当制订职工安置方案和转让标的企业拖欠职工债务的处理方案。当企业国有产权转让将导致转让方不再拥有控股地位时，转让方必须制订职工安置方案，安置方案应当经企业职工（代表）大会审议通过后方可实施改制。

同时，职工安置方案的制定，不仅要遵循《劳动法》《劳动合同法》等一般性法律规定，还要遵循有关部门的相关政策。职工安置方案应包括所有涉及职工利益的重大事项的处置措施，一般包括：

1.劳动关系的处理。转让标的企业与职工劳动关系应根据标的企业在产权转让后重组的具体情况进行处理，一般包括：（1）劳动关系的变更（劳动关系变更时要考虑职工工龄是否连续计算、劳动合同权利义务承继等问题）；（2）劳动关系的解除（企业国有产权转让涉及人员重组时，需要解除原来的劳动关系。解除劳动关系就应该按照相应规定支付补偿金）；（3）确立新的劳动关系（企业国有产权转让后，如果需要重新调整劳动用工制度和安置人员，则需解除原来的劳动关系，同时也需要通过签订新的劳动合同，建立新的劳动关系，以适应企业新的发展需要）。

2.拖欠职工债务的处理。标的企业拖欠职工债务包括应发的工资、欠缴的社会保险费、住房公积金和其他费用。拖欠职工债务处理方案可以单独制订，也可以包括在职工安置方案之中。

3.社会保险的接续。企业国有产权转让后，劳动关系发生变更或重新签订新的劳动合同，企业必须及时为职工办理社会保险接续手续，职工安置方案应对具体手续进行明确。

（三）企业国有产权转让项目所涉及的债权债务处理

企业在进行企业国有产权转让时，应准确掌握转让标的企业的债务状况，债权债务处理方案应当真实全面地反映转让标的企业全部债权债务，防止标的企业利用企业国有产权转让逃避债务，故意遗漏、隐匿资产。根据《公司法》的规定，公司合并、分立都必须进行公告，进行债权申报登记。债权债务处理方案主要包括：

1.明确债务的承担及清偿的办法。债权债务处理方案应当依法根据债务的性质和种类分别提出不同的落实解决办法。涉及债权人担保物权的，要按照担保法的有关规定处理；涉及金融机构债权的，要事先与金融机构协商，作出适当的安排；涉及职工负债的，要按照《劳动法》和社会保障法规及相关政策的要求作出妥善处理（涉及职工利益的，通常都在职工安置方案中作出具体安排）。

2.保障清偿的有效措施。在债务处理方案中，必须就方案内容如何贯彻落实提出明确保障措施，确保处理方案最终得到执行。

（四）企业国有产权转让项目的决策主体

1.国有独资企业的产权转让，应当由总经理办公会议审议通过，并报经履行出资人职责的国资监管机构批准。总经理办公会应对产权转让方案的可行性、必要性以及实际可操作性进行详细的讨论并得出结论。

2.国有独资公司的产权转让，应当由董事会审议；没有设立董事会的，由总经理办公会议审议。

3.国有控股公司的产权转让，应当由本公司公司章程决定，由股东会或者董事会审议。

（五）企业国有产权转让项目所涉及的优先购买权操作实务

《最高人民法院关于适用〈中华人民共和国公司法〉若干问题的规定（四）》（以下简称《公司法司法解释四》）第二十二条第二款规定了“在依法设立的产权交易场所转让有限责任公司国有股权的，适用《公司法》第七十一条第二款、第三款或者第七十二条规定的‘书面通知’‘通知’‘同等条件’时，可以参照产权交易场所的交易规则”，该条款明确了国有股权进场交易在适用《公司法》有关规定的同时，也可参照产权交易所制定的交易规则。然而鉴于交易规则的效力较低，在实务中如何正确把握“参照”，仍需进一步探讨。

各地的产权交易所对这类问题的处理并无统一的规则，这里主要根据上海联交所制定的并于2019年8月1日施行的《上海联合产权交易所有限公司股东行使优先购买权操作指引》（沪联产交〔2019〕55号），对国有股权转让项目在上海联交所进场交易时，股东如何行使优先购买权（“行权”）及相关注意事项作一简单介绍。

1.股东对国有股权行使优先购买权的方式

股东对国有股权行使优先购买权的方式包括场内行权和场外行权两类。

场内行权，指信息披露公告期内其他股东向上海联交所提出受让申请，按公告约定交纳交易保证金，就标的公司非股东意向受让方的最终市场价格表示行权的方式。

场外行权，指在信息披露公告期内未向上海联交所提出受让申请，或未按公告约定交纳交易保证金的其他股东，就非股东意向受让方的最终市场价格，在转让方通知要求的时间内以书面形式表示行权的方式。

此外，转让方要求其他股东只能以场内行权方式行权的项目，应当取得标的公司所有未放弃优先购买权的其他股东的同意，或者向上海联交所就其要求其他股东只能场内行权作出自愿承担相应法律责任的书面承诺。

2.在上海联交所行使优先购买权的操作方式

根据《上海联合产权交易所有限公司股东行使优先购买权操作指引》的有关规定，在上海联交所对国有股权行使优先购买权的操作方式如图2-5所示。

3.其他注意事项

（1）公司章程对其他股东行权有规定的，按照规定执行。转让方与其他股东对行权另有约定的，从其约定。

（2）转让方将对标的公司债权与股权进行捆绑转让时，其他股东主张行权的，应一并受让。其他股东与外部投资人组成联合体参与受让的，该联合体不享有优先购买权。

（3）其他股东同意股权转让，但未明确表示放弃优先购买权的，视为不放弃优先购买权。最终市场价格产生后，其他股东应当通过书面形式对是否行权作出明确的意思表示。

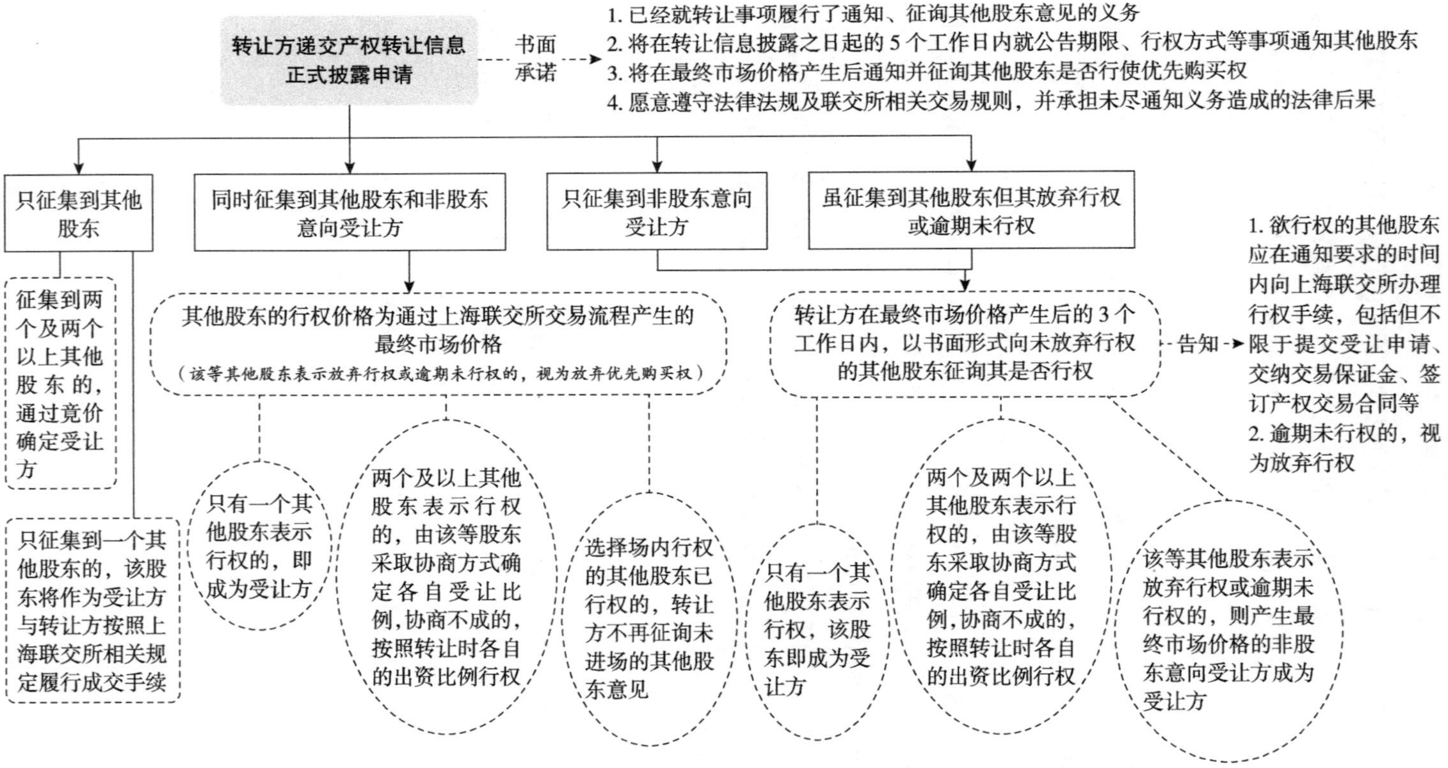

图 2-5 上海联交所对国有股权行使优先购买权的操作方式

（六）在不同产权交易机构转让国有股权时行使优先购买权的差异比较

根据现行有效公司法的精神以及国家促进经济发展的要求，对于有限责任公司的股权转让，无论是股东内部之间的转让还是对外转让，一般而言，属于公司自治范畴，只要不违反《公司法》等法律法规的强制性规定即可。然而，若有限责任公司的股权转让涉及国有股权，其作为国有资产，交易流程不仅要受《公司法》等一般法律法规的约束，同时也受制于《企业国有资产法》和32号令等法律法规关于进场公开交易的有关规定，而各地的产权交易机构针对国有产权的交易也制定了一系列不同的交易规则。这里旨在结合部分产权交易所（以上海、北京为例）制定的交易规则，对国有股权转让项目中，股东如何行使优先购买权（"行权"）及相关注意事项作一简单介绍，对于股东优先购买权可能引发的诉讼和产权交易过程中可能产生的纠纷和争议进行分析。

1. 不同产权交易机构间交易规则的差异

如前所述，针对国有股权转让项目，股东行使优先购买权的具体操作流程，各地的产权交易所并无统一的规则，甚至会出现明显差异，以上海联交所制定的《上海联合产权交易所有限公司股东行使优先购买权操作指引》（沪联产交〔2019〕55号，以下简称上海联交所操作指引）与北交所制定的《北京产权交易所企业国有产权转让股东行使优先购买权操作细则》（以下简称北交所操作细则）为例，两者的主要差别如下：

表 2-5　上海联交所操作指引与北交所操作细则差异

序号	内容	《上海联合产权交易所有限公司股东行使优先购买权操作指引》	《北京产权交易所企业国有产权转让股东行使优先购买权操作细则》
1	行权方式（场内行权＆场外行权）	场内行权，指产权转让信息正式披露（以下简称信息披露）公告期内其他股东向上海联交所提出受让申请，按公告约定交纳交易保证金，就标的公司非股东意向受让方的最终市场价格表示行权的方式。	场内行权，指信息披露公告期内其他股东向北交所提出受让申请，交纳交易保证金，并有权在同等条件下就标的企业的非股东意向受让方的最终报价当场表态行权的方式。

续表

序号	内容	《上海联合产权交易所有限公司股东行使优先购买权操作指引》	《北京产权交易所企业国有产权转让股东行使优先购买权操作细则》
1	行权方式（场内行权＆场外行权）	场外行权，指在信息披露公告期内未向上海联交所提出受让申请，或未按公告约定交纳交易保证金的其他股东，就非股东意向受让方的最终市场价格，在转让方通知要求的时间内以书面形式表示行权的方式。	场外行权，指在信息披露公告期内未向北交所提出受让申请，或未交纳交易保证金的其他股东，就非股东意向受让方的最终报价，在规定的期间内，在同等条件下有权以书面形式表态行权的方式。
2	提交信息披露申请前的通知义务	未作详细规定	转让方提交信息披露申请前，应就股权转让事项按照公司章程的规定书面通知其他股东，通知内容一般包括： （1）其他股东是否同意转让方转让其所持有的标的企业的股权； （2）其他股东是否放弃优先购买权； （3）不放弃优先购买权的其他股东应按照北交所操作细则行权； （4）其他股东应及时关注北交所网站，查阅项目公告信息。 上述内容均已在标的企业股东会决议或其他股东协商文件中载明的，转让方可不再另行通知。
3	提交信息披露申请时的书面承诺	转让方在递交信息披露申请时，应当就如下事项作出书面承诺： （1）表示已经就转让事项履行了通知、征询其他股东意见的义务； （2）表示将在转让信息披露之日起的5个工作日内就公告期限、行权方式等事项通知其他股东； （3）表示将在最终市场价格产生后通知并征询其他股东是否行权； （4）愿意遵守法律法规及上海联交所相关交易规则，并承担未尽通知义务造成的法律后果。	涉及标的企业其他股东未放弃优先购买权的，应向北交所书面承诺以下内容： （1）转让方已按照北交所操作细则的规定履行了通知及征询其他股东的义务； （2）将在《产权转让信息披露公告》发布之日起5日内就信息公告内容、行权期限、方式及后果等通知其他股东； （3）愿意遵守法律法规及北交所相关交易规则，并承担未尽通知义务造成的法律后果。

续表

序号	内容	《上海联合产权交易所有限公司股东行使优先购买权操作指引》	《北京产权交易所企业国有产权转让股东行使优先购买权操作细则》
4	转让方要求其他股东只能场内行权的情况	转让方要求其他股东只能以场内行权方式行权的项目，应当取得标的公司所有未放弃优先购买权的其他股东的同意，或者向上海联交所就其要求其他股东只能场内行权作出自愿承担相应法律责任的书面承诺。	转让方要求其他股东只能以场内行权方式行权的项目，应当取得标的企业所有未放弃优先购买权的其他股东的同意，或者向北交所就其要求其他股东只能场内行权作出自愿承担相应法律责任的书面承诺。
5	其他股东选择场内行权后的义务	未作详细规定	其他股东选择场内行权的，应在信息披露公告期内向北交所提出产权受让申请，提交《产权受让申请书》及附件等纸质文档材料，并按照规定交纳交易保证金。
6	公告期满只征集到其他股东	（1）若只征集到一个其他股东的，该股东将作为受让方与转让方按照上海联交所相关规定履行成交手续； （2）若征集到两个及两个以上其他股东的，通过竞价确定受让方。	（1）若只有一家其他股东选择场内行权，该股东将作为受让方与转让方按照北交所相关规定履行成交手续； （2）若两个及两个以上其他股东选择场内行权，由场内行权的其他股东通过竞价确定受让方，但转让方与场内行权的其他股东一致同意以协商方式确定受让方的情形除外。
7	公告期满同时征集到其他股东和非股东意向受让方	其他股东的行权价格为通过上海联交所交易流程产生的最终市场价格。该等其他股东表示行权的，按下列情形处理： （1）只有一个其他股东表示行权的，即成为受让方。 （2）两个及以上其他股东表示行权的，由该等股东采取协商方式确定各自受让比例，协商不成的，按照转让时各自的出资比例行权。 （3）选择场内行权的其他股东已行权的，转让方不再征询未进场的其他股东意见。 （4）该等其他股东表示放弃行权或逾期未行权的，视为放弃优先购买权。	（2）产生两个或两个以上非股东意向受让方，且只有一个其他股东场内行权的，则由非股东意向受让方按照信息披露公告确定的竞价方式进行竞价。场内行权的其他股东，就竞价产生的最终报价在同等条件下当场表态是否行使优

续表

序号	内容	《上海联合产权交易所有限公司股东行使优先购买权操作指引》	《北京产权交易所企业国有产权转让股东行使优先购买权操作细则》
8	场外行权的相关事宜	信息披露公告期满，只征集到非股东意向受让方，或者虽征集到其他股东但其放弃行权或逾期未行权	信息披露公告期满，征集到符合条件的非股东意向受让方，但未产生场内行权的其他股东或行成交手续；（2）若有两个及两个以上其他股东要求行权，由其他股东采取协商方式确定，协商不成的，按照各自的出资比例行使优先购买权。场外行权的其他股东明确表示放弃行使优先购买权或逾期未表态的，则报出最终报价的非股东意向受让方成为受让方。
9	股权与其他权利的捆绑转让	（1）转让方将对标的公司债权与股权进行捆绑转让时，其他股东主张行权的，应一并受让。 （2）其他股东与外部投资人组成联合体参与受让的，该联合体不享有优先购买权。	转让方将对标的企业债权或其他资产与股权进行捆绑转让时，其他股东主张行权的，应一并受让其债权或其他资产。
10	对行权另有约定/参照执行的情况	（1）公司章程对其他股东行权有规定的，按照规定执行。转让方与其他股东对行权另有约定的，从其约定。 （2）股份公司章程规定股东享有优先购买权的，股东行权的程序参照本指引执行。	标的企业章程另有约定，或者标的企业为股份有限公司或其他经济组织，但在其章程或协议中规定了优先购买权相关内容的，参照适用北交所操作细则。

2.思考与建议

从上述对比表可以看出，不同产权交易机构制定各自交易规则具有一定的差异，例如，北交所要求转让方在提交信息披露申请前，应就股权转让事项按照公司章程的规定书面通知其他股东，并对通知的一般内容进行罗列，但上海联交所并未对转让方如何通知其他股东进行强制规定，仅仅要求其在递交信息披露申请时书面承诺已就转让事项履行了通知、征询其他股东意见的义务；对于股权与其他权利的捆绑转让，上海联交所只规定了股权与债权的捆绑方式，北交所则规定不仅可以捆绑债权，还可以捆绑其他资产；对于公告期满只征集到其他股东且为两个及两个以上的情况，上海联交所规定的是通过竞价方式确定受让方，但北交所在此基础上，亦认可在转让方与场内行权的其他股东一致同意的情形下，通过协商方式来确定受让方；对于在公告期满同时征集到其他股东和非股东意向受让方的情况下确定受让方的方式，两个产权交易机构的操作亦有所差异等。

此外，由于交易规则的效力较低，在司法审判过程中能否完全得到支持也是存在争议的。比如，最高院2016年第5期的公报案例［中静实业（集团）有限公司诉上海电力实业有限公司等股权转让纠纷案[①]］指出，虽然国有产权转让应当进产权交易所进行公开交易，但因产权交易所并不具有判断交易一方是否丧失优先购买权这类法律事项的权利，在法律无明文规定且股东未明示放弃优先购买权的情况下，享有优先购买权的股东未进场交易，并不能根据交易所自行制定的“未进场则视为放弃优先购买权”的交易规则[②]，得出其优先购买权已经丧失的结论。这对产权交易机构而言，未尝不是一种冲击。

而对于转让方而言，其可能会觉得自己完全按照产权交易机构制定的那套复杂交易规则要求的程序，最终却可能因为交易规则的效力较低导致前功尽弃，退出不成反而大大增加了成本。虽然上海联交所已就股东行使优先购买权操作指引进行了修改，使其更符合相关法律法规和上述司法实践的要求；但对于类似的情况，为了避免不必要的矛盾和纠纷，我们建议转让方应审慎面对，将国有股权退出时应当遵循的规则在公司章程、股东会决议中予以固定，以达到约束其他股东的目的。

（七）产权交易合同关于“期间盈亏由原股东承担”约定的合法性

随着国资国企进场交易项目的增加，由此而引发的纠纷也频频发生。虽然在实务操作中，产权转让一般优先适用企业国有资产法、32号令等法律法规，但其作为公司股权转让的一种特殊类型，同时亦受《公司法》的调整。就产权交易合同的签署而言，亦须符合《合同法》的相关规定。

---

① 资料来源：上海二中院（2014）沪二中民四（商）终字第1566号。

② 在该公报案例对应的股权转让纠纷发生时，根据当时有效的上海联交所《股权转让项目中股东优先购买权行使操作办法（试行）》的规定，其他股东主张行权的，应在产权转让信息公告期间，向上海联交所提出产权受让申请，否则视为放弃受让。但该交易规则现已失效

在签订产权交易合同的过程中，除相关法律法规明确要求的必备条款外，转让方与受让方常常会针对转让标的的不同情况，协商设置其他约定条款。而约定条款的效力往往成为双方后续产生相关纠纷的焦点问题。以下对产权交易合同约定的“从评估基准日至产权交易合同生效日止期间产生的盈利或亏损由原股东享有或承担”的条款是否违反《公司法》关于利润分配的相关规定进行简要论述。

转让方与受让方在产权交易合同中关于“评估基准日至产权交易生效日期间的盈亏由原股东享有或承担”的约定，系双方的真实意思表示，符合交易惯例，且不违反法律法规的强制性规定，双方应按约履行。而《公司法》有关利润分配的程序性规定，调整的是公司内部股东之间、股东与公司之间的法律关系，与公司股权转让所产生的出让人与受让人之间的利益分配关系无关。

一般而言，在产权交易过程中，转让方与受让方依法在产权交易机构完成相关流程，各自依照产权交易合同的相关约定履行完各自义务，在前往工商登记机关完成股东变更登记后，受让方才取得对外公示的标的公司股东资格。或者，在完成相应的工商变更登记前，标的公司将受让方名称记载于公司股东名册后，受让方实际取得标的公司股东资格。而在受让方名称记载于标的公司股东名册或完成股东登记备案前，受让方对于标的公司而言只是外部第三人，只能依据转让方和受让签订的产权交易合同，适用合同法的有关规定，而无法适用调整公司内部股东之间、股东与公司之间法律关系的《公司法》相关规定。

因此，就目前而言，转让方与受让方在产权交易合同中关于“从评估基准日至产权交易合同生效日止期间产生的盈利或亏损由原股东享有或承担”的约定，在无其他违反法律法规规定的情况下，一般会被认定有效。

（八）非公开协议方式转让的法律意见书

根据32号令第三十三条规定，国资监管机构批准、国家出资企业审议决策采取非公开协议方式的企业国有产权转让行为时，法律意见书已成为提交审核的必备文件，对于法律意见书的内容而言，我们概括为以下几个部分：

1.基本法律关系

（1）律师事务所与委托人之间的委托关系。

（2）律师出具法律意见书的依据及材料清单。

（3）律师事务所的声明和承诺。

2. 企业国有产权转让各方主体资格的合法性

（1）说明转让标的企业的注册成立时间、登记注册号、住所、法定代表人、注册资本、企业类型和经营范围，说明其是否具有法人资格，是否为依法有效存续的企业法人，是否具备企业国有产权转让的主体资格。

（2）说明转让方企业的注册成立时间、登记注册号、住所、法定代表人、注册资本、企业类型和经营范围，说明其是否具有法人资格，是否为依法有效存续的企业法人，是否具备企业国有产权转让的主体资格。

（3）说明受让方（为企业时）企业的注册成立时间、登记注册号、住所、法定代表人、注册资本、企业类型和经营范围，说明其是否具有法人资格，是否为依法有效存续的企业法人，是否具备企业国有产权转让的主体资格。

3. 转让标的企业国有产权的情况

（1）说明转让标的企业是否持有《企业国有资产产权登记证》。

（2）说明转让标的企业的产权构成情况及国有权益比例及金额。

（3）说明转让方向转让标的企业国有产权投入情况。

4. 企业国有产权转让内部审议程序履行的情况

（1）转让标的企业为国有独资企业的，根据标的企业章程说明产权转让是否为该企业适格的权力机构及或决策机构进行（如总经理办公会）审议，会议的审议程序和审议结果是否合法。

（2）转让标的企业为国有独资公司的，根据标的企业章程说明产权转让是否为该公司董事会审议，没有设立董事会的，是否为总经理办公会议审议，会议审议的程序和结果是否合法有效。

（3）转让标的企业为有限责任公司的，根据标的企业章程说明该国有股权转让是否已经取得股东会同意。

（4）企业国有产权转计涉及职工合法权益的，说明是否听取了转让标的企业职工大会的意见，职工安置等事项是否已经职工代表大会讨论通过。

（5）若内部审议的程序和结果均符合法律规定，说明该企业国有产权转让尚需转让方或有权批准的部门决定与审批。

5. 企业国有产权转让审计、评估及定价的合法性

（1）对标的企业是否已履行审计、评估及备案手续进行确认，并就相关程序的合法性进行说明。

（2）对于企业国有产权转让定价方案、定价结果的合法性进行说明。

6. 企业国有产权转让以非公开协议方式转让的合法性

（1）就企业国有产权转让以非公开协议方式转让是否符合32号令的规定进行说明。

（2）就通过非公开协议方式转让是否已依法获得国资监管机构批准或国家出资企业审议决策的文件进行说明。

7. 企业国有产权转让方案的合法性

（1）说明方案中对转让标的企业国有产权基本情况的介绍与律师查证的相关资料是否相符。

（2）说明方案中对企业因有产权转让行为的有关论证情况是否与律师查证的相关情况一致。

（3）说明方案中转让标的企业涉及的、经企业所在地劳动保障行政部门审核的职工安置方案与经公司职工（代表）大会审议通过的方案内容是否一致；说明产权转让标的企业拖欠职工的各项费用的解决方案和有关社会保险关系的接续方案是否合法。

（4）说明方案中对转让标的企业涉及的债权、债务包括拖欠职工债务的处理方案是否合法。

（5）说明方案中对于转让标的的交易定价方案是否依法合规。

（6）说明方案中对企业国有产权转让收益的处置方案是否符合国家现有国有资本收益处置的相关规定。

（7）说明方案中拟订的拟披露的企业国有产权转让公告的主要内容是否符合法律的要求，其内容是否真实、准确、完整，是否存在虚假或误导性内容，是否有因重大遗漏而引起重大误解的情况。

8. 重要说明事项

可以就企业国有产权转让报请决定或批准前存在或出现的其他重大法律问题发

表意见，如企业国有产权转让过程中涉及的产权权属问题，转让企业国有产权涉及的划拨土地使用权转让和由国家出资形成的探矿权、采矿权转让问题；转让企业国有产权导致转让方不再拥有控股地位的，在方案中提出的转让标的企业的重组方案问题等。

9. 结论意见

就企业国有产权转让各方的主体资格、转让的内部审议、转让交易价格、转让方案内容的真实性、准确性、完整性和合法性等进行概括总结，说明该法律意见书与其他材料一并向有权决定或审批的企业或部门报送，是否还存在尚未解决的法律问题。

七、企业国有产权转让案例分析

在国企混改进程中，出现了不少具有典型意义的企业国有产权转让案例，下文将列举两个案例进行简要分析。

【案例】Z 投资公司通过“股权转让 + 增资”方式混改

Z投资有限公司（以下简称“Z投资公司”）的注册资本为10亿元，是某央企集团Z公司旗下运营管理金融业务的专业化公司，由Z公司持股100%。

2017年4月19日，Z投资公司披露将通过“增资+股权转让”的方式拟募资总额80亿元，其中以增资入股的形式募集资本60亿元，再以增资价格向投资方转让价值20亿元的股权。最后Z投资公司实际募集资金69亿元，新股东持股比例合计约35%，Z公司的持股比例变为65%。

混改对Z投资公司的发展具有极其重大的意义。采用“增资+股权转让”结合的方式，Z投资公司可以引入战略投资者，进一步降低国有资本持股比例，优化股权结构。此次混改引入了中国国有企业结构调整基金（系新股东之一），也在一定程度上揭示国企混改项目未来将得到该基金的助力的趋势。

【案例】未进场的国有产权交易引发的纠纷

A公司是32号令规制的国家出资企业。A公司通过董事会决议，全权委托B公司投资一笔数额巨大的法人股。于是，B公司以此法人股为标的，以委托人身份与C拍卖有限公司签订委托拍卖合同。后来，C拍卖公司对上述股权进行了拍卖，由D投资公司以最高价买受。根据这一拍卖结果，B公司（出让方）与D投资公司（受让方）签订了《法人股股权转让协议》。

后来，A公司的上级单位致函A公司，认为标的股权处置应由股东会决定，要求设法中止股权交易。A公司向D投资公司发出《关于中止股权变更有关事宜的函》，决定中止标的股权办理变更手续，导致D投资公司无法受让标的股权。原告D投资公司遂诉至法院，请求判令A公司履行《法人股股权转让协议》。

法院认为，本案所争议的董事会决议，虽然未标明为"授权委托书"，但其内容已体现授权委托的意思表示，符合授权委托的基本要素。依法应认定A公司已全权委托B公司办理转让标的股权的事宜。讼争的标的法人股权系国有资产，根据《企业国有产权转让管理暂行办法》的有关规定，转让国有产权应当履行审批、评估程序，并且按规定进入产权交易场所交易。本次股权转让的过程不符合上述有关规定，转让行为无效。

由此可见，进场是国有资产产权转让的必须程序（没有其他特殊规定的情况下），若是没有进场的产权转让行为会被认定为无效。

第三节 | 企业国有资产交易之企业增资

本节所述企业增资特指通过企业国有资产交易进行国企混改的另一重要形式，企业增资有利于扩大国有企业的生产规模，调整股东结构，引进战略投资者。本节将分别从企业增资的大致流程及注意事项、企业进场增资流程及注意事项、企业增资的特殊方式、企业增资操作的重点与难点、相关案例及案例分析等方面进行介绍。

一、企业增资概述

企业增资是指国有及国有控股企业、国有实际控制企业，除政府以增加资本金方式对国家出资企业的投入以外的增加资本的行为。

二、企业增资流程

企业增资的主要步骤可以分为进场前的准备、进场交易程序以及变更登记程序三块内容。进场前的准备工作主要是企业内部对增资进行方案制定、决策、批准、评估。正式进场的程序在各地产权交易机构的操作细则中有具体规定。企业增资进场程序完成后，还应及时到当地工商部门进行变更登记。

（一）企业增资进场前的准备

企业进场增资之前需要完成进场前的准备工作，一般包括制定增资方案、内部决策、审核批准、审计与评估。

1.制定增资方案

企业增资应当符合国家出资企业的发展战略，做好可行性研究，制定增资方案，明确募集资金金额、用途、投资方应具备的条件、选择标准和遴选方式等。增资后企业的股东数量须符合国家相关法律法规的规定。

2. 内部决策

企业增资应当由增资企业按照企业章程和内部管理制度进行决策，形成书面决议。国有控股、国有实际控制企业中国有股东委派的股东代表，应当按照32号令规定和委派单位的指示发表意见、行使表决权，并将履职情况和结果及时报告委派单位。

3. 审核批准

国家出资企业的增资行为由国资监管机构负责审核。因增资致使国家不再拥有所出资企业控股权的，须由国资监管机构报本级人民政府批准。国家出资企业的子企业的增资行为由该子企业的国家出资企业决定。其中，对主业处于关系国家安全、国民经济命脉的重要行业和关键领域，主要承担重大专项任务的子企业的增资行为，须由国家出资企业报同级国资监管机构批准。增资企业为多家国有股东共同持股的企业，由其中持股比例最大的国有股东负责履行相关批准程序；各国有股东持股比例相同的，由相关股东协商后确定其中一家股东负责履行相关批准程序。

4. 审计与评估

企业增资在完成决策批准程序后，应当由增资企业委托具有相应资质的中介机构开展审计和资产评估。在国有企业进行增资准备工作前期进行尽职调查，对其摸清自身整体发展状况，及早发现并解决问题有很大帮助，为此后制定与实施国有企业增资方案奠定基础。按照《公司法》、企业章程履行决策程序后，可以依据评估报告或最近一期审计报告确定企业资本及股权比例的情形：增资企业原股东同比例增资的；履行出资人职责的机构对国家出资企业增资的；国有控股或国有实际控制企业对其独资子企业增资的；增资企业和投资方均为国有独资或国有全资企业的。

（二）企业增资进场交易程序

企业增资进场交易的程序也是实务中颇受关注的重点问题之一，各个地区的产权交易机构也纷纷发布了企业增资进场交易的操作细则。一般而言，企业国有产权转让进场交易程序主要包括发布增资信息、登记投资意向、确认投资主体、签订增资协议并出具交易凭证。

1.发布增资信息

（1）信息披露期限：企业增资通过产权交易机构网站对外披露信息公开征集投资方，时间不得少于40个工作日。

（2）信息披露内容：企业的基本情况；企业目前的股权结构；企业增资行为的决策及批准情况；近三年企业审计报告中的主要财务指标；企业拟募集资金金额和增资后的企业股权结构；募集资金用途；投资方的资格条件，以及投资金额和持股比例要求等；投资方的遴选方式；增资终止的条件；其他需要披露的事项。

2.登记投资意向

产权交易机构接受增资企业的委托提供项目推介服务，负责意向投资方的登记工作，协助企业开展投资方资格审查。

3.确定投资主体

通过资格审查的意向投资方数量较多时，可以采用竞价、竞争性谈判、综合评议等方式进行多轮次遴选。产权交易机构负责统一接收意向投资方的投标和报价文件，协助企业开展投资方遴选有关工作。企业董事会或股东会以资产评估结果为基础，结合意向投资方的条件和报价等因素审议选定投资方。

投资方以非货币资产出资的，应当经增资企业董事会或股东会审议同意，并委托具有相应资质的评估机构进行评估，确认投资方的出资金额。

4.签订增资协议并出具交易凭证

增资协议签订并生效后，产权交易机构应当出具交易凭证，将通过交易机构网站对外公告结果，公告内容包括投资方名称、投资金额、持股比例等。公告期不少于5个工作日。

（三）企业增资变更登记程序

企业增资交易完成后，增资企业须前往相应的市场监督管理局完成相应的注册资本变更的工商变更登记手续。同时，根据《企业国有资产产权登记管理办法》的规定，国有资本占企业实收资本比例发生变化的，应当自变动之日起30日内向相应的国资监管机构办理变动产权登记。

三、企业进场增资流程

32号令仅对企业增资的一般流程作出规定，并没有规定详细完整的进场增资程序，为保证企业增资进场交易顺利进行，各地的产权交易机构分别制定了企业增资进场交易的操作细则，以下总结了上海、天津、重庆三个地区的产权交易机构的企业增资进场交易流程。

（一）上海联交所对企业进场增资流程

上海联交所于2019年8月14日发布了《企业增资业务规则（试行）》、《企业增资业务择优确定投资人操作流程（试行）》和《企业增资业务受托机构工作指引（试行）》。根据《企业增资业务规则（试行）》规定，企业进场增资的流程为：受理增资申请、发布增资信息、登记投资意向、确定投资主体、出具增资凭证。具体流程如图2-6所示。

（二）天津交易中心对企业进场增资流程

天津交易中心于2018年5月30日发布了《天津产权交易中心企业增资业务操作规则（试行）》，其中规定了企业进场增资流程为：对接增资需求、受理增资申请、披露增资信息、登记投资意向、组织择优活动、出具增资凭证。具体流程如下图2-7所示。

（三）重交所对企业进场增资流程

重交所于2018年12月28日发布了《重庆联合产权交易所集团股份有限公司企业增资业务规则》，其中规定了企业进场增资流程为：受理申请、信息发布、意向登记、交易组织、资金结算、凭证出具。具体流程如图2-8所示。

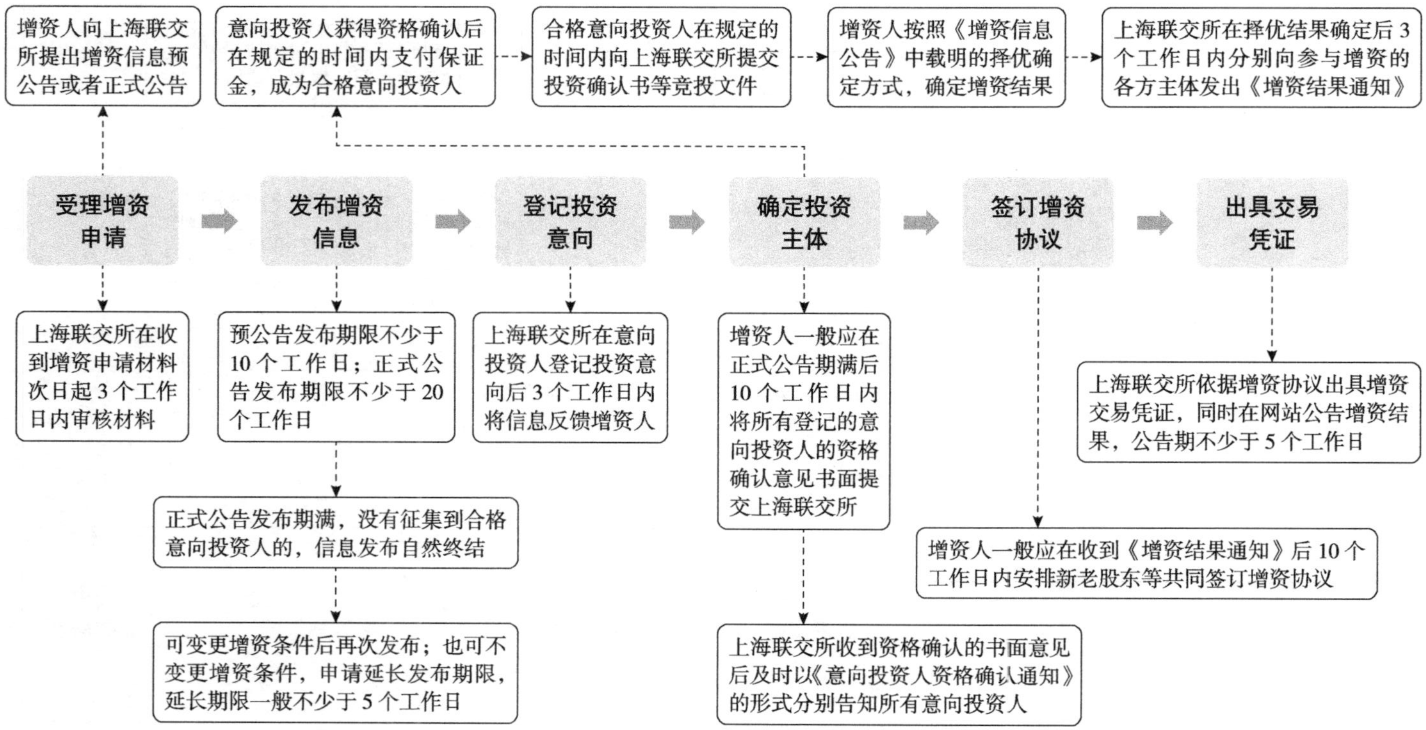

图 2-6　上海联交所对企业进场增资流程

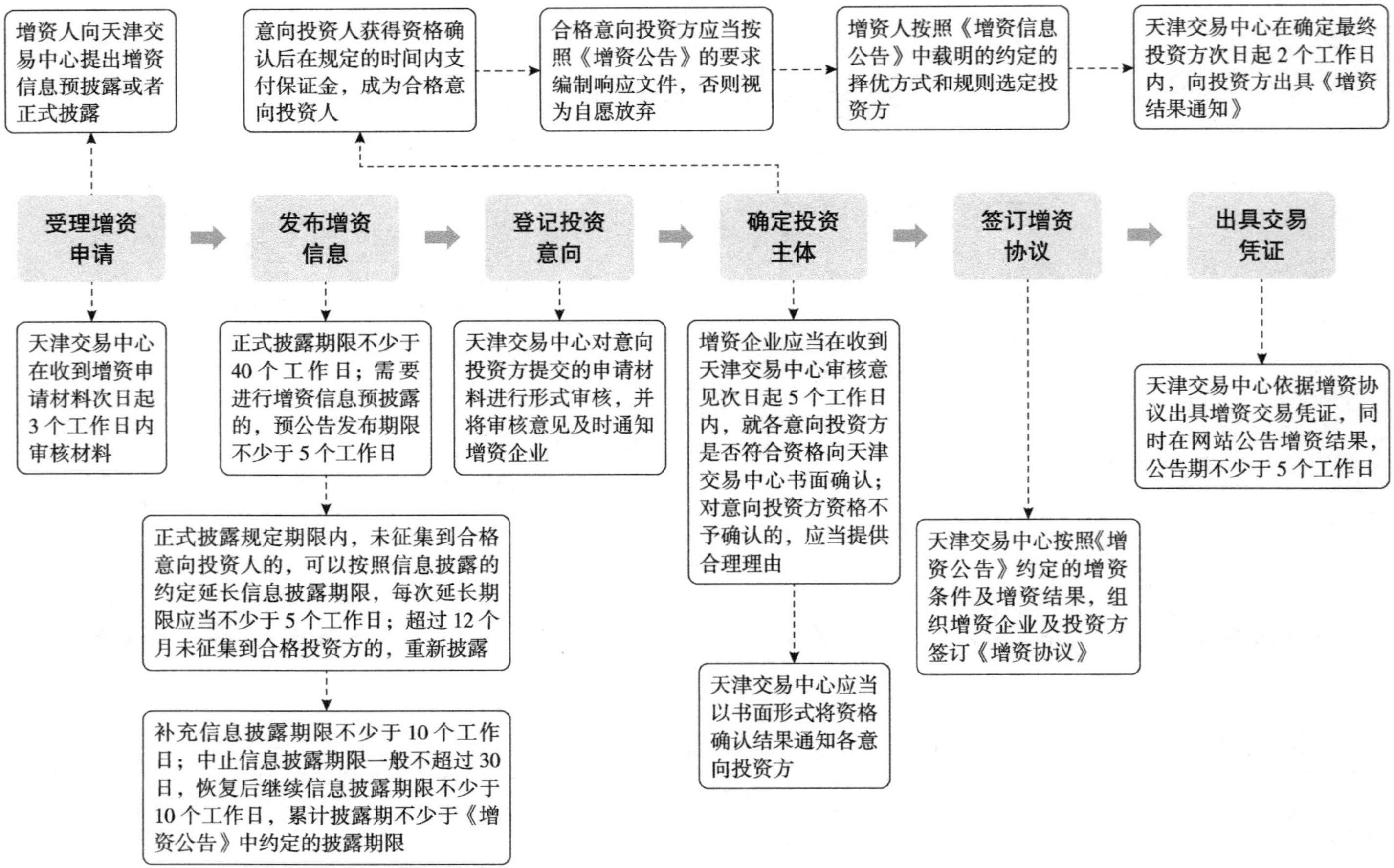

图 2-7　天津交易中心对企业进场增资流程

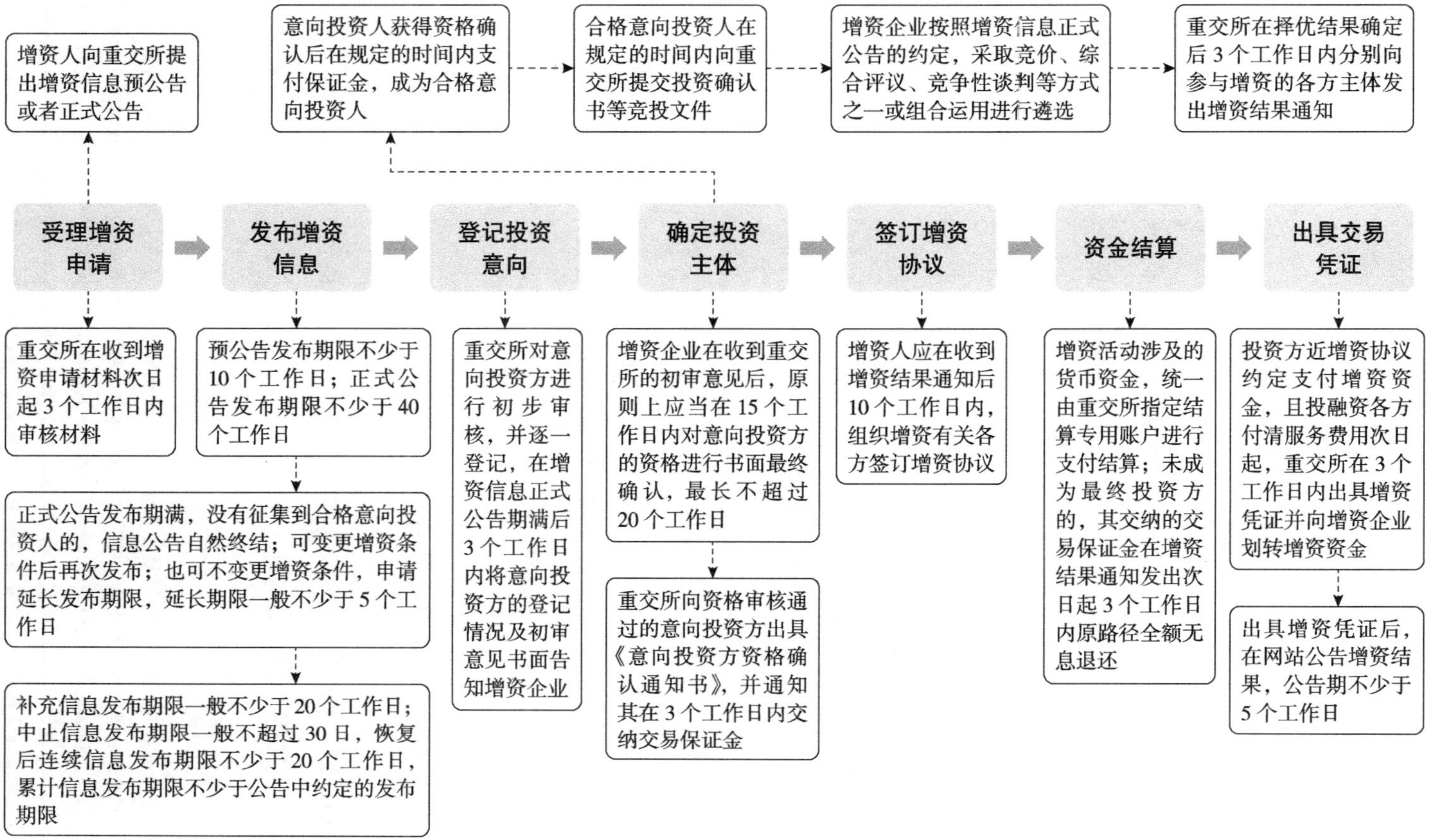

图 2-8　重交所对企业进场增资流程

四、非公开协议方式增资

1.非公开协议增资的情形

（1）经同级国资监管机构批准，可以采取非公开协议方式进行增资的情形包括：因国有资本布局结构调整需要，由特定的国有及国有控股企业或国有实际控制企业参与增资；因国家出资企业与特定投资方建立战略合作伙伴或利益共同体需要，由该投资方参与国家出资企业或其子企业增资。

（2）经国家出资企业审议决策，可以采取非公开协议方式进行增资的情形包括：国家出资企业直接或指定其控股、实际控制的其他子企业参与增资；企业债权转为股权；企业原股东增资。

2.非公开协议增资的审核文件

采取非公开协议方式进行企业增资，在国资监管机构批准、国家出资企业审议决策时，应当审核的文件包括：增资的有关决议文件；增资方案；采取非公开协议方式增资的必要性以及投资方情况；增资企业审计报告、资产评估报告及其核准或备案文件，其中属于32号令第三十八条第（一）、（二）、（三）、（四）款情形[①]的，可以仅提供企业审计报告；增资协议；增资企业的国家出资企业产权登记表（证）；增资行为的法律意见书；其他必要的文件。

五、特殊企业增资应遵循的规定

企业增资若涉及上市公司实际控制人发生变更的，应当同时遵守上市公司国有股权管理以及证券监管相关规定。

① 32号令第三十八条　企业增资在完成决策批准程序后，应当由增资企业委托具有相应资质的中介机构开展审计和资产评估。以下情形按照《中华人民共和国公司法》、企业章程履行决策程序后，可以依据评估报告或最近一期审计报告确定企业资本及股权比例：（一）增资企业原股东同比例增资的；（二）履行出资人职责的机构对国家出资企业增资的；（三）国有控股或国有实际控制企业对其独资子企业增资的；（四）增资企业和投资方均为国有独资或国有全资企业的。

六、企业增资操作的重点与难点

在企业增资流程的具体实务操作中存在一系列的重点与难点，以下总结了企业增资信息预披露或预公告、企业原股东的优先增资权、企业增资项目的内部决策以及非公开协议增资的法律意见书内容等实务要点。

（一）企业增资信息预披露或预公告

为了让国有企业有效了解市场上有参与增资扩股意向的投资者的相关情况，帮助国有企业广泛征集意向投资方，避免未来出现无投资者或优质战略投资者参与摘牌或意向投资者数量过少的情况，同时基于国有企业自身的实际需求，可在发布正式增资公告前通过产权交易所进行信息预披露或预公告。

目前，北交所和上海联交所均可为混改企业提供增资信息预披露或预公告服务。预披露信息一般包括企业基本情况、增资条件、投资方资格条件等内容。在预披露信息发布期间，产权交易所会及时向增资企业反馈意向投资方征集情况，也可组织增资企业与意向投资方洽谈，协助增资企业修订完善增资方案。

（二）企业原股东的优先增资权

根据《公司法》第三十四条规定，有限责任公司新增资本时，股东有权优先按照实缴的出资比例认缴出资。因此，有限责任公司在增资时，应事先征求原股东意见，若原股东放弃增资行为，原股东需出具放弃增资的书面文件；原股东不放弃增资，需按增资公告要求方式行使优先增资权。原股东仅能在实缴的出资比例范围内享有优先增资权，且该权利属于原股东的专有权利，不得转让、转移。

（三）企业增资项目的内部决策

根据《公司法》第四十三条的相关规定，股东会的议事方式和表决程序，除《公司法》另有规定外，由公司章程规定。股东会会议作出修改公司章程、增加或者减少注册资本的决议，以及公司合并、分立、解散或者变更公司形式的决议，必须经代表三分之二以上表决权的股东通过。

因此，企业增资应当由增资企业代表三分之二以上表决权的股东通过。

（四）非公开协议增资的法律意见书

根据32号令第四十七条规定，国资监管机构、国家出资企业审议决策采取非公开协议方式的企业增资行为时，法律意见书已成为提交审核的必备文件，对于法律意见书的内容而言，我们概括为以下几个部分：

1.基本法律关系

（1）律师事务所与委托人之间的委托关系。

（2）律师出具法律意见书的法律依据和事实依据及材料清单。

（3）律师事务所的声明和承诺。

2.增资企业和投资方的主体资格

（1）说明增资企业和投资方的注册成立时间、登记注册号、住所、法定代表人、注册资本、企业类型和经营范围，说明其是否具有法人资格。

（2）说明增资企业和投资方是否为依法有效存续的企业法人，是否具备企业增资扩股的主体资格。

3.企业国有产权转让内部审议程序履行的情况

增资企业、投资方是否根据其公司章程的规定就增资事宜取得了内部有权机构（董事会、股东会）的批准，其批准程序是否依法合规。

4.企业增资方案的合法性

（1）增资方案中对投资方基本情况的介绍与律师查证的相关资料是否相符。

（2）方案中对企业增资行为的有关论证情况是否与律师查证的相关情况一致。

（3）该增资事项采取非公开协议增资的方式是否符合32号令关于非公开协议增资方式的规定。

（4）各方是否就增资事项签订了《增资协议》，增资协议的各条款约定是否符合《合同法》《公司法》的相关规定。

5.企业增资定价是否依法合规

（1）说明企业增资是否履行了相关审计、评估及备案程序，且上述程序是否依法合规。

（2）说明企业增资的定价方式及/或定价结果是否依法合规。

6. 结论意见

就企业增资各方的主体资格、内部审议、增资方案内容的真实性、准确性、完整性和合法性等进行概括总结，说明该法律意见书与其他材料一并向有权决定或审批的企业或部门报送，是否还存在尚未解决的法律问题。

七、企业增资案例分析

在国企混改进程中，出现了不少具有典型意义的企业增资案例，下文将列举两个典型案例进行介绍分析。

【案例】L公司通过"增资扩股"方式混改

L公司是上海市国有控股特大型企业集团。在2013年进行混改之前，职工持股会持有L公司36.43%的股权，而国资股东持股比例为60.68%。

后来，L公司通过引入战略投资者的方式进行混改。2013年年底，L公司通过增资扩股引进平安创新资本等5家战略投资者。该5家机构以5.62元/股的价格，联合向L公司增资117.29亿，占增资后股本的20.2%。引进5家战略投资者后，L公司的职工持股会持股比例稀释至不到29%，国有股降至50%以下。

不难发现，上海市国有资产监督管理委员会甚至放弃控股权以吸引更多的民间资本，引入更多战略投资者，激发国有企业活力，促使国有企业做强、做优、做大。

【案例】内控决议瑕疵引发的纠纷

自然人A为甲公司（国有控股企业）的小股东，因家中急需用钱而抽回出资款。后甲公司拟通过增资的方式进行混改，但在没有通知A的情况下就做出了关于增资的股东会决议。该增资决议作出后一个月，A诉至法院，请求判令确认其股东身份并撤销该增资决议。

法院认为，A从甲公司抽回出资款，违反了《公司法》的强制性规定，其行为属无效民事行为。无效的民事行为，从行为开始起就没有法律约束力，因此A仍属于甲公司的股东。甲公司召开关于增资的股东会，未通知全体股东到会，股东会召开的程序违法，故法院最终判决撤销该增资决议。

因此，以增资方式进行混改时一定要严格履行法律法规及公司章程要求的内控程序，要注意作出内控决议的权力机构、内控决议的程序、内容、表决方式等是否符合法律法规及公司章程的有关规定。

第四节 ┃ 企业国有资产交易之企业国有资产转让

与企业国有产权转让、企业增资不同，企业国有资产转让并不会引发标的企业工商变更登记，但这并不意味着就能掉以轻心，作为实务中最容易忽视的一个环节，其同样遵循着一套国有资产交易程序。企业国有资产转让推动着产业结构的调整，促进产业结构合理化，对我国经济发展有着深远的影响。本节主要介绍企业国有资产交易行为中的企业国有资产转让，分别从国有企业资产转让的程序及特殊规定、国有企业资产转让操作的重点与难点、相关案例及案例分析等方面进行介绍。

一、企业国有资产转让概述

国有企业资产转让是指国有及国有控股企业、国有实际控制企业的重大资产转让行为，即按照企业内部管理制度履行相应决策程序后，在产权交易机构公开进行的国有及国有控股企业、国有实际控制企业一定金额以上的生产设备、房产、在建工程以及土地使用权、债权、知识产权等资产的对外转让。

二、企业国有资产转让的审批

一般而言，企业国有资产转让只要根据企业内部管理制度履行相应决策程序即可，但对于涉及国家出资企业内部或特定行业的资产转让，确需在国有及国有控股、国有实际控制企业之间非公开转让的，须由转让方逐级报国家出资企业审核批准。

三、国有企业资产转让的程序及特殊规定

（一）国有企业资产转让的程序

根据32号令的规定，国有企业资产转让的具体工作流程参照32号令关于企业国

有产权转让的规定执行。

（二）国有企业资产转让的特殊规定

1. 国家出资企业制定资产转让内部管理制度并报同级国资监管机构备案

国家出资企业负责制定本企业不同类型资产转让行为的内部管理制度，明确责任部门、管理权限、决策程序、工作流程，对其中应当在产权交易机构公开转让的资产种类、金额标准等作出具体规定，并报同级国资监管机构备案。

2. 国有资产转让的公告期

转让方应当根据转让标的情况合理确定转让底价和转让信息公告期：转让底价高于100万元、低于1000万元的资产转让项目，信息公告期应不少于10个工作日；转让底价高于1000万元的资产转让项目，信息公告期应不少于20个工作日。

3. 价款支付方式

资产转让价款原则上一次性付清。

4. 受让方资格条件

除国家法律法规或相关规定另有要求的外，资产转让不得对受让方设置资格条件。

四、国有企业资产转让操作的重点与难点

近年来，在国企混改的大背景下，为了实现国有资产价值，避免国有资产损失，促进国有资产的保值增值，国有资产特别是国有企业项下的房产进入产权交易市场进行挂牌转让，实现资产价值的情况越来越普遍，国有企业资产交易规则亦日趋成熟。下文将以上海联交所为例，从国有企业项下的房产等物权、资产进场挂牌交易操作要点出发，对国有企业资产转让操作的重点与难点进行梳理。

2016年，为积极研究国有企业增资扩股及资产转让进场规则，尽快制订公开统一的市场操作规范，国务院国资委、财政部联合出台了32号令，32号令的颁布实施使各类市场主体进行国有资产交易有了具体的法定依据，其明确了企业国有产权转让、企业国有资产转让和企业增资三类交易行为。而国有及国有控股企业、国有实

际控制企业诸如房产等不动产的对外转让，归入了32号令中的国有企业资产转让交易行为。

2017年，为规范产权交易和投融资行为，明晰产权交易流程，维护产权交易市场秩序，保护产权交易各方合法权益，发挥市场在资源配置中的决定性作用，促进产权交易市场健康发展，上海联交所制定了《上海联合产权交易所交易业务总规程》（以下简称《交易规程》）。

2019年，上海联交所为规范在其平台开展的物权交易活动，进一步明确针对物权交易特性的工作流程和管理操作标准，更好地开展物权交易市场化运作，发现资产价格，制定了《上海联合产权交易所有限公司物权交易操作指引》（以下简称《物权交易指引》）。

《物权交易指引》中所规范的物权交易是指《物权法》规定的物的所有权以及用益物权的转让。法律、法规、规章、规范性文件或上海联交所交易规则对某类物的物权转让有特别规定，从其规定；《交易规程》的适用范围是自然人、法人或者其他组织通过上海联交所开展的产权[①]交易[②]及其相关业务管理活动，法律法规对交易主体及其行为另有规定的，从其规定；而32号令所称的国有及国有控股企业、国有实际控制企业的重大资产转让是指企业一定金额以上的生产设备、房产、在建工程以及土地使用权、债权、知识产权等资产对外转让的行为。

根据32号令中对国有企业资产转让的规定，结合《物权交易指引》和《交易规程》中的相关内容和实务操作经验，我们将对国有资产进场交易的操作流程及注意事项作如下简要介绍。

（一）国有资产进场交易操作流程

一般而言，国有资产进场交易须经过以下流程：

---

① 《交易总规程》所称的产权，包括股权、物权、债权、知识产权和法律法规明确规定可以转让的其他财产权利。

② 《交易总规程》所称的产权交易，是指市场主体将合法拥有的产权，通过上海联交所进行有偿转让的行为以及企业通过上海联交所增加注册资本的行为。

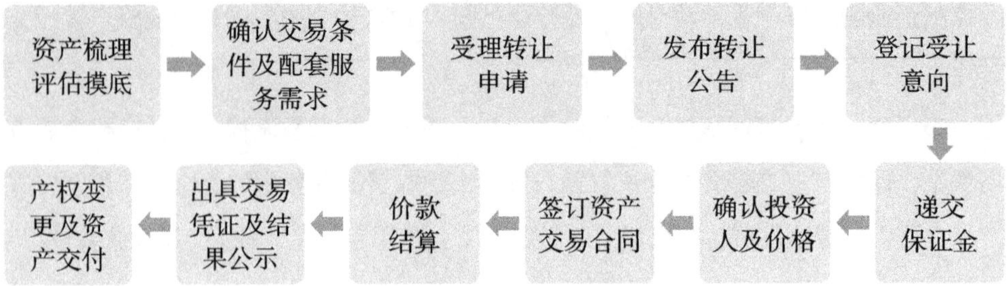

图 2-9　国有资产进场交易操作流程

1. 资产梳理、评估摸底

以房产为例，在资产进场交易前，转让方应先梳理资产现状及权属情况，启动资产评估及市场摸底。对于房产类资产，需要重点关注其租赁及抵押情况，住宅户口情况，现状或权属瑕疵情况以及是否涉及经营性资产整体处置等。

2. 确认交易条件及配套服务需求

在完成资产梳理、评估摸底后，转让方需确认本次交易的价款支付方式及时间，转让标的展示或查看的时间和地点，交付交接方式，税务、产权变更及融资等配套服务需求。

3. 受理转让申请

转让方可自行或者委托中介服务机构向上海联交所提出产权转让申请，并接受其主体资格审查。转让方申请资产转让，应向上海联交所提交的材料包括但不限于：转让标的物权权属证明或相应的证明文件；转让标的涉及共有产权或在转让标的上设置他项权利的，应当提供相关权利人同意物权转让的有效文件；转让标的涉及相关主体优先购买权的，转让方应当按照法律法规的要求通知具有优先购买权的相关主体，并提供转让方依法履行相关义务的证明文件；转让标的评估或估值的书面依据；上海联交所认为其他应当提供的材料。

4. 发布转让公告

上海联交所根据申请内容发布转让公告，公告期起算时间为网络发布之次工作日。

通常转让公告中载明的内容有：转让标的的基本情况、权属情况、现状及展示方式；转让标的的转让底价、保证金条件、其他相关交易条件及受让资格条件；转让标的的产权变更（如有）及转让标的交付的条件；转让公告的发布期限；其他有利于促成交易并合理控制交易风险的信息；要求受让方签署的各类协议或文本的模板；上海联交所认为其他应当公开披露的内容等。

就信息公告的期限而言：转让公告期限原则上不得少于5个工作日；若出现影响交易的中止事由时，转让公告发布的中止期限一般不超过20个工作日；转让方为国有及国有控股企业、国有实际控制企业的，转让底价高于100万元、低于1000万元的资产转让项目，信息公告期应不少于10个工作日；转让底价高于1000万元的资产转让项目，信息公告期应不少于20个工作日。

5.登记受让意向

意向受让方应在转让公告发布截止日前向上海联交所登记受让意向，认可并接受转让公告的全部内容并签署受让承诺。意向受让人应当自行或者委托中介服务机构开展尽职调查工作，产权转让人应当在转让公告承诺范围内予以配合。意向受让人的受让申请经上海联交所审核登记、产权转让人确认后获得交易资格。

若产权转让人否定意向受让人交易资格的，应当通过上海联交所以书面形式告知意向受让人。意向受让人可以对产权转让人否定其受让资格提出异议，异议不影响相关产权交易项目的进行。意向受让人通过诉讼等救济途径证明产权转让人损害其合法权益的，可以要求产权转让人承担相应责任。

转让公告明确接受联合受让的，两个或两个以上的自然人、法人或者其他组织可以组成联合受让体参与受让。采取联合受让的，应当提供联合受让协议，承担共同责任或者连带责任。

6.递交交易保证金

《物权交易指引》中并未就交易保证金事宜作具体规定，但是根据《物权交易指引》第二十五条的内容来看，其没有规定的内容按上海联交所产权交易相关规定执行。

参照上海联交所2019年8月14日发布的《上海联合产权交易所有限公司产权交易保证金操作细则》（以下简称《保证金细则》），转让方可以依据《保证金细则》在提出产权转让信息正式披露申请时设置交易保证金条款，并公开披露保证金交纳的时点、具体金额、交纳方式、保证事项和处置方法等内容，明确相关当事人的权利义务，承诺在自身发生违规违约行为时，以设定保证金的同等数额承担损害赔偿责任。转让方设定的交易保证金金额，一般不超过转让标的转让底价的30%。

交易双方签订《产权交易合同》后，受让方交纳的交易保证金可以根据约定转为交易价款。产权交易当事人对交易保证金处置有约定的，应当依照约定处置，未作约定或约定不明确的，可由上海联交所组织产权交易当事人协调后处置，当事人也可直接向仲裁机构申请仲裁或向人民法院提起诉讼。

7.确定投资人及价格

上海联交所根据转让公告的要求以及征集到的有效的意向受让方数量确定采用协议成交或公开竞价。公开竞价包括网络竞价、拍卖、权重报价、招投标以及其他竞价方式。

成交价格一般为含增值税价格；除法律、法规、规章和规范性文件规定以外，评估报告或估值报告中对成交价格与相应税费有特别说明的或转让方对成交价格与相应税费有特殊要求的，应在转让公告中予以明确。

8.签订资产交易合同

产权转让人应当根据产权转让公告明确的网络报价、拍卖、招投标、竞争性谈判、综合评议等竞价方式确定产权受让人，签订产权交易合同。产权转让人也可以根据产权转让公告明确的提示内容，直接选择意向受让人签订产权交易合同。

根据32号令规定，国有资产交易合同签订后，交易双方不得以交易期间企业经营性损益等理由对已达成的交易条件和交易价格进行调整。交易合同应明确交易标的、交易双方的名称、交易方式、交易价格及交易双方的权利义务等内容。交易合同应完全响应转让公告的要求，经签署并生效的交易合同原件提交上海联交所备案。上海联交所审核产权交易合同后，出具鉴证意见。

交易双方不签订交易合同的，应当签订成交确认书，明确交易标的、交易双方的名称、交易方式及交易价格；经签署生效的成交确认书原件应提交上海联交所备案。

9.价款结算

上海联交所设立专门的交易结算账户，制定并公布交易结算账户操作管理办法，确保交易资金安全。产权转让人和产权受让人可以约定通过上海联交所的交易结算账户结算交易价款，上海联交所根据交易双方签订的交易合同或成交确认书结算交易价款，同时结算交易价款利息。交易价款结算应当符合产权交易合同约定的相关内容，在实际支付时交易方应当向上海联交所发出明确的支付指令。

根据32号令的规定，国有资产转让价款原则上一次性付清。

10. 出具交易凭证及结果公示

依据《物权交易指引》中规定，上海联交所应当在完成交易合同或成交确认书备案并收讫交易双方的交易服务费后出具交易凭证。若交易双方采用非公开协议转让的方式进行物权交易的，上海联交所可以提供交易登记及交易价款结算服务，并出具非公开协议转让的交易凭证。

根据32号令的相关规定和上海联交所的实际操作，合同生效后，产权交易机构应当将交易结果通过交易机构网站对外公告，公告内容包括项目编号、标的名称、转让标的评估值、转让底价、交易价格和成交日期，公告期不少于5个工作日。

11. 产权变更及资产交付

交易双方应当根据合同约定完成标的交付，交易双方取得交易凭证后，应当及时到相关政府部门办理权证变更登记手续。

（二）批量资产转让的注意事项

相比于此前已经废止失效的《上海联合产权交易所物权交易办法（试行）》，新出台的《物权交易指引》增加了关于批量转让资产的内容。按照《物权交易指引》的规定，涉及同一转让方一次性或多次转让批量资产的，转让方可以申请采用批量资产转让模式。

根据《物权交易指引》的相关内容，批量资产可以分为一个或多个资产项目，一个资产项目中可以包括多个转让标的。在操作方式上，转让方既可以选择分多次对单个资产项目进行转让，也可以选择将多个资产项目一次性打包转让，具体而言：

1. 受让申请和登记

意向受让方可就单个转让的资产项目提出受让申请，若为多个资产项目一起打包转让的，意向受让方需对所有的转让项目同时提交受让申请，并完成受让意向登记。

2. 保证金

转让方应就资产包项目整体设置单份保证金[①]，单份保证金金额的整数倍为保证

---

① 根据《物权交易指引》第二十四条的内容，单份保证金是指受让资产包项目中单宗标的的保证金。

金份数，保证金份数不能超过资产包项目内转让标的个数。

意向受让方应当在提出受让申请的同时按拟受让的标的个数交纳保证金，意向受让方交纳单份保证金的，只能受让资产包项目中的一个标的；意向受让方交纳多份保证金的，可以受让多个标的，受让的标的个数不得超过其交纳保证金份数。

3. 整体竞价

如果征集到两个或两个以上有效的意向受让方的，各意向受让方应就打包的资产项目整体进行竞价。

4. 成交价格

除特殊情况外，单个资产项目的成交价格占所有打包转让的资产项目成交价格总额的比例，应当与该资产项目挂牌价格占所有打包转让的资产项目挂牌价格总额的比例相同。

5. 违约

受让方对单个资产项目违约的，视作对打包转让的所有资产项目违约。

五、国有企业资产转让案例分析

在国企混改进程中，出现了不少具有典型意义的国有企业资产转让案例，下文将列举两个案例进行分析。

【案例】LJ公司通过"资产转让"方式盘活国有资产

LJ公司系当地国有资产监督管理委员会出资的国有企业。2017年4月10日，LJ公司有意将一批生产设备对外转让。按照企业内部管理制度履行相应决策程序后，LJ公司在产权交易机构公开进行挂牌，最终以665万元的价格转让给CC公司，并由CC公司承担生产设备转让过程中发生的一切税费、工本费、手续费。

通过资产转让的方式对国有企业的资产进行盘活变现，有利于提高国有资本运营活力和效率，从而改善供给结构、提升供给质量。

【案例】资产转让交易中尽职调查不充分引发的纠纷

A公司于产权交易中心通过竞价的方式受让B公司持有的国有土地使用权。双方签订资产转让合同后，A公司发现B公司持有的国有土地使用权未及时开建，可能涉及巨额违约金，而B公司在挂牌公告“重要信息披露”项下未披露此事项，因此A公司诉请解除合同并返还交易保证金。B公司反诉要求赔偿重新挂牌交易与本次交易的价差1亿余元。

法院认为，B公司发布的挂牌公告虽未在重要信息披露中载明国有土地使用权有关情况，但在公告的附件中包括了国有建设用地使用权的相关信息，而附件亦是挂牌公告的组成部分，A公司在做出重大商业决策时理应详尽阅读有关文件并开展有关尽职调查。同时，该公告还载明“受让方通过资格确认并缴纳保证金后，即视为已详细阅读并完全认可本项目所涉报告及已完成全部尽职调查，自愿全部接受产权转让公告内容”，因此B公司不存在隐瞒重要信息的行为。由此，法院支持了B公司的诉讼请求。

由此可见，进行国有资产交易时受让方必须详尽研读挂牌公告及其附件，并积极、全面开展有关尽职调查，尤其不能只关注“重要信息披露”一项，否则可能承受不必要的损失。

3

CHAPTER

第三章

国企混改中的员工持股法律实务

MIXED-OWNERSHIP REFORM

本章导读

我国在对国有企业进行混合所有制改革的过程中，建立现代企业制度、完善企业治理结构是其重要目标，而实现企业股权多元化则是实现国企混改目标的重要标准之一。近年来，国家将大力发展混合所有制作为国有企业改革的重点，员工持股作为国企改革的重要举措，与发展混合所有制经济的目标相一致，在此背景下，从法律角度对国有企业员工持股制度进行探讨，对推进我国国有企业混合所有制改革顺利进行具有重要意义。

本章主要介绍员工持股的如下内容：1.员工持股制度概述；2.员工持股试点制度的主要内容；3.员工持股试点中的注意事项。

第一节 | 员工持股制度概述

一、员工持股制度的理论基础

员工持股制度最早作为资本家在自己企业内部实行的一种激励措施，于20世纪20年代以股票奖励计划的形式存在。1958年，“员工持股制度”这一概念被美国经济学家、律师路易斯·凯尔索提出，迅速在美国兴起，自此被作为真正的理论进行研究，因其产生了良好的经济和社会效益，在欧洲、日本等国家或地区得以迅速发展。员工持股制度的理论基础主要包括双因素经济理论、委托代理理论、民主公司论、人力资本产权理论、职工主体理论和劳动力产权理论。

（一）双因素经济理论

双因素经济理论由美国经济学家、律师路易斯·凯尔索于20世纪50年代提出。该理论认为，劳动和资本共同作用才会产生财富，其本质是要促进劳动力的发展，尤其是身处最底层的劳动力的全面解放。同时，在资本私有化的环境之下，认可劳动者本身也应享有资本，即广大劳动者既能从劳动工作中获取收益又可从资本中分享收益，同时还应在一定程度上分散企业经营的风险。路易斯·凯尔索提出双因素理论的初衷是维护社会稳定，缩小贫富差距，使员工参与企业的剩余价值分配，由此，他提出了员工持股计划，其本质是一种激励与治理机制的结合。路易斯·凯尔索被认为是员工持股制度的创始人。

（二）委托代理理论

委托代理理论认为，规模化大生产和社会分工的快速发展会促进社会分工的进一步细化。由于知识、能力等条件的限制，生产资料所有者不一定完全具备运营、管理企业所需的能力，使得具备相应知识和能力的代理人应运而生。但是，委托代理关系中的委托人和代理人信息不对称等问题，使得双方容易产生纠纷，此时需要制定相应的规则，以保障委托人的合法权益不被侵害，而员工持股制度作为一种股权合约，使代理人承担合理的投资风险，并和委托人利益保持一致，能有效避免代理人为获取个人利益而损害委托人合法权益的行为。

（三）民主公司论

“民主公司制”这一概念最早在美国学者大卫·艾勒曼发表的文章《民主公司：马萨诸塞州新工人合作社条例》中被提出，是对企业与员工之间关系的一个新的阐述。民主公司论认为，员工和企业不能仅是传统意义上的阶级关系，更应该在经济领域内以平等公民的身份存在，同样，股东也不能只有自己掌握企业运营的权利，还应该将自己的部分权利（包括但不限于管理权）下放给员工，以实现员工更好地自我管理，提升企业管理效率。艾勒曼认为，员工应具有民主选择的权利和享有剩余价值的权利。企业应在内部对员工实施持股计划，促使员工进行有效的自我管理，从而实现企业与员工的双赢。

（四）人力资本产权理论

人力资本产权理论认为，人力资本是劳动和教育机会成本的总和，其表现形式包括人身上的生产知识、管理技能、劳动技能以及健康素质等，与物质资本同属于经济性投资，均能实现资本保值增值的效果，因此，人力资本应当拥有和物质资本一样的权利，具体表现为享有一定的剩余价值。为实现员工作为人力资本的投资者这一价值，一项有益于人力资本的政策——员工持股制度应运而生。

（五）职工主体理论

职工主体理论的核心内容主要包括实现产权制度民主化、领导制度民主化、经营制度民主化和分配制度民主化，主张通过股份制完成对社会主义公有制的改造，将以劳动者为主体的集体决策作为企业的主要决策方式，以按劳分配的形式代替平均分配，鼓励企业实施“劳动共有股份制”，赋予职工作为企业主人应享有的权利，以此提高员工的责任意识和归属感，激励其工作的积极性，从而提升企业绩效。

（六）劳动力产权理论

劳动力产权理论认为，企业在运营过程中应当将劳动力所有权和其载体相结合，并进行一种高效率的企业制度安排，以有效降低企业的监督成本，激发员工的工作积极性，由此，企业可依据劳动者提供的劳动成果分配劳动者应享有的股份数量，通过分配企业股份的形式使劳动者参与到企业剩余价值的分配，从而实现劳动力产权。

二、员工持股制度的政策演变[①]

我国的员工持股制度最早开始于20世纪80年代，伴随着国有企业的改革而产生，发展至今，主要经历了以下几个阶段：

（一）探索阶段（1984—1991年）

中共十一届三中全会之后，我国开始实行改革开放，国家的经济方针也从计划经济向市场经济转变。随着乡镇企业的发展，员工持股制度开始运用于乡镇企业，城市经济也随之被带动起来。由于当时的国有企业普遍缺乏资金和经营活力，为解决这一困境，我国开始对国有企业实行股份制改造，允许员工入股，并出现了以集资和技术入股的新模式。

1984年7月，北京天桥百货股份有限公司通过增发员工股的方式成为我国第一家正式注册的股份制公司，开创了我国员工持股制度实践的先河。1987年11月，第十三次全国代表大会对员工持股制度给予了充分肯定，之后，全国范围内国有企业股份制改造及员工持股的步伐明显加快。

（二）发展阶段（1992—1998年）

1992年1月，邓小平南方讲话掀起了新一轮的改革热潮。同年5月，国家体改委等四部门联合发布的《股份制企业试点办法》（体改生〔1992〕30号）、国家体改委

① 徐永前：《员工持股、股权激励与主协调律师制度》，法律出版社2016年版，第3—6页。

单独发布的《股份有限公司规范意见》(体改生〔1992〕31号[①]),成为我国关于员工持股的第一批规范性文件。同年10月，第十四次全国代表大会提出全面试行国有企业股份制改造，随后，国有企业股份制改造在全国范围内迅速推广，员工持股随之规范发展。

1993年7月，国家体改委发布的《定向募集股份有限公司内部职工持股管理规定》,成为我国关于员工持股的第一个部门规章，该文件对内部员工持股作出了具体规定。但在实践过程中，由于缺乏与之相配套的完善的制度设计和严格的监管体系，出现了内部员工股份超比例发行甚至发行权力股、关系股等违背员工持股制度设计初衷的现象。国务院和国家体改委随即发出通知，要求立即停止内部员工持股的审批和发行。我国员工持股制度的实践被叫停。

1994年2月，我国再次试行公司员工股，但此时由于一级市场和二级市场存在较大差价，员工短期减持套现获利的行为对股票二级市场造成了一定冲击。1998年11月，证监会发布《关于停止发行公司职工股的通知》(证监发字〔1998〕297号),要求股份有限公司公开发行股票一律不再发行公司职工股，当时尚未发行的，一律停止发行。员工持股制度的实践再次被叫停。

在这一阶段,《公司法》于1993年12月29日正式发布，1994年7月1日正式生效。该部法律文件虽未对员工持股相关的内容作出规定，但为保护企业股东权益、规范股份制企业的发展提供了制度保障。

(三)激励阶段(1999—2004年)

1999年9月，中共十五届四中全会提出“少数企业试行经理(厂长)年薪制、持有股权等分配方式，可以继续探索”等政策，标志着我国的员工持股制度发展重心开始向管理层持股转移，并主要以股权激励的形式体现。

2002年12月，证监会发布的《上市公司收购管理办法》(中国证券监督管理委员会令第10号)正式生效。国有企业实施管理层收购的现象随之增多，但是由于当时缺乏相应的约束机制，配套法规不够完善，实践中出现了压低国有资本价格、低

① 该文件同时还包括《有限责任公司规范意见》。

价转让国有企业、侵害国有资产权益的行为。2003年3月，员工持股改革被财政部紧急叫停，管理层收购被严格控制。

（四）完善阶段（2005—2012年）

针对员工持股制度在发展实践中出现的问题，我国有关部门先后发布了一系列法律法规，及时纠正问题，并给予政策支持，进一步规范了员工持股制度的发展。2005年10月发布的《公司法》（主席令第42号发布）增加了关于员工持股的内容，以法律的形式明确了员工持股制度。

2008年9月，国资委发布《关于规范国有企业职工持股、投资的意见》（国资发改革〔2008〕139号），进一步规范了国有企业员工持股行为。之后，相关部门陆续发布了一系列政策文件，员工持股制度在我国的发展日益完善。

（五）全面提升阶段（2013年至今）

2013年2月，国务院批准了发改委等部门《关于深化收入分配制度改革若干意见的通知》（国发〔2013〕6号），明确表明“支持有条件的企业实施员工持股计划”的立场。2013年11月，中共十八届三中全会明确提出“允许混合所有制经济实行企业员工持股，形成资本所有者和劳动者的利益共同体”，标志着员工持股制度得以全面提升。

2014年6月，证监会发布《关于上市公司实施员工持股计划试点的指导意见》（证监会公告〔2014〕33号，以下简称33号文），对上市公司新一轮的员工持股实践作出了相关规定与限制。

2015年1月，国资委全面深化改革领导小组第十八次全体会议审议了《关于混合所有制企业实行员工持股试点的指导意见》，被叫停十多年的国企员工持股制度被唤醒。

2016年8月，国资委、财政部、证监会联合发布《关于国有控股混合所有制企业开展员工持股试点的意见》（国资发改革〔2016〕133号，以下简称133号文），一系列政策文件的出台，标志着我国员工持股实践进入全面深化改革新时期。

纵观我国员工持股制度的发展历程，其出台的主要政策性文件如下表[①]所示。

表 3–1 员工持股政策性文件

时间	文件名称	发文单位	相关条款
1992 年 4 月	《国务院批转国家体改委、国务院生产办关于股份制企业试点工作座谈会情况报告的通知》（国发〔1992〕23 号）	国务院	规范了股份制企业内部职工持股：如采用记名股权证的形式，则应限定在本企业内；如转化为有限责任公司内部职工持股，则转为“职工合股基金”等。
1994 年 6 月	《国务院对〈外经贸股份有限公司内部职工持股试点暂行办法〉的批复》（国函〔1994〕54 号）	国务院	限制了内部职工持股的范围：持股员工需工作满 1 年，公司董事、经理、监理、外派人员、离退休职工均可持股等。
2003 年 11 月	《国务院办公厅转发国务院国有资产监督管理委员会关于规范国有企业改制工作意见的通知》（国办发〔2003〕96 号）	国务院办公厅	规范国企改制中管理层购买国有企业产权的部分事项：批准制度、清产核资、财务审计、资产评估、交易管理、定价管理、转让价款管理、依法保护债权人利益、维护职工合法权益、管理层收购等。
2008 年 9 月	《关于规范国有企业职工持股、投资的意见》（国资发改革〔2008〕139 号）	国资委	整改清退不规范的职工持股：对科研、设计、高新技术企业科技人员管理骨干或中层以上管理员作出一定限制。
2013 年 11 月	《中共中央关于全面深化改革若干重大问题的决定》	中共中央	允许混合所有制经济实行企业员工持股。
2014 年 6 月	《关于上市公司实施员工持股计划试点的指导意见》（证监会公告〔2014〕33 号）	证监会	对员工持股计划的基本原则、主要内容、实施程序、信息披露等事项进行规范。
2015 年 9 月	《中共中央国务院关于深化国有企业改革的指导意见》（中发〔2015〕22 号）	中共中央国务院	要求混合所有制企业员工持股试点先行、稳妥、有序推进。

① 资料来源于国务院国有资产监督管理委员会网站。

续表

时间	文件名称	发文单位	相关条款
2015年9月	《关于国有企业发展混合所有制经济的意见》(国发〔2015〕54号)	国务院	要求混合所有制企业实行员工持股，同时规定“要按照混合所有制企业实行员工持股试点的有关工作要求组织实施”。 作为《关于深化国有企业改革的指导意见》(中发〔2015〕22号)相关配套性文件，主要内容强调国有企业要发展混合所有制经济以及在企业内部开展员工持股。
2016年8月	《关于国有控股混合所有制企业开展员工持股试点的意见》(国资发改革〔2016〕133号)	国资委 财政部 证监会	明确规定了员工持股试点制度，涉及试点原则、试点企业条件、员工入股、员工股权管理、试点工作实施以及组织领导等，要求以岗定股，动态调整，存量不碰，增量引入，防范国有资产损失；优先重点支持科技型企业开展试点工作。
2018年9月	《关于深化混合所有制改革试点若干政策的意见》(发改经体〔2017〕2057号)	发改委、财政部、国资委等八个部门	试点企业数量不受133号文限制；加强试点联动等。
2019年10月	《中央企业混合所有制改革操作指引》(国资产权〔2019〕653号)	国资委	明确员工持股按照《关于印发〈国有科技型企业股权和分红激励暂行办法〉的通知》(财资〔2016〕4号)稳慎开展；明确员工持股企业应当具备的条件，并对员工持股总量和单一员工持股比例予以限制。

从我国员工持股制度的发展历程及发布的相关政策文件可以看出，我国员工持股的方式不确定，员工持股实践多由政策规制或调整，且无相应的税收政策、融资优惠政策等具备可操作性的配套文件支持，缺乏全国性的法律法规，且立法进程滞后于实践需要。

为了贯彻《中共中央关于全面深化改革若干重大问题的决定》中关于“允许混合所有制经济实行企业员工持股，形成资本所有者和劳动者利益共同体”的精神，落实《国务院关于进一步促进资本市场健康发展的若干意见》(国发〔2014〕17号)中关于“允许上市公司按规定通过多种形式开展员工持股计划”的要求和《中共中央国务院关于深化国有企业改革的指导意见》(中发〔2015〕22号)的有关要求，经国务院同意，证监会就上市公司开展员工持股试点提出了相关意见，国资委和证监会就国有控股混合所有制企业开展员工持股试点提出了相关意见。

三、员工持股试点制度介绍

(一)员工持股试点制度的指导思想和基本原则

1.指导思想

2008年9月，国资委发布《关于规范国有企业职工持股、投资的意见》(国资发改革〔2008〕139号)，明确了国有企业员工持股试点应遵循的指导思想，即以邓小平理论和“三个代表”重要思想为指导，深入贯彻落实科学发展观，深化国有企业股份制改革，完善公司法人治理结构，促进国有资本有进有退合理流动，规范国有企业改制和企业职工投资行为，防止国有资产损失，维护企业和职工合法权益，实现国有企业又好又快发展。

2.基本原则

2016年8月，国资委、财政部和证监会发布133号文，明确国有企业员工持股试点制度应遵循如下基本原则：

(1)坚持依法合规，公开透明。依法保护各类股东权益，严格遵守国家有关法律法规和国有企业改制、国有产权管理等有关规定，确保规则公开、程序公开、结果公开，杜绝暗箱操作，严禁利益输送，防止国有资产损失。不得侵害企业内部非持股员工合法权益。

(2)坚持增量引入，利益绑定。主要采取增资扩股、出资新设方式开展员工持股，并保证国有资本处于控股地位。建立健全激励约束长效机制，符合条件的员工自愿入股，入股员工与企业共享改革发展成果，共担市场竞争风险。

（3）坚持以岗定股，动态调整。员工持股要体现爱岗敬业的导向，与岗位和业绩紧密挂钩，支持关键技术岗位、管理岗位和业务岗位人员持股。建立健全股权内部流转和退出机制，避免持股固化僵化。

（4）坚持严控范围，强化监督。严格试点条件，限制试点数量，防止“一哄而起”。严格审批程序，持续跟踪指导，加强评价监督，确保试点工作目标明确、操作规范、过程可控。

与国资发改革〔2008〕139号文中规定的“区别对待、分类指导、规范操作、强化管理、维护企业职工合法权益、增强企业活力”这一关于规范国有企业职工持股、投资的基本原则相比，133号文中关于员工持股的基本原则内容更加细化、全面，对当前的员工持股试点更具有实践指导意义。2019年10月，国资委发布《中央企业混合所有制改革操作指引》（国资产权〔2019〕653号），对133号文中规定的员工持股基本原则再次给予确认。

（二）员工持股试点制度的内涵和特征

1. 内涵

员工持股制度在西方通常被称为员工持股计划或者员工受益计划，指的是公司员工通过持有公司股票、期权或者其他股权形式，共同分享企业所有权、经营决策管理权和未来收益权的一种产权制度。

2014年6月，证监会发布的33号文将员工持股制度定义为：上市公司根据员工意愿，通过合法方式使员工获得本公司股票并长期持有，股份权益按约定分配给员工的制度安排。员工持股计划的参加对象为包括管理层人员在内的公司员工。

本轮国企混改背景下的员工持股试点制度，特指针对主业处于充分竞争行业和领域的商业类企业，特定范围内的员工以特定的出资方式和持股方式，在一定的持股比例限定下持有公司股票，分享企业经营收益的一种尝试，旨在提高员工工作积极性，同时激发企业经营活力，提升企业绩效。

2. 员工持股与相关概念之间的区别

（1）员工持股与股权激励的区别

表 3–2　员工持股与股权激励的区别

内容	员工持股	股权激励
主要依据	《关于规范国有企业职工持股、投资的意见》（国资发改革〔2008〕139 号）； 《关于上市公司实施员工持股计划试点的指导意见》（证监会公告〔2014〕33 号）； 《关于深化国有企业改革的指导意见》； 《关于国有企业发展混合所有制经济的意见》（国发〔2015〕54 号）； 《关于国有控股混合所有制企业开展员工持股试点的意见》（国资发改革〔2016〕133 号）； 《关于深化混合所有制改革试点若干政策的意见》（发改经体〔2017〕2057 号）； 《中央企业混合所有制改革操作指引》（国资产权〔2019〕653 号）等。	《上市公司股权激励管理办法》； 《国有控股上市公司（境内）实施股权激励试行办法》（国资发分配〔2006〕175 号）； 《国有控股上市公司（境外）实施股权激励试行办法》（国资发分配〔2006〕第 8 号）； 《国有科技型企业股权和分红激励暂行办法》（财资〔2016〕4 号）等。
持股对象	公司员工。	公司的董事、监事、高级管理人员及核心业务人员。
股票来源	公司回购、二级市场购买、大股东赠与等途径。	公司回购、增发新股等途径。
权利内容	受益权、管理权、投票决策权等。	主要体现为收益权。
考核体系	不需要建立考核体系，由企业自行决定。	需要为激励对象建立考核体系和考核办法，并且原则上相应的考核指标要满足不低于同期历史水平、不低于同行业平均水平的要求。
税收政策	可以暂免个人所得税，享受一定的税收优惠政策。	需要缴纳个人所得税。
侧重点	侧重于员工对股权的长期持有。	侧重于对激励对象的长期激励。

（2）员工持股中的股权与股票期权的区别

表 3–3　员工持股中的股权与股票期权的区别

内容	员工持股中的股权	股票期权
主体方面	主要是公司普通员工。	主要是公司的高级管理人员和技术骨干。
目的方面	平衡股东和员工之间的利益分配，调动员工工作的积极性，完善企业股权结构和治理结构，建立企业现代治理体系。	实现股东利益和管理者利益的统一。

3. 特征

通常情况下，员工持股制度具备如下法律特征：

一是持股员工范围相对封闭。因员工持股制度设计的初衷是调动员工工作积极性，产生股权激励的效果，因此，员工持股试点的参与主体限定为与企业存在劳动关系的员工。

二是获取股权份额存在限制。相比认缴出资即可获取企业股权而言，员工持股制度下的股权取得需要企业根据员工所处的不同岗位、不同级别、工作时长等条件决定允许参与持股的员工范围及股权获取比例。

三是股权获取方式具备多样性。相比《公司法》对以认缴出资或股权转让的方式获取企业股权规定的条件而言，员工持股既可以以薪酬作为股权价款，也可以通过公积金转化或者由企业直接奖励的方式，使员工取得公司股东的身份。

四是股权权利行使的间接性。员工持股制度下的股东权利行使通常是通过员工持股平台等间接机构行使，持股员工并不直接行使企业经营权和管理权。

五是股东权利范围的限定性。持股员工通常只享有企业经营收益权和一定范围内的投票权，一般不享有企业股东应具备的全部权利。

（三）员工持股试点的基本条件和范围

1. 企业方面

根据133号文和国资产权〔2019〕653号文的规定，本轮员工持股试点需在满足如下条件的企业中开展：

（1）主业处于充分竞争行业和领域的商业类企业。

根据国资委、财政部和发改委于2015年12月发布并生效的《关于国有企业功能界定与分类的指导意见》规定，商业类国有企业以增强国有经济活力、放大国有资本功能、实现国有资产保值增值为主要目标，按照市场化要求实行商业化运作，依法独立自主开展生产经营活动，实现优胜劣汰、有序进退。其中，主业处于充分竞争行业和领域的商业类国有企业，原则上都要实行公司制股份制改革，积极引入其他资本实现股权多元化，国有资本可以绝对控股、相对控股或参股，加大改制上市力度，着力推进整体上市。

特别地，自然垄断行业的国有企业、公益类国有企业和主业处于关系国家安全、国民经济命脉的重要行业和关键领域、主要承担重大专项任务的商业类国有企业目前限制员工持股，且大型国有企业及所属从事该大型企业主营业务的重要全资或控股企业的国有产权不得向管理层转让。

但是在实践中，部分国有企业同时具备公益性和商业性，因此，在对该类企业实行员工持股试点之前，首先需要对其实行资产重组或业务剥离，以满足员工持股试点对企业类型的条件要求，这也是国家鼓励员工持股从国企集团公司二级子公司开始试点的原因。

（2）股权结构合理，非公有资本股东所持股份应达到一定比例，公司董事会中有非公有资本股东推荐的董事。

（3）公司治理结构健全，建立市场化的劳动人事分配制度和业绩考核评价体系，形成管理人员能上能下、员工能进能出、收入能增能减的市场化机制。

（4）营业收入和利润90%以上来源于所在企业集团外部市场。

优先支持人才资本和技术要素贡献占比较高的转制科研院所、高新技术企业、科技服务型企业（以下统称科技型企业）开展员工持股试点。

特别地，中央企业二级（含）以上企业以及各省、自治区、直辖市及计划单列市和新疆生产建设兵团所属一级企业原则上暂不开展员工持股试点。违反国有企业职工持股有关规定且未按要求完成整改的企业，不开展员工持股试点。

试点企业数量方面，现行政策提倡选择少量企业开展试点，各省、自治区、直辖市及计划单列市和新疆生产建设兵团可分别选择5—10户企业，国务院国资委可从中央企业所属子企业中选择10户企业，开展首批试点。

2. 员工方面

根据133号文的规定，参与持股人员应为在关键岗位工作并对公司经营业绩和持续发展有直接或较大影响的科研人员、经营管理人员和业务骨干，且与本公司签订了劳动合同。

特别地，党中央、国务院和地方党委、政府及其部门、机构任命的国有企业领导人员不得持股。外部董事、监事（含职工代表监事）不参与员工持股。如直系亲属多人在同一企业时，只能一人持股。

（四）员工持股试点的申请流程

首先，企业应当按照出资管理关系分别向出资人和相应级别的国资监管部门提出书面申请。

其次，申请试点的企业，应提供如下书面材料，包括但不限于：企业基本情况的介绍（历史沿革、治理结构、员工管理等）、收入与利润来源（企业过去和未来营收来源情况分析）、企业管理制度、员工持股情况（是否曾开展过）、实施员工持股的必要性和可行性分析以及员工意见等。

最后，出资人和相应级别的国资监管部门在收到企业申报材料后，应组织开展试点条件初步认定；符合初步认定的，由出资人相应级别的国资监管部门统筹把握申报试点企业数量，向上一级国资监管部门书面申报；由上一级国资监管部门逐一审核企业申请材料，确定监管范围内开展员工持股首批试点企业名单。

（五）员工持股试点制度的目的和意义[①]

员工持股试点制度作为我国国企混改过程中的一种重要方式，在优化国企产权结构和治理结构、建立国有企业激励约束机制等方面具有重要意义，具体体现在以下几个方面：

① 徐永前：《员工持股、股权激励与主协调律师制度》，法律出版社2016年版，第10—11页。

1. 员工持股试点制度有利于优化股权结构

股份制是公有制的重要表现形式，员工持股试点制度作为一种制度安排，是我国经济发展领域重要的理论成就。国有企业实行员工持股试点制度以后，国有资本作为国有企业投资主体的地位不变，员工以非国有资本的形式参与国有企业混合所有制改革，有利于激发企业和员工在经营管理方面创新机制的形成，便于形成国资、民资和员工持股之间的利益均衡，实现股权多元化格局，有利于国有企业的股权结构和资源配置，以促使国有企业更好地适应市场竞争需求。

2. 员工持股试点制度有利于构建新型的产权确认模式

国有企业中的国有产权，借助行政力量将企业的经营权授予企业经营者，但是，在目前企业经营权和所有权相分离的模式下，企业经营者无法完全享有所有者的基本权益。员工持股试点制度以一种特殊的出资方式，通过法律形式对企业产权进行确认，实现了企业所有权在经营者和员工之间的分配，一方面使企业行为受股东与员工身份的约束，另一方面使股东行为受员工身份的约束。

3. 员工持股试点制度有利于提升企业绩效

作为企业管理制度的一种创新，实行员工持股试点制度的企业，其在财务审计、资产评估等经营管理方面更加规范，企业资产配置更加合理，经营范围更加优化，且大多实现了对不良资产的有效剥离，企业偿债能力、盈利能力更加突出，企业绩效明显提升。

4. 员工持股试点制度有利于促使企业形成较为独立的法人治理结构和现代企业治理体系

企业经营者和所有者之间如何实现互相制约、协同发展，一直是现代企业治理结构追求的平衡点。员工持股试点制度的有效实施，使得持股员工获取劳动者和所有者双重身份，从而享有分享企业未来收益的权利，最终促使员工更加关注企业的长远发展，一定程度上抑制了大股东的部分短期行为，从而协助企业科学构建现代化治理体系。

5. 员工持股试点制度有利于实现国有资产的增值保值

员工持股试点制度使国有企业从单一的国有资本或国有资本控股，转变为国有资本和非国有资本共同所有。员工为了维护自身的股东权益，不仅积极参与企业的内部经营，还有权利监督国有资本所有者的不当经济行为，更好地发挥国有企业在国民经济中的杠杆作用，放大国有资本的功能，实现国有资产效用最大化，最大限度地实现国有资产保值增值，深化本轮国有企业改革。

（六）员工持股制度试点的现状

自中共十八届三中全会明确提出允许混合所有制企业实行员工持股之后，多个省份根据自身情况，陆续出台混合所有制企业开展员工持股试点的落实意见或实施方案，并制定了时间表，使员工持股试点制度更具有可操作性和实践意义。

1.现状介绍

截至2018年年底，首批10家员工持股试点企业，已全部完成员工持股改革。试点的10家企业的行业领域涵盖了化工、电子商务、科技服务、物流、材料制造、环保、交通运输和批发零售等行业，其中有6家科技型企业，符合优先支持科技型企业开展员工持股试点的政策导向。有注册资本高达数十亿元的大型企业，也有注册资本为数千万元的规模较小的企业；有存续时间长达二三十年的老国企，也有存续时间不足十年的新国企，体现了试点企业选择上注重大与小、新与老国企之间的平衡。

在不同的试点企业中，员工人数差距也很大，如中铁设计员工人数为2798人，神耀科技只有15人，其他企业则处于200人到2800人之间。由此可见，员工人数多少并不是其是否成为试点企业的重要因素[①]。

经对我国实行员工持股试点制度的案例进行分析可知：

从企业规模来看，小型国有企业实施员工持股试点的效果明显优于大中型国有企业，且员工持股试点在小型国有企业中开展得更加顺利。

从企业性质来看，相对于股权单一企业，员工持股试点制度更加适合在股权分散的混合所有制企业实行；相对于单纯的政策型、公益性国有企业，员工持股试点制度更加适合在具备经营营利性质的竞争性国有企业实行；相对于劳动密集型企业，员工持股试点制度更加适合在人员密集型企业实行。

---

① 朱昌明：《首批员工持股试点非官方总结报告——国企员工持股应该怎么搞？》，载https://www.sohu.com/a/280999298_100158239，最后访问日期为2020年8月8日。

2. 原因分析

自员工持股试点制度在我国开始实行至今，除前述介绍的对我国国有经济及其混合所有制改革发挥的积极作用以外，在其实践过程中，也出现了一定程度的负面作用。究其根本，主要是因为员工持股试点制度的设计初衷与该制度运行的客观环境产生偏差，员工持股试点制度的法律法规建设缺失，政府对员工持股的鼓励与监督机制不完善。

（1）员工持股试点制度相关法律法规不够健全，顶层设计缺失[①]

我国员工持股试点制度在发展实践中被数次叫停，虽然相关法律法规在不断完善，但在制度试行的过程中，依然存在政策较为分散这一明显弊端，国家层面和地方层面之间、各地区之间的制度衔接不够健全，基本原则不够稳定，且无法维持各项制度之间的统一。截至目前，关于员工持股试点的法规仍未出台，该制度试行过程中缺乏相应的保障体系和监管体系，参与持股的员工权责不清，国有资产存在流失风险，持股确定程序、股权退出路径和约束性机制等不够明确，金融信贷、税收优惠等具备可操作性的支持性政策缺失，致使参与试点的企业出现一定程度上的经营不稳定等现象。监管机构、企业、员工在现有制度下，难以充分发挥各自的作用。这些都将影响国有企业的正常运营，不利于国有企业混合所有制改革发展的大局。

（2）员工持股试点制度的相关法规之间存在一定的冲突

持股人数方面，《公司法》对股东人数制定了明确的限制条款，员工持股试点制度相关文件对员工持股的形式、方式进行了一定限制，两者之间的矛盾将对人员密集型企业实行员工持股试点带来一定的制度障碍。

股权管理方面，为了满足法律层面对股东人数的限制，人员密集型企业存在以间接持股的形式开展员工持股试点的现实需求。比如，早期以员工持股会的形式实现间接持股，由该等机构代表员工行使股东权利，维护员工合法利益，但是，按照证监会相关规定，员工持股会等形式的机构暂不具备合法地位，即使员工对股权予以托管，在现行体制下，因托管约束机制不够健全，股权托管存在较大的市场风险。

① 徐永前、杨荣旭:《试析信托机制在职工持股计划中的作用》，载《岩土动态》2001 年第 3 期，第 21 页。

另外，如果试点企业未来拟申请在科创板上市，根据上海证券交易所于2019年3月24日发布并生效的《上海证券交易所科创板股票发行上市审核问答（二）》（上证发〔2019〕36号）的规定，考虑到发行条件对试点企业控股权权属清晰的要求，试点企业控股股东或实际控制人存在职工持股会或工会持股情形的，应当予以清理。根据133号文的规定，当前实务中，既存在员工以个人名义直接持股的情形，也存在包括但不限于以公司制企业、合伙制企业、资产管理计划等持股平台委托持股的情形。

（3）国有企业自身的行政色彩不利于各方之间实现权益平衡

国有企业作为国民经济发展的支柱，是生产力发展和科技进步的主导力量，也是我国财政收入的主要来源。国有资本在国有企业，尤其是国有大中型企业中占据主导力量。在此前提下，一方面，员工股权及其所代表的权益在现有经济体制下无法得到足够重视，管理层的绩效考核制度使其无法完全兼顾到持股员工权益，甚至会损害中小员工投资者的合法权益；另一方面，国有企业自身的行政化体制决定了企业自身不具备完全独立决策的空间。员工持股试点制度的施行需要包括国资委等监管部门的审核批准，企业和员工均无法依据自身需要自主参与持股试点，这在一定程度上会影响或者限制员工持股试点制度的实施效果，阻碍国有企业混合所有制的发展。

除此之外，员工担心持股政策不稳定、持股以后权利无保障等原因导致员工持股热情不高也是现实存在的问题。

第二节 ┃ 员工持股试点制度的主要内容

在我国企业进行股份制改造，建立现代公司制度的改革过程中，员工持股试点制度作为完善公司治理结构、增强员工劳动积极性和企业凝聚力的一种手段[①]，近年来越来越受到关注。在我国还没有明确的法律法规对员工持股的管理和运作进行指导和规范，实施员工持股计划的企业也多数处于探索阶段，特别是在我国国企改制、经济转轨的大背景下，企业由于特定的发展历史等情况，使得我国的员工持股很难有一种统一的模式和方案，但归纳来看，员工持股制度各要素依然是在制度设计的框架范围内运行实践。

一、员工持股试点的持股主体

根据133号文的规定，此次员工持股试点的主体范围主要包括已与本公司签署劳动合同且在关键岗位工作并对公司经营业绩和持续发展有直接或较大影响的相关人员。同时，该文件还对国有企业部分领导人员在特定情形下能否持股作了明确规定。

（一）管理层持股

由于我国长久以来的国情及制度设计等原因，国有企业承担着重要的政治责任和社会责任，尤其是在国民经济中起决定性作用的国有大中型企业。因此，我国对国有企业的管理层监管相对比较严格，这在一定程度上对国有大中型企业管理层参与员工持股起着一定的限制作用。而在国有企业的子公司层面，因企业规模相对较小，来自监管层面的约束较小，外界给予的关注有限，管理层参与员工持股试点的动力更大，可操作性反而更强[②]。

---

① 徐永前：《国有外经贸企业改制的最佳选择——职工持股》，载《中国对外贸易》1999年第12期，第13页。

② 严学锋：《国企混改的“姜子牙宿命”》，载《南风窗》2016年第12期，第24—25页。

管理层作为国企决策、执行层面的核心团队，应和企业形成深度的利益、命运共同体，133号文中关于员工范围中明确表示，此次员工持股试点包含经营管理人员，但同时又明确规定，党中央、国务院和地方党委、政府及其部门、机构任命的国有企业领导人员不得持股。外部董事、监事（含职工代表监事）不参与员工持股。如直系亲属多人在同一企业时，只能一人持股。

由于实践中曾经出现发行权力股、关系股等违背员工持股制度设计初衷的现象，且本轮混改对试点企业的持股员工范围作出了明确限制，因此，参与此次员工持股试点的管理层多为中层管理人员。

（二）一般员工持股

员工持股是风险共担、利润共享的激励相容制度，强调大多数普通员工拥有平等的持股权，如果员工持股试点只针对企业中的少部分员工实行，其结果仍是把大多数员工排斥在员工持股试点的改革之外，最终又会回到管理层持股的老路。混改背景下的员工持股试点必须保障员工的平等认购权，鼓励员工积极参与。

根据133号文的规定，此次员工持股试点的人员范围不仅包括经营管理人员，还包括在关键岗位工作并对公司经营业绩和持续发展有直接或较大影响的科研人员和业务骨干，但目前暂未对符合条件的科研人员范围作出具体规定。如果试点企业未来拟申请在科创板上市，上海证券交易所于2019年3月3日发布并生效的《上海证券交易所科创板股票发行上市审核问答》（上证发〔2019〕29号）第6个问题中关于“核心技术人员”的认定标准，即“原则上，核心技术人员通常包括公司技术负责人、研发负责人、研发部门主要成员、主要知识产权和非专利技术的发明人或设计人、主要技术标准的起草者等”可在一定程度上作为认定上述科研人员范围的参考依据。

二、员工持股试点的持股形式

根据133号文的规定，参与此次试点的持股员工可以个人名义直接持股，也可通过公司制企业、合伙制企业、资产管理计划等持股平台持有股权。通过资产管理计划方式持股的，不得使用杠杆融资。持股平台不得从事除持股以外的任何经营活动。

（一）个人名义直接持股

员工以个人名义直接持股，可直接进入试点企业股东层面，同时享有劳动者和股东的双重身份，自行行使股东权利，法律关系明确，股权归属确定，持股试点的效果更易体现，且因其不需要额外承担组织策划及具体运行持股平台的费用，持股成本较低。

对于员工以个人名义直接参与持股试点的形式，目前在法律上存在的主要障碍体现在《公司法》对股东人数的限制上。根据《公司法》第二十四条①、第七十八条②规定，有限责任公司的股东人数不得超过50人，股份有限公司的发起人数不得超过200人，因国企员工人数较多，上述规定会使国有企业，尤其是国有大中型企业的员工持股试点难以采用个人名义直接持股的形式。

另外，个人名义直接持股的形式会使企业股东大幅增加，单个员工持有的股份比例随之下降，导致股权分散。企业需要股东会或股东大会就某些事项作出决议时，尤其是就重大事项需要绝大多数股东同意时，较难形成一致意见，企业容易失去相对控制权，在不存在一致行动人协议等情形下，参与试点的持股员工很难有效发挥经营决策权，不利于改善企业的经营治理结构。

特别地，根据证监会于1998年11月发布的《关于停止发行公司职工股的通知》（证监发字〔1998〕297号）规定，自该通知下发之日起，股份有限公司公开发行股票一律不再发行公司职工股。目前尚未发行的，一律停止发行，说明上市公司不允许员工以个人名义直接持股。

（二）委托持股平台持股

员工持股平台主要包括以下几种形式：

---

① 《公司法》第二十四条规定："有限责任公司由五十个以下股东出资设立。"

② 《公司法》第七十八条规定："设立股份有限公司，应当有二人以上二百人以下为发起人，其中须有半数以上的发起人在中国境内有住所。"

1. 公司制企业形式

以公司制形式作为员工持股平台，对外，员工通过设立公司的形式代替持股员工持有股权，统一、集中行使持股员工的股东权利；对内，公司制形式的员工持股平台，其设立具备较为明确的法律依据，各员工作为股东，均受公司章程的有效约束，管理较为科学，在一定程度上能有效降低员工持股的投资风险。

但是，公司制员工持股平台受《公司法》关于股东人数上限的约束，其公司的设立需要满足一定的条件，且需经主管业务部门审批登记。更为重要的是，设立公司制员工持股平台的情形下，员工在取得股权分红之前，不但需要就股利部分缴纳个人所得税，持股平台还需要缴纳企业所得税，双重纳税势必影响持股员工的投资收益。

2. 合伙制企业形式

以合伙制企业形式设立员工持股平台，通常由参与持股试点的管理层作为执行事务的普通合伙人，一般员工作为有限合伙人。该种形式同样能使企业股权相对较为集中，有效促进企业管理层和一般员工的利益一致性，且合伙制企业通常由管理层执行事务。因此，决策成本较低，且不需要缴纳企业所得税，能够有效降低持股员工的投资成本。

但是，合伙制企业模式下，因其普通合伙人和有限合伙人应承担的义务不同，对其难以有效区分，普通合伙人因其对平台承担无限连带责任，义务较重，且和公司制员工持股平台相比较，有限合伙人对具体事务的参与感较弱，限制其对企业改革的积极性和主动性。

3. 资产管理计划形式

资产管理计划形式的员工持股平台，与公司制形式的员工持股平台类似，由员工共同出资设立资产管理计划，员工通过该资产管理计划间接持有试点企业股权。根据33号文的规定，此次员工持股试点可以采用的资产管理机构主要包括信托公司、保险资产管理公司、证券公司、基金管理公司和其他符合条件的资产管理机构。

采用资产管理计划设立员工持股平台，试点企业层面股权结构较为清晰，员工加入或退出不会对试点企业股权结构产生影响，资产管理计划可以通过内部协议等形式对持股员工的分红、退出等事项作出自由约定，且资产管理计划本身不承担税负，仅由资产管理计划的管理人就资产增值部分缴纳增值税。

需要注意的是，根据央行、银保监会、证监会和外管局于2018年4月发布并生效的《关于规范金融机构资产管理业务的指导意见》（银发〔2018〕106号）的规定[①]，以资产管理计划的形式参与此次持股试点的员工应符合合格投资者的条件，且需要在中国证券投资基金业协会办理备案手续。另外，133号文明确规定，通过资产管理计划方式持股的，不得使用杠杆融资。

4.其他形式[②]

（1）信托形式

委托信托公司持股，可以在企业内部设立专门组织作为受托人，接受持股员工委托，并负责运作员工持有的股份，也可以委托外部信托机构作为受托人，使其以员工个人的名义购买企业股权，并代为管理和运营，此处主要指第二种形式，即委托外部信托机构代为持有股权。

将员工股权交由专门的信托机构进行管理，将所有权和收益权相分离，可以使股权的管理和行使更加科学，并能有效突破《公司法》关于股东人数的限制，且是以员工自己的名义购买股权，其收益均由员工享有，完全按照员工自身的意愿行使股东权利，能有效解决股权红利的双重缴税问题。另外，如果多名员工共同委托同一信托机构作为受托人，还可有效避免公司股权分散，提高员工的投资效率。

① 《关于规范金融机构资产管理业务的指导意见》（银发〔2018〕106号）第五条规定："资产管理产品的投资者分为不特定社会公众和合格投资者两大类。合格投资者是指具备相应风险识别能力和风险承担能力，投资于单只资产管理产品不低于一定金额且符合下列条件的自然人和法人或者其他组织。（一）具有2年以上投资经历，且满足以下条件之一：家庭金融净资产不低于300万元，家庭金融资产不低于500万元，或者近3年本人年均收入不低于40万元。（二）最近1年末净资产不低于1000万元的法人单位。（三）金融管理部门视为合格投资者的其他情形。合格投资者投资于单只固定收益类产品的金额不低于30万元，投资于单只混合类产品的金额不低于40万元，投资于单只权益类产品、单只商品及金融衍生品类产品的金额不低于100万元。投资者不得使用贷款、发行债券等筹集的非自有资金投资资产管理产品。"

② 肖金泉、徐永前：《经营者持股与股票期权计划的规范设计》，企业管理出版社2001年版，第172页。

但是，在我国现有法律体系下，由于信托体系的建设还不够完善，信托机构的信用问题较为突出，且信托模式这一运行机制无法帮助持股员工形成统一的决策意见，决策成本较高。

（2）员工持股会形式

员工持股会是员工持股制度得以有效落实和取得成功的核心机构，实践中，以社会团体形式存在的员工持股会也是员工持股平台的形式之一，但是对员工持股会法律地位的认定存在一定的法律障碍。目前，证监会和民政部对员工持股会均持否定态度，2000年，民政部以“以员工持股会或工会的名义进行出资与社团法人是非营利机构的性质不符”为由不再审批新的员工持股会，同年12月，证监会在《关于职工持股会及工会能否作为上市公司股东的复函》（法律部〔2000〕24号）中明确禁止以职工持股会或工会作为上市公司股东，但是在某些地方规章中，关于组建员工持股会的规定仍在执行，如果员工持股会没有得到法律层面的认可，当受托方和委托方发生争议时，保障作为实际出资人员工的合法利益则存在法律风险。

另外，员工持股会与企业工会的关系也需要明确界定。员工持股会一般依托企业工会而运行，主要从事内部员工股的管理，代表持有内部员工股的员工行使股东权利并承担民事责任，依据《工会法》（2009年修正）的规定，企业工会主要发挥维护职工合法权益的作用，两者在职责范围上存在一定的重叠。

三、员工持股试点的持股方式

根据133号文的规定，此次员工持股试点坚持增量引入，利益绑定，主要采取增资扩股、出资新设方式开展员工持股，并保证国有资本处于控股地位[①]。建立健全

① 相对于133号文主要规范国有控股混合所有制企业而言，2019年10月，国资委发布的《中央企业混合所有制改革操作指引》（国资产权〔2019〕653号）明确规定：“积极稳妥推进主业处于充分竞争行业和领域的商业类国有企业混合所有制改革，国有资本宜控则控、宜参则参；探索主业处于重要行业和关键领域的商业类国有企业混合所有制改革，保持国有资本控股地位，支持非公有资本参股”，根据混改企业主业的不同，对国有资本的持股比例作出了不同规定。

激励约束长效机制，符合条件的员工自愿入股，入股员工与企业共享改革发展成果，共担市场竞争风险。

（一）增资扩股方式

增资扩股是指员工通过认购公司新增注册资本的方式持有公司股权。该模式在实现员工持股的同时，能够增加公司注册资本，给企业带来增量资金，其目的在于防止国有资产损失，在保持存量不变的基础上，激发混改企业形成新的增量。

相对于产权转让而言，增资扩股的方式通过拟定投资者资格条件，开展竞争性谈判或综合评议，帮助企业筛选出适合自身发展的合格投资者，既能解决试点企业的资金需求，也能有效降低企业存在的高资产负债率问题，因此成为此次员工持股试点的主要方式，也是目前国企混改的主流模式①。

在增资扩股方式下，实践中已形成“增资扩股+员工持股”的典型模式，比如山东省交通运输集团有限公司混改项目②、中鼎国际建设集团有限责任公司混改项

---

① 郭克军、贾琛、李代军、刘宜矗：《国企混改之路径选择与主要流程》，载 http://www.zhonglun.com/Content/2018/11-16/1347577671.html，最后访问日期为 2020 年 8 月 8 日。

② 根据山东产权交易中心张映军发表于《产权导刊》（2019 年第 2 期）第 53—56 页的《国有企业混合所有制改革的“山东模式”——山东省交通运输集团有限公司混改项目》显示，作为首家启动集团层面混改，实现整体改革的山东省管企业，山东省交通运输集团有限公司（以下简称山东交运集团）早在 2014 年前就有了混改打算，当年 7 月曾成立改革领导小组，并在次年 10 月提交了混改初方案。山东交运集团在混改过程中，将新加坡物流商普洛斯、网约车平台“首汽约车”作为战略投资者引入，备受社会关注。除此之外，山东交运集团混改在股权设置上也实现了突破，成为全省首家以同股同价方式，同步引入战投和骨干员工持股，最终形成“国有资本 + 战略投资 + 骨干员工”共同持股模式的企业。在交易方案设置中，山东交运集团采用了“存量 + 增量”的形式，一方面通过增资扩股引进战投与核心骨干持股，另一方面出售部分存量给二者，这样既控制了引入资金规模，也解决了员工入股资金压力大的问题。具体而言，山东交运集团本次共增资 1.39 亿元，占增资后集团总股本的 20.58%，其中 6237.57 万元的份额允许不少于两家战投认购，其余 7754.34 万元份额由员工持股平台认购。同时，上述两方还需分别受让省社保基金理事会、国惠投资持有的集团股权。改革完成后，由山东省国资委和省社保基金理事会担任出资人的国惠投资，持有山东交运集团 37% 股份，山东交运集团管理层出资设立的四家合伙企业合计持股 30%，国有资本处于相对控股地位。

目[①]等。

（二）出资新设方式

出资新设是指出资人将所出的资金投入到企业中，获得企业的产权或股权。该方式下，企业和员工共同出资设立新公司，员工成为新公司的股东。持股员工直接向企业进行投资，员工持股所涉及资产均为增量资产，并不涉及存量资产，原有国有资产不会减少，操作风险相对小，可以有效防止国有资产损失的现象出现，且有利于扩大企业资本规模，操作简单，法规明确。企业通过出资新设引入新资本，实现股权多元化，可以引入外部灵活经营管理机制，帮助企业解决体制僵化的问题，特别是要有助于企业建立协调运转、有效制衡的现代公司治理结构，恢复企业在市场经济中的经营主体地位。

（三）原股东产权转让方式

除133号文鼓励适用的增资扩股和出资新设等方式以外，实践中还存在部分企业通过原股东产权转让方式推进员工持股。

① 根据江西省产权交易所发布的《江西省属国企市场化债转股第一单落地中鼎国际建设集团有限责任公司债转股暨混改和员工持股增资协议签订》（http://www.jxcq.org/show.dspx?id=11653）显示，中鼎国际系江西省能源集团有限公司的全资子公司，是江西省入选国企改革“双百行动”的7家企业之一。2017年6月底，中鼎集团混改工作正式启动，采用“债转股+增资扩股+员工持股”模式。2017年12月26日，中鼎集团与建信金融资产投资有限公司正式签订中鼎集团债转股增资扩股协议，对中鼎集团实行股权多元化改制。2018年6月7日，中鼎集团经江西省能源集团有限公司批准，于江西省产权交易所发布增资项目信息披露公告，公开征集民营投资方，同步设立员工持股平台。通过本次增资，包含债转股、外部投资人增资、员工持股在内，中鼎集团拟募集资金金额57403.89万元至71677.64万元。增资后，江西省能源集团将作为中鼎集团第一大股东，保留对中鼎集团的实际控制权，拟持股比例为44%—49%；建信金融资产投资有限公司拟持股比例为35%—40%；本次增资将仅引入一家民营投资方，持有的股权比例为5%—15%；员工持股平台（以同股同价的方式引入）持有6%的股权比例。通过江西省产权交易所公开挂牌征集投资方，中鼎国际顺利完成本次混改，成功引进民营资本投资方江西文东实业有限公司，并同步实施债转股及员工持股，合计募集资金近5.8亿元。增资方建信金融资产投资有限公司和江西鼎新企业管理股份有限公司分别以债转股及员工持股平台的形式，参与本次混改。增资后，中鼎国际注册资本由42913.74万元增至87412.87万元，省能源集团持股49.09%，建信投资持股39.91%、文东实业持股5%、鼎新股份持股6%。2019年8月，中鼎国际债转股暨混改和员工持股增资协议正式签署，标志着中鼎国际混合所有制及员工持股改革取得实质进展，江西省国企市场化债转股第一单正式落地。

根据发改委等八部门于2017年发布并生效的《关于深化混合所有制改革试点若干政策的意见》(发改经体〔2017〕2057号)第四条关于员工持股的规定，本轮国企混改员工持股试点要坚持依法合规、公开透明、立足增量、不动存量、同股同价、现金入股、以岗定股、动态调整等原则，有效实现企业与员工利益和风险绑定，强化内部激励，完善公司治理。

原股东产权转让的方式，即在不改变企业原有注册资本的基础上，通过原股东向员工转让股权的方式，实现员工持股，其本质属于存量混改。此种方式虽然可以使原股东持有的国有股权实现部分或全部退出，但是却无法为企业带来增量资金，不符合本轮国企混改中关于员工持股的实施原则。

同时，根据国资委、财政部于2016年6月发布并生效的《企业国有资产交易监督管理办法》(国资委、财政部令第32号)第十四条规定，产权转让原则上不得针对受让方设置资格条件，确需设置的，不得有明确指向性或违反公平竞争原则，所设资格条件相关内容应当在信息披露前报同级国资监管机构备案，国资监管机构在5个工作日内未反馈意见的视为同意。因此，产权转让基本遵循“价高者得”这一原则，使持股员工通过产权转让的方式受让企业股权产生较大的不确定性，因此，其不利于员工持股试点目的的实现。

四、员工持股试点的资金来源

资金来源是员工持股试点能否顺利推行的重要因素，影响员工持股参与主体的范围及员工参与的积极性。根据133号文的规定，员工入股应主要以货币出资，并按约定及时足额缴纳。按照国家有关法律法规，员工以科技成果出资入股的，应提供所有权属证明并依法评估作价，及时办理财产权转移手续。上市公司回购本公司股票实施员工持股，须执行有关规定。

试点企业、国有股东不得向员工无偿赠与股份，不得向持股员工提供垫资、担保、借贷等财务资助。持股员工不得接受与试点企业有生产经营业务往来的其他企业的借款或融资帮助。

（一）出资形式

根据上述规定，参与此次试点的员工主要以货币出资，除此之外，也可以科技成果作为出资。

与世界各国员工持股的资金来源存在多种形式[①]相比，我国主要是以现金出资购买股票为主，资金来源较为单一。由于近年来，国有企业的员工收入因受企业经营状况的影响而持续降低，导致员工以货币方式投资入股且及时足额缴纳存在较大困难，部分员工不具备一次性全额出资购买股权的能力，再加上员工持股的相关政策不够稳定，因此，员工参与持股的积极性受到影响，认购股份的意识不强，投资信心不足，且容易使员工产生投机意识，导致员工持股短期化，不利于试点制度的顺利进行。

133号文鼓励以科技成果作为出资，同时提供所有权属证明并依法评估作价，及时办理财产权转移手续，这一方式在实践中运用仍然存在一定的限制。由于拥有科技成果的员工比例较小，且将科技成果转化为出资，还需要经过证明权属、评估作价、办理财产转移等一系列手续，由此产生的时间成本和金钱成本无法忽略，且现行有效的法律法规体系，对科技成果转化为出资的保障性较弱，直接影响这一出资方式的可操作性。

① 美国持股制度分为不同的类型，即杠杆型和非杠杆型员工持股。前者资金来源于本公司为其员工设立的持股信托基金，这笔基金可以在通过公司担保的情况下向金融机构贷款，贷款的用途就是购买员工的股份，最终通过股本收益的方式来偿还贷款。后者也被称为股票奖励计划，其资金来源为企业直接捐赠股本总额的20%—30%的股票或者用于购买现存股票的现金给员工持股信托基金，由基金会建立员工个人账号，员工以今后的红利逐年偿还。美国实行员工持股计划的企业不需要员工出资购买企业股票，与美国不让劳动者在动用其储蓄的基础上成为资本所有者的政策目标相一致。

英国的员工持股也有不同的分类方式。其一是由企业通过建立信托机构的方式将税前的部分利润交由信托机构来购买企业的股票，这部分股票会分配给有资格的企业员工，这种方式称之为利润分享制。其二是员工在本公司工作年限达到一定期限，如5年，通过签订契约的方式将在5年内定期储蓄的金额用于购买本公司普通股，这种方式称之为储蓄购买股票。其三则是由董事会自行决定授予本公司的主要经理人员购买股票的权利。

日本持股资金的来源是按月从员工工资中扣缴和员工奖金积累，企业根据具体情况给予员工少量的补贴，日本取得员工股的资金95%是由员工自己出资，企业给予补助的份额仅占5%。

为有效解决资金来源问题，我国学者提出了不同建议，有的人认为可以借助一定的杠杆方式进行融资，国家在财税上给予一定的政策支持，以增强员工参与持股试点的积极性；也有的人认为，可以尝试用员工劳动的预期收益作为持股资金来源，或者尝试分期入股，比如，第一笔认购资金以现金出资，之后的资金从员工工资或奖金中逐笔扣除；还有的人认为可以将员工的人力资本作为认购资金，其评估价值由不同的企业根据自身情况自行确定相应规则，这些建议都从不同角度为完善员工持股试点制度提供了参考。

（二）转换出资的特殊规定

1. 企业提供的奖励基金

企业提供的奖励基金，主要是指企业以激励为目的提取一部分资金用于补助员工持股出资。根据133号文的规定，员工应自己筹集持股资金，国企不得向员工无偿赠与股份，不得为员工持股提供借款或垫付款项，不得以国有产权或资产作标的物为员工融资提供保证、抵押、质押、贴现等，不得要求与本企业有业务往来的其他企业为员工持股提供借款或帮助融资，因此，此种方式不允许在此次员工持股试点中适用。

特殊情况下，如果员工涉及以职务发明出资，且该项发明的完成单位未规定，也未与科技人员约定奖励和报酬的方式和数额的，根据《促进科技成果转化法》（2015年修正）第四十五条规定，利用该项职务科技成果作价投资，可从该项科技成果形成的股份或者出资比例中提取不低于5%的比例用于奖励给完成、转化职务科技成果做出重要贡献的人员，该项奖励应允许作为持股员工的出资。

2. 其他

针对实务中出现的其他出资方式，笔者认为，企业欠付员工的工资、未退还的职工集资款、经济补偿金等款项，因属于企业对员工个人的应付款，因此可以直接转化为员工持股的投资资金，而企业已计提但尚未支付的员工福利费、职工教育经费余额、工资基金结余等款项，在实际使用之前，因其属于企业整体负债的一部分，因此不能转化为员工持股的投资资金。

（三）违规情形的处理

虽然目前暂未对关于员工持股试点中出现违规情形及相应的法律责任作出明确规定，但是根据国资委于2009年3月发布的《关于实施〈关于规范国有企业职工持股、投资的意见〉有关问题的通知》（国资发改革〔2009〕49号）规定，试点过程中出现下述情形，可参考下述规定予以处理：

1.购股资金来源及筹集方式违规

购股资金来源于国有企业借款、垫付款项，或以国有产权（资产）作为标的，通过保证、抵押、质押、贴现等方式的企业改制为国有控股企业的，改制企业的国有产权持有单位中层以上管理人员违规所得股权须上缴集团公司或同级国资监管机构指定的其他单位（以下统称指定单位），其个人出资所购股权按原始实际出资与专项审计后净资产值孰低的价格清退；持有改制企业股权的其他人员须及时还清购股借、贷款和垫付款项；违规持股人员须将其所持股权历年所获收益（包括分红和股权增值收益）上缴指定单位。改制为非国有企业的，国有产权持有单位参照上述规定进行纠正，也可通过司法或仲裁程序追缴其违规所得。

2.非货币出资的评估作价违规

纳入企业改制资产范围的国有实物资产和专利技术、非专利技术、商标权、商誉等无形资产，以及土地使用权、探矿权、采矿权、特许经营权等，全部或部分资产未经评估作价的，改制企业的国有产权持有单位中层以上管理人员须按原始实际出资与专项审计后净资产值孰低的价格清退所持股权，改制企业的国有产权持有单位管理层、改制企业管理层及参与改制事项其他人员须将其所持股权历年所获收益上缴指定单位；未经评估资产须进行资产评估作价，重新核定各股东所持股权。情况特殊的，也可经同级国资监管机构批准，采取其他方式进行纠正。

3.违规使用国有资产作为出资

无偿使用未进入企业改制资产范围的国有实物资产和专利技术、非专利技术、商标权、商誉等无形资产，以及土地使用权、探矿权、采矿权、特许经营权的，国有产权持有单位应按资产评估价或同类资产的市场价确定租赁费，改制企业须补交已发生的租赁费。

对于故意转移、隐匿资产，或者在改制中通过关联交易影响企业净资产；向中介机构提供虚假资料，导致审计、评估结果失真，或者与有关方面串通，压低资产评估值以及国有资产折股价等违法违规行为要依法严肃查处，并依据国资委于2018年7月发布的《中央企业违规经营投资责任追究实施办法（试行）》（国务院国有资产监督管理委员会令第37号）的有关规定，追究国有企业相关责任人责任。

五、员工持股试点的实施流程

根据133号文[①]规定，试点企业实施员工持股的实施流程主要包括以下几个步骤：

（一）确定试点企业

根据133号文的规定，开展员工持股试点的地方国有企业，由省级人民政府国有资产监督管理机构协调有关部门，在审核申报材料的基础上确定。开展试点的中央企业所属子企业，由国有股东单位在审核有关申报材料的基础上，报履行出资人职责的机构确定。

（二）制定员工持股方案

员工持股方案一般作为申报材料，在企业申请试点时提交。根据133号文的规定，企业开展员工持股试点，应深入分析实施员工持股的必要性和可行性，以适当

① 根据公开资料显示，除133号文以外，部分地方省市也对国企混改中的员工持股相关内容作出了规定，比如，陕西省人民政府于2014年8月发布并生效的《关于推进混合所有制经济发展的意见（试行）》（陕政发〔2014〕30号）、河南省国资委于2014年9月发布并生效的《河南省省管企业发展混合所有制经济试点工作方案》、吉林省人民政府于2015年11月发布并生效的《关于国有企业发展混合所有制经济的指导意见》（吉政发〔2015〕48号）、河北省人民政府于2015年12月发布并生效的《关于地方国有企业发展混合所有制经济的实施意见》（冀政发〔2015〕47号）等，对员工持股实施办法、试点企业选择、试点方案制定及组织实施等内容作出了相关规定，除此之外，上海市国资委等四部门于2017年1月发布并生效的《关于本市地方国有控股混合所有制企业员工持股首批试点工作实施方案》（沪国资委改革〔2017〕18号）明确规定了试点企业实施员工持股的实施流程具体包括制定员工持股方案、制定员工股权管理规则、开展审计评估、规范履行职工民主程序、开展合法性合规性审核、社会稳定风险评估、履行企业内部决策程序以及办理产权和工商变更等八个步骤。

方式向员工充分提示持股风险，严格按照有关规定制定员工持股方案，并对实施员工持股的风险进行评估，制定应对预案。员工持股方案应对持股员工条件、持股比例、入股价格、出资方式、持股方式、股权分红、股权管理、股权流转及员工岗位变动、调整股权等操作细节作出具体规定。部分地方省市监管机构还要求在员工持股方案中就持股人数、锁定期、解锁期等事项作出说明。

（三）员工持股方案的审批及备案

根据133号文的规定，试点企业应通过职工代表大会等形式充分听取本企业职工对员工持股方案的意见，并由董事会提交股东（大）会进行审议。地方试点企业的员工持股方案经股东（大）会审议通过后，报履行出资人职责的机构备案，同时抄报省级人民政府国有资产监督管理机构；中央试点企业的员工持股方案经股东（大）会审议通过后，报履行出资人职责的机构备案。

（四）办理工商变更登记手续

根据《公司法》（2018年修正）和《公司登记管理条例》（2016年修订）规定，公司的注册资本、股权结构等事项发生变更，应当自变更之日起30日内申请变更登记，如果有新股东加入的话，还应当提交新股东的主体资格证明或者自然人身份证明；公司章程修改未涉及登记事项的，公司应当将修改后的公司章程或者公司章程修正案送原公司登记机关备案；变更登记事项涉及《企业法人营业执照》载明事项的，公司登记机关应当换发营业执照；上市公司还应当同时遵守证监会相关规定及时披露有关事项。

六、员工持股试点的股权管理

（一）股权的管理主体

如前所述，员工以个人名义直接持股存在一定的弊端，为此，实践中，员工股权一般不直接由员工个人行使，通常成立专门的机构或者委托第三方机构进行集中管理。根据133号文规定，员工所持股权一般应通过持股人会议等形式选出代表或设立相应机构进行管理。该股权代表或机构应制定管理规则，代表持股员工行使股东权利，维护持股员工合法权益，但这也只是原则性规定，尚需出台更具有可操作性的细则。

特别地，针对上市公司而言，根据33号文的规定，上市公司可以自行管理本公司的员工持股计划，也可以将本公司员工持股计划委托给具有资产管理资质的机构管理。

实践中，美国、英国、法国等国家的员工持股一般通过资产管理机构对员工股进行统一管理，而我国却缺乏对员工持股管理机构的塑造，现行的法律法规也一直未对员工持股的管理机构作出明确规定，部分企业直接将员工股委托给企业内部机构或地方股权托管中心。实际操作中，由于缺乏相应法律法规对企业内部机构或地方股权托管中心受托管理员工股予以规范，员工持股试点的作用未得到有效发挥。

（二）股权的管理方式

根据133号文的规定，公司各方股东应就员工股权的日常管理、动态调整和退出等问题协商一致，并通过公司章程或股东协议等予以明确。

特别地，针对上市公司而言，根据33号文的规定，上市公司自行管理本公司员工持股计划的，应当明确持股计划的管理方，避免产生上市公司其他股东与员工持股计划持有人之间潜在的利益冲突。上市公司委托资产管理机构管理本公司员工持股计划的，应当与资产管理机构签订资产管理协议。资产管理协议应当明确当事人的权利义务，确保员工持股计划的财产安全。资产管理机构应当根据协议约定管理员工持股计划，不得泄露员工持股计划持有人的个人信息。除此之外，员工持股计划管理机构还应当以员工持股计划的名义开立证券交易账户，同时应当遵守资产管理业务相关规则。

（三）股权管理中的特殊规定

根据133号文的规定，员工持股比例应结合企业规模、行业特点、企业发展阶段等因素确定。员工持股总量原则上不高于公司总股本的30%，单一员工持股比例原则上不高于公司总股本的1%，这一关于国有控股企业的持股比例要求目前被明确允许[①]运用于开展混合所有制改革的其他企业。企业可采取适当方式预留部分股权，用于新引进的人才。国有控股上市公司员工持股比例按证券监管有关规定确定。实施员工持股后，应保证国有股东控股地位，且其持股比例不得低于公司总股本的34%。

除国务院国资委层面的规定以外，一些大型国企也陆续出台政策规定了员工持股的比例。特别地，针对上市公司而言，根据33号文的规定，上市公司全部有效的员工持股计划所持有的股票总数累计不得超过公司股本总额的10%，单个员工所获股份权益对应的股票总数累计不得超过公司股本总额的1%，如前文所述，这一比例目前被明确允许运用于其他开展混合所有制改革的企业[②]。员工持股计划持有的股票总数不包括员工在公司首次公开发行股票上市前获得的股份、通过二级市场自行购买的股份及通过股权激励获得的股份。员工持股计划持有公司股票达到公司已发行股份总数的5%时，应当依据法律规定履行相应义务。

七、员工持股试点的监督管理

员工持股试点可能会引发国有资产损失的历史教训，使建立健全员工持股的监督管理机制显得尤为紧迫和重要。

当前，员工持股试点的监督主体主要包括国资委、证监会、试点企业的监事会等机构或部门，除此之外，证券交易所、证券登记结算机构等监管机构的监督，审计、评估、律师事务所等专业机构的监督，新闻媒体等社会监督，以及部分试点企业内部设置的员工持有人会议监督等也发挥了作用。其中，国资委行使监督管理权限的法律依据主要包括《企业国有资产法》（主席令第5号）和133号文等文件；证监会行使监督管理权限的法律依据主要包括《证券法》（2014年修订）和133号文等文件；试点企业监事会行使监督管理权限的法律依据主要为《公司法》（2018年修

---

① 详见2019年12月国资委发布的《中央企业混合所有制改革操作指引》（国资产权〔2019〕653号）。

② 详见2019年12月国资委发布的《中央企业混合所有制改革操作指引》（国资产权〔2019〕653号）。

正）第五十三条[①]、第五十四条[②]的相关规定。

虽然上述法律法规对国资委、证监会、企业的监事会对国有企业行使监督管理权提供了依据，但目前并没有明确专门针对员工持股试点工作的具体监管依据和监督主体，也没有对持股员工的范围和资格审查监管、员工持股方案的制定、股权流转监管、员工退股、股权回购监管等作出明确规定，仅在33号文中以“参加员工持股计划的员工应当通过员工持股计划持有人会议选出代表或设立相应机构，监督员工持股计划的日常管理”对上市公司实施员工持股计划试点的监督作出了说明。另外，国资委和证监会在监督管理权限上存在一定范围内的交叉和冲突，两机关的监管职能和权限未进行细分，这也给员工持股试点的监管带来了一定的困难。

（一）外部监督体系

1. 国资委的监督

虽然包括混合所有制改革在内的经济体制改革需要减少行政监管，充分发挥市场在资源配置中的决定性作用，但是，鉴于国有企业的特殊性，我国法律明确规定，涉及国有产权变化的事项，均需要向国资委履行报批手续。具体到员工持股试点，国资委应负责监督员工持股试点是否会导致国有资产损失，试点过程中是否存在利益输送等违法违规行为。

作为国有资产管理的受托人，国资委应承担公共受托责任，对国有资产履行保值增值责任，尽快建立国有资产定价机制，建立科学的惩戒机制，有效防止国有资产损失，更好地发挥国资委对员工持股试点的监督管理职能。

① 《公司法》（2018年修正）第五十三条：“监事会、不设监事会的公司的监事行使下列职权：（一）检查公司财务；（二）对董事、高级管理人员执行公司职务的行为进行监督，对违反法律、行政法规、公司章程或者股东会决议的董事、高级管理人员提出罢免的建议；（三）当董事、高级管理人员的行为损害公司的利益时，要求董事、高级管理人员予以纠正；（四）提议召开临时股东会会议，在董事会不履行本法规定的召集和主持股东会会议职责时召集和主持股东会会议；（五）向股东会会议提出提案；（六）依照本法第一百五十一条的规定，对董事、高级管理人员提起诉讼；（七）公司章程规定的其他职权。”

② 《公司法》（2018年修正）第五十四条：“监事可以列席董事会会议，并对董事会决议事项提出质询或者建议。监事会、不设监事会的公司的监事发现公司经营情况异常，可以进行调查；必要时，可以聘请会计师事务所等协助其工作，费用由公司承担。”

2. 证监会、证券交易所、证券登记结算机构等监管部门的监督

对上市公司而言，除需要接受国资委的监督以外，还需要接受证监会、证券交易所、证券登记结算机构等部门的监督，尤其是在防止内幕交易和员工持股试点信息披露方面。由33号文的起草说明可知，中国证监会对员工持股计划实施监管，对存在虚假陈述、操纵证券市场、内幕交易等违法行为的，中国证监会将依法予以处罚。为便于员工持股计划的信息披露及账户管理，33号文还规定证券交易所和证券登记结算机构应当在其业务规则中明确员工持股计划的信息披露要求和登记结算业务的办理要求。

虽然《证券法》（2014年修订）界定了内幕消息的范围，但是对从事内幕交易的法律责任却未予明确；随着员工持股试点的推进，针对员工持股计划信息披露的可操作性规定暂未出台，缺乏进一步的引导和规范；关于员工持股试点开立证券账户的细则也有待补充；国资委、证监会、证交所等部门机构之间的信息共享机制亟须完善。

3. 审计、评估、律师事务所等专业机构的监督

相对于国资委、证监会等监管主体的监督地位和监督力度，审计、评估、律师事务所等专业机构对员工持股试点的监督作用较为有限。但是，该类专业机构在为试点企业提供专业服务过程中，能有效利用自身专业优势，为混改企业在实施员工持股试点中依法合规提供相应的专业意见，同时133号文和33号文等文件对专业机构参与员工持股试点也提出了明确要求。

根据133号文的规定，持股试点企业在员工入股前，应按照有关规定对试点企业进行财务审计和资产评估，严格按照有关规定制定员工持股方案，并对实施员工持股的风险进行评估，制定应对预案，员工入股价格不得低于经核准或备案的每股净资产评估值。持股员工将股权转让给国有股东的，应对上一年度的每股净资产值予以审计，并以此作为转让价格的定价依据；员工以科技成果出资入股的，应提供所有权属证明并依法评估作价。另外，根据国资委于2010年10月发布的《关于建立国有企业改革重大事项社会稳定风险评估机制的指导意见》（国资发〔2010〕157号）等文件规定，对实施员工持股应进行社会稳定风险的分析与评估，制定相应的工作预案，并按规定报备。其中，评估为最高等级风险的，应暂缓实施员工持股。

根据33号文的规定，上市公司应当聘请律师事务所对员工持股计划出具法律意见书，并在召开关于审议员工持股计划的股东大会前公告法律意见书。律师事务所在核查试点企业员工持股合法性和合规性时，应重点关注员工持股方案的合法合规性、股权变动方案的合法性、中介机构的选聘的公开透明性、履行职工民主程序的规范透明性、企业资产产权是否明晰、决策程序是否符合法律法规及章程规定、操作程序是否完整和合规等事项。

4.新闻媒体等社会监督

社会监督虽然不具有直接的法律效力，但可以及时有效地发现和披露员工持股试点过程中存在的问题，试点企业可以通过信息披露、定期通报等渠道，加强新闻媒体等主体对试点状况的社会监督，及时将试点进展传递到社会各界，以保障公众的知情权和监督权，保障员工持股试点的公开、公平和公正，防范试点过程中的风险，充分发挥员工持股制度对经济体制改革的试点作用。

（二）内部监督体系

1.监事会监督

从现有的监督机制来看，员工持股试点的内部监督主要由监事会或者监事来行使。根据33号文的规定，监事会应当就员工持股计划是否有利于上市公司的持续发展，是否损害上市公司及全体股东利益，公司是否以摊派、强行分配等方式强制员工参加本公司持股计划发表意见。上市公司应当在董事会审议通过员工持股计划草案后的2个交易日内，公告监事会意见。除上述规定外，监事会或监事还应督促企业定期及时地履行信息披露的义务，从而保证员工持股试点实施情况的公开透明性。

2.员工持有人会议监督

由于试点企业人员众多，为解决员工以个人名义直接持股存在的问题，现有政策提倡以持有人会议的形式为持股员工管理股权。员工持有人会议作为持股员工的代言人，需要具备足够的独立性，以有效保障员工和企业之间的有效沟通，充分表达持股员工的立场和意见，以最大限度维护持股员工的合法权益为最高运行准则。

在此基础上，员工持有人会议应通过建立长效机制，对员工所持股份的各个环节作出必要监督，一方面防止侵害持股员工合法权益的行为出现，另一方面防止持股员工权利的滥用，以保障员工持股试点制度的长期激励作用。

综上，构建完善的监督管理体系，是确保国有企业员工持股试点制度顺利推进和有效实施的基本前提。在此过程中，除上述机构或部门充分发挥监督作用以外，人大、政协和公众也应积极参与其中，形成多层面、立体有效的社会监督体系，构建国有企业员工持股试点全过程监督机制，并在此基础上通过建立健全企业国有资产的监督问责机制，坚决遏制侵吞、贪污、输送、挥霍国有资产等腐败现象，严厉查处违法违纪行为。

【案例】上海国际港务（集团）股份有限公司员工持股方案[①]

上海国际港务（集团）股份有限公司（以下简称上港集团，股票代码：600018）是目前国内最大的综合性港口企业，经商务部批准，于2005年6月28日由上海市国资委、招商局集团等五家单位发起设立，2006年10月26日在上海证券交易所挂牌上市。上港集团主营业务包括集装箱码头、散杂货码头、港口物流和港口服务，货物吞吐量、集装箱吞吐量均居世界首位，在职员工约2万人。

2013年3月，上港集团出台《上港集团中长期激励计划》，同年11月，员工持股计划被企业列为落实中共十八届三中全会决定的33项重大课题之一，2014年11月，上港集团公布员工持股计划，明确实施本次员工持股计划的目的在于深化混合所有制改革，建立公司、员工利益共享机制。公司本次员工持股计划（含集团下属相关单位）公司参与人数高达1.6万人，超过员工总人数的70%，员工持股参与人数创下了上市公司之最。作为探索员工持股混合所有制改革的首个国企重点案例，上港集团员工持股试点引发市场强烈反响。

上港集团员工持股方案的主要内容为：2014年11月18日，上港集团发布公告，董事会通过第一期员工持股计划，确定以非公开定向增发A股股份的方式实施，发行价格为4.33元/股，发行不超过42000万股，存续期为48个月，其中，前36个月为锁定期，后12个月为解锁期。该持股计划定向募集资金不超过181860万元，其中，

① 本案例基本内容来源于上海国际港务（集团）股份有限公司在巨潮资讯网（http://www.cninfo.com.cn）公开发布的《上海国际港务（集团）股份有限公司中长期激励计划实施办法》《上港集团2014年员工持股计划（草案）》等相关公告文件。

集团董事长等12位管理层人员累计认购占比为1%，其余99%的股份全部由1.6万余名员工认购，发行之后员工持股比例约占实际流通A股的2%，募集资金在扣除发行费用之后全部用于偿还公司银行贷款。上港集团2014年年报显示，上港集团国有资本持股比例约65%，其控股地位仍然保持不变。

上港集团员工持股方案的实施步骤主要包括：

1.员工持股计划草案经内部审议通过并经上海国资委批复后，获证监会受理。

2014年11月，上港集团董事会审议通过《上港集团2014年度员工持股计划（草案）（认购非公开发行股票方式）》等议案，职工代表大会同意通过公司董事会拟定的《上海国际港务（集团）股份有限公司2014年度员工持股计划（草案）（认购非公开发行股票方式）》，上港集团公布《非公开发行A股股票筹集资金使用的可行性报告》。

同年12月，上海国资委批复通过员工持股计划非公开发行A股股票的方案，上港集团第一次临时股东大会审议通过包括上述议案在内的11项议案，股东大会表决通过员工持股计划（草案），随后，证监会受理了公司非公开发行股票的申请。

2.证监会审核通过之后，员工持股计划正式开始实施。

2015年3月，上港集团公布非公开发行股票相关事项进展：公司董事、监事和高级管理人员参加员工持股计划认购价为4.33元/股，共认购420万股，其资金来源全部为自筹资金。

同年4月，证监会审核发行委员会审核通过上港集团非公开发行A股股票的申请。

同年5月，上港集团收到证监会关于非公开发行股票申请的核准批文，同时，由于2014年度利润分配方案的事实，本次非公开发行股票的实际发行价格由4.33元/股调整为4.18元/股。同年6月，上港集团发布非公开发行股票发行结果暨股份变动公告，公开披露此次非公开发行股票事项已完成发行及认购，共有约1.6万名员工合计认购41849.5万股，募集资金174930.91万元（不包括发行费用），此次发行的股份由长江养老保险股份有限公司以设立“长江养老—上港集团员工持股计划专项产品”的形式受托管理。根据会计师事务所出具的验资报告，上港集团非公开发行A股股票的目标达成，第一次员工持股计划正式开始实施。

案例评析：

1.试点原则

上港集团员工持股计划遵循了33号文规定的依法依规、自愿参与、风险自担的原则，由公司自主决定、员工自愿参加；且符合133号文、33号文关于员工持股比例的规定[①]。

2.持股主体

按照上港集团的持股计划方案，此次员工持股共有约1.6万名员工可以认购股份，其中包括管理层人员12名，参与持股的人员范围超过上港集团总人数的70%，成为混合所有制改革以来员工持股参与度最广泛的企业。

与此同时，上港集团坚持以股定岗、动态调整的原则，在保证广泛参与度的同时，对不同岗位设定了持股的最高额度，不是机械地将企业利益与员工利益简单捆绑，而是将管理者、一般员工与企业形成利益共同体，调动员工参与的积极性，稳定核心人员，更有利于员工持股试点目标的实现。

3.资金来源

由于资金来源全部由员工自筹，完全面向市场，为规避市场风险，上港集团对员工进行了详细的方案介绍和风险提示，同时在股份认购时，采取两次确认的方式，甚至要求员工家属同时确认。发行结果显示，员工对公司未来发展抱有坚定信心。

4.持股比例

在上海国资委对上海国有企业的分类中，上港集团被列为竞争类企业，公司诸多产业都面临市场化竞争。商业化、市场化和国际化的运行体制机制和更好的法人治理结构，是上港集团可持续发展的重要保证，而国有资本的高持股比例客观上制

① 根据33号文规定，上市公司全部有效的员工持股计划所持有的股票总数累计不得超过公司股本总额的10%，单个员工所获股份权益对应的股票总数累计不得超过公司股本总额的1%。员工持股计划持有的股票总数不包括员工在公司首次公开发行股票上市前获得的股份、通过二级市场自行购买的股份及通过股权激励获得的股份。根据133号文规定，员工持股比例应结合企业规模、行业特点、企业发展阶段等因素确定。员工持股总量原则上不高于公司总股本的30%，单一员工持股比例原则上不高于公司总股本的1%。企业可采取适当方式预留部分股权，用于新引进人才。国有控股上市公司员工持股比例按证券监管有关规定确定。实施员工持股后，应保证国有股东控股地位，且其持股比例不得低于公司总股本的34%。

约着上港集团形成市场化、专业化的经营决策机制，员工持股计划应运而生。在此基础上，上港集团应吸引更好的战略投资者参与到公司的混合所有制改革进程中，使公司的法人治理结构具备更高的市场化水平。

5.持股方式

上港集团之所以没有采取股权激励的方式，是因为股权激励的范围有限，一般员工无法广泛参与，管理层人员却可以依据法律规定以一定的折扣价格认购公司股票，不利于国有资产的保值增值，也不利于员工与企业利益的绑定。另外，股权激励一般采用原股东让渡股权的方式，与此次员工持股试点明确规定的增量引入、增资扩股的要求不符，也不利于实现此次员工持股计划对于募集资金的需求。

6.认购价格

根据此次员工持股方案，非公开发行的发行价格不低于定价基准日前20个交易日公司A股交易均价的90%，定价较为合理；相对于方案公布同年2倍的市净率，本次发行价格不会导致国有资产的流失，给予一定的折扣也更容易得到员工的认可。

7.募资目的

根据上港集团的财务报表，公司2014年第三季度的流动资产负债率超过110%，负债中的短期借款金额占流动负债总额约50%，处于较高水平，公司还款压力较大，随着银行信贷政策的收紧，通过员工持股计划募集资金对改善公司负债结构、降低财务费用起到了很好的促进作用，能够使公司的盈利能力得到进一步提升，从而使员工和公司的利益紧密联系在一起，符合员工持股试点关于利益绑定的目标，从而促进公司长期、稳定、健康地发展。

8.股权管理

上港集团此次员工持股计划设立了持有人大会，制定了《持有人大会章程》，并依据该章程选举产生了员工持股计划管理委员会作为常设机构，代表持股员工依法行使股东权利。此次员工持股计划委托长江养老对员工股权予以管理，有助于发挥该资产管理机构的投资优势，降低员工投资风险，保障持股员工利益的实现。

9.实施效果

数据显示，上港集团在员工持股计划实施日2015年6月3日前后，其累计收益率基本与上证A股持平，半年之后，上港集团整体趋势较实施日有所好转并保持平稳，市场给了上港集团员工持股计划较为积极的评价。

10.完善方向

（1）持股比例方面，相对于约90%的国有资本持股比例，上港集团员工约2%的持股比例较低，进一步提高员工持股比例，对优化上港集团的股权结构和完善公司治理意义重大。

（2）持股方式方面，上港集团员工持股计划的股票来源完全依靠定向增发，结构相对单一，随着员工持股试点的推进，上港集团可以考虑对包括133号文的现有持股政策予以创新或突破，尝试将企业超额利润的一部分转化为公司股票，以股权激励的形式奖励给员工，并不断改进。

（3）激励效果方面，目前来看，上港集团员工持股计划的长期激励效果不够明显，未来，上港集团应考虑推动员工持股计划向长期化、常态化发展，扩大持股员工范围，使员工将自己的长远利益和企业的长远发展整体结合在一起，实现双赢。

第三节 | 员工持股试点中的注意事项

随着近年来国企混改的不断推进，员工持股制度已经被公众所熟知，对国有企业的减员增效产生了积极意义。与此同时，员工持股制度在实施过程中也出现了一些问题，比如关联交易、利益输送、国有资产损失等。为此，国资委、发改委、财政部等部门相继出台了系列政策，对员工持股过程中出现的违法违规行为进行了规范清理，也为本轮员工持股试点的实施提供了依据。

一、股权流转过程中的注意事项

（一）关于定价管理[①]

根据133号文第三条的规定，在员工入股前，应按照有关规定对试点企业进行财务审计和资产评估。员工入股价格不得低于经核准或备案的每股净资产评估值。国有控股上市公司员工入股价格按证券监管有关规定确定。

根据国资委于2005年8月发布的《企业国有资产评估管理暂行办法》（国务院国有资产监督管理委员会第12号令）、国务院于2015年9月发布的《国务院关于国有企业发展混合所有制经济的意见》（国发〔2015〕54号）和国资委、财政部于2016年6月发布的《企业国有资产交易监督管理办法》（国资委、财政部令第32号）等相关规定，涉及非上市公司国有股东股权比例变动的增资需履行评估程序，企业进行与资产评估相应的经济行为时，应当以经核准或备案的资产评估结果为作价参考依据；当交易价格低于评估结果的90%时，应当暂停交易，在获得原经济行为批准机构同意后方可继续交易。

因此，国有企业以增资扩股方式实施员工持股试点时，应当按照上述规定进行审计评估，并以评估结果作为基础确定员工增资价格，否则，根据相关法律规定，违规企业将在不同的违规情形下分别承担如下责任：

---

① 徐永前：《员工持股、股权激励与主协调律师制度》，法律出版社2016年版，第75页。

应当进行资产评估而未进行评估、聘请不符合相应资质条件的资产评估机构从事国有资产评估活动、向资产评估机构提供虚假情况和资料或者与资产评估机构串通作弊导致评估结果失实、应当办理核准或备案而未办理等五种情形下，由国有资产监督管理机构通报批评并责令改正，必要时可依法向人民法院提起诉讼，确认其相应的经济行为无效。

企业在国有资产评估中发生违法违规行为或者不正当使用评估报告情形下，对负有直接责任的主管人员和其他直接责任人员，依法给予处分；涉嫌犯罪的，依法移送司法机关处理。

国有及国有控股企业、国有实际控制企业的有关人员违反规定越权决策、批准相关交易事项，或者玩忽职守、以权谋私致使国有权益受到侵害的情形下，由有关单位按照人事和干部管理权限给予相关责任人员相应处分；造成国有资产损失的，相关责任人员应当承担赔偿责任；构成犯罪的，依法追究其刑事责任。

实践中，包括员工持股试点在内的国有资产定价管理，仍需要遵循国资委等八部门于2017年11月联合发布的《关于深化混合所有制改革试点若干政策的意见》（发改经体〔2017〕2057号）第一条的规定，科学准确地对国有资产进行定价。目前，国有非上市公司交易相关定价制度办法需进一步完善，有关部门应加快研究修订《国有资产评估管理办法》，严格规范国有资产评估程序，细化评估方式，强化监管和法律责任追究，强化违法失信联合惩戒，有效防止国有资产损失。对于按规定程序和方式评估交易的国有资产，建立免责容错机制，鼓励国有企业推动混合所有制改革。

（二）关于转让价款[①]管理

由于133号文对持股员工的范围作了明确规定，因此，持股员工无法将该股份对试点企业以外的个人或投资机构进行转让。如果是试点企业内部转让，员工退出时的转让价款仍应遵循133号文第三条关于员工入股价格的规定，即员工入股价格不得低于经核准或备案的每股净资产评估值。该规定对员工退出机制的设计而言，仍

① 本文中，转让价款管理和定价管理的角度不同，前者是指参与试点的持股员工转让其持有的该部分股权时的价款管理，后者是指参与试点的持股员工拟取得股权时的价款管理。

存在完善空间，尤其是持股员工向国有股东转让股份时，应以退出时试点企业净资产的评估价为基础，而不是简单地按账面净资产值作价，但实践中持股员工退出往往无固定时间，每次有员工退出都需要重新评估也不现实。因此，转让双方可以事先约定转让时间和频率、评估条件，以集中转让、减少评估次数的方式解决目前转让定价有失公允的问题，解决持股员工的后顾之忧，保障持股员工的合法权益。

特殊情形下，对于离职、调离、退休、死亡等非过错性退出，可考虑给予持股员工不低于其取得股权的价格，回购其持有的股权；对于因违反国家法律法规和企业规章制度、未完成工作业绩目标等过错性退出，企业可考虑按低于员工认购时的价格回购；对于给企业带来严重负面影响或造成重大损失者，可考虑无偿收回其股权，以更好地发挥员工持股试点制度的约束性。

（三）关于转让限制和锁定期

根据133号文的规定，实施员工持股，应设定不少于36个月的锁定期。在公司公开发行股份前已持股的员工，不得在公司首次公开发行时转让股份，并应承诺自上市之日起不少于36个月的锁定期。锁定期满后，公司董事、高级管理人员每年可转让股份不得高于所持股份总数的25%。持股员工因辞职、调离、退休、死亡或被解雇等原因离开本公司的，应在12个月内将所持股份进行内部转让。转让给持股平台、符合条件的员工或非公有资本股东的，转让价格由双方协商确定；转让给国有股东的，转让价格不得高于上一年度经审计的每股净资产值。国有控股上市公司员工转让股份按证券监管有关规定办理。

根据33号文的规定，实施员工持股计划的上市公司，每期员工持股计划的持股期限不得低于12个月，以非公开发行方式实施员工持股计划的，持股期限不得低于36个月，自上市公司公告标的股票过户至本期持股计划名下时起算；上市公司应当在员工持股计划届满前6个月公告到期计划持有的股票数量，但是根据该文件的起草说明，上市公司的员工持股计划长期持续有效，虽然规定每期员工持股计划持有股票的锁定期为不低于12个月，但公司可以自行规定更长的持股期限。以非公开发行方式实施员工持股计划，根据《上市公司证券发行管理办法》《上市公司非公开发行股票实施细则》的规定，持股期限确定为36个月。

特别地，根据《上海证券交易所科创板股票发行上市审核问答（二）》（上证发〔2019〕36号）的规定，如果试点企业未来拟在科创板申请上市，对申报科创板IPO前6个月内进行增资扩股的，新增股份的持有人应当承诺：新增股份自试点企业完成增资扩股工商变更登记手续之日起锁定3年。

从对2014年至2018年超过100家国有企业公布的员工持股计划预案统计数据来看，这些企业大部分都是以36个月作为锁定期，原因是国企员工较其他企业而言相对稳定，员工的各项福利水平较高，因此在劳动合同期限内，员工不会任意选择辞职，显示出国企更倾向于为长效激励的目的设计员工持股方案[①]。但是相对于国外5年到10年甚至是直至员工退休才能转股的持股期限，我国关于员工持股的期限较短，可能会导致员工持股行为的短期化，部分持股员工追求套现获利，更多关注公司股价变动，而不是立足公司长远发展，难以发挥员工持股制度作为一种长期的、持续的激励机制的作用。

二、股权退出过程中的注意事项

（一）应合理设置约束性限制条件

虽然不对员工转让股权设置约束性条件能更好地发挥员工持股试点的激励作用，允许股份转让更是股东的一项基本权利，但也不能允许转让行为过于随意，法律法规的强制性规定并不等于禁止转让双方达成转让合意，也不代表转让行为违反持股平台契约或章程的规定。我国《公司法》规定对股东退出设置约束和限制性规定主要是为了满足公司资本维持的需要。因此，约束限制的股东身份是对于公司而言直接持股的股东，对于以持股平台间接持股的股东而言，由于其成员均为公司内部人员，发生在持股平台之间的股权变动并不会影响公司资本的变化，因此，《公司法》并未对该种情形下的股权变化予以限制和约束。

员工持股试点的目的是建立有效的激励和约束机制，但是如果员工持股试点制度设计不当，缺乏科学量化的绩效考核指标，实施过程中不能建立有效的考评体系，

① 数据来源：Wind数据库整理所得。

将达不到激励和约束的效果。如果员工持股试点不能增强员工股东对于企业经营、决策的参与度，不仅导致员工激励不足，也难以实现国企治理结构优化和经营机制转换的初衷[①]。

（二）应合理设置退出机制

根据133号文的规定，此次员工持股试点，要建立健全股权内部流转和退出机制，避免持股固化僵化，但没有进一步给出可操作性的指导细则，在退出途径上存在一定的局限性，主要表现在133号文更倾向于员工通过内部转让的方式实现退出。

由于133号文对员工持股比例作出了限制，该部分股份在企业中所占的比例较低，即使放宽限制，鉴于133号文同时规定了员工持股范围，实际操作中也无法出现试点企业外部的个人或机构投资者接受转让，同时也违背了员工持股试点的目的和初衷，在此种情形下，仍应对退出条件、退出价格等作出合理设置。

员工持股试点制度应该明确员工持股的退出、转让、兑换条件，并且明确这些股份的处置方法。根据相关规定，员工股原则上不允许转让，或只能在内部员工之间转让，员工离开公司，其所持股份必须转让给其他在岗员工，或由持股平台或公司回购。该规定主要是基于持股员工享受了较多优惠，随意转让有可能导致股市和员工股管理混乱，导致员工只注重投机获利而不关心企业发展，甚至引起国有企业被恶意收购[②]。

（三）持股员工的收益处理

股权权益能否充分实现参与持股试点的员工的切身利益，关系到员工持股试点制度的实施效果。在员工的股东权益和公司长期发展的利益之间取得平衡是实施员工持股试点企业必须关注和解决的问题。

根据133号文的规定，员工持股企业应处理好股东短期收益与公司中长期发展的

---

① 蒋旭芳：《从财务角度浅谈国有控股企业实施员工持股面临的问题与对策》，载《财会研究》2019年第21期，第105—106页。

② 张孝梅：《混合所有制改革背景的员工持股境况》，载《改革》2016年第1期，第121—129页。

关系，合理确定利润分配方案和分红率。企业及国有股东不得向持股员工承诺年度分红回报或设置托底回购条款。持股员工与国有股东和其他股东享有同等权益，不得优先于国有股东和其他股东取得分红收益。

根据33号文的规定，在符合员工持股计划约定的情况下，上市公司参与持股计划的员工所持有的该部分股票权益可由员工自身享有，也可以转让、继承[①]。员工通过持股计划获得的股份权益的占有、使用、收益和处分的权利，可以依据员工持股计划的约定行使；参加员工持股计划的员工出现离职、退休、死亡以及发生不再适合参加持股计划事由等情况时，其所持股份权益依照员工持股计划约定方式处置。

三、员工持股试点中的税收问题

对参与员工持股试点的企业、员工或其他组织给予税收优惠，是员工持股试点顺利推行并取得成功的重要条件。员工持股试点和财税减免政策的有效组合，可以进一步提高员工的工作效率与热情，充分发挥员工持股对企业绩效的激励提升作用。

在我国的员工持股试点实践中，不仅缺少税收优惠政策，甚至还存在双重征税等问题。根据相关规定，所得税的征收环节主要有三个，业务运营环节被投资企业需要缴纳企业所得税；股权持有环节股东需要就股息、红利所得缴纳个人所得税；股权退出环节，对于公司型员工持股平台而言，需要对股权转让所得和税后所得缴纳企业所得税和个人所得税，导致股权退出的纳税成本较高，员工税负较重，这在一定程度上削弱了拟参与员工持股试点的企业和员工的积极性，影响了员工持股试点的实施效果。

国家税务总局于2016年9月发布的《关于股权激励和技术入股所得税征管问题的公告》（国家税务总局公告2016年第62号）明确规定了员工个人直接持股的，在符合一定条件的情形下可以享受递延纳税等税收优惠，但如果员工以持股平台的形式持股，则无法享受税收优惠。实践中，员工通过持股平台持股是员工参与持股试点的重要形式，这也限制了员工参与持股试点的顺利推进。

---

① 为了防止持股员工的收益在处理过程中与相关规定发生偏离，133号文同时对相应股权的转让进行了一定的限制，具体可参考本节第一部分关于转让限制和锁定期的内容。

虽然国家发改委等八部门于2017年11月发布并生效的《关于深化混合所有制改革试点若干政策的意见》(发改经体〔2017〕2057号)提及混合所有制改革试点企业符合税法规定条件的部分行为，可依法享受企业所得税递延纳税优惠政策、5年内分期缴纳企业所得税政策、可按规定在计算企业所得税应纳税所得额时扣除、不征收增值税以及重组改制涉及的土地增值税、契税、印花税，符合规定的，可享受相关优惠政策，但该文件中只针对试点企业的重组行为、投资行为、资产转让行为规定可依据税法享受税收优惠政策，并未提及针对员工持股试点的企业或者持股员工是否可以享受税收优惠。因此，我国的税收法律还应针对员工持股的特殊性，尽快作出相应的修改和完善，发挥税收的杠杆调节作用，以对员工持股试点起到进一步的推动作用。

为此，我国可以借鉴国外的税收优惠政策，并结合国内的实际情况，为参与持股试点的企业、员工或其他组织分别提供相应的税收优惠。比如，对员工而言，可以通过对其个人所得税的减免、将税收优惠与员工持股时间挂钩等方式，提高员工持股的收益率，激励员工长期持股；对企业而言，可以通过对持股规模、持股比例、持股试点的实施效果等要素，对达到某一标准的企业实施企业所得税或其他税费减免，鼓励企业积极实施员工持股试点；对其他包括但不限于为员工提供贷款，帮助员工出资的组织机构而言，可通过一定的税收减免，鼓励其为企业提供低息贷款。

虽然税收优惠具有明显的激励作用，但并不是适用于所有的企业或员工，如果在实施员工持股试点的过程中，企业和员工已经实现双赢，继续实施税收优惠政策就无法发挥应有的激励作用。只有在需要实施员工持股试点的企业，或员工缺乏持股意愿的情形下，税收优惠的激励作用才会较为明显[①]。

四、员工持股试点中对国有资产和公司利益的保护

根据国家国有资产管理局于1998年1月12日发布的《关于国有资产损失查处工作若干问题的通知》(国资法规发〔1998〕2号)的规定，认定为国有资产损失需同

① 黄山:《国企混改背景下员工持股的法律激励》，载《中国经贸导刊》2017年第5期，第63—64页。

时满足以下条件：（一）造成国有资产损失的违法主体必须是国有资产的经营者、占用者、出资者或管理者；（二）违法主体必须对违法行为的发生具有主观故意或者过失，即具有过错；（三）必须是违反法律、行政法规和规章的行为；（四）必须有国有资产损失的结果发生，或不加制止必然产生国有资产损失的后果。

其中，国有资产管理部门查处的违反法律、法规及国有资产管理的有关规定，侵害国家所有者权益，造成国有资产损失的行为中，较易在员工持股试点过程中出现的情形主要有：（一）在发生应当进行资产评估的情形时，不按规定进行评估，或者在评估中故意压低资产评估价值，造成国有资产权益损失的行为；（二）在进行国有资产产权转让时，违反国家规定或超越法定权限，将国有资产低价出让或无偿转让给非全民单位或者个人，造成国有资产权益损失的行为；（三）在处置国有有形资产或无形资产时，违反国家规定或超越法定权限，擅自处置，造成国有资产权益损失的行为；（四）在国有企业股份制改造时，违反国家规定将国有资产低价折股、低价出售，或者无偿分给个人，造成国有资产权益损失的行为。

为避免员工持股试点过程中发生国有资产损失或侵害国有企业权益的行为，133号文明确规定，此次员工持股试点应依法合规，公开透明，保护各类股东权益，严格遵守国家有关法律法规和国有企业改制、国有产权管理等有关规定，确保规则公开、程序公开、结果公开，杜绝暗箱操作，严禁利益输送，防止国有资产损失，国有企业不得以任何形式向本企业集团内的员工持股企业输送利益。国有企业购买本企业集团内员工持股企业的产品和服务，或者向员工持股企业提供设备、场地、技术、劳务、服务等，应采用市场化方式，做到价格公允、交易公平。有关关联交易应由一级企业以适当方式定期公开，并列入企业负责人经济责任审计和财务审计内容。

实施员工持股试点，事关国有企业改革发展大局，事关广大员工切身利益，各地区、各有关部门要高度重视，加强领导，精心组织，落实责任，确保试点工作规范有序开展。国务院国资委负责中央企业试点工作，同时负责指导地方国有资产监督管理机构做好试点工作，重要问题应及时向国务院国有企业改革领导小组报告。

试点企业要按照要求规范操作，严格履行有关决策和审批备案程序，扎实细致开展员工持股试点工作，积极探索员工持股有效模式，切实转换企业经营机制，激发企业活力。各有关履行出资人职责的机构要对试点企业进行定期跟踪检查，及时掌握情况，发现问题，纠正不规范行为。试点过程中出现制度不健全、程序不规范、管理不到位等问题，致使国有资产损失、损害有关股东合法权益或严重侵害企业职工合法权益的，要依法依纪追究相关责任人的责任。

同时，国务院于2015年9月发布的《国务院关于国有企业发展混合所有制经济的意见》(国发〔2015〕54号)第四条也明确规定，要完善相关政策，健全审核程序，规范操作流程，严格资产评估，建立健全股权流转和退出机制，确保员工持股公开透明，严禁暗箱操作，防止利益输送，防止员工持股试点过程中出现国有资产损失和对公司合法权益的损害等行为。

关于如何在推行员工持股试点的过程中避免出现国有资产损失等侵害国有产权利益的情形，一是要严格把控资产评估，建立转让估值风险控制机制，积极引入第三方机构，如会计师事务所、律师事务所、资产评估机构等，对转让的资产、股份进行合理估值，防止虚假的资产评估“助力”国有资产的流失；二是为避免“内部人控制”情形的产生，对公司管理层所持股权的比例予以限制；三是要防止出现利益输送，避免非企业员工通过各种方式获得企业股权然后低价转让以谋求私利。

五、员工持股试点中的信息披露

根据133号文的规定，试点企业应将持股员工范围、持股比例、入股价格、股权流转、中介机构以及审计评估等重要信息在本企业内部充分披露，切实保障员工的知情权和监督权。国有控股上市公司执行证券监管有关信息披露规定。

根据33号文的规定，上市公司实施员工持股计划，应当严格按照法律、行政法规的规定履行程序，真实、准确、完整、及时地实施信息披露，任何人不得利用员工持股计划进行内幕交易、操纵证券市场等证券欺诈行为。上市公司至少应当在定期报告中披露报告期内下列员工持股计划实施情况:（1）报告期内持股员工的范围、人数;（2）实施员工持股计划的资金来源;（3）报告期内员工持股计划持有的股票总额及占上市公司股本总额的比例;（4）因员工持股计划持有人处分权利引起的计划股份权益变动情况;（5）资产管理机构的变更情况;（6）其他应当予以披露的事项。特别地，根据《上海证券交易所科创板股票发行上市审核问答》(上证发〔2019〕29号）和《上海证券交易所科创板股票发行上市审核问答（二）》（上证发〔2019〕36号）的规定，如果试点企业未来拟在科创板申请上市，企业还应当在招股说明书中充分披露员工持股计划是否遵循了“闭环原则”、是否履行了登记备案程序、股份锁定期等内容。对申报科创板IPO前1年内通过增资或股权转让产生的股东，如为自然人，律师应对其全面核查，并披露其基本信息；如为合伙企业，律师应披露合伙企业的基本情况及普通合伙人的基本信息。

上市公司应当在董事会审议通过员工持股计划草案后的2个交易日内，公告董事会决议、员工持股计划草案摘要、独立董事及监事会意见及与资产管理机构签订的资产管理协议。股东大会审议通过员工持股计划后2个交易日内，上市公司应当披露员工持股计划的主要条款。采取二级市场购买方式实施员工持股计划的，员工持股计划管理机构应当在股东大会审议通过员工持股计划后6个月内，根据员工持股计划的安排，完成标的股票的购买。上市公司应当每月公告一次购买股票的时间、数量、价格、方式等具体情况。上市公司实施员工持股计划的，在完成标的股票的购买或将标的股票过户至员工持股计划名下的2个交易日内，以临时公告形式披露获得标的股票的时间、数量等情况。员工持股计划持有公司股票达到公司已发行股份总数的5%时，应当依据法律规定履行相应的信息披露义务。

同时，国务院于2015年9月发布的《国务院关于国有企业发展混合所有制经济的意见》（国发〔2015〕54号）第六条也明确规定，国有企业产权和股权转让、增资扩股、上市公司增发等，应在产权、股权、证券市场公开披露信息，在公司内部公开择优确定持股员工，达成交易意向后应及时公示交易对象、交易价格、关联交易等信息，防止利益输送，充分保障企业职工对国有企业混合所有制改革的知情权和参与权。国资委于2019年10月发布的《中央企业混合所有制改革操作指引》（国资产权〔2019〕653号）明确规定，产权转让项目正式信息披露时间不少于20个工作日，涉及企业实际控制权转移的应进行信息预披露，时间不少于20个工作日。增资扩股项目信息披露时间不少于40个工作日。

为此，试点企业在通过产权交易所正式披露增资信息前，应就资料准备、程序衔接、投资者资格条件的设置等事宜与产权交易所进行沟通，以便更为准确地把握产权交易所的相关要求，推进增资程序的高效、有序进行。在确定通过产权交易所挂牌增资后，试点企业需与产权交易所签署增资业务顾问服务协议[①]。

【案例】中国联通混合所有制改革之员工持股[②]

2001年12月，中国联合通信网络集团有限公司（以下简称联通集团）以其全资持有的中国联通（BVI）有限公司（以下简称联通BVI公司）51%的股权作为出资，联合其他4家发起人成立中国联合网络通信股份有限公司（以下简称中国联通，股票代码：600050）。2006年6月，中国联通先后在中国香港与美国纽约上市，正式进入国际资本市场。

2009年1月，经国务院批准，中国网络通信集团公司（以下简称中国网通）以中国联通全资子公司的形式，与中国联通重组合并，成立了中国联合网络通信集团股份有限公司（以下简称新联通）。新联通提供全面电信业务，由国资委代表国务院对其履行出资人职责，在国内31个省、自治区、直辖市和境外多个国家和地区设有分支机构，是中国唯一一家在纽约、香港、上海三地同时上市的电信运营企业。

随着中央深化国有企业混合所有制改革系列政策的发布，2016年9月，发改委召开专题会议，确定了包括联通集团在内的首批6家央企混合所有制改革试点。同年10月，新联通确认其大股东联通集团研讨了混合所有制改革方案。同年11月，新联通与百度、阿里巴巴签署战略合作协议，正式开始混合所有制改革，引入民营战略投资者、实施员工持股计划、进行董事会重组等成为新联通混改的重要内容。

2017年4月，新联通发布公告自4月5日起开始停牌，同时明确本次混合所有制改革的平台为中国联通。同年7月，发改委同意中国联通的混合所有制改革方案[③]，同时，新联通发布继续停牌公告。同年8月，新联通官方公布了《中国联通关于混合所有制改革有关情况的专项公告》，详细披露了本次混改的方式、规模、参与方、交易对价、筹资用途等具体改革内容，明确以“定增+转让股份+员工持股”的方式实

① 郭克军、贾琛、李代军、刘宜鑫:《国企混改之路径选择与主要流程》，载 http://www.zhonglun.com/Content/2018/11-16/1347577671.html，最后访问日期为2020年8月8日。

② 本案例基本内容来源于中国联通在巨潮资讯网（http://www.cninfo.com.cn）发布的相关公告文件。

③ 涉及战略投资者范围、改革规模和对价等具体方案时，需经十部委批准。

施混改。随后，新联通开市复牌。

中国联通本次混改实施的员工持股计划为限制性股票激励计划，由中国联通董事会制定，首次股票发行对象为除董事及高级管理人员之外的公司中层管理人员，以及对提升公司经营业绩和促进持续发展有直接影响的核心管理人才和专业人才，股票来源为公司向激励对象发行、回购或法律法规所允许的其他方式获得的A股普通股股票。

中国联通通过此次混改，借助非公开发行股份、向“核心员工”授予限制性股票以及协议转让存量股等方式，共筹集资金779亿元。混改完成后，联通集团对中国联通的持股比例从62.7%下降到36.7%，国有资本合计持股比例为53.3%，形成了国有资本控股、多家战略投资者分散持股的多元化国有和非国有资本共同持股的股权结构。2019年7月，《财富》世界500强榜单公布，新联通位列榜单第262位。

案例评析：

一、中国联通实施员工持股计划的主要内容

1.持股主体

中国联通实施本轮员工持股计划的持股主体包括董事、高级管理人员、核心管理人员、核心技术人员、核心业务人员以及公司董事会认为那些对提升公司经营业绩与促进未来发展有直接影响的员工，但是不包含独立董事、监事以及由公司控股股东除外的人员所担任的外部董事。首次持股的人数不超过7500人，主要为公司中层管理人员和对提升公司经营业绩和促进持续发展有直接影响的核心管理人员和专业人才，但是不包含公司的董事和高级管理人员。

2.持股比例及认购价格

根据中国联通发布的激励计划中对标的股票总量和其他有效股权激励计划累计的公司标的股票数量的规定，参与此次持股计划的员工能认购的股票不超过公司总股本的10%，首次认购不超过84788万股的限制性股票，占公司现有股本总额的4%，每股发行价格为3.79元，募资金额为32.12亿元，约占本轮股本发行总额的10%，其中，公司股本总额中计划预留8478万股，约占公司股本总额的0.4%。

3.资金来源与使用规划

中国联通本次通过员工持股计划所筹集到的资金全部来源于员工薪酬和员工自筹资

金，并将全部用于公司业务的发展与创新。清晰的资金用途使得资金的运作方向更加具有方向性，同时也能丰富资金的补充渠道，提升公司的资本运营能力和市场竞争力。

4.锁定期与解锁期

中国联通关于限制性股票锁定期的规定是自持股员工获得限制性股票之日起24个月之内，在此期间，持股员工不能将所持有的限制性股票用于担保或者偿还债务，也不能以任何形式转让他人。在锁定期之后的至少36个月是限制性股票的解锁期，解锁期之后，如果持股员工达到相关解锁条件，可以通过申请将其通过员工持股计划所持有的当期股票进行解锁，用于转让等。需要注意的是，如果持股员工为公司董事或者高级管理人员，在转让股份的时候还需要符合《公司法》的相关规定。如果持股员工没有达到相关解锁条件，则不能对所持有的当期股票进行解锁，而应该由公司以员工持股时的股票发行价格对其进行回购。

从锁定期和解锁期的规定来看，中国联通实施的员工持股计划的锁定期限较长，明确要求参与持股的员工必须长时间持有公司股票，保证了锁定期限内员工利益与公司利益的一致性，有利于公司稳定股权结构，为公司的发展运营提供一个相对稳定的内部环境，有效平衡企业短期业绩和长期发展运营，进而在公司和持股员工之间形成一种“风险共担、利益共享”的机制。

5.解锁条件

根据中国联通发布的公告，解锁条件对公司的业绩有明确要求，当公司[①]和员

① 第1个解锁期：a.与2017年的主营业务收入相对，2018年的主营业务收入增长率不能低于4.4%，同时也不能低于同行业同期平均水平。b.与2017年的利润总额相比，2018年的利润总额增长率不能低于65.4%，同时也不能低于同行业企业75的分位水平。c.2018年的净资产收益率不能低于2%。第2个解锁期：a.与2017年的主营业务收入相比，2019年的主营业务收入增长率不能低于11.7%；与2018年的主营业务收入相比，2019年的主营业务收入增长率不能低于同行业企业的平均水平。b.与2017年的利润总额相比，2019年的利润总额增长率不低于224.8%；与2018年的利润总额相比，2019年的利润总额增长率不能低于同行业企业的75分位水平。c.2019年的净资产收益率不低于3.9%。第3个解锁期：a.与2017年的主营业收入相比，2020年主营业务收入的增长率不能低于20.9%；与2019年的主营业收入相比，2020年主营业务收入的增长率不能低于同行业企业的平均水平。b.与2017年的利润总额相比，2020年的利润总额增长率不能低于378.2%；与2019年的利润总额相比，2020年的利润总额增长率不能低于同行业企业的75分位水平。c.2020年的净资产收益率不低于5.4%。

工[①]满足不同解锁期内主营业务收入、利润总额和净资产收益率等应适用的条件时，持股员工通过持股计划所获授的当期限制性股票才能根据首期授予方案予以解锁。由于解锁条件中规定的各年增长幅度都比较大，导致满足解锁条件具有较高的难度，这在一定程度上也显示出公司和员工推进此次混改的决心。

6. 方案整体的公正性

中国联通此次员工持股计划主要对象是对提升公司经营业绩和促进持续发展有直接影响的核心管理人才和专业人才，综合考虑了国有资产增值保值、公司发展和员工个人发展的平衡。与员工无差别持股相比，重点对骨干员工实施持股计划，一方面，由于骨干员工价值密度较高，可替代性较低，有利于在骨干员工和试点企业之间形成利益共同体，最终使企业创造出最大化的经济效益和社会效益；另一方面，根据员工对企业的贡献来决定核心员工的持股比例，能够有效防止管理层持股比例过高，避免管理层在过往员工持股中出现过的腐败、寻租等现象，体现了此次员工持股计划的公正性，也有助于缓解社会矛盾。

中国联通此次员工持股计划的实施，不仅实现了“岗位能上能下、员工能进能出、收入能增能减”的试点目的，还有效维护了员工的切身利益，促进了企业的可持续发展，其包括员工持股计划在内的混合所有制改革是央企集团上市公司层面的一次重大突破。

二、中国联通实施员工持股计划的影响

1. 对公司股权结构的影响

混合所有制改革的本质是通过形成多元化的股权结构来转变国有企业国资“一股独大”甚至国有独资的传统股权结构，以实现股权结构的调整与优化，最终解决公司治理中的激励与监督问题。股权结构的改变主要通过企业股权比例的变化和股东权利的变化来实现，前者主要是指国有股比例、股权制衡程度以及股权集中度的变化，后者主要是指持股股东在公司治理中身份的转变。

在混改之前，联通集团在中国联通62.7%的持股比例限制了中国联通的发展活

① 员工个人业绩需要按照“当期实际解锁股数 = 当期目标解锁股数 × 解锁比例”的方法，最终交由公司董事会下设的薪酬与考核委员会审批决议。

力，为中国联通在混合所有制改革中实施员工持股计划留下了较大的改进空间。本轮混改，中国联通实施的员工持股计划所占的公司股份仅为2.7%，以“定增+转让股份+员工持股”为实施方式的混改完成后，联通集团在中国联通的持股比例从62.7%下降到36.7%，但从整体来看，国有资本仍然占据着绝对主导地位[①]。

作为混合所有制改革的一种重要方式，员工持股计划对优化中国联通的股权机构发挥了重要的促进作用。

2.对公司治理结构的影响

完善的公司治理结构是公司所有权、决策权、执行权和监督权相分离，股东大会、董事会、监事会与经理层之间权利、义务明确且相互制衡。混改之前，中国联通的最终控制权归属国资委，容易形成“内部人控制”和“政企不分”的问题。中国联通自混改以来，其董事会结构的职位设置越发清晰。具体来看：

首先，中国联通改善了联通集团在董事会中的超额委派董事现象[②]，并在董事会中设立了由职工投票选举的职工监事，其他产权主体对董事会和经理层的监督和制约问题有所缓解，有利于员工或员工代表参与企业经营管理决策。

其次，高管董事席位增加，便于高级管理人员对企业进行全面管理，有利于董事会制定更加符合企业发展的战略规划。

最后，中国联通的人员管理不断现代化，使员工突破员工的身份限制，兼具股东身份，有利于将企业利益和员工利益相结合，激发员工活力。

3.对公司内部激励的影响

中国联通作为我国三大电信运营商之一，属于以高学历技术员工为主体的科技型企业，其技术人员占比呈逐年递增的趋势，表明企业越来越重视员工的专业知识背景，这种重视技术、重视专业知识的氛围为中国联通实施员工持股计划提供了良好条件。核心员工通过员工持股计划有机会进入公司董事会，拥有参与公司运营决

---

① 中国联通混改完成后的股权结构为：联通集团持股比例为36.7%，战略投资者持股比例为35.2%，公众股东持股比例为25.4%，员工股权激励持股比例为2.7%。

② 联通集团在实际持股比例为62.7%的情况下，委派了100%比例的非独立董事参与公司经营决策，具有严重的超额委派董事现象，其他产权主体的话语权无法得到相应的体现，此时的中国联通由国有资本决定控制。

策的权利，由于核心员工对企业面临的实际问题了解得更加深刻和清晰，因此能够为公司提供一些切实可行的建议和意见，也能监督相关运营决策，维护员工利益不被侵害。

4.对国有企业混合所有制改革的影响

目前，国家对国企员工持股比例有着较为严格的限定，仅依靠一次员工持股计划就改变中国联通的股权结构不太现实，但是作为央企混改的“排头兵”，中国联通是唯一一家以集团的核心资产作为改革平台的企业，打破了以往很多国有企业仅在子公司层面进行混改的局限性。中国联通通过此次实施员工持股计划，在一定程度上缓解了国有股“一股独大”的局面，也为公司的国企混改开辟了一条新路径，对以后开展混改的国企具有示范作用。

另外，根据数据显示，实施员工持股计划的国有企业，其营业收入、利润增幅、利润总额均高于国有企业同期平均水平。总体来看，试点企业通过实施员工持股计划在投资能力、去杠杆化和经营状况等方面取得了较为明显的成效。为此，国资委继续分批推进员工持股试点，增强员工持股实施经验的可复制性和可推广性，以期出现国企混改新局面。

4

CHAPTER

第四章

国企混改过程中的投资法律实务

MIXED-OWNERSHIP REFORM

本章导读

混合所有制改革是国有企业改革的重要突破口。积极发展混合所有制经济，是中共十八届三中全会确定的重大任务，是深化国企改革的重要举措，也是政府优化经济布局和经济结构的有效手段。根据目前我国现行有效的国企混改法律框架及政策规定，国有资本以多种方式入股非国有资本是国企混改的重要路径之一。其中，非国有资本的表现形式多种多样，既包括境外企业也包括境内企业，其中境内企业又涵盖了民营企业、上市公司等。国有资本与非国有资本的合作方式较为灵活，可采取合作新设企业、增资入股、受让股权、设立混改投资基金等方式实现。本章将着重从混改过程中国企对外股权投资层面的合作方式、投资境外企业的法律要点、投资民营企业及上市公司的法律要点、相关审批流程角度予以介绍。

第一节 ┃ 国企混改对外投资方式

按照中央经济工作会议精神和政府工作报告的总体要求，积极稳妥推进国企混改是当前政府工作的明确目标之一。回溯2019年，国家在政策层面相继出台多项具有实际操作意义的规范性文件，为混改实践指明了方向、奠定了逻辑基础。2020年将是国企混改以更大范围、更大力度进一步向纵深推进的一年。

国企混改的本质是通过混合所有制改革进而实现公有制经济的丰富多样化，使国有经济和其他各类非国有资本互相融合、协调与进步，促使各类所有制企业共同做强、做优、做大，最终实现不同所有制企业的互利共赢。根据目前我国现行有效的国企混改法律框架及政策规定，国企混改的实现路径主要有三：一是引入非国有资本参与国企改革；二是鼓励国有资本以多种方式入股非国有资本；三是实行员工持股制度。前述每一种途径适合不同的类型和行业的国有企业。

对于国企对外投资层面的混改，在《关于深化国有企业改革的指导意见》（以下简称《指导意见》）、《关于国有企业发展混合所有制经济的意见》（以下简称《混改意见》或54号文）等重要文件中均已明确：鼓励国有资本以多种方式入股非国有企业。充分发挥国有资本投资、运营公司的资本运作平台作用，通过市场化方式，以公共服务、高新技术、生态环保、战略性产业为重点领域，对发展潜力大、成长性强的非国有企业进行股权投资。鼓励国有企业通过投资入股、联合投资、重组等多种方式，与非国有企业进行股权融合、战略合作、资源整合。支持国有资本与非国有资本共同设立股权投资基金，参与企业改制重组。①

结合《指导意见》及相关规范性文件的精神，国有资本在与非国有资本的合作过程中，股权层面的合作方式较为灵活，可采取包括与非国有资本合作新设企业、增资入股非国有企业、受让股权、设立混改投资基金等方式实现。在选择对外投资方式时，国企应充分考虑不同对外投资模式的差异化特征及所涉法律问题。

---

① 参见《国务院关于国有企业发展混合所有制经济的意见》（国发〔2015〕54号）第（十三）项。

一、合作新设企业的投资方式

（一）合作新设企业概述

国企混改中的合作新设企业是指国有企业通过选聘程序遴选适格的非国有企业，与其合资组建混合所有制公司的一种投资方式。国有资本与非国有资本的合作领域多样，既可以在传统领域如石油、天然气、电力、铁路、电信、公用事业等开展合作，也可在一些新兴产业上开展合作。在实践中，此类“被选择”的民营企业通常为在某一领域具有较强的业务优势和发展活力，部分企业掌握先进技术或在行业中处于领先地位，国有企业与该类企业进行合作，能够有效借助双方的核心优势和广泛资源，为未来合资企业的业务发展储备动力。

（二）合作新设企业方式

对于合作新设企业的具体方式，通常存在以下两种：

1. 国有企业与境内非国有企业合作

近年来，国有资本积极尝试与境内非国有资本特别是民营资本开展合作，由参与双方或多方在境内共同投资新设混合所有制企业。通常情况下，合作新设企业的操作流程为：（1）国企内部应当依据相关政策规定对拟新设公司的可行性和必要性进行充分研究论证，并制定书面的混改投资方案；（2）国企根据未来拟新设公司经营方向与业务种类，选择若干在相关业务领域具有核心竞争力的非国有企业作为候选合作伙伴，并从中遴选出符合国家法律法规、政策要求及市场化表现优良的战略合作者；（3）在目标选定后，国企将对该战略合作伙伴进行较为详尽的法律及财务尽职调查并对相关结果予以分析，尽职调查将着重关注战略合作者的业务经营情况、财务表现、人员组成、合规情况、内部治理架构及股权架构等事项；（4）国企应当根据法律法规的相关规定，履行相应的内外部决策审批程序；（5）若后续谈判进程符合国企要求，则国企将与所选定企业签署相关合作协议并共同出资新设公司，根据新设公司章程的约定开展业务并确定各方持股比例；（6）健全新设公司的企业制度，完善内部治理结构，充分发挥公司章程在公司治理中的基础性作用，规范公司三会和管理层的权责关系，为新设公司的发展奠定坚实基础。

2. 国有企业与境外非国有企业合作

国有企业也可以与境外企业在境内或境外共同合作新设公司，此举可充分利用国际市场的相关技术、人才等资源和要素，大力推动混合所有制经济的改革。在境内，国有资本可与境外非国有资本共同投资设立外商投资企业[①]；在境外，国有企业可走出去投资境外企业从而成为境外企业的参股或控股股东，深度参与国际竞争和全球产业分工，提高资源全球化配置能力。

【案例】海油发展易信科技有限公司的设立

中海油信息科技有限公司是隶属于中海油能源发展股份有限公司的一家全资子公司，主要从事科学研究和技术服务业。2017年8月，深圳易信科技股份有限公司根据自身发展的战略目标与中海油信息科技有限公司达成合作共识，共同出资成立新公司——海油发展易信科技有限公司，在惠州大亚湾科技创新园投资建设4000个机柜规模的数据中心。新设公司的注册资本为5000万元人民币，其中易信科技股份有限公司占股51%，中海油信息科技有限公司占股49%。

深圳易信科技股份有限公司一直以来致力于绿色数据中心的建设与运维服务。在数据中心建设和节能产品研发上先后获得百余项知识产权。而建设绿色数据中心是构建新一代信息基础设施的重要任务，是保障资源环境可持续的基本要求。近年来，国家也出台了一系列政策支持数据中心往低碳方向转型，对节能型的绿色数据中心给予支持鼓励。因此，此次合作新设企业能够使双方在信息传输、软件和信息技术服务业这一领域有更多的交流并且进一步实现合作共赢。[②]

笔者认为，上述案例均呈现出典型的国有资本与民营资本强强联合的合作趋势，国有企业通过选择与其实力及目标匹配度高的民营企业共同设立合资公司，不仅可

① 参见《中华人民共和国外商投资法》(主席令第26号)，已于2020年1月1日正式实施。

② 参见《易信科技凭什么屡受资本青睐》，载 http://finance.sina.com.cn/stock/relnews/cn/2019-11-29/doc-iihnzahi4112037.shtml?source=cj&dv=2，最后访问日期为2019年8月8日。

以"混资本"，同时也发挥"合资源"的产业优势，真正做到既"混"又"改"的1+1 > 2的效果。此外，积极稳健推进混合所有制改革的方式是要加大在科技创新领域的混改力度，选取更多的具有创新力及核心知识产权的非国有企业作为混改试点，不断加深国企参与混改的深度与广度，促使混改效果的深入释放。

（三）合作新设企业方式的相关法律问题

1.合作领域及股权分配的限制

根据《混改意见》就分类推进混改的具体要求，对主业处于关系国家安全、国民经济命脉的重要行业和关键领域、主要承担重大专项任务的商业类国有企业，要保持国有资本控股地位，支持非国有资本参股。对自然垄断行业，实行以政企分开、政资分开、特许经营、政府监管为主要内容的改革，放开竞争性业务，促进公共资源配置市场化，同时加强分类依法监管，规范盈利模式。①分类来讲：

（1）对重要通信基础设施、枢纽型交通基础设施、重要江河流域控制性水利水电航运枢纽、跨流域调水工程等领域，实行国有独资或控股，允许符合条件的非国有企业依法通过特许经营、政府购买服务等方式参与建设和运营。

（2）对重要水资源、森林资源、战略性矿产资源等开发利用，实行国有独资或绝对控股，在强化环境、质量、安全监管的基础上，允许非国有资本进入，依法依规有序参与开发经营。

（3）对江河主干渠道、石油天然气主干管网、电网等，根据不同行业领域特点实行网运分开、主辅分离，除对自然垄断环节的管网实行国有独资或绝对控股外，放开竞争性业务，允许非国有资本平等进入。

（4）对核电、重要公共技术平台、气象测绘水文等基础数据采集利用等领域，实行国有独资或绝对控股，支持非国有企业投资参股以及参与特许经营和政府采购。粮食、石油、天然气等战略物资国家储备领域保持国有独资或控股。

（5）对国防军工等特殊产业，从事战略武器装备科研生产、关系国家战略安全和涉及国家核心机密的核心军工能力领域，实行国有独资或绝对控股。其他军工领

① 参见《国务院关于国有企业发展混合所有制经济的意见》（国发〔2015〕54号）第（四）项。

域，分类逐步放宽市场准入，建立竞争性采购体制机制，支持非国有企业参与武器装备科研生产、维修服务和竞争性采购。

（6）对其他服务国家战略目标、重要前瞻性战略性产业、生态环境保护、共用技术平台等重要行业和关键领域，加大国有资本投资力度，发挥国有资本引导和带动作用。

2.合作新设企业的审批流程

（1）内部审批流程

国有企业对外投资并与非国有资本合作设立公司，内部决策应遵循《公司法》及国企内部现行有效公司章程的相关规定，召开公司董事会、股东（大）会进行决策审议。具体而言，公司董事会决定公司的经营计划和投资方案，股东（大）会决定公司的经营方针和投资计划，并负责批准董事会提呈的报告。因此，对外投资设立公司的决议应当根据章程的规定经由董事会或股东（大）会审批通过方可实施。而对于中央企业，公司对外投资的意向明确后，不仅要内部提交董事会或股东（大）会审议通过该投资决策，还应严格执行国有资产产权管理的相关规定，明确项目立项、审批、合同签署等各环节的操作程序合法合规[①]，避免因流程不当产生的投资决策风险。特别是对重大对外投资，央企应严格按照"三重一大"决策制度的适用标准予以执行[②]，以保证公司内部各层面严格履行内部审批流程的要求，使对外投资业务全过程得到有效的风险把控。

（2）外部审批流程[③]

国有企业与民营企业合资新设公司除需履行《公司法》规定的一般公司设立所需基本市场监督管理机构、税务管理机关的设立登记手续外，受制于国有企业的特殊性质，还需要办理其他手续。根据《企业国有资产产权登记管理办法》（国务院令第192号）第三条的规定，为防止国有资产流失，国有企业、国有独资公司、持有

① 参见《中央企业投资监督管理办法》（国有资产监督管理委员会令第34号），已于2017年1月7日实施。

② 参见《关于进一步推进国有企业贯彻落实"三重一大"决策制度的意见》，已于2010年7月16日实施。

③ 此部分仅指境内新设企业的外部审批流程。

国家股权的单位以及以其他形式占有国有资产的企业，应当依照本办法的规定办理产权登记。因此，国有企业投资设立公司，也应当履行国有资产产权登记手续。

根据《财政部关于修订〈企业国有资产产权登记管理办法实施细则〉的通知》（财管字〔2000〕116号）第十五条的规定，对于申请取得法人资格的企业，应当于申请办理工商注册登记前30日内，向财政部门（国有资产管理）办理产权登记，填写《企业国有资产占有产权登记表》，并提交下列文件、资料：（a）出资人的母公司或上级单位批准设立的文件、投资协议书或出资证明文件。（b）企业章程。（c）《企业名称预先核准通知书》。（d）各出资人的企业法人营业执照、经注册会计师审计的或财政部门核定的企业上一年度财务报告和提供保证、定金或设置抵押、质押、留置以及资产被司法机关冻结的相关文件；其中国有资本出资人还应当提交产权登记证副本。（e）经注册会计师审核的验资报告，其中以货币投资的应当附银行进账单；以实物、无形资产投资的应当提交经财政（国有资产管理）部门合规性审核的资产评估报告。（f）申办产权登记的申请。（g）产权登记机关要求提交的其他文件、资料。之后，企业依据产权登记机关审定的产权登记表向工商行政管理部门申办注册登记，取得企业法人资格后30日内到原产权登记机关领取产权登记证，同时提交《企业法人营业执照》副本。

另需注意的是，根据《财政部关于修订〈企业国有资产产权登记管理办法实施细则〉的通知》（财管字〔2000〕116号）第三十八条的规定，企业申办产权登记，还须经政府管理的企业或企业集团母公司（含政府授权经营的企业）出具审核意见；对于仍由政府有关部门、机构或国有社会团体管理的企业，由部门、机构或社团出具审核意见。企业未按前述规定取得审核意见的，产权登记机关不予受理产权登记。

除此之外，对于央企而言，根据《央企混改操作指引》的通知，拟混改企业主业属于关系国家安全、国民经济命脉的重要行业和关键领域，主要承担重大专项任务的子企业的，其混合所有制改革方案由央企审核后报国资委批准，其中需报国务院批准的，由国资委按照有关法律、行政法规和国务院文件的相关规定履行相应程序；拟混改企业属于以其他功能定位子企业的，其混合所有制改革方案由中央企业批准。

3. 合作新设企业的内部治理结构和管理机制

从新设企业内部管理的角度出发，在公司章程的制定环节应遵循《公司法》等相关法律法规的要求进一步完善公司的股东（大）会、董事会和监事会制度，将三会职权约定明晰并落到实处，成为股东、管理层之间讨论研判公司重大经营发展事项的主要平台。混改的意义不仅在于“混”，更需要“改”，国企应借鉴现代化企业的先进治理结构，协同非国资股东共同建立有效制衡的公司法人治理结构和灵活高效的市场化经营机制，使新设企业活力得到增强，经营效益不断提升。同时，国有企业也应充分重视民营资本与之合作的顾虑，保障及平衡民营资本在符合内部规则项下的话语权，以充分调动民营资本的活力和积极性。在公司管理机制方面，各方股东可通过协议方式明确共同承担的责任和风险范畴，进一步划定各方在投资各流程环节的相应权利和义务，最大限度地发挥各方优势，使得企业摆脱政府行政的诸多干预和限制，最大化发挥民营资本在资源整合与经营上的优势。

4. 出资新设企业的法律风险

（1）合作方出资不到位

《最高人民法院关于适用〈中华人民共和国公司法〉若干问题的规定（三）》明确了出资不足民事责任的主体范围：第一，有限责任公司股东如果未按章程规定缴纳出资的，发起人股东与该股东承担连带责任；第二，抽逃出资时协助股东抽逃的其他股东、董事、高管人员或者实际控制人应承担连带责任；第三，在第三人代垫资金协助出资人设立公司、双方约定验资成立后出资人抽回资金偿还该第三人的情形下，在出资人不能补足出资时，该第三人应与出资人承担连带责任。据此，公司的债权人可以提起诉讼，要求未尽出资义务的股东在未出资本息范围内对公司债务不能清偿的部分承担责任，也可以要求公司其他发起人与该股东一起承担连带责任。此外，该司法解释还规定了股东的出资义务不受诉讼时效期间的限制。

司法实践中，在股东未尽出资义务时，债权人会把债务人公司的所有股东都作为被告提起诉讼，特别是信誉好、资产充实的国有企业股东。上述规定加大了企业对外投资设立公司及出借资金设立公司的连带责任法律风险，国企背景股东因前述规定而产生相关纠纷可能也会增加。极端情况下，即使国有企业出资到位，即使仅持有企业少部分股权，也可能会面临对债权人承担大部分甚至全部赔偿责任，最终还面临向虚假出资股东追偿无着的风险。因此，国有企业在对外投资时应加强对非国有合作伙伴质量、合作诚信与操守、债权债务关系等内容的审核与调查。除自己需按照章程约定按时、足额出资外，还须认真监督其他股东的出资情况。

（2）非货币财产出资问题

我国现行《公司法》允许股东采用可用货币评估并可以依法转让的非货币财产作价出资，规定对作为出资的非货币财产应当评估作价，核实财产价值，不得高估或者低估作价。但在相关司法解释中并未明确规定非货币财产出资的具体评估标准及程序，可能导致评估程序存在一定法律风险。以知识产权出资为例，近年来非货币出资中知识产权方面的纠纷较多，特别是就所出资知识产权的权属合法性、完整性上的法律风险。如若所出资知识产权系属职务发明创造、职务技术成果，权利人与其单位存在相关权属争议，将从根本上影响该等非货币资产出资的成立。若所出资的专利权和商标权超过法定有效期限则可能导致出资瑕疵等法律风险。

还需注意的是，在使用非货币财产进行出资时，应及时办理出资财产的产权转移手续。根据《公司登记管理条例》第六十五条规定，公司的发起人、股东虚假出资，未交付或者未按期交付作为出资的货币或者非货币财产的，由公司登记机关责令改正，处以虚假出资金额5%以上15%以下的罚款。因此，按期交付作为出资的非货币财产，及时履行出资责任，才能避免遭受不必要的处罚。

对此，建议合作各方可在合作协议及出资协议中明确约定实操性强的非货币出资的评估标准及相关具体评估程序，并由非货币资产出资方承诺所投入的非货币资产及与之相关的各项财产权利是合法有效、完全充分并且没有任何权利瑕疵的，各方还应约定明晰且可量化的违反承诺的赔偿责任。

二、增资入股的投资方式

（一）增资入股概述

增资入股一般是指投资者以认购目标公司新增注册资本的方式入股目标公司的行为。对于国有企业通过增资入股方式进行投资，是指国有企业作为新股东依法入股非国有企业的增资行为或作为原股东增加投资金额扩大股权比例，从而进一步扩张国有资本持股的比重。在增资入股的过程中，国有企业可以通过在增资协议中设置条款，约定在一定程度上参与目标公司的管理，对目标公司治理机制和管理机制提出建议，以达到进一步优化目标公司的治理结构、释放目标公司发展活力的目的。

（二）增资入股的方式

1.原比例增资：按各股东现有出资同比例同步增加出资额，而不改变出资额比例或股权比例。这种增资方式仅可适用于现有股东内部增资。

2.邀请增资：也称为非同比增资，顾名思义即增资时不按照股东现有持股比例同比增资。该方式可适用于现有股东，也可适用于现有股东之外的第三方，并将改变现有股东既有出资比例。

【案例】泰州新滨江公司增资入股民企江苏海阳锦纶新材料有限公司

2018年9月，国企泰州市新滨江开发有限责任公司（以下简称新滨江公司）与民企江苏海阳锦纶新材料有限公司（以下简称海阳锦纶公司）成功联姻，新滨江公司以13305.74万元增资入股海阳锦纶公司。增资后，新滨江公司持有海阳锦纶公司30.77%的股权。据悉，此次两家企业联姻是泰州市国有资本首次进入规模型民营制造企业。

海阳锦纶公司名列2018版泰州工业企业“50强”，在母公司海阳化纤大力支持下发展势头强劲。新滨江公司为泰州滨江工业园区管委会下属投资实体，其在国资部门支持下正大力推进国有企业混合所有制改革，而海阳锦纶公司有潜力，有良好的信誉，属于颇具竞争力的成长型企业，符合新滨江公司的投资需求。与此同时，混改的实施也有助于海阳锦纶公司逐步改善股权结构和公司治理机制，进一步提升公司经营业绩和促进公司长远发展。[①]

---

① 参见《泰州新滨江公司增资入股民企江苏海阳锦纶新材料有限公司》，载 http://jsgzw.jiangsu.gov.cn/art/2018/9/25/art_11701_7825001.html，最后访问日期为 2020 年 8 月 8 日。

笔者认为，上述案例体现了国有资本与民营资本主动联姻的混改趋势。国有资本青睐于代表新经济领域、具有良好发展势头和发展潜力的成长型企业，而这些企业也需要国有资本的助力才能够实现企业股权结构、治理机制的优化，才能够具备不断革新技术和经营发展策略的实力，才能够最终由成长型企业发展成为成熟型、规模化的大型企业。

（三）增资入股投资方式的相关法律问题

1.增资入股的内部决策程序

根据《公司法》及相关法律法规的规定，公司增资在内部程序上必须经过股东（大）会特别决议，即必须经代表2/3以上表决权的股东表决通过，甚至有些公司章程要求经全体股东一致同意后，公司股东（大）会所作增加注册资本的决议方可产生法律效力。若公司未作出合法有效的增资决议，即便股东或者其他第三方向公司投入资金，其所投入的资金也不能转化为公司注册资本金，由此形成的相关争议应另寻法律解决途径。因此，国有企业通过增资入股方式对非国有企业进行投资时，应首先注意目标公司是否就该事项经过股东（大）会决议通过，并确认股东大会的表决程序及其他后续程序是否为依法依章程履行。若股东（大）会的召集程序、表决程序或者决议内容违反法律、行政法规或者公司章程的，则可能会导致决议被法院认定不成立、无效或可撤销等不同法律后果。对此最高人民法院在司法实践中的审判尺度为：未经公司作出有效的股东（大）会决议通过，他人虚假向公司增资以“稀释”公司原有股东股份的，该行为若损害原有股东的合法权益，即使该出资行为已被工商行政机关备案登记，仍应被认定为无效，公司原有股东股权比例应保持不变。[①]

公司增资的后续程序包括对目标公司开展清产核资、审计与资产评估工作。在清产核资和审计的基础上，应当委托具有相关资质的资产评估机构依照国家有关规定对原有企业和作为增资的资产进行资产评估。除此之外，增加的注册资本需要经

① 参见《中华人民共和国最高人民法院公报》（2015年第5期），载 http://gongbao.court.gov.cn/Details/c979d0555304b0dfb26a9c821fede0.html?sw=，最后访问日期为2020年8月10日。

过会计师事务所的验资，同时还应变更公司章程，并自变更决议或者决定作出之日起30日内向工商行政管理部门申请变更登记[①]。

2.股东的出资义务及董事、高管的勤勉义务

我国《公司法》明确规定，股东应当按期足额缴纳公司章程中规定的各自所认缴的出资额，不按规定缴纳出资的，除应当向公司足额缴纳外，还应当向已按期足额缴纳出资的股东承担违约责任。此外，根据《最高人民法院关于适用〈中华人民共和国公司法〉若干问题的规定（三）》第十三条规定，增资过程中股东应依法全面履行出资义务，未尽出资义务的，公司或者其他股东可以提起诉讼，请求违反勤勉义务的董事、高管人员应当承担相应的责任。

3.增资入股协议应注意的问题

增资协议属于合同的一种，就其履行与解除问题，除受《公司法》及其相关司法解释的调整外，还应适用《合同法》及相关法律法规的约束。增资入股前，若国有企业未在增资协议中对增资入股方式、公司治理结构、股东权利及退出机制等作出明确的约定或约定存在瑕疵，将可能导致国企股东未来投资权益受损。鉴于增资协议是保障投资人权利的第一道屏障，因此还需切实注意协议中各方权利义务责任的博弈与平衡。现笔者就增资协议中应具备的主要条款列举如下：

公司治理结构条款。该条款可以对公司股东（大）会和董事会的职权划分、表决机制以及董事、监事及高级管理人员的任免等问题进行明确约定。特别是当国有企业的对外投资仅为参股而非控股型投资，可以在本条款项下对其享有的经营决策权进行较为细致的约定，例如，占据的董事会席位数量、是否享有对重大事项的一票否决权等事宜，以确保其不会完全丧失对公司的话语权。

公司原股东股权转让限制条款。为保证国企投后公司的正常经营和稳定发展，可以在增资协议中事先约定对公司原股东转让股权的限制条件。实践中，国有企业参股一家民营企业，通常更看重的是该企业民营股东掌握的经营管理能力、资源整合能力或是先进技术，而这些因素均具有很强的依附性，因此，可以事先约定原股东的股权转让锁定期，或约定在一定时间内或一定条件下公司原股东的股权转让限

① 参见《中华人民共和国公司登记管理条例》第三十一条。

制条件以及违约后的对应罚则。

随售权与共售权条款。随售权是指强制公司原股东出售所持股权/股份的权利，意味着如果公司不能实现既定的经营目标，公司原股东可能面临丧失公司控制权，将其股权/股份强制转让给公司其他股东或第三方的风险。共售权是指公司原股东出售股权/股份时，投资者有权按照出资比例并以原股东与第三方谈好的价格一同出售股权/股份，也属于对公司原股东的限制。

僵局处理机制条款。该条款是指在公司股东之间或董事之间发生重大分歧，出现僵持局面，导致公司不能正常作出经营决策时的纠纷解决机制，如可设置僵局情况下的股权/股份强售强收机制，此举可以有效避免公司在长时间内无法作出正常决策，甚至出现决策机构失灵、瘫痪的严重后果。

国资股东退出机制条款。该条款旨在保护国资股东利益，核心在于国资股东退出时股权/股份的转让价格定价问题。建议在该条款中事先明确约定国资股东退出时股权/股份的转让价格或者定价标准，避免日后出现纠纷。

合同解除权条款。该条款赋予守约方在另一方出现违约情形时解除合同的权利。建议在该条款中明确约定解除合同的条件以及具体方式。若在签订增资协议时各方未明确约定合同解除情形，则在国有企业因与民营资本合作方合作不畅欲求退出但又不具备法定解除事由时，国有企业将陷于被动局面，该等情形下强行解除合同将会导致国有企业付出巨额的违约赔偿金。

违约责任条款。该条款旨在约定明确的、具有可执行性的违约责任承担方式，包括但不限于约定明确的违约金条款、补救措施条款或是回赎权条款等。例如，若国有企业签署增资协议且按协议履行相关义务后，目标公司迟迟不配合办理相关工商登记变更手续，对此，可以在增资协议中约定回赎权条款，以预防此类投资风险的发生。

4. 增资过程中的“对赌”问题

“对赌协议”又称估值调整协议，是指投资方与融资方在达成股权性融资协议时，为解决交易双方对目标公司未来发展的不确定性、信息不对称以及代理成本问题而设计的包含了股权回购、金钱补偿等对未来目标公司的估值进行调整的协议。就“对赌协议”的主体，可分为投资方与目标公司的股东或者实际控制人“对赌”、投资方与目标公司“对赌”、投资方与目标公司的股东、目标公司“对赌”等形式。[①]依照《全国法院民商事审判工作会议纪要》中关于对赌协议的规定，对于投资方与目标公司的股东或者实际控制人订立的“对赌协议”，如无其他无效事由，该等对赌协议将被认定为有效并支持实际履行，实践中并无争议。但投资方与目标公司订立的“对赌协议”是否有效以及能否实际履行，司法实践中尚存争议。对此，应当把握如下处理规则：

（1）投资方与目标公司订立的“对赌协议”在不具备法定无效事由的情况下，目标公司仅以存在股权回购或者金钱补偿约定为由，主张“对赌协议”无效的，人民法院不予支持，但投资方主张实际履行的，人民法院应当审查是否符合公司法关于“股东不得抽逃出资”及股份回购的强制性规定，判决是否支持其诉讼请求。

（2）投资方请求目标公司回购股权的，人民法院应当依据《公司法》第三十五条关于“股东不得抽逃出资”或者第一百四十二条关于股份回购的强制性规定进行审查。经审查，目标公司未适当完成减资程序的，人民法院应当驳回其诉讼请求。

（3）投资方请求目标公司承担金钱补偿义务的，人民法院应当依据《公司法》第三十五条关于“股东不得抽逃出资”和第一百六十六条关于利润分配的强制性规定进行审查。经审查，目标公司没有利润或者虽有利润但不足以补偿投资方的，人民法院应当驳回或者部分支持其诉讼请求。今后目标公司有利润时，投资方还可以依据该事实另行提起诉讼。[②]

三、受让股权的投资方式

（一）受让股权概述

受让股权指受让方通过支付价款等方式接受转让方依法转让的股权，并取得股东资格的民事法律行为。股权转让是股东行使股东权利的普遍方式，我国《公司法》

① 参见《最高人民法院关于印发〈全国法院民商事审判工作会议纪要〉的通知》第二部分“关于公司纠纷案件的审理”之“（一）关于对赌协议的效力及履行”。

② 参见《最高人民法院关于印发〈全国法院民商事审判工作会议纪要〉的通知》第二部分“关于公司纠纷案件的审理”之“（一）关于对赌协议的效力及履行”。

规定有限责任公司和股份有限责任公司的股东均有权通过法定方式转让其全部出资或者部分出资。受让股权行为是对外投资、资本扩张的重要形式，体现了投资者经营战略的发展变化和资本运作的能力，通过受让股权可以参股或控股上下游企业，可以投资有发展潜力的新经济企业，进而实现资源整合、优势互补。

国有资本作为受让方受让非国有资本的股权近几年来呈上升趋势，无论是境外企业、普通的民营企业还是上市公司，都成为国有资本对外投资的对象。国有资本进入后，被投资企业在一定程度上获得背书，有助于其获得银行授信等对外融资方面的便利。

（二）受让股权方式的分类及要求

我国法律对不同企业形式的股权转让及转让模式作了不同的规定，所以股权转让行为在很大程度上受制于法律规范的约束。成功的股权转让与受让必须遵守我国现行有效法律法规的相关规定，这既有利于企业本身的稳健发展，也有利于维护交易秩序的安定。

（1）受让有限责任公司的股权

有限责任公司股权转让并不是完全自由的，原因是有限责任公司本身除具有资合性之外，还具很强的人合性。同时，从法律层面来讲有限责任公司还具有一定的封闭性，即对内开放、对外限制。对此，除有限责任公司章程对股权转让的限制外，《公司法》及其司法解释对有限责任公司股东转让股权作出以下限制性规定：

①对内转让：原则上不受法律限制，股东之间可以互相转让其全部或者部分股权。但如果股权转让后公司股东只剩一人，公司应当符合一人有限责任公司的条件。

②对外转让：股东应就股权转让的事项以书面形式向其他股东征求同意，股东向股东以外的人转让股权，需要其他股东过半数同意（公司章程另有更高比例要求的除外）。需要注意的是，股东对外转让股权是不需要经过公司股东会同意的。

（2）受让股份有限公司的股份

《公司法》对于股份有限公司的股份实行自由转让原则，但仍需遵守相关法律法规、行政规章和其他规范性文件的要求：

①根据《公司法》第一百三十八条，股份转让应当在依法设立的证券交易场所

进行或者按照国务院规定的其他方式进行。

②根据《公司法》第一百四十一条第一款，发起人持有的本公司股份，自公司成立之日起1年内不得转让。公司公开发行股份前已发行的股份，自公司股票在证券交易所上市交易之日起1年内不得转让。

③根据《公司法》第一百四十一条第二款，公司董事、监事、高级管理人员应当向公司申报所持有的本公司的股份及其变动情况，在任职期间每年转让的股份不得超过其所持有本公司股份总数的25%；所持本公司股份自公司股票上市交易之日起1年内不得转让。上述人员离职后半年内，不得转让其所持有的本公司股份。公司章程可以对公司董事、监事、高级管理人员转让其所持有的本公司股份作出其他限制性规定。

【案例】广东徐闻港航控股有限公司受让广东双泰集团有限责任公司股权

2019年10月30日，琼州海峡北岸航运资源整合广东双泰集团“十泰”股东股权转让签约仪式，在广东双泰集团举行。广东省航运集团旗下广东徐闻港航控股有限公司成功收购185个自然人所间接持有的广东双泰集团有限责任公司90.6448%股权，标志着琼州海峡北岸航运资源整合工作取得了阶段性成果，为下一步琼州海峡广东方航运资源的整合奠定了良好基础，这是广东省航运集团落实省委省政府关于琼州海峡北岸航运资源整合部署的又一重大进展。

广东省航运集团是广东省人民政府股权占比100%的省级国有企业。此次股权收购能够让琼州海峡运输大通道更畅顺，为下一步琼州海峡北岸港航资源整合奠定良好基础，对推进琼州海峡港航一体化发展具有十分重要的意义。[①]

笔者认为，股权自由转让制度，是现代公司制度的成功产物之一。随着我国市场经济体制在近些年内的建立、国有企业改革制度及《公司法》的不断修订和完善，受让股权日趋成为国有企业对外投资、产权重组、资源优化配置的重要形式。国企

① 参见《琼州海峡资源整合开启新阶段！航运集团旗下徐闻港航公司收购广东双泰集团逾九成股权》，载 http://gzw.gd.gov.cn/qydt/hyjt/content/post_2662136.html，最后访问日期为2020年8月7日。

应当对受让股权制度的价值加以充分研究和有效利用，为企业强健本体、国有资产保值增值铺设良好基础。

（三）受让股权投资方式的相关法律问题

1.股东资格的取得问题

由于股权转让制度的自由性和便捷性，国企以受让股权方式参股或控股目标公司逐渐成为主流趋势。在股权转让交易过程中，股权转让协议是当事人应当签署的必要法律文件，该协议系以转让股权为目的而达成的关于转让方交付股权并收取价金，受让方支付价金并得到股权的意思表示。

根据《合同法》第四十四条第一款规定，股权转让协议自成立时生效。《公司法》第三十二条规定，记载于股东名册的股东，可以依股东名册主张行使股东权利。公司应当将股东的姓名或者名称向公司登记机关登记；登记事项发生变更的，应当办理变更登记。未经登记或者变更登记的，不得对抗第三人。根据《公司登记管理条例》第三十四条规定，有限责任公司变更股东的，应当自变更之日起30日内申请变更登记，并应当提交新股东的主体资格证明或者自然人身份证明。同时，《最高人民法院关于适用〈中华人民共和国公司法〉若干问题的规定（三）》第二十三条规定："当事人依法履行出资义务或者依法继受取得股权后，公司未根据公司法第三十一条、第三十二条的规定签发出资证明书、记载于股东名册并办理公司登记机关登记，当事人请求公司履行上述义务的，人民法院应予支持。"

因此，股权转让协议的生效并不必然等同于股东资格的取得，但股权转让协议的有效是受让方取得股东资格的基础。股权转让后公司负有向新股东签发出资证明书及股东名册变更等义务，公司不履行该等义务受让人可以请求法院要求其履行。在股东名册变更后，公司内部便认可了受让人的股东资格，受让人享有股东的各项权利。而工商登记变更是对股权变动的对外公示，否则不能对抗善意第三人。

2.股权转让程序

（1）内部程序

由于股权收购属于对外投资行为，根据《公司法》的规定，受让方应根据公司章程的规定，履行董事会或股东（大）会审议程序。同时，转让方也应依照法律法规和公司章程的规定，履行内部决策程序。

各级国有资产监督管理机构履行出资人职责的企业及其各级子企业受让非国有单位持有的股权，符合《企业国有资产评估管理暂行办法》第六条第（十）项“收购非国有单位的资产”规定的，应对该股权进行资产评估。如果违反前述规定未履行评估程序，根据《企业国有资产评估管理暂行办法》第二十七条和第二十八条的规定，由国有资产监督管理机构通报批评并责令改正，必要时可依法向人民法院提起诉讼，确认其相应的经济行为无效；同时，对负有直接责任的主管人员和其他直接责任人员，依法给予处分，涉嫌犯罪的，依法移送司法机关处理。

（2）外部程序

从外部角度来说，受让方应注意约束和督促转让方以及目标公司履行相应的义务。其中，根据《公司法》第七十三条的规定，转让股权后，公司应当注销原股东的出资证明书，向新股东签发出资证明书，并相应修改公司章程和股东名册中有关股东及其出资额的记载。根据《公司登记管理条例》第三十四条规定，有限责任公司变更股东的，应当自变更之日起30日内申请变更登记，并应当提交新股东的主体资格证明或者自然人身份证明。除此之外，国有企业通过协议方式受让上市公司股份，根据有关规定需要报国有资产监督管理机构审核批准的，应及时履行申报程序。

3.原股东出资义务履行问题

《最高人民法院关于适用〈中华人民共和国公司法〉若干问题的规定（三）》规定，有限责任公司的股东未履行或者未全面履行出资义务即转让股权，受让人对此知道或者应当知道，公司请求该股东履行出资义务、受让人对此承担连带责任的，人民法院应予支持。因此，在受让股权时，应查证确认股东出资义务的履行情况，以避免承担连带补足出资的法律风险。

4.股权转让公司的负债问题

国企通过转股方式入股的非国资企业，在运营过程中仍可能存在或有债务，该等债务不仅包括已在相关法律文件中约定的条件或允诺的责任，如担保债务，也包括具有偶发性的或有债务，如产品质量债务等。就此类或有债务风险，股权受让方可采取如下风险防范对策：

（1）有针对性地对目标公司的或有债务向控股股东及管理层进行事前有效的核

实，确保掌握公司准确、前沿的财务信息。

（2）在受让协议中加入股权转让方的保证清单及兜底条款。通过转让方的保证及兜底，确保受让方获得预期的清洁收购标的，确保所承担的责任等不利因素限于合同明确约定之部分，以锁定相关交易风险。

（3）在股权转让协议中受让方可约定部分股权转让款预留机制。即在合同履行期间及履行完毕后的一定时间内，若标的公司发生了其他或有债务使公司权益受损，则受让方可利用预留款项对其进行补偿。

（4）通过司法途径请求损害赔偿。在有证据证明的情况下，受让方可以转让方违反缔约过失责任或瑕疵担保义务为由提起诉讼，请求法院判令转让方赔偿其经济损失。

5.持股比例及公司治理相关法律风险

（1）对于国企而言，就其参股而不控股的投资模式，管控风险主要在于无法实际控制被投资公司的财务及运营权利。在此情况下，国企应通过投前协议明确约定自身的管理权限和监督权限，并在投后积极行使《公司法》及其司法解释赋予股东的知情权①、异议股东股权收购请求权②、股东代表诉讼③等法定权利，维护自身合法权益。

（2）对于国企投后实际控股、控制的企业，其风险在于投后对标的公司的整合与管理。国企作为控股股东应充分尊重法律法规及公司章程赋予公司其他股东的权利，考虑其他股东治理公司的意愿，在树立国企自身领导力的同时调动各方力量，完善公司内部治理结构和激励奖惩机制。应认真规划并明确约定在公司股东会、董事会决策僵局情况下的处理机制，如在公司章程中设置控股股东一票否决制，以避免因投后整合失败，导致股东间矛盾频发而削弱公司的整体竞争力。

（3）避免目标公司股权转让后两方股东各持50%股权等比例僵局，其风险在于未来公司重大事项可能面临决策僵局。在此情况下应通过公司章程的约定，采用赋予某一方在僵局时的决定权、股东一票否决制度、极端情况下的强制收售制度（赋予某一方在僵局时对另一方所持股权的强收强售权）等用于化解决策危机。

① 参见《公司法》第三十三条和第九十七条。

② 参见《公司法》第七十四条。

③ 参见《公司法》第一百五十一条。

四、设立基金的投资方式

作为现代经济社会一项重要投融资工具，基金以其灵活的市场化运作方式和对社会资金的撬动作用，可以有效地化解投融资难题，帮助国企混改顺利推进。本部分重点介绍两种借助基金推进国企混改的投资方式：（1）设立混改投资基金；（2）以基金方式参与债转股。

（一）设立混改投资基金方式概述

设立混改投资基金，是指国有企业或民营企业通过设立混改投资基金，以基金为核心募集资金进行投资的方式。混改投资基金的种类繁多，近年来许多地方由国有资本和民营资本共同发起设立了股权投资基金、产业投资基金、创业投资基金、产业引导基金、产业并购基金等，解决国有企业改革中的各种资金需求。

（二）设立混改投资基金方式的优势

以设立基金方式推进混改的优势有以下几方面：

1.混改投资基金可以通过灵活的运作方式撬动社会资金，分散投资风险，并能发挥国有资本杠杆放大作用，以资本力量拉动国企混改向纵深推进。

2.混改投资基金有助于整合各方优势，拓展产业链上下游资源，发挥产融结合的协同联动作用，助推结构调整和产业升级。

3.混改投资基金的组合方式及管理模式灵活，在实际操作中可通过结构设计由国有资本作为基金管理人，非国有资本仅作为基金的投资人，不实际参与基金的运营管理。该种方式有利于在后续混改中与被投国企在合作方案上形成一致性意见，使得商业环境下的效率最优原则得以贯彻。

混改投资基金作为推进国企深化改革和创新的重要抓手，正在成为打造国有资本投资运营公司升级版、优化国资布局、提升资本效率、助力国有资本做强做优做大的重要推进器。随着金融服务、医疗健康、节能环保、先进制造等新兴产业的蓬勃发展，国资基金反向混改民营企业将成为大势所趋。

【案例】"双百基金"

2019年4月30日，中国国新控股有限责任公司（以下简称中国国新）联合多家央企、地方国企及社会资本共同发起设立国企改革"双百行动"发展基金（以下简称"双百基金"）并在北京举行签约仪式，标志着首单推动国企改革"双百行动"的市场化基金正式落地。

作为国资委市场化推动"双百行动"的重要抓手，"双百基金"总规模600亿元，首期规模300亿元，主要出资方有中央企业、地方国有企业、国内金融机构和民营企业，投资对象聚焦在列入"双百企业"的项目上，投资领域包括战略性新兴产业、非上市企业股权多元化和混合所有制改革、上市公司并购重组等。会上，航空工业、中粮集团、中国五矿、中国通用、国投、中国建材、中国中车、中国通号、中国中铁、国药集团、中国航信、中国广核，浙江交投、浙江金控、浙江能源及中国国新签署了出资及合作等相关协议。民生证券、弘毅投资、鼎晖投资等社会资本领导及代表出席并签署了相关协议。

基金是国有资本运营公司实现资本流动和增值的工具之一。作为国务院国资委确定的国有资本运营公司试点的两家中央企业之一，"双百基金"是中国国新及国风投基金、国同基金、央企运营基金、国新建信基金之后，发起设立的又一只大型基金。"双百基金"将积极发挥资本的力量，通过市场化资本平台参与、支持国企改革，推动股权多元化和体制机制创新；通过基金引导更多国企实施更深层次的市场化改革，扩大"双百行动"影响范围与国企改革成果；利用基金在企业运营、资本运作等方面市场化、国际化的特点，助力培育一批在细分领域具有全球竞争力的领军企业。①

（三）以基金方式参与债转股概述

2016年9月22日，国务院正式发布了《国务院关于积极稳妥降低企业杠杆率的意见》（国发〔2016〕54号，以下简称54号文），标志着以市场化、法治化为原则的新一轮债转股工作拉开序幕。债转股，顾名思义即为债权转股权，是指债权人以其

① 参见《600亿"双百基金"落地　市场化推动双百行动》，载https://baijiahao.baidu.com/s?id=1632241404427001474&wfr=spider&for=pc，最后访问日期为2020年8月7日。

合法享有的对在中国境内设立的有限责任公司或者股份有限公司的债权，依法转化为公司的股权，进而增加公司注册资本的行为。

传统的债转股业务专指政策性债转股，即金融资产管理公司将其收购的国有商业银行的不良贷款转换为对企业股权的模式。实施主体以四大资产管理公司、地方资产管理公司等为主，转股债权主要是银行不良贷款形成的债权，以达到剥离国有银行不良资产的目的，具有较强的政策性导向意义。自54号文生效之日起，国务院正式开启了市场化债转股的工作，明确债转股实行市场化定价，并扩大了债转股业务的参与主体范围。54号文的实施，对建立现代企业制度，改善国有企业资产负债结构具有重要的意义。

1. 市场化债转股的实施主体

根据54号文的精神，国家鼓励多类型实施机构参与开展市场化债转股。"除国家另有规定外，银行不得直接将债权转为股权。银行将债权转为股权应通过向实施机构转让债权、由实施机构将债权转为对象企业股权的方式实现。重点鼓励金融资产管理公司、保险资产管理机构、国有资本投资运营公司等多种类型实施机构参与开展市场化债转股；支持银行充分利用现有符合条件的所属机构，或允许申请设立符合规定的新机构开展市场化债转股；鼓励实施机构引入社会资本，发展混合所有制，增强资本实力。"①

此外，2018年1月19日由国务院七部委联合发布的《关于市场化银行债权转股权实施中有关具体政策问题的通知》（发改财金〔2018〕152号，以下简称152号文）在54号文的基础上，进一步规定"允许实施机构发起设立私募股权投资基金开展市场化债转股。各类实施机构发起设立的私募股权投资基金可向符合条件的合格投资者募集资金，并遵守相关监管要求。符合条件的银行理财产品可依法依规向实施机构发起设立的私募股权投资基金出资。允许实施机构发起设立的私募股权投资基金与对象企业合作设立子基金，面向对象企业优质子公司开展市场化债转股。支持实施机构与股权投资机构合作发起设立专项开展市场化债转股的私募股权投资基金"。②

① 参见《国务院关于积极稳妥降低企业杠杆率的意见》（国发〔2016〕54号）第十六条。

② 参见《关于市场化银行债权转股权实施中有关具体政策问题的通知》（发改财金〔2018〕152号）第二条。

前述规定进一步扩大了实施机构的主体范围，明确允许设立私募股权投资基金开展市场化债转股。

2.适用对象企业

为适用54号文的规定，市场化债转股对象企业应当具备以下条件："发展前景较好，具有可行的企业改革计划和脱困安排；主要生产装备、产品、能力符合国家产业发展方向，技术先进，产品有市场，环保和安全生产达标；信用状况较好，无故意违约、转移资产等不良信用记录"，"鼓励面向发展前景良好但遇到暂时困难的优质企业开展市场化债转股，包括：因行业周期性波动导致困难但仍有望逆转的企业；因高负债而财务负担过重的成长型企业，特别是战略性新兴产业领域的成长型企业；高负债居于产能过剩行业前列的关键性企业以及关系国家安全的战略性企业。"[①]

此外，152号文进一步放宽债转股对象企业的所有制性质，支持符合54号文规定的各类非国有企业，如民营企业、外资企业开展市场化债转股。[②]

3.债权范围

根据54号文的规定，"转股债权范围以银行对企业发放贷款形成的债权为主，适当考虑其他类型债权。转股债权质量类型由债权人、企业和实施机构自主协商确定"。[③]

之后，152号文进一步明确扩大了转股债权的范围。根据152号文规定，"允许将除银行债权外的其他类型债权纳入转股债权范围。转股债权范围以银行对企业发放贷款形成的债权为主，并适当考虑其他类型债权，包括但不限于财务公司贷款债权、委托贷款债权、融资租赁债权、经营性债权等，但不包括民间借贷形成的债权。银行所属实施机构开展市场化债转股所收购的债权或所偿还的债务范围原则上限于

---

① 参见《国务院关于积极稳妥降低企业杠杆率的意见》（国发〔2016〕54号）附件第三部分实施方式之"（一）明确适用企业和债权范围"。

② 参见《关于市场化银行债权转股权实施中有关具体政策问题的通知》（发改财金〔2018〕152号）第四条。

③ 参见《国务院关于积极稳妥降低企业杠杆率的意见》（国发〔2016〕54号）附件第三部分实施方式之"（一）明确适用企业和债权范围"。

银行贷款，适当考虑其他类型银行债权和非银行金融机构债权”。[①]

4. 实施方式

根据54号文的规定，“由银行、实施机构和企业依据国家政策导向自主协商确定转股对象、转股债权以及转股价格和相关条件，实施机构市场化筹集债转股所需资金，并多渠道、多方式实现股权市场化退出”。[②]

152号文细化性规定：“鼓励以收债转股模式开展市场化债转股，方案中含有以股抵债或发股还债安排的按市场化债转股项目报送信息。”[③]目前，收债转股和发股还债是债转股的两种主要方式。（1）收债转股即以债转股为目的收购银行对企业的债权，将债权转为股权并对股权进行管理。（2）发股还债即以债换股为目的投资企业股权，由企业将股权投资资金全部用于偿还现有债权。市场化债转股协议中明确偿还的具体债务和定价机制，并在资金到位后及时偿还债务。

5. 资金来源

54号文鼓励实施机构的债转股资金以市场化方式筹集。[④]由实施机构充分利用各种市场化方式和渠道筹集，并鼓励实施机构依法依规面向社会投资者募集资金，特别是可用于股本投资的资金，包括各类受托管理的资金。此外，支持符合条件的实施机构发行专项用于市场化债转股的金融债券，探索发行用于市场化债转股的企业债券，并适当简化审批程序。[⑤]

152号文框架下也鼓励银行、实施机构和企业在现行制度框架下，在市场化债转股资金筹集方式上予以探索创新。[⑥]

2018年6月29日，中国银行保险监督管理委员会发布《金融资产投资公司管理

① 参见《关于市场化银行债权转股权实施中有关具体政策问题的通知》（发改财金〔2018〕152号）第五条。

② 参见《国务院关于积极稳妥降低企业杠杆率的意见》（国发〔2016〕54号）第十四条。

③ 参见《关于市场化银行债权转股权实施中有关具体政策问题的通知》（发改财金〔2018〕152号）第一条。

④ 参见《国务院关于积极稳妥降低企业杠杆率的意见》（国发〔2016〕54号）第十四条。

⑤ 参见《国务院关于积极稳妥降低企业杠杆率的意见》（国发〔2016〕54号）附件第三部分实施方式之“（四）市场化筹集债转股资金”。

⑥ 参见《关于市场化银行债权转股权实施中有关具体政策问题的通知》（发改财金〔2018〕152号）第九条。

办法（试行）》（中国银行保险监督管理委员会2018年第4号）。根据该管理办法第二十三条、第二十五条、第二十六条和第二十七条规定，金融资产投资公司进行债转股的资金来源包括但不限于以下几类：（1）发行私募资产管理产品，依法依规面向合格投资者募集资金；（2）设立私募股权投资基金，依法依规面向合格投资者募集资金；（3）发行金融债券募集资金；（4）自营资金以及使用自营资金开展存放同业、拆放同业、购买国债或其他固定收益类证券等业务融入的资金。

此外，符合要求的主体还可以申请发行债转股专项债券。根据国家发展和改革委员会（以下简称发改委）于2016年12月19日发布的《市场化银行债权转股权专项债券发行指引》（发改办财金〔2016〕2735号）第一条规定，市场化债转股实施机构（包括但不限于国有资本投资运营公司、地方资产管理公司等）向积极稳妥降低企业杠杆率工作部际联席会议办公室（以下简称联席会议办公室）报送项目基本信息后，即可向发改委申报发行债转股专项债券。在核准债券前，发行人应完成市场化债转股合同签订并正式生效，向发改委提供相关材料，并向联席会议办公室报送项目进展信息。

6. 股权管理

实施债转股不仅仅是为了降低企业杠杆率，还可以以此为契机对债转股对象企业的公司治理结构进行优化和完善，以促进企业长期健康发展。虽然原则上债转股的实施机构不控股债转股对象企业，但该实施机构可以参与企业的运营和管理，并进行投后管理，例如，向企业派驻董事、监事、高级管理人员或财务人员，通过股东（大）会、董事会、监事会参与公司治理和重大经营决策等。

7. 退出方式

实施机构的退出方式根据债转股对象企业的类型各异而有所不同。根据54号文，“实施机构对股权有退出预期的，可与企业协商约定所持股权的退出方式。债转股企业为上市公司的，债转股股权可以依法转让退出，转让时应遵守限售期等证券监管规定。债转股企业为非上市公司的，鼓励利用并购、全国中小企业股份转让系统挂牌、区域性股权市场交易、证券交易所上市等渠道实现转让退出”。[①]

① 参见《国务院关于积极稳妥降低企业杠杆率的意见》（国发〔2016〕54号）附件第三部分实施方式之“（七）采取多种市场化方式实现股权退出”。

（四）以基金方式投资债转股对象企业

2019年7月26日，发改委、中国人民银行、财政部、银保监会印发《2019年降低企业杠杆率工作要点》，其中第十一条明确指出各部委将持续推进“促进市场化债转股与混合所有制改革等有机结合，优化股权结构，推动完善现代企业制度”。国企混改任重道远，市场化债转股有助于推动企业股权多元化、促进企业改组改制，降低企业杠杆率和负债率，因此也逐渐成为国企混改不可或缺的重要途径之一。

根据54号文、152号文以及《关于鼓励相关机构参与市场化债转股的通知》（发改办财金〔2018〕1442号）的相关规定，参与市场化债转股的实施主体包括各类私募股权投资基金、创业投资基金、产业投资基金等。152号文出台后，债转股的对象企业也由以国企为主扩展为包括民营企业、外资企业等符合政策要求的各类所有制企业。国有资本通过基金方式参与市场化债转股进而对非国有企业进行投资，也成为推动国企混改进程的重要方式之一，与其他方式并行不悖。

国有资本可以通过多种形式借助基金介入市场化债转股交易，包括但不限于：国有企业中具有基金管理人资格的股权投资机构可作为债转股私募基金的管理人，运作和管理债转股私募基金；或者，国资背景的股权投资机构可以联合社会资本，作为有限合伙人向债转股私募基金出资，并享受基金收益。前述方式在实践中也开始陆续出现示范性案例。

【案例】中国信达落地第一单民营企业市场化债转股项目

2018年9月30日，中国信达资产管理股份有限公司（以下简称中国信达）通过债转股母基金“芜湖信达降杠杆投资管理合伙企业（有限合伙）”（以下简称降杠杆基金）设立专项子基金芜湖信达新能一号投资合伙企业（有限合伙）（以下简称新能基金），与浙江华友钴业股份有限公司（以下简称华友钴业）、浙江力科钴镍有限公司、衢州华友钴新材料有限公司（以下简称衢州华友）、浙江华友控股集团有限公司（以下简称华友控股）签署市场化债转股协议。本次交易由中国信达旗下债转股母基金降杠杆基金专设新能基金，用于收购华友钴业控股股东华友控股对衢州华友7.3亿元其他应收债权，同步实施债转股，实施后中国信达成为衢州华友的第二大股东，持股比例为15.68%。这是继中国重工、中国中铝、中国中铁等国有企业之后，中国信达落地的第一单民营企业市场化债权转股权项目，也是浙江省落地的第一单民营企业市场化债转股项目。

此次衢州华友债转股采取分步实施的方式：第一步，由中国信达旗下债转股母基金降杠杆基金设立专项子基金（即新能基金），专项用于本次交易；第二步，由新能基金收购华友控股对衢州华友其他应收款，并进而对衢州华友实施债权转股权，新能基金成为衢州华友股东；第三步，待时机成熟，由上市公司华友钴业通过发行股份购买资产的形式收购新能基金所持有的股权或新能基金向第三方转让其所持有的衢州华友股权，实现退出。

此次中国信达以现金收购上市公司控股股东华友控股对衢州华友的7.3亿元债权，华友控股因此获得7.3亿元流动性资金，定向偿还股票场内质押融资借款，降低了华友控股的股权质押率，在资本市场持续下跌的背景下，保障了上市公司控制权的稳定，增强了中小股东、金融机构以及上下游企业对上市公司的信心，具有较好的示范意义。[①]

（五）设立基金投资的相关法律问题

国有企业作为混合所有制改革发起方时，要充分考虑法律法规的限制性规定，应当严格按照法律规定进行，要特别注意：

1. 国企担任基金普通合伙人的限制

股权投资基金常以有限合伙企业的形式设立。根据《公司法》第十五条规定，除法律另有规定外，公司不得成为对所投资企业的债务承担连带责任的出资人。同时，根据《合伙企业法》第三条规定，国有独资公司、国有企业、上市公司以及公益性的事业单位、社会团体不得成为普通合伙人。立法本意在于，普通合伙人的重要特征是对合伙企业的债务承担无限连带责任。国有独资公司、国有企业如果成为普通合伙人，就要以其全部财产对合伙债务承担责任，不利于保护国有资产和上市

① 参见《中国信达：衢州华友钴新材料有限公司市场化债转股案例》，载 https://baijiahao.baidu.com/s?id=1633767950531684618&wfr=spider&for=pc，最后访问日期为 2020 年 8 月 7 日。

公司股东的利益。

实践中“国有企业”这一概念被广泛使用，但其内涵和外延并不十分明确，各个部门的认定标准也存在较大的差异。根据全国人大常委会法工委《〈合伙企业法〉释义》第三条，国有企业是指国家单独出资、由国务院或者地方人民政府授权本级人民政府国有资产监督管理机构履行出资人职责的有限责任公司。”国有企业的概念则较宽泛，可以理解为包括国有独资企业、国有控股企业和国有控股公司。2011年11月23日，国家发改委出台《国家发展改革委办公厅关于促进股权投资企业规范发展的通知》(发改办财金〔2011〕2864号)，对股权投资企业进行强制备案监管；为配合监管备案，2012年6月14日，国家发改委财政金融司出台了《股权投资企业备案指引》(以下简称《指引》)，其中《3.2 股权投资企业合伙协议指引》和《8.2 股权投资管理企业合伙协议指引》规定：“根据《中华人民共和国合伙企业法》第三条规定，以及《股权投资企业的备案通知》第一条关于股权投资企业应当遵照公司法、合伙企业法有关规定设立的要求，国有独资公司、国有企业、上市公司以及公益性的事业单位不得成为股权投资企业的普通合伙人。本指引所称‘国有企业’，系指国有股权合计达到或超过50%的企业。”

私募基金由发改委管理时，发改委将“国有企业”界定为国有股权合计达到或超过50%的企业。实践中，最常见的做法是普通合伙人中的国有成分不高于49%，但也有些案例突破了这一限制，因此，有待未来立法层面作出进一步明确解释。

2.设立私募基金的规范性问题

作为私募基金行业的主管机关，中国证券监督管理委员会(以下简称证监会)授权中国证券投资基金业协会(以下简称基金业协会)负责私募投资基金管理人登记和私募基金备案，并履行对整个私募基金行业的自律监管职能。2014年2月7日，根据证监会的授权，基金业协会率先发布《私募投资基金管理人登记和基金备案办法(试行)》(以下简称《私募登记备案办法》)。其后，2014年8月21日，证监会正式发布了《私募投资基金监督管理暂行办法》(以下简称《私募暂行办法》)。《私募暂行办法》颁布以后，基金业协会又先后制定了《基金业务外包服务指引(试行)》、《私募投资基金管理人内部控制指引》、《私募投资基金信息披露管理办法》、《私募投资基金募集行为管理办法》(以下简称《募集管理办法》)及《私募投资基金合同指引》等一系列行业自律规则。

根据《私募登记备案办法》和《私募暂行办法》的规定，各类私募基金管理人应当根据基金业协会的规定向基金业协会申请登记，并应在私募基金募集完毕后进行私募基金备案。2018年12月7日，基金业协会发布了《私募基金管理人登记须知》，私募基金管理人的准入标准显著提高。

在私募基金的募、投、管、退流程中，资金募集、投资运作是核心，也是容易滋生风险的环节。随着私募行业的快速发展，形形色色的问题不断产生：以私募名义变相公开募集资金、不履行投资者适当性管理义务等违法违规情形时有发生；不规范的私募基金资金募集和投资运作，存在灰色利益输送链条，甚至产生侵占或挪用基金资产的违法情形，严重损害投资者权益等。[①]2017年8月24日，国务院法制办发布《处置非法集资条例（征求意见稿）》；2017年8月30日，国务院法制办官网发布《私募投资基金管理暂行条例（征求意见稿）》（以下简称《私募条例》）。监管层对于规范金融市场建设尤其是私募基金行业发展给予了重点关注。

因此，国企在投资设立基金时，应严格遵守证监会和基金业协会发布的相关规定，确保基金在募、投、管、退各个环节的规范性，避免出现资金募集行为不规范甚至非法集资等此类违法犯罪的严重后果。

五、不同投资方式的功能价值分析

混改不是“为混而混”，在缺乏对具体混改方式的必要性了解和功能价值比对的前提下贸然开展对外投资，混改不会取得预期的效果。既然对外投资类型的混改并非获得特殊政策待遇的途径，那么应当对混改途径进行翔实对比分析，并且要结合不同的投资方向具体分析然后选择适合国企自身情况的混改路径，以达到融合发展的良好效果。

① 参见《私募新规出台征求意见稿，整治私募乱象》，载 https://law.wkinfo.com.cn/professional-articles/detail/NjAwMDAwMjg5ODM%3D?searchId=8c21950d7fde48029a0b1ccc66655750&index=1&q=%E9%9D%9E%E6%B3%95%E9%9B%86%E8%B5%84%20%E8%AE%BE%E7%AB%8B%E5%9F%BA%E9%87%91&module=，最后访问日期为2020年8月7日。

（一）合作新设方式的功能价值分析

国企与民营资本、外资等社会资本成立合资公司，各方可以以现金、股权、技术、实物资产等投资入股，共同搭建合作平台，实现境内外优势互补、产融结合、共同发展。通常来看，合作新设方式适用于国资与非国资在高科技、高新技术领域开展新业务的需要。在初创阶段，可以采取由创业团队与国有企业共同出资的方式设立企业。因此，共同出资方式在企业规模相对较小时更为适用。一般而言，国有企业作为主要投资方，通常在新设企业中占据控股地位；创业团队（管理团队）主要提供其所掌握的核心技术及知识产权。这种方式，非常有利于国企和民企在资金、技术方面的优势互惠。在具体的操作过程中，合资新设方式的核心在于合资公司的治理和管理架构，既要双方融合、为我所用，又要在管理架构上给予创业团队支持和激励，以实现平衡和协调有序的发展。

（二）增资入股方式的功能价值分析

在激烈的市场竞争中，增资入股有利于帮助目标公司快速扩大生产经营规模，并且，由于增资入股方式本身具有溢价功能，公司的注册资本必然发生变化，从而能够有效缓解企业流动性压力。作为国企混改的投资方式，增资入股方式能够调整股东结构和持股比例，提高公司信用并利于获得法定资质等。

首先，企业的注册资本增加，其经济实力也随之增强。增资扩股中的资金承接方为企业本身，而非该企业的股东，增资扩股的资金属于企业的自有资本，不需要还本付息；即使后期分配红利，也需要根据企业经营状况来决定，所以财务压力较小，较受民企欢迎。另外，增资扩股的“资金”既可以是现金，也可以是实物，还可以是场地使用权、知识产权等可以以货币估值且可依法转让的无形资产，尤其是企业急需的非现金财物出资，往往会比单纯地筹集现金更能尽快形成生产经营能力，对企业的发展产生正向影响。

其次，可以通过增资扩股的手段来调整股权结构和股东持股比例。公司的发展要求公司根据实际情况和外部形势的发展，不断调整公司的股权结构和股东之间的持股比例，而增资扩股无疑是公司调整股权结构和股东持股比例的重要手段。

再次，增资扩股可以提高公司公信力，使企业获得某些法定资质。一个公司的规模通常是其实力的象征，而增资扩股就是扩大公司规模，提高公司信用的重要手段之一。另外，在我国注册资本达到一定数额标准亦是获得某些法定资质的主要条件（如房地产开发企业资质），因此企业注册资本金的扩大有利于在特定行业内的扩张和从业资质的取得。

最后，增资扩股能够引进优质的战略投资者共谋发展大略。战略投资者可以给公司带来资金、技术、销售渠道等，让公司的竞争力在短期内大幅提升。一家公司在不同的发展阶段，需要引进不同的战略投资者，而增资扩股是引进战略投资者的重要手段之一。

（三）受让股权方式的功能价值分析

国有企业受让股权，并不会使该转让股权公司的注册资本发生改变，只是股东主体进入退出的变化。国有企业入股公司取得股权有利于国企对外投资资本多元化，入股大型行业龙头非国资企业更能促使国企进一步学习完善其先进的公司治理结构，转变企业管理理念，帮助国企在非商传统行业向现代化管理模式转型。

（四）设立基金方式的功能价值分析

基金能够通过市场化运作和吸引社会资本参与，进而撬动更多的社会资源，引入更多新的机制，有效提高国有资本运作效率，促进企业经营机制转变。股权投资基金所独具的“融资、融智、融资源”优势，能够更直接、更有效、更持久地支持国企改革，用“智慧的资本”更好地推动国有企业转型升级。

一方面，国资背景的基金多与各行业龙头央企、地方国企、金融机构合作成立，股东背景雄厚，在各自领域均有丰富的运营经验和强大的行业号召力。另一方面，作为私募类投资基金，其具有规模大、开放性强的特点。并且，国有资本通过基金这种形式向社会传递出有力信号，即国有资本既有出资能力，也有出资意愿，可与社会资本共担风险、共享收益，共同参与国有企业的结构调整。

（五）不同投资方式的功能价值对比

国有企业对外投资的以上四种方式实际上最终都是为了获得股权，从而实现国有资产的保值增值。各投资方式各有特点，其功能价值的对比总结如下：

表 4–1　不同投资方式的功能价值对比

序号	投资方式	主要功能价值分析
1	合作新设	非交易方式；可通过共同搭建新平台在新领域开展新业务，可发展创新领域；在资金、技术方面实现优势互补
2	增资入股	企业间交易；注册资本增加；助力公司规模扩大，前景期望值高；股东持股比例均调整
3	受让股权	股东间交易；注册资本不变；增加流动性及公司活力；影响度较小、手续简单
4	设立基金	调动资源多、规模大；开放性强；效率高；融资能力及灵活性高；投资风险高

第二节 国企混改中投资境外企业

一、国有企业的境外投资监管

国有企业的境外投资，受制于以下不同国家监管部门的分别监管，各监管部门对监管权限和要求进行了界定：

1. 国有企业在境外投资时需向商务部门或主管金融监管部门申请办理境外投资的核准/备案手续。商务部发布的《境外投资管理办法》（商务部令2014年第3号）第二条规定，境外投资是指在中华人民共和国境内依法设立的企业（以下简称企业）通过新设、并购及其他方式在境外拥有非金融企业或取得既有非金融企业所有权、控制权、经营管理权及其他权益的行为。

若作为投资主体的国企属于非金融企业，则由商务部和省级商务主管部门按照境外投资是否涉及敏感国家和地区以及敏感行业的不同情形分别实施核准或备案管理[①]，并颁发《企业境外投资证书》[②]；若作为投资主体的国企属于金融企业，则由其主管金融监管部门，如中国证券监督管理委员会或中国银行保险监督管理委员会实施核准/备案管理。

特别需要注意的是，如果作为投资主体的是中央企业，则还需国有资产监督管理委员会依据《中央企业境外投资监督管理办法》（国务院国有资产监督管理委员会令第35号）实施监管。根据《中央企业境外投资监督管理办法》第二条规定，境外投资被具体界定为“中央企业在境外从事的固定资产投资与股权投资”。

2. 国有企业在开展境外投资时需向发改部门申请办理境外投资项目的核准/备案手续。根据国家发展和改革委员会发布的《企业境外投资管理办法》（国家发展和改革委员会令第11号，以下简称11号令）第二条的规定，监管对象包括各种类型的非金融企业和金融企业。同时，该条还规定：境外投资是指中华人民共和国境内企业直接或

① 参见《境外投资管理办法》（商务部令2014年第3号）第六条。

② 参见《境外投资管理办法》（商务部令2014年第3号）第八条。

通过其控制的境外企业，以投入资产、权益或提供融资、担保等方式，获得境外所有权、控制权、经营管理权及其他相关权益的投资活动。前款所称投资活动，主要包括但不限于下列情形：（一）获得境外土地所有权、使用权等权益；（二）获得境外自然资源勘探、开发特许权等权益；（三）获得境外基础设施所有权、经营管理权等权益；（四）获得境外企业或资产所有权、经营管理权等权益；（五）新建或改扩建境外固定资产；（六）新建境外企业或向既有境外企业增加投资；（七）新设或参股境外股权投资基金；（八）通过协议、信托等方式控制境外企业或资产。

3. 获得商务部门/主管金融监管部门和发改部门的对外投资核准/备案手续后，国有企业应根据外汇管理部门的要求办理外汇登记。国家外汇管理局于2009年7月13日发布了《境内机构境外直接投资外汇管理规定》（汇发〔2009〕30号），后于2015年2月13日发布了《国家外汇管理局关于进一步简化和改进直接投资外汇管理政策的通知》（汇发〔2015〕13号），境内企业境外直接投资的外汇登记核准被取消，改为“银行办理、外管监督”[①]，即由银行直接审核办理境外直接投资项下外汇登记，外汇管理部门通过银行对境外直接投资外汇登记实施间接监管。

由上可见，商务部、发改委及国资委对境外投资的界定不同，其中国家发改委发布的《企业境外投资管理办法》对各类投资活动的情形作出了明确的划分，将通过信托、协议等控制境外企业或资产的方式纳入其中。本节讨论的境外投资项目为国有企业在境外的股权投资，即国有企业直接或通过其控制的境外企业，以投入资产、权益或提供融资、担保等方式，获得境外所有权、控制权、经营管理权及其他相关权益的投资活动，包括向既有境外企业增加投资、参股境外股权投资基金等。近几年，尤其是随着“一带一路”合作倡议的号召与推广，国有企业投资境外沿线国家相关领域企业的案例也在逐步增加。

【案例】中企联合收购哈萨克斯坦 ALLUR 汽车工业集团

2019年5月21日，中国通用技术集团中机公司（以下简称中机公司）、安徽江淮

① 参见《国家外汇管理局关于进一步简化和改进直接投资外汇管理政策的通知》（汇发〔2015〕13号）之第一条、第四条。

汽车集团股份有限公司（以下简称江淮汽车）联合收购哈萨克斯坦ALLUR汽车工业集团签约仪式在哈萨克斯坦库斯塔奈州州长官邸举行。完成收购后，中机公司和江淮汽车以51%的股份成为哈国最大规模汽车工业集团的控股股东。

哈萨克斯坦是中亚地区经济领域的领头羊，是中国永久全面的战略伙伴，建交以来，两国关系实现了跨越式发展，达到历史最好水平。哈萨克斯坦也是“一带一路”建设的首倡之地。控股哈萨克斯坦最大的汽车工业集团ALLUR集团是中机公司和江淮汽车积极响应“一带一路”和“中哈产能合作”倡议，对哈萨克斯坦产业政策调整和工业化布局深度参与的最新成果。该项目的顺利实施将通过提升哈萨克斯坦重点扶植的汽车产业发展水平，对接哈萨克斯坦“光明之路”新经济计划，为两国经贸交流作出新的贡献。[①]

笔者认为，国企海外投资并购热潮出现于2016年，政府于2016年年底出台了海外投资新政后，2017年度投资热潮同比有所下降。一方面是新的外汇管理制度和海外投资审核标准限制了纯财务投资和非主业经营类的投机性海外投资，另一方面是国企海外投资之路存在大比例投资不达预期经济目标的案例。不可否认，海外投资可以帮助企业实现业务提升和转型，也利于显著提高国际知名度，更符合中国“一带一路”倡议的精神，但海外市场情况复杂多变，文化冲突严重，国企海外投资能否成功将取决于一系列的因素，包括拟投资标的的商业质量、投后并购整合情况、业务交融情况及企业文化协同情况等众多因素，需要做好大量投资可行性研究及合理性研究，以面对可能出现的海外投资挑战。

二、投资境外企业法律要点分析

（一）投资境外企业的限制性规定和监管要求

国有企业开展境外投资，应严格遵守我国现行法律法规，根据《境外投资管理办

① 参见《通用技术集团、江淮汽车收购哈萨克斯坦Allur集团股权项目正式签署股东协议》，载http://www.sasac.gov.cn/n2588025/n2588124/c11322144/content.html，最后访问日期为2020年8月7日。

法》（商务部令2014年第3号）第四条的规定，企业境外投资不得有以下情形：（一）危害中华人民共和国国家主权、安全和社会公共利益，或违反中华人民共和国法律法规；（二）损害中华人民共和国与有关国家（地区）关系；（三）违反中华人民共和国缔结或者参加的国际条约、协定；（四）出口中华人民共和国禁止出口的产品和技术。

除此之外，还应注意以下限制性规定和监管要求：

1.投资涉及敏感国家和地区、敏感行业等的监管要求

根据国家发改委发布的《企业境外投资管理办法》（国家发展和改革委员会令第11号，简称11号令）第十三条的规定，敏感类项目包括：（一）涉及敏感国家和地区的项目；（二）涉及敏感行业的项目。其中，敏感国家和地区包括：（一）与我国未建交的国家和地区；（二）发生战争、内乱的国家和地区；（三）根据我国缔结或参加的国际条约、协定等，需要限制企业对其投资的国家和地区；（四）其他敏感国家和地区。敏感行业包括：（一）武器装备的研制生产维修；（二）跨境水资源开发利用；（三）新闻传媒；（四）根据我国法律法规和有关调控政策，需要限制企业境外投资的行业。2018年1月31日，《国家发展改革委关于发布〈境外投资敏感行业目录（2018年版）〉的通知》（发改外资〔2018〕251号），界定敏感行业的范畴，包括武器装备的研制生产维修；跨境水资源开发利用；新闻传媒；并重申《国务院办公厅转发国家发展改革委、商务部、人民银行、外交部〈关于进一步引导和规范境外投资方向指导意见〉的通知》（国办发〔2017〕74号）所列举的需要限制企业境外投资的行业，包括房地产、酒店、影城、娱乐业、体育俱乐部和在境外设立无具体实业项目的股权投资基金或投资平台。

2.负面清单制度

2017年8月4日，国务院办公厅发布了《国务院办公厅转发国家发展改革委、商务部、人民银行、外交部〈关于进一步引导和规范境外投资方向指导意见〉的通知》（国办发〔2017〕74号），明确规定了鼓励开展的境外投资、限制开展的境外投资以及禁止开展的境外投资类型。2018年1月18日，商务部、中国人民银行、国资委、中国银行业监督管理委员会（已撤销）、证监会、中国保险监督管理委员会（已撤销）和国家外汇管理局联合发布了《关于印发〈对外投资备案（核准）报告暂行办法〉的通知》（商合发〔2018〕24号），明确对外投资备案（核准）由相关主管部门各自按照“鼓励发展+负面清单”的模式进行管理。

3. 中央企业境外投资的特殊监管要求

（1）遵守中央企业境外投资项目负面清单的要求。2017年1月7日，国资委发布了《中央企业境外投资监督管理办法》（国有资产监督管理委员会令第35号）。该管理办法第九条规定：“国资委根据国家有关规定和监管要求，建立发布中央企业境外投资项目负面清单，设定禁止类和特别监管类境外投资项目，实行分类监管。列入负面清单禁止类的境外投资项目，中央企业一律不得投资；列入负面清单特别监管类的境外投资项目，中央企业应当报送国资委履行出资人审核把关程序；负面清单之外的境外投资项目，由中央企业按照企业发展战略和规划自主决策。中央企业境外投资项目负面清单的内容保持相对稳定，并适时动态调整。中央企业应当在国资委发布的中央企业境外投资项目负面清单基础上，结合企业实际，制定本企业更为严格、具体的境外投资项目负面清单。”

（2）中央企业原则上不得在境外从事非主业投资。《中央企业境外投资监督管理办法》（国有资产监督管理委员会令第35号）第十四条规定：“中央企业原则上不得在境外从事非主业投资。有特殊原因确需开展非主业投资的，应当报送国资委审核把关，并通过与具有相关主业优势的中央企业合作的方式开展。”根据该管理办法第二条的规定，主业是指“由中央企业发展战略和规划确定并经国资委确认公布的企业主要经营业务”。

此外，2016年12月6日，国家发改委、商务部、中国人民银行和国家外汇管理局四部门负责人表示，“我国对外投资的方针政策和管理原则是明确的，我们鼓励企业参与国际经济竞争与合作、融入全球产业链和价值链的方针没有变，坚持对外投资‘企业主体、市场原则、国际惯例、政府引导’的原则没有变，推进对外投资管理‘简政放权、放管结合、优化服务’改革的方向也没有变。我们支持国内有能力、有条件的企业开展真实合规的对外投资活动，参与‘一带一路’共同建设和国际产能合作，促进国内经济转型升级，深化我国与世界各国的互利合作。同时，监管部门也密切关注近期在房地产、酒店、影城、娱乐业、体育俱乐部等领域出现的一些非理性对外投资的倾向，以及大额非主业投资、有限合伙企业对外投资、‘母小子大’、‘快设快出’等类型对外投资中存在的风险隐患，建议有关企业审慎决策。对外投资管理机制是我国开放型经济体制的重要组成部分，我们将把完善中长期制度建设和短期调控结合起来，在推进对外投资便利化的同时防范对外投资风险，完善和规范市场秩序，促进对外投资健康有序发展，保持国际收支基本平衡”。[①]

（3）中央企业境外投资的报告义务。根据《中央企业境外投资监督管理办法》（国有资产监督管理委员会令第35号）第十九条的规定，“中央企业应当按照国资委要求，分别于每年一、二、三季度终了次月10日前将季度境外投资完成情况通过中央企业投资管理信息系统报送国资委。季度境外投资完成情况主要包括固定资产投资、股权投资、重大投资项目完成情况，以及需要报告的其他事项等内容。部分重点行业的中央企业应当按要求报送季度境外投资分析情况”。

（二）防范海外投资法律风险

受制于文化制度及法律渊源的差异，中国企业海外投资所面临的风险较境内投资更大。近年来，不少国企由于对所投资地域的投资环境和法律风险评估不足、投资行为战略精准度和管理整合能力低，规范化操作不够重视、人员管理体制上存在重大疏漏等因素，在境外投资中遭遇了滑铁卢。同时因海外投资的协议文件适用法律往往为投资地法，相关协议文件在签订时的法律风险未能把握详尽，在投资所涉海外诉讼、国际仲裁的败诉率也较高，直接或间接地给国有企业带来了巨大的损失。

鉴于此，国有企业境外投资的法律风险防范主要包括：

1.准备阶段：详细调研拟投资国法律体系及投资所涉法律法规，明确当地的投资准入机制、公共政策和公共利益、相关产业政策、相关税收规定、劳动制度、外汇管理制度等。

2.实施阶段：充分论证跨境投资交易架构设计、海外尽职调查范围及深度、交易文件的种类和条款清单、交割条件等，并且可考虑聘用当地的专业法律中介机构，全程提供法律专业服务，以最大化的审慎规避海外投资风险。在审查交易文件时，应当对小股东权益保护、交易的先决条件、适用准据法、退出机制等方面慎重考虑。

① 参见《发展改革委等四部门就当前对外投资形势下加强对外投资监管答记者问》，载http://www.gov.cn/xinwen/2016-12/06/content_5144186.htm，最后访问日期为2020年8月7日。

在进行可行性研究和尽职调查时，应对目标公司股权结构、目标公司资产和负债、目标公司关联方垫资、借款及债务豁免及本次交易相关程序进行风险提示，评估企业财务承受能力和经营管理能力，防范经营、管理、资金、法律等风险。

3.投后整合阶段：应考虑的整合因素包括人力资源的整合、运营合规、市场和文化整合等。有的企业跨境并购境外整合能力不足，应避免对境外新设或股权收购的企业的管控仅停留在公司董事会层面，而无法有效对接公司基层执行层面的资源，应从源头起步制定一个适应投资的文化、专业且完整详细的整合计划并选聘合适的专业管理团队来帮助实现投资目标。

三、投资境外企业的审批流程

（一）外部审批流程

依据《境外投资项目核准和备案管理办法》《企业境外投资管理办法》《境外投资管理办法》《企业国有资产法》《中央企业境外国有资产监督管理暂行办法》等相关规定，国有企业境外投资，主要需要取得以下主管部门的核准、备案或登记：

1.国家发改委或地方发改委的核准/备案

根据11号令第六条的规定，国家发改委在国务院规定的职责范围内，履行境外投资主管部门职责，根据维护我国国家利益和国家安全的需要，对境外投资进行宏观指导、综合服务和全程监管。

根据11号令第十三条的规定，国家发改委实行核准管理的范围是投资主体直接或通过其控制的境外企业开展的敏感类项目。同时，根据11号令第十八条规定，实行核准管理的项目，投资主体应当通过网络系统向核准机关提交项目申请报告并附具有关文件。其中，投资主体是中央管理企业的，由其集团公司或总公司向核准机关提交；投资主体是地方企业的，由其直接向核准机关提交。根据11号令第二十七条的规定，对符合核准条件的项目，核准机关应当予以核准，并向投资主体出具书面核准文件。对不符合核准条件的项目，核准机关应当出具不予核准书面通知，并说明不予核准的理由。

根据11号令第十四条的规定，实行备案管理的范围是投资主体直接开展的非敏感类项目，也即涉及投资主体直接投入资产、权益或提供融资、担保的非敏感类项目。实行备案管理的项目中，投资主体是中央管理企业（含中央管理金融企业、国务院或国务院所属机构直接管理的企业）的，备案机关是国家发展改革委；投资主体是地方企业，且中方投资额3亿美元及以上的，备案机关是国家发展改革委；投资主体是地方企业，且中方投资额3亿美元以下的，备案机关是投资主体注册地的省级政府发展改革部门。根据11号令第二十九条规定，实行备案管理的项目，投资主体应当通过网络系统向备案机关提交项目备案表并附具有关文件。其中，投资主体是中央管理企业的，由其集团公司或总公司向备案机关提交；投资主体是地方企业的，由其直接向备案机关提交。同时，11号令第三十一条规定，备案机关在受理项目备案表之日起7个工作日内向投资主体出具备案通知书。备案机关发现项目违反有关法律法规、违反有关规划或政策、违反有关国际条约或协定、威胁或损害我国国家利益和国家安全的，应当在受理项目备案表之日起7个工作日内向投资主体出具不予备案书面通知，并说明不予备案的理由。

2. 商务部或地方商务主管部门的核准/备案

根据商务部发布的《境外投资管理办法》（商务部令2014年第3号），商务部门负责具体境外投资事项审批，并发放《企业境外投资证书》[①]。商务部和省级商务主管部门按照企业境外投资的不同情形，分别实行备案和核准管理。企业境外投资涉及敏感国家和地区、敏感行业的，实行核准管理。企业其他情形的境外投资，实行备案管理。[②]

《境外投资管理办法》第九条和第十条规定，对属于备案/核准情形的境外投资，中央企业报商务部备案/核准；地方企业报所在地省级商务主管部门备案或通过所在地省级商务主管部门向商务部提出核准申请。同时，根据该法第十二条规定，商务部和省级商务主管部门收到申请材料后，对于申请材料不齐全或者不符合法定形式的，应当在3个工作日内一次告知申请企业需要补正的全部内容。省级商务主管部门应当在受理地方企业核准申请后对申请进行初步审查，并在15个工作日内（包含

① 参见《境外投资管理办法》（商务部令2014年第3号）第八条。
② 参见《境外投资管理办法》（商务部令2014年第3号）第六条。

征求驻外使（领）馆（经商处室）意见的时间）将初步审查意见和全部申请材料报送商务部，商务部收到省级商务主管部门的初步审查意见后，应当在15个工作日内做出是否予以核准的决定。需报商务部核准的，商务部应当在受理中央企业核准申请后20个工作日内（包含征求驻外使（领）馆（经商处室）意见的时间）作出是否予以核准的决定。

根据《境外投资管理办法》第十六条的规定，自领取《证书》之日起2年内，企业未在境外开展投资的，《证书》自动失效。如需再开展境外投资，应当按照本章程序重新办理备案或申请核准。

特别需要注意的是，如果作为投资主体的是中央企业，则还需国资委依据《中央企业境外投资监督管理办法》（国有资产监督管理委员会令第35号）实施监管。

3.国家外汇管理局、地方分局的外汇管理程序

国家外汇管理局于2009年7月13日发布的《关于发布境内机构境外直接投资外汇管理规定的通知》（汇发〔2009〕30号）第三条规定，国家外汇管理局及其分支机构对境内机构境外直接投资的外汇收支、外汇登记实施监督管理。同时，该通知第六条规定："外汇局对境内机构境外直接投资及其形成的资产、相关权益实行外汇登记及备案制度。境内机构在向所在地外汇局办理境外直接投资外汇登记时，应说明其境外投资外汇资金来源情况。"该通知初步建立了以登记为核心的境外直接投资外汇管理框架。而后，国家外汇管理局先后发布通知，逐步简化境外直接投资的外汇管理流程。

2015年2月13日，国家外汇管理局发布了《国家外汇管理局关于进一步简化和改进直接投资外汇管理政策的通知》（汇发〔2015〕13号），取消境内企业境外直接投资的外汇登记核准，改为"银行办理、外管监督"，即由银行直接审核办理境外直接投资项下外汇登记，外汇管理部门通过银行对境外直接投资外汇登记实施间接监管。经过一系列改革，境内机构境外直接投资的外汇管理环节不再需要履行任何前置审批程序，境内机构开展境外直接投资业务在获得商务部门/主管金融监管部门和发改部门的对外投资核准/备案手续后，可到银行办理外汇登记及账户开立等业务。

（二）内部决策程序

国有企业境外投资，需要按照相关法律法规以及公司章程的规定履行国资体系内部的决策程序：

1. 作为投资主体的国有企业内部审议程序

国有企业在进行境外投资时，应该按照《公司法》以及公司章程的规定履行董事会或股东（大）会审议程序。此外，根据《企业国有资产法》第三十二条的规定，如果国有独资企业、国有独资公司有该法第三十条所列“进行重大投资”事项的，国有独资企业由企业负责人集体讨论决定，国有独资公司由董事会决定。但该法并未明确规定“重大投资”的范畴，原因可能是国有企业行业分布较广，不同行业的交易金额、交易标准差别很大，很难制定统一的标准，因此，这一问题还有待立法部门作出进一步的解释。

2. 国资体系内的决策程序

根据《企业国有资产监督管理暂行条例》第二十一条第一款的规定，国有资产监督管理机构依照法定程序决定其所出资企业中的国有独资企业、国有独资公司的分立、合并、破产、解散、增减资本、发行公司债券等重大事项。其中，重要的国有独资企业、国有独资公司分立、合并、破产、解散的，应当由国有资产监督管理机构审核后，报本级人民政府批准。同时，该法第二十四条规定：“所出资企业投资设立的重要子企业的重大事项，需由所出资企业报国有资产监督管理机构批准的，管理办法由国务院国有资产监督管理机构另行制定，报国务院批准。”

3. 国有资产评估程序

根据《企业国有资产评估管理暂行办法》（国务院国有资产监督管理委员会第12号令）第六条的规定，企业“以非货币资产对外投资”或“收购非国有单位的资产”的，应当对相关资产进行评估。根据《国务院国有资产监督管理委员会关于加强企业国有资产评估管理工作有关问题的通知》（国资委产权〔2006〕274号）第四条“涉及非国有资产评估项目的核准或备案”的规定，“企业发生《暂行办法》第六条所列经济行为，需要对接受的非国有资产进行评估的，接受企业应依照其产权关系将评估项目报国有资产监督管理机构或其所出资企业备案；如果该经济行为属于各级人民政府批准实施的，接受企业应依照其产权关系按规定程序将评估项目报同级国有资产监督管理机构核准”。国有企业境外投资符合前述规定的，应当履行资产评估程序。

第三节 国企混改中投资民营企业

一、投资民营企业概述

国有企业入股民营企业是实现混合所有制改革的路径之一。在我国当前国企和民企普遍缺乏全球核心竞争力和品牌影响力的情况下，彼此间的合作共赢已是必然选择。在国企与民企利益点和远期目标一致的情况下，双方深度的融合和优势互补必会形成多赢局面。民营企业的活力加上国有企业所拥有的独特资源会凝聚成为优势明显的国际竞争力。因此，国企投资优质、前景好的民营企业应被国资委和财政部等监管部门予以鼓励。

国企投资民企是一个战略上双赢的安排，具有诸多优势：首先，国资投资民营企业，可以解决经营好的民营企业发展资金不足的难题，进而起到支持民营企业经济效益增长和长远发展的效果。其次，国家对国有企业重要的考核指标就是国有资本的保值和增值，但部分国企经营效益较差，投资经营效率较好的民营企业，可以大大改善国有资本贬值情况，确保国有资本保值增值。最后，有的国有企业投资风险管理意识还存在诸多问题，为单纯追求规模扩张而盲目无序投资，同时欠缺科学的风险管理意识和规划意识，造成国企规模和效益成反比增长的态势。国企以财务投资人的身份投资有活力、借鉴有成长性的民企，尊重民企自身的经营模式，不过多强调参与管理权，可以吸收借鉴民企先进的公司治理方式和市场化运作模式，弥补自身的管理缺陷。

【案例】物产中大与祐康食品合作共赢

2015年，祐康食品集团有限公司（以下简称祐康集团）因受房地产业务影响，出现了资金链问题，致使其子公司祐康食品（杭州）有限公司（以下简称祐康食品）被迫停工，一度陷入生存危机。当时位列“世界500强”的国有企业物产中大集团股份有限公司（以下简称物产中大）向祐康食品抛出了橄榄枝，决心帮助祐康食品“起死回生”，并将此重任交与下属企业浙江物产化工集团有限公司（以下简称物产化工），以图实现各方共赢。

经过调研与双方协商，物产化工决定以“经营性托管”的方式投资祐康食品，以助其渡过难关。具体投资方案为：物产化工与祐康食品的经营管理团队共同成立杭州宏祐贸易有限公司，负责祐康食品的委托经营管理业务，从而实现祐康食品的原料采购和产品销售环节由物产化工负责管理到“管住两头”，而将中间的生产环节全权交与祐康食品。

得益于此投资方案的实施，祐康食品逐渐恢复生产，一切都步入了正轨。但仅仅恢复生产、保住饭碗，并不能让祐康人满足，更不是物产中大的目标。发展，才是双方的共同追求。复产之后，经营管理团队喊出一个口号：进攻型恢复。祐康食品从上到下，每个部门都在强调创新，要在竞争无比激烈的行业内与同行差异化发展，打造自己的核心竞争力。通过这样一种具有创新性的投资方式，物产中大与祐康食品的未来紧紧地捆绑在了一起。物产中大与祐康食品的合作，是国有企业对民营企业的投资帮扶，更是双方合作共创共赢的典例。[①]

笔者认为，国有资本投资民营资本，是市场视角下的资源优化配置。当民企与国企你中有我，我中有你时，市场资源与政策资源的配置将会更为合理，市场竞争环境也将更为公平和透明。

二、投资民营企业法律要点分析

根据《中华人民共和国企业国有资产法》（以下简称《企业国有资产法》）、《最高人民法院关于适用〈中华人民共和国合同法〉解释（一）》（法释〔1999〕19号）（以下简称《合同法解释一》）、《国有资产评估管理办法》、《国务院关于国有企业发展混合所有制经济的意见》等法律法规的相关规定，国有企业在对民营企业进行投资时，应注意以下法律要点：

① 参见《物产中大打造国企帮扶民企经典案例——祐康食品600天重生记》，载 http://zjrb.zjol.com.cn/html/2017-08/17/content_3074966.htm?div=-1，最后访问日期为2019年9月21日。

（一）报经政府部门批准、审核或备案

《企业国有资产法》第三十五条明确规定，国家出资企业发行的债券、投资等事项，有关法律、行政法规规定应当报经人民政府或者人民政府有关部门、机构批准、核准或者备案的，依照其规定。根据该法第五条的规定，国家出资企业是指国家出资的国有独资企业、国有独资公司，以及国有资本控股公司、国有资本参股公司。根据《中央企业投资监督管理办法》第十二条和第十三条的规定，中央企业应当于每年3月10日前将经董事会审议通过的年度投资计划报送国资委。国资委依据中央企业投资项目负面清单、企业发展战略和规划，从中央企业投资方向、投资规模、投资结构和投资能力等方面，对中央企业年度投资计划进行备案管理。进入国资委债务风险管控"特别监管企业"名单的中央企业，其年度投资计划需经国资委审批后方可实施。

《合同法解释一》第九条第一款规定："依照合同法第四十四条第二款的规定，法律、行政法规规定合同应当办理批准手续，或者办理批准、登记等手续才生效，在一审法庭辩论终结前当事人仍未办理批准手续的，或者仍未办理批准、登记等手续的，人民法院应当认定该合同未生效；法律、行政法规规定合同应当办理登记手续，但未规定登记后生效的，当事人未办理登记手续不影响合同的效力，合同标的物所有权及其他物权不能转移。"根据上述规定，国有企业在对民营企业进行投资时，应当遵守法律法规及部门规章的相关规定，须履行报批程序依法及时报批。如因未依法及时报批而致使投资活动无法进行，一是可能导致违约方在合同项下触发其违约责任；二是若一方就合同效力问题诉至法院，相关投资合同甚至会被法院判定为无效，给国资一方造成不必要的经济损失。

【案例】股东出资纠纷

在湖北某生物有限公司与宜城市某合作社社有资产经营管理有限公司（以下简称宜城供销社有管理公司）股东出资纠纷（〔2015〕鄂襄阳中民三终字第00453号）一案中，宜城市某合作社社有资产经营管理有限公司为国有独资公司，与陈某经协商共同出资设立湖北某生物有限公司，并约定以其土地作为出资，为此双方签订了

一份投资协议。但因宜城市某合作社社有资产经营管理有限公司未依照《企业国有资产法》第三十五条的规定就投资事项向政府有关部门报批，法院依据《合同法解释一》第九条第一款的规定，判定双方签订的投资协议中关于出资的约定没有发生合同效力。

（二）应当依法进行资产评估

《企业国有资产法》第四节的相关法条对国有企业的资产评估程序进行了详细规定。其中第四十七条规定，国有独资企业、国有独资公司和国有资本控股公司以非货币财产对外投资的，应当按照规定对有关资产进行评估；第四十八条规定，国有独资企业、国有独资公司和国有资本控股公司应当委托依法设立的符合条件的资产评估机构进行资产评估；第四十九条规定，国有独资企业、国有独资公司和国有资本控股公司及其董事、监事、高级管理人员应当向资产评估机构如实提供有关情况和资料，不得与资产评估机构串通评估作价。

《企业国有资产评估管理暂行办法》（国务院国有资产监督管理委员会第12号令）第六条规定："企业有下列行为之一的，应当对相关资产进行评估：（一）整体或者部分改建为有限责任公司或者股份有限公司；（二）以非货币资产对外投资；（三）合并、分立、破产、解散；（四）非上市公司国有股东股权比例变动；（五）产权转让；（六）资产转让、置换；（七）整体资产或者部分资产租赁给非国有单位；（八）以非货币资产偿还债务；（九）资产涉讼；（十）收购非国有单位的资产；（十一）接受非国有单位以非货币资产出资；（十二）接受非国有单位以非货币资产抵债；（十三）法律、行政法规规定的其他需要进行资产评估的事项。"如果违反前述规定未履行评估程序，根据该法第二十七条和第二十八条的规定，由国有资产监督管理机构通报批评并责令改正，必要时可依法向人民法院提起诉讼，确认其相应的经济行为无效；同时，对负有直接责任的主管人员和其他直接责任人员，依法给予处分，涉嫌犯罪的，依法移送司法机关处理。

三、投资民营企业的审批流程和要求

根据《中央企业投资监督管理办法》《中央企业资产评估项目核准工作指引》

《企业国有资产评估管理暂行办法》等法律法规的相关规定，国有企业在对民营企业进行投资前，应当履行相应的审批流程和要求。其中包含报经政府部门批准、审核或备案和进行资产评估的流程和要求。

国企投资事项需按照相关的监管规则和要求履行必要程序。《企业国有资产法》第十二条规定："履行出资人职责的机构代表本级人民政府对国家出资企业依法享有资产收益、参与重大决策和选择管理者等出资人权利。履行出资人职责的机构依照法律、行政法规的规定，制定或者参与制定国家出资企业的章程。履行出资人职责的机构对法律、行政法规和本级人民政府规定须经本级人民政府批准的履行出资人职责的重大事项，应当报请本级人民政府批准。"

国务院办公厅于2016年8月2日发布了《关于建立国有企业违规经营投资责任追究制度的意见》(国办发〔2016〕63号)，其中第二条关于责任追究范围的规定包括"(六)投资并购方面。投资并购未按规定开展尽职调查，或尽职调查未进行风险分析等，存在重大疏漏；财务审计、资产评估或估值违反相关规定，或投资并购过程中授意、指使中介机构或有关单位出具虚假报告；未按规定履行决策和审批程序，决策未充分考虑重大风险因素，未制定风险防范预案；违规以各种形式为其他合资合作方提供垫资，或通过高溢价并购等手段向关联方输送利益；投资合同、协议及标的企业公司章程中国有权益保护条款缺失，对标的企业管理失控；投资参股后未行使股东权利，发生重大变化未及时采取止损措施；违反合同约定提前支付并购价款等"。根据该意见第五条的规定，责任追究处理方式为根据资产损失程度、问题性质等，对相关责任人采取组织处理、扣减薪酬、禁入限制、纪律处分、移送司法机关等方式处理。

在国企中，对于中央企业的投资事项，国资委专门制定了《中央企业投资监督管理办法》进行监管。根据《中央企业投资监督管理办法》第三章相关法条的规定，中央企业在进行对外投资前，应当履行以下流程和要求：

1.《中央企业投资监督管理办法》第十一条规定，中央企业应当按照企业发展战略和规划编制年度投资计划，并与企业年度财务预算相衔接，年度投资规模应与合理的资产负债水平相适应。企业的投资活动应当纳入年度投资计划，未纳入年度投资计划的投资项目原则上不得投资，确需追加投资项目的应调整年度投资计划。

2.《中央企业投资监督管理办法》第十二条规定，中央企业应当于每年3月10日前将经董事会审议通过的年度投资计划报送国资委。年度投资计划主要包括以下内容：（1）投资主要方向和目的；（2）投资规模及资产负债率水平；（3）投资结构分析；（4）投资资金来源；（5）重大投资项目情况。

3.《中央企业投资监督管理办法》第十三条规定，国资委依据中央企业投资项目负面清单、企业发展战略和规划，从中央企业投资方向、投资规模、投资结构和投资能力等方面，对中央企业年度投资计划进行备案管理。对存在问题的企业年度投资计划，国资委在收到年度投资计划报告（含调整计划）后的20个工作日内，向有关企业反馈书面意见。企业应根据国资委意见对年度投资计划作出修改。进入国资委债务风险管控"特别监管企业"名单的中央企业，其年度投资计划需经国资委审批后方可实施。

4.《中央企业投资监督管理办法》第十四条规定，列入中央企业投资项目负面清单特别监管类的投资项目，中央企业应在履行完企业内部决策程序后、实施前向国资委报送以下材料：（1）开展项目投资的报告；（2）企业有关决策文件；（3）投资项目可研报告（尽职调查）等相关文件；（4）投资项目风险防控报告；（5）其他必要的材料。国资委依据相关法律、法规和国有资产监管规定，从投资项目实施的必要性、对企业经营发展的影响程度、企业投资风险承受能力等方面履行出资人审核把关程序，并对有异议的项目在收到相关材料后20个工作日内向企业反馈书面意见。国资委认为有必要时，可委托第三方咨询机构对投资项目进行论证。

5.《中央企业投资监督管理办法》第十五条规定，中央企业应当根据企业发展战略和规划，按照国资委确认的各企业主业、非主业投资比例及新兴产业投资方向，选择、确定投资项目，做好项目融资、投资、管理、退出全过程的研究论证。对于新投资项目，应当深入进行技术、市场、财务和法律等方面的可行性研究与论证，其中股权投资项目应开展必要的尽职调查，并按要求履行资产评估或估值程序。

根据《企业国有资产评估管理暂行办法》的相关规定，国有企业在投资民营企业时，对其用于出资的非货币财产进行资产评估的，应当履行以下流程和要求：

1.《企业国有资产评估管理暂行办法》第十二条规定，凡需经核准的资产评估项目，企业在资产评估前应当向国有资产监督管理机构报告下列有关事项：（1）相关经济行为批准情况；（2）评估基准日的选择情况；（3）资产评估范围的确定情况；（4）选择资产评估机构的条件、范围、程序及拟选定机构的资质、专业特长情况；（5）资产评估的时间进度安排情况。

2.《企业国有资产评估管理暂行办法》第十三条规定，企业应当及时向国有资产监督管理机构报告资产评估项目的工作进展情况。国有资产监督管理机构认为必要时，可以对该项目进行跟踪指导和现场检查。

3.《企业国有资产评估管理暂行办法》第十四条规定，资产评估项目的核准按照下列程序进行：（1）企业收到资产评估机构出具的评估报告后应当逐级上报初审，经初审同意后，自评估基准日起8个月内向国有资产监督管理机构提出核准申请；（2）国有资产监督管理机构收到核准申请后，对符合核准要求的，及时组织有关专家审核，在20个工作日内完成对评估报告的核准；对不符合核准要求的，予以退回。

4.《企业国有资产评估管理暂行办法》第十五条规定，企业提出资产评估项目核准申请时，应当向国有资产监督管理机构报送下列文件材料：（1）资产评估项目核准申请文件；（2）资产评估项目核准申请表（附件1）；（3）与评估目的相对应的经济行为批准文件或有效材料；（4）所涉及的资产重组方案或者改制方案、发起人协议等材料；（5）资产评估机构提交的资产评估报告（包括评估报告书、评估说明、评估明细表及其电子文档）；（6）与经济行为相对应的审计报告；（7）资产评估各当事方的相关承诺函；（8）其他有关材料。

5.《企业国有资产评估管理暂行办法》第二十条、第二十一条和第二十二条规定，国有资产监督管理机构下达的资产评估项目核准文件和经国有资产监督管理机构或所出资企业备案的资产评估项目备案表是企业办理产权登记、股权设置和产权转让等相关手续的必备文件。经核准或备案的资产评估结果使用有效期为自评估基准日起1年。企业进行与资产评估相应的经济行为时，应当以经核准或备案的资产评估结果为作价参考依据；当交易价格低于评估结果的90%时，应当暂停交易，在获得原经济行为批准机构同意后方可继续交易。

第四节 | 国企混改中投资上市公司

上市公司是指所公开发行的股票经过国务院或者国务院授权的证券管理部门批准在证券交易所上市交易的股份有限公司。公司上市后将获得更广阔的融资渠道，同时也将受到证监会、交易所以及投资者等社会各界的监督。

本节主要介绍国企混改过程中投资上市公司的行为，笔者将分别从投资上市公司典型案例分析、投资上市公司法律要点分析和投资上市公司的审批流程这三方面进行介绍。

一、国企混改中投资上市公司概述

2019年至今，我国证券市场接连发生了多次重大变革，对国企混改投资上市公司的行为也将产生深远影响，值得关注。

1. 2019年年初，科创板设立

2019年1月23日，中央全面深化改革委员会第六次会议审议通过了《在上海证券交易所设立科创板并试点注册制总体实施方案》《关于在上海证券交易所设立科创板并试点注册制的实施意见》。会议指出，要稳步试点注册制，统筹推进发行、上市、信息披露、交易、退市等基础制度改革，建立健全以信息披露为中心的股票发行上市制度。①

2019年3月1日，证监会、上交所正式发布了包括《科创板首次公开发行股票注册管理办法》在内的8项科创板配套规则，并自公布之日起施行。

2. 2019年年底，《证券法》被修订

2019年12月28日上午，第十三届全国人大常委会第十五次会议表决通过了新修订的《证券法》。修订后的《证券法》自2020年3月1日起开始施行。本次证券法

---

① 参见《习近平主持召开中央全面深化改革委员会第六次会议》，载 http://www.gov.cn/xinwen/2019-01/23/content_5360657.htm，最后访问日期为 2020 年 2 月 20 日。

修订内容包括全面推行证券发行注册制、显著提高证券违法成本、完善投资者保护制度、强化信息披露义务、压实中介机构责任等制度改革，为打造一个规范、透明、开放、有活力、有韧性的资本市场提供了有力的法制保障。

2020年2月29日，国务院办公厅发布了《关于贯彻实施修订后的证券法有关工作的通知》(国办发〔2020〕5号)，其中明确规定分步实施股票公开发行注册制改革。“证监会要会同有关方面依据修订后的《证券法》和《关于在上海证券交易所设立科创板并试点注册制的实施意见》的规定，进一步完善科创板相关制度规则，提高注册审核透明度，优化工作程序。研究制定在深圳证券交易所创业板试点股票公开发行注册制的总体方案，并及时总结科创板、创业板注册制改革经验，积极创造条件，适时提出在证券交易所其他板块和国务院批准的其他全国性证券交易场所实行股票公开发行注册制的方案。相关方案经国务院批准后实施。在证券交易所有关板块和国务院批准的其他全国性证券交易场所的股票公开发行实行注册制前，继续实行核准制，适用本次证券法修订前股票发行核准制度的规定。”[①]

3. 2020年2月，上市公司再融资新规出台

在抗击新冠肺炎病毒疫情、宏观经济下行压力加大的背景下，2020年2月14日，证监会发布了《关于修改〈上市公司证券发行管理办法〉的决定》《关于修改〈创业板上市公司证券发行管理暂行办法〉的决定》《关于修改〈上市公司非公开发行股票实施细则〉的决定》(以下合称《再融资新规》)，自发布之日起施行。《再融资新规》降低了上市公司的再融资门槛，有利于进一步支持上市公司做优做强。

4. 2020年3月，新三板挂牌公司转板上市机制试点施行

2020年3月6日，证监会发布了《关于就〈中国证监会关于全国中小企业股份转让系统挂牌公司转板上市的指导意见〉公开征求意见的通知》(以下简称《征求意见稿》)。建立转板上市机制有助于丰富挂牌公司上市路径，打通中小微企业成长壮大的上升通道，加强多层次资本市场的有机联系，增强金融服务实体经济能力。

根据《征求意见稿》，试点期间，符合条件的新三板挂牌公司可以申请转板至科

① 参见《国务院办公厅关于贯彻实施修订后的证券法有关工作的通知》(国办发〔2020〕5号)第二部分“稳步推进证券公开发行注册制”之“(一)分步实施股票公开发行注册制改革”。

创板或创业板。[①]

（1）转板上市条件

a.申请转板上市的企业应当为新三板精选层挂牌公司，且在精选层连续挂牌一年以上。b.挂牌公司转板上市的，应当符合转入板块的上市条件。转板上市条件应当与首次公开发行并上市的条件保持基本一致，交易所可根据监管需要提出差异化要求。[②]

（2）审核机构

转板上市属于股票交易场所的变更，不涉及股票公开发行，依法无需经中国证监会核准或注册，由上交所、深交所依据上市规则进行审核并作出决定。[③]

（3）转板上市程序

a.企业履行内部决策程序后提出转板上市申请。b.交易所审核并作出是否同意上市的决定。c.企业在新三板终止挂牌并在上交所或深交所上市交易。[④]

上市公司是国企混改过程中的重要投资对象。与普通的民营企业相比，上市公司的业务发展、股权结构、内部治理等各方面都更具成熟性和规范性，同时，上市公司的信息更加公开、透明，也更有利于投资者对其进行监督。国企在混改过程中投资上市公司，不但有利于上市公司获得未来发展的资金支持，还有利于实现国有资本与民营资本的合作，进一步推进混改进程。实践中已经涌现出一批国企在混改过程中投资上市公司的典型案例。

【案例】国资战略入股爱康科技（002610）

江苏爱康科技股份有限公司（以下简称爱康科技）于2011年8月15日登陆深圳证券交易所中小板。爱康科技主营业务为光伏太阳能配件的研发设计、生产与销售，

---

① 参见《关于就〈中国证监会关于全国中小企业股份转让系统挂牌公司转板上市的指导意见〉公开征求意见的通知》第二部分“主要制度安排”之“（一）转入板块范围”。

② 参见《关于就〈中国证监会关于全国中小企业股份转让系统挂牌公司转板上市的指导意见〉公开征求意见的通知》第二部分“主要制度安排”之“（二）转板上市条件”。

③ 参见《关于就〈中国证监会关于全国中小企业股份转让系统挂牌公司转板上市的指导意见〉公开征求意见的通知》第二部分“主要制度安排”之“（三）转板上市程序”。

④ 参见《关于就〈中国证监会关于全国中小企业股份转让系统挂牌公司转板上市的指导意见〉公开征求意见的通知》第二部分“主要制度安排”之“（三）转板上市程序”。

产品主要包括太阳能边框、EVA胶膜以及安装支架。公司主要客户包括夏普、三菱、REC、肖特等大型太阳能电池组件制造商。

2019年5月24日，爱康科技发布《关于经开区实业总公司战略入股的提示性公告》，江苏省张家港经济开发区实业总公司（以下简称经开区实业总公司）拟战略入股公司，以协议转让的形式受让爱康国际控股有限公司（以下简称爱康国际）持有的公司235920200股股份（占公司总股本的5.25%），成为公司第二大股东。

本次交易前，爱康国际与江苏爱康实业集团有限公司（以下简称爱康实业）、江阴爱康投资有限公司（以下简称爱康投资）及邹先生为公司控股股东，合计持有公司24.67%的股份，经开区实业总公司未持有公司股份。本次转让完成后，爱康国际不再持有公司股份，爱康实业、爱康投资及邹先生合计持有公司19.42%的股份，仍为公司控股股东及实际控制人，经开区实业总公司成为公司第二大股东。

经开区实业总公司100%股权由张家港经济技术开发区管理委员会持有。经开区实业总公司主营业务包括投资、管理、收益、土地开发建设，是张家港经济技术开发区重要的城市投资企业化运作平台。

国资战略入股前，股东邹先生的股权质押比例较高，本次引入国资一方面可以纾困民营企业，另一方面也是实现国有资本与民营经济的合作，有利于民营企业优化股东结构，也有利于双方实现优势互补、合作共赢。①

从上述典型案例中可以看出：A股市场是国企混改过程中对外投资的重要阵地。在A股市场上，活跃着许多致力于发展战略新兴产业、先进制造业等新经济领域的民营上市公司，这些民营上市公司具有良好的发展前景，都是未来的潜力股，在参与国企混改过程中能够释放更多的红利。与此同时，在A股市场上也存在一些亟待突破发展瓶颈、解决资金周转问题的民营上市公司，这些民营上市公司同样需要国企通过战略入股的形式来帮助其纾困解忧，促使其驶向经济发展的快车道。因此，国企与民营上市公司的结合，可以实现优势互补与合作共赢，使双方能够共同分享

① 证券时报网址 http://company.stcn.com/2019/0524/15134993，最后访问日期为2020年8月7日。

经济增长的红利。

二、投资上市公司法律要点分析

国企混改过程中投资上市公司一方面有利于国有资本与民营经济的合作、推进国企改革进程，另一方面有利于上市公司的股东结构优化，最终实现优势互补、合作共赢。但因上市公司股权结构复杂、盈利模式多样且受到证监会和交易所的同步监管，国企混改过程中投资上市公司应注意以下要点。

（一）参与上市公司非公开发行股票（定增）

1. 主板、中小板和创业板上市公司非公开发行股票

投资者参与上市公司定增的主要流程如下：

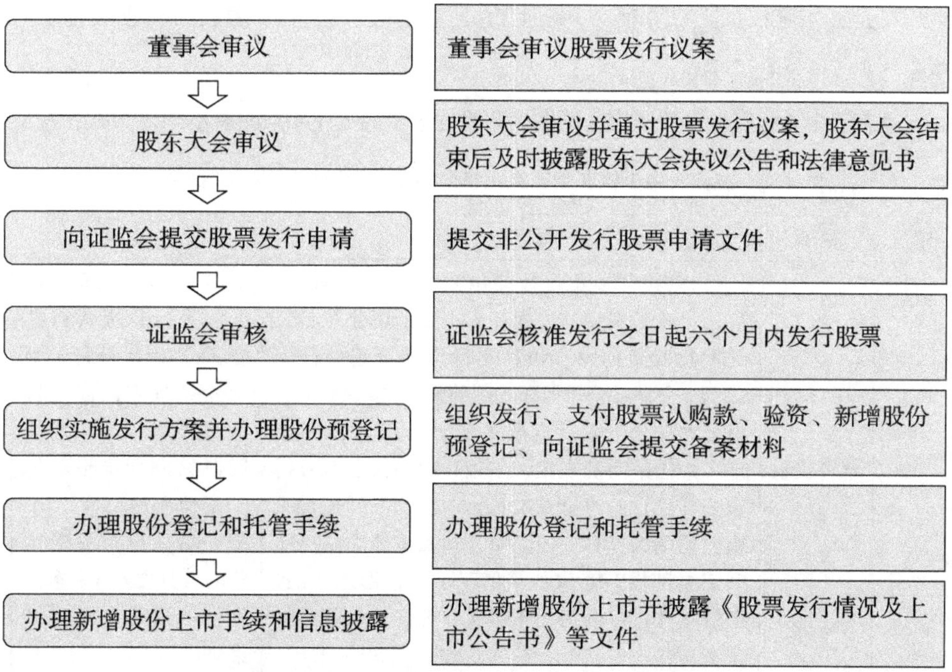

图 4-1　投资者参与上市公司定增的主要流程

上文提到，2020年2月14日，证监会发布了《再融资新规》。此次再融资制度部

分条款调整的内容主要包括：

一是精简发行条件，拓宽创业板再融资服务覆盖面。取消创业板公开发行证券最近一期末资产负债率高于45%的条件；取消创业板非公开发行股票连续2年盈利的条件；将创业板前次募集资金基本使用完毕，且使用进度和效果与披露情况基本一致，由发行条件调整为信息披露要求。

二是优化非公开制度安排，支持上市公司引入战略投资者。上市公司董事会决议提前确定全部发行对象且发行对象为战略投资者等的，定价基准日可以为关于本次非公开发行股票的董事会决议公告日、股东大会决议公告日或者发行期首日；调整非公开发行股票定价和锁定机制，将发行价格由不得低于定价基准日前20个交易日公司股票均价的9折改为8折；将锁定期由36个月和12个月分别缩短至18个月和6个月，且不适用减持规则的相关限制；将主板（中小板）、创业板非公开发行股票发行对象数量由分别不超过10名和5名，统一调整为不超过35名。

三是适当延长批文有效期，方便上市公司选择发行窗口。将再融资批文有效期从6个月延长至12个月。[①]

主板、中小板和创业板上市公司非公开发行股票的关注要点略有不同，详见下表。

表4-2 主板、中小板和创业板上市公司非公开发行股票的关注要点

序号	事项	主板、中小板	创业板
1	定价机制	《上市公司证券发行管理办法》（2020年修订）第三十八条规定，主板、中小板上市公司非公开发行股票的发行价格不低于定价基准日前二十个交易日公司股票均价的百分之八十。《上市公司非公开发行股票实施细则》（2020年修订）第七条明确规定，主板、中小板上市公司非公开发行的定价基准日为本次非公开发行股票发行期的首日。但上市公司董事会决议提前确定全部发行对象，且属于下列情形之一的，定价基准日可以为关于本次非公开发行股票的董事会	根据《创业板上市公司证券发行管理暂行办法》（2020年修订）第十六条规定，创业板上市公司非公开发行股票的发行价格不低于定价基准日前二十个交易日公司股票均价的百分之八十；本次发行的股份自发行结束之日起，

① 参见《证监会发布上市公司再融资制度部分条款调整涉及的相关规则》，载http://www.csrc.gov.cn/pub/newsite/zjhxwfb/xwdd/202002/t20200214_370777.html，最后访问日期为2020年2月14日。

续表

序号	事项	主板、中小板	创业板
1	定价机制	决议公告日、股东大会决议公告日或者发行期首日，认购的股份自发行结束之日起十八个月内不得转让：（一）上市公司的控股股东、实际控制人或其控制的关联人；（二）通过认购本次发行的股份取得上市公司实际控制权的投资者；（三）董事会拟引入的境内外战略投资者。	六个月内不得转让；控股股东、实际控制人及其控制的企业认购的股份，十八个月内不得转让。
2	单次发行规模	根据《发行监管问答——关于引导规范上市公司融资行为的监管要求》（中国证券监督管理委员会 2018 年 11 月 9 日）的规定，上市公司申请非公开发行股票的，拟发行的股份数量不得超过本次发行前总股本的 20%。	
3	发行频率	根据《发行监管问答——关于引导规范上市公司融资行为的监管要求》（中国证券监督管理委员会 2018 年 11 月 9 日）的规定，上市公司申请增发、配股、非公开发行股票的，本次发行董事会决议日距离前次募集资金到位日原则上不得少于 18 个月。前次募集资金基本使用完毕或募集资金投向未发生变更且按计划投入的，可不受上述限制，但相应间隔原则上不得少于 6 个月。前次募集资金包括首发、增发、配股、非公开发行股票。上市公司发行可转债、优先股和创业板小额快速融资，不适用前述规定。	
4	募集资金用途	根据《发行监管问答——关于引导规范上市公司融资行为的监管要求》（中国证券监督管理委员会 2018 年 11 月 9 日）的规定，上市公司申请再融资时，除金融类企业外，原则上最近一期末不得存在持有金额较大、期限较长的交易性金融资产和可供出售的金融资产、借予他人款项、委托理财等财务性投资的情形。	

2. 科创板上市公司非公开发行股票

2019年11月8日，证监会发布了《科创板上市公司证券发行注册管理办法（试行）（征求意见稿）》（以下简称《科创板管理办法》）。同日，上交所发布了《上海证券交易所科创板上市公司证券发行上市审核规则（征求意见稿）》和《上海证券交易所科创板上市公司证券发行承销实施细则（征求意见稿）》。为贯彻落实“提高科创板再融资便利性”的目标，前述规则主要内容包括：优化科创板上市公司非公开发行审核程序，大幅缩短审核期限，设置小额非公开发行简易审核程序，并构建与之相适应的再融资发行承销业务流程等。[①]

（1）定价机制

《科创板管理办法》第五十二条规定，科创板上市公司非公开发行股票的发行价格应当不低于定价基准日前二十个交易日公司股票均价的80%。

《科创板管理办法》第五十三条规定，非公开发行股票的定价基准日为发行期首日。上市公司应当以不低于发行底价的价格发行股票，发行对象认购的股票自发行结束之日起六个月内不得转让。上市公司董事会决议提前确定全部发行对象，且发行对象属于下列情形之一的，定价基准日可以为关于本次非公开发行股票的董事会决议公告日、股东大会决议公告日或者发行期首日，发行对象认购的股票自发行结束之日起十八个月内不得转让：（一）上市公司的控股股东、实际控制人或其控制的关联人；（二）通过认购本次发行的股票取得上市公司实际控制权的投资者；（三）董事会拟引入的境内外战略投资者。

（2）小额非公开发行

《科创板管理办法》第二十七条规定，交易所可以根据市场发展需要，制定上市公司最近十二个月内申请融资额不超过人民币三亿元且不超过最近一年末净资产20%的非公开发行股票的业务规则，并报中国证监会批准。

（3）审核注册流程

《科创板管理办法》第二十三条规定，交易所同意上市公司证券发行的，将审核意见、上市公司注册申请文件及相关审核资料报送中国证监会履行发行注册程序。

《科创板管理办法》第二十四条规定，交易所应当自受理注册申请文件之日起二个月内形成审核意见。

《科创板管理办法》第二十六条规定，中国证监会在十五个工作日内对上市公司的注册申请作出同意注册或者不予注册的决定。

（二）协议转让方式受让上市公司股权

投资者通过协议转让方式受让上市公司股权的主要流程如下：

---

① 参见《上海证券交易所就科创板上市公司再融资相关业务规则公开征求意见》，载 http://www.sse.com.cn/aboutus/mediacenter/hotandd/c/c_20191108_4944454.shtml，最后访问日期为 2019 年 11 月 8 日。

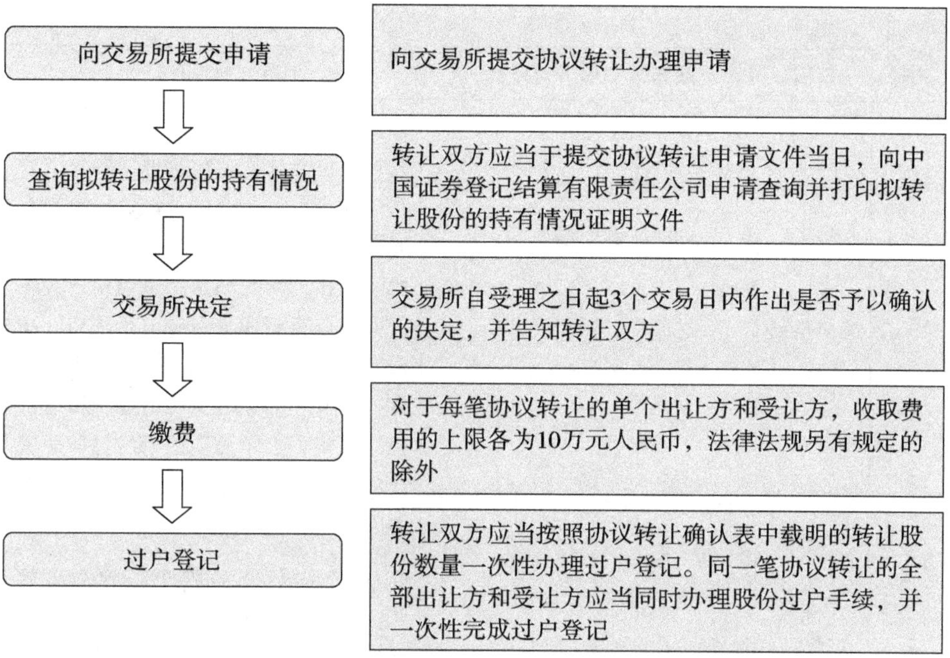

图 4-2　投资者通过协议转让方式受让上市公司股权的主要流程

根据《关于发布〈上海证券交易所上市公司股份协议转让业务办理指引〉的通知》（上证发〔2018〕6号）和《上市公司国有股权监督管理办法》（国资委、财政部、证监会令第36号）等相关规定，上市公司非国有股权和国有股权进行协议转让的要点如下：

表 4-3　上市公司非国有股权和国有股权进行协议转让的要点

序号	事项	上市公司非国有股权	上市公司国有股权
1	定价机制	根据《关于发布〈上海证券交易所上市公司股份协议转让业务办理指引〉的通知》第六条第（五）项规定，股份转让价格不低于转让协议签署日（当日为非交易日的顺延至次一交易日）公司股份大宗交易价格范围的下限，法律、行政法规、部门规章、规范性文件、本所业务规则另有规定的除外。	《上市公司国有股权监督管理办法》第三十二条规定，国有股东非公开协议转让上市公司股份的价格不得低于下列两者之中的较高者：（一）提示性公告日前 30 个交易日的每日加权平均价格的算术平均值；（二）最近一个会计年度上市公司经审计的每股净资产值。 同时，第三十三条规定，国有股东非公开协议转让上市公司股份存在下列特殊情形的，可按以下原则确定股份转让价格：（一）国有股东为实施资源整

续表

序号	事项	上市公司非国有股权	上市公司国有股权
1	定价机制	—	合或重组上市公司，并在其所持上市公司股份转让完成后全部回购上市公司主业资产的，股份转让价格由国有股东根据中介机构出具的该上市公司股票价格的合理估值结果确定；（二）为实施国有资源整合或资产重组，在国有股东之间转让且上市公司中的国有权益并不因此减少的，股份转让价格应当根据上市公司股票的每股净资产值、净资产收益率、合理的市盈率等因素合理确定。
2	转让规模限制	根据《关于发布〈上海证券交易所上市公司股份协议转让业务办理指引〉的通知》第六条第（四）项规定，单个受让方的受让比例不低于公司股份总数的5%，转让双方存在实际控制关系、均受同一控制人所控制及法律、行政法规、部门规章、规范性文件、本所业务规则另有规定的除外。	《上市公司国有股权监督管理办法》第十二条规定，国有股东通过证券交易系统转让上市公司股份，按照国家出资企业内部决策程序决定，有以下情形之一的，应报国有资产监督管理机构审核批准： （一）国有控股股东转让上市公司股份可能导致持股比例低于合理持股比例的； （二）总股本不超过10亿股的上市公司，国有控股股东拟于一个会计年度内累计净转让（累计转让股份扣除累计增持股份后的余额，下同）达到总股本5%及以上的；总股本超过10亿股的上市公司，国有控股股东拟于一个会计年度内累计净转让数量达到5000万股及以上的； （三）国有参股股东拟于一个会计年度内累计净转让达到上市公司总股本5%及以上的。

续表

序号	事项	上市公司非国有股权	上市公司国有股权
3	禁止情形	根据《关于发布〈上海证券交易所上市公司股份协议转让业务办理指引〉的通知》第七条的规定，存在以下情形之一的，本所不予受理协议转让申请： （一）不符合本指引第六条规定的要求； （二）拟转让股份已经被质押且质权人未书面同意转让； （三）拟转让股份存在尚未了结的诉讼、仲裁、其它争议或者被司法冻结等权利受限情形； （四）拟转让股份存在中国证监会《上市公司股东、董监高减持股份的若干规定》或《减持细则》规定的不得减持的情形； （五）本次转让可能导致规避股份限售相关规定； （六）违反转让双方或者任何一方作出的承诺； （七）协议签署日与提交申请日间隔超过6个月且无正当理由； （八）本次转让可能构成短线交易或者存在其他违反法律、行政法规、部门规章、规范性文件或本所业务规则的情形； （九）本所认定的其他情形。	—

三、投资上市公司的审批流程

国企主体投资上市公司，除了交易双方应分别履行内部决策程序［董事会或股东（大）会决议］外，还会涉及国资的审批流程。其中，央企作为特殊的国企，国有资产监督管理机构对于该类主体的投资事项设有特殊的规定。

《中央企业投资监督管理办法》（国有资产监督管理委员会令第34号）对于央企投资的审批事项作出了详细规定，具体如下：

表 4–4 《中央企业投资监督管理办法》条文规定

序号	事项	《中央企业投资监督管理办法》（国有资产监督管理委员会令第 34 号）条文规定
1	适用范围	第二条：本办法所称中央企业是指国务院国有资产监督管理委员会（以下简称国资委）代表国务院履行出资人职责的国家出资企业。本办法所称投资是指中央企业在境内从事的固定资产投资与股权投资。本办法所称重大投资项目是指中央企业按照本企业章程及投资管理制度规定，由董事会研究决定的投资项目。本办法所称主业是指由中央企业发展战略和规划确定并经国资委确认公布的企业主要经营业务；非主业是指主业以外的其他经营业务。
2	投资事前管理—年度投资计划	第十一条：中央企业应当按照企业发展战略和规划编制年度投资计划，并与企业年度财务预算相衔接，年度投资规模应与合理的资产负债水平相适应。企业的投资活动应当纳入年度投资计划，未纳入年度投资计划的投资项目原则上不得投资，确需追加投资项目的应调整年度投资计划。 第十二条：中央企业应当于每年 3 月 10 日前将经董事会审议通过的年度投资计划报送国资委。……
3	投资事前管理—负面清单	第十三条：国资委依据中央企业投资项目负面清单、企业发展战略和规划，从中央企业投资方向、投资规模、投资结构和投资能力等方面，对中央企业年度投资计划进行备案管理。对存在问题的企业年度投资计划，国资委在收到年度投资计划报告（含调整计划）后的 20 个工作日内，向有关企业反馈书面意见。企业应根据国资委意见对年度投资计划作出修改。进入国资委债务风险管控“特别监管企业”名单的中央企业，其年度投资计划需经国资委审批后方可实施。 第十四条：列入中央企业投资项目负面清单特别监管类的投资项目，中央企业应在履行完企业内部决策程序后、实施前向国资委报送以下材料： （一）开展项目投资的报告； （二）企业有关决策文件； （三）投资项目可研报告（尽职调查）等相关文件； （四）投资项目风险防控报告； （五）其他必要的材料。

续表

序号	事项	《中央企业投资监督管理办法》 （国有资产监督管理委员会令第 34 号）条文规定
3	投资事前管理—负面清单	国资委依据相关法律、法规和国有资产监管规定，从投资项目实施的必要性、对企业经营发展的影响程度、企业投资风险承受能力等方面履行出资人审核把关程序，并对有异议的项目在收到相关材料后 20 个工作日内向企业反馈书面意见。国资委认为有必要时，可委托第三方咨询机构对投资项目进行论证。
4	投资事中管理	第十八条：中央企业应当定期对实施、运营中的投资项目进行跟踪分析，针对外部环境和项目本身情况变化，及时进行再决策。如出现影响投资目的的实现的重大不利变化时，应当研究启动中止、终止或退出机制。中央企业因重大投资项目再决策涉及年度投资计划调整的，应当将调整后的年度投资计划报送国资委。 第十九条：中央企业应当按照国资委要求，分别于每年一、二、三季度终了次月 10 日前将季度投资完成情况通过中央企业投资管理信息系统报送国资委。季度投资完成情况主要包括固定资产投资、股权投资、重大投资项目完成情况，以及需要报告的其他事项等内容。部分重点行业的中央企业应按要求报送季度投资分析情况。
5	投资事后管理	第二十条：中央企业在年度投资完成后，应当编制年度投资完成情况报告，并于下一年 1 月 31 日前报送国资委。年度投资完成情况报告包括但不限于以下内容： （一）年度投资完成总体情况； （二）年度投资效果分析； （三）重大投资项目进展情况； （四）年度投资后评价工作开展情况； （五）年度投资存在的主要问题及建议。
6	责任追究	第二十六条：中央企业违反本办法规定，未履行或未正确履行投资管理职责造成国有资产损失以及其他严重不良后果的，依照《中华人民共和国企业国有资产法》《国务院办公厅关于建立国有企业违规经营投资责任追究制度的意见》（国办发〔2016〕63 号）等有关规定，由有关部门追究中央企业经营管理人员的责任。对瞒报、谎报、不及时报送投资信息的中央企业，国资委予以通报批评。 第二十七条：国资委相关工作人员违反本办法规定造成不良影响的，由国资委责令其改正；造成国有资产损失的，由有关部门按照干部管理权限给予处分；涉嫌犯罪的，依法移送司法机关处理。

5

CHAPTER

第五章

国企混改中的融资法律实务

MIXED-OWNERSHIP REFORM

本章导读

由于国有企业在我国国民经济中所占的核心及重要地位，国有资本的收益和回报率的提高、国有企业的活力与效率增长，直接影响国民经济健康、持续发展。所以本轮国企混改与以往国企改革不同之处在于强调通过国有资本布局的优化，通过国企混改，实现国有资本的收益性、流动性与公平竞争的市场化原则，进而实现“增强我国经济的质量优势”。

2015年9月，国务院发布《关于国有企业发展混合所有制经济的意见》（国发〔2015〕54号，以下简称54号文），作为国企改革顶层设计的配套文件，54号文明确提出鼓励非公有资本、支持集体资本，有序吸收外资参与混合所有制改革；非公有资本投资主体可通过出资入股、收购股权、认购可转债、股权置换等多种方式，参与国有企业改制重组或国有控股上市公司增资扩股以及企业经营管理；支持集体资本参与国有企业混合所有制改革，有序吸收外资参与国有企业混合所有制改革。

所以，国有企业混改中的融资，不但解决了国有企业发展的资金问题，改善国有企业负债状况，还能通过引入非公有资本，实现国有企业股权多元化与公司治理规范化，解决国有企业治理与经营效力问题，即通过融资来达到“混”与“改”的目的。

第一节 ┃ 国企混改融资的主要形式及法律问题

目前，国企混改仍然是国企改革的重点突破领域，政府着力推进国企国资改革，鼓励中央和地方国有企业整合重组。例如，中国联通成功引入腾讯、百度、京东等战略投资者，这类典型混改案例说明国企与其选定的战略投资者达到了优势互补、创新合作、优化经营机制等目的。在混改中，国企一般可以通过增资、股权转让、债转股等方式实现融资目的。本章节主要通过案例与法律规定相结合的方式来解读国企混改融资的主要形式及其涉及的法律问题。

一、增资方式引入投资者的法律要点问题

（一）增资方式引入投资者概述

增资是指通过增加公司注册资本、引入新的股东的方式来实现公司融资。增资的方式属于股权融资，与债权融资相比，融得资金属于企业资产而非负债，不需要还本付息。在国有企业混改中，通过增资引入新的投资者及资金，是混改的常见形式。不过，企业增资会改变股权比例，导致国有股东股权稀释等变化。增资根据出资形式可以分为实物、无形资产、现金增资等。根据增资认购的价格分为溢价增资和平价增资。

【案例】哈药集团增资混改项目（触发子公司要约收购）

哈药集团有限公司（以下简称哈药集团）原系哈尔滨市国资委控股的国有企业。近年来，哈药集团因存在自身产品结构老化等问题，在医保控费力度持续加大、辅助用药限制使用等政策冲击下，市场规模和效益不断下滑，发展形势异常严峻。为此，哈药集团急需通过融资引入资金，丰富产品线，优化自身产品结构，不断提升市场竞争力以走出困境。为解决上述问题，自2017年起，哈药集团便开启了混改之路，决定以增资扩股的方式引入外来投资者，促进哈药集团产业升级。在此期间，

哈药集团因国家监管政策变更经历了两次混改方案调整。

（一）哈药集团的第一次混改尝试

2017年9月，哈药集团及其控股的上市公司哈药集团股份有限公司（以下简称哈药股份）、哈尔滨工投集团及其旗下的上市公司（以下简称哈工投）成为哈尔滨市国资委出资企业首批（60户）混改试点企业。同年，9月27日，哈药股份公告称，将在控股股东哈药集团层面进行股权变更，以推进哈药集团继续开展混合所有制改革，自此宣告了哈药集团的第一次混改项目开始。

2017年12月，哈药集团与哈尔滨市国资委、中信资本冰岛投资有限公司（以下简称中信冰岛）、华平冰岛投资有限公司（以下简称华平冰岛）、哈尔滨国企重组管理顾问有限公司及黑龙江中信资本医药产业股权投资合伙企业（以下简称中信资本医药）共同签署《关于哈药集团有限公司之增资协议》。根据上述协议约定，中信资本医药对哈药集团实施增资并认购哈药集团新增注册资本15亿元。

本次增资完成后，中信资本控股有限公司（以下简称中信资本控股）旗下三家企业（中信冰岛、华平冰岛、中信资本医药）将合计持有哈药集团60.86%的股权，哈尔滨市国资委持有哈药集团的股权下降为32.02%，中信资本控股将成为哈药集团的间接控股股东。哈药集团的实际控制人将由哈尔滨市国资委变更为中信资本控股。

哈药集团以上增资方案涉及上市公司实际控制人的变化，既要遵守上市公司并购重组的监管规则，又要遵循上市公司国有股权变动的相关规定。在哈药集团第一次改制过程中，2018年5月16日，《上市公司国有股权监督管理办法》（国务院国有资产监督管理委员会、中华人民共和国财政部、中国证券监督管理委员会令第36号，以下简称36号令）发布，并于同年7月1日起正式实施，同时该文件废止了《国有股东转让所持上市公司股份管理暂行办法》（国资委证监会令第19号，以下简称19号令）。

上市公司国有股权变动行为指上市公司国有股权持股主体、数量或比例等发生变化，36号令将其分为四种情况：国有股东所持上市公司股份通过证券交易系统转让、公开征集转让、非公开协议转让、无偿划转、间接转让、国有股东发行可交换公司债券；国有股东通过证券交易系统增持、协议受让、间接受让、要约收购上市公司股份和认购上市公司发行股票；国有股东所控股上市公司吸收合并、发行证券；国有股东与上市公司进行资产重组等行为。

36号令与19号令的更迭，直接影响了哈药集团混改项目的本次进程。哈药股份（600664）2018年6月23日公告："36号令将自2018年7月1日起施行，19号令同时废止。截至目前，经与黑龙江省国资委和国务院国资委沟通，本次哈药集团增资扩股方案按照19号令要求在2018年7月1日前将无法获得批准。鉴于上述情况，考虑到国有股东间接转让上市公司股权事项相关政策规定出现重大变化，经认真研究，终止本次哈药集团有限公司增资扩股事项。下一步，我委将根据哈尔滨市人民政府对我市国有企业混合所有制改革工作部署，按照36号令有关规定和证监会有关法律法规，在2018年7月1日36号令生效后及时启动哈药集团混合所有制改革工作。"

就此，哈药集团第一次混改因政策变化原因搁浅[①]。

（二）哈药集团第二次混改完成

2018年11月，在哈尔滨市国资委的促动下，哈药集团重启混改项目。2019年4月，哈药集团调整了第一次混改方案，决定拟通过增资扩股形式引入不超过三家投资者以现金方式对集团进行增资，新增注册资本占增资后注册资本的比例总计为20%。之后，报哈尔滨市人民政府批准后开始实施。

2019年5月，哈药集团在哈尔滨市产权交易中心公开征集投资者，对哈药集团进行增资扩股，增资金额及增资比例将在哈药集团审计、评估的基础上进行确定。经过公开征集，虽较计划略有缩水，但最终成功引入2家战略投资者，分别是重庆哈珀股权投资基金合伙企业（以下简称重庆哈珀）、天津黑马祺航投资管理有限公司（以下简称黑马祺航）。8月9日，重庆哈珀、黑马祺航与哈药集团原股东签署《增资协议》，分别以现金人民币805294116.45元、402647059.15元对哈药集团进行增资，共募集资金12亿元[②]。

根据国家企业信用信息公示系统显示，重庆哈珀于2019年7月成立，合伙人为哈珀投资咨询（珠海）有限责任公司，以及一家名称包含"Harbour"的港资企业，

① 资料来源：巨潮资讯网《关于中信资本股权投资（天津）股份有限公司要约收购事宜进展情况的公告》，载 http://www.cninfo.com.cn/new/disclosure/detail?orgId=gssh0600664&announcementId=1204520668&announcementTime=2018-03-27，最后访问日期为2020年8月10日。

② 资料来源：巨潮资讯网《关于控股股东哈药集团增资扩股事宜的进展公告》，载 http://www.cninfo.com.cn/new/disclosure/detail?orgId=gssh0600664&announcementId=1207149636&announcementTime=2019-12-10，最后访问日期为2020年8月10日。

认缴出资额为15亿元，实际控制人为陈女士[①]。据天眼查显示，陈女士目前担任厚朴云科技（珠海）有限责任公司、哈珀投资咨询（珠海）有限责任公司、厚朴（北京）资本管理有限公司、厚朴（北京）投资咨询有限公司等13家企业的法定代表人[②]。那这么看来，重庆哈珀背后的投资人正是因参与竞购格力集团转让的格力电器股份而一时声名大噪的神秘资本厚朴投资。虽然，目前重庆哈珀尚未有正式对外投资项目，但是，其背后的厚朴投资曾投资了国内知名创新药企天境生物，具有丰富的投资经验。而另外一个投资人，黑马祺航成立于2018年4月8日，经营范围为投资管理和投资咨询，其关键人员与中信资本有着较深的渊源。可见，上述两个财务投资人均具有良好的资本运作能力，其加入将有利于哈药集团拓宽融资渠道、优化公司资本结构，进一步提高公司盈利能力，进而间接促进哈药股份的资本运作及生产能力。

本次增资完成后，哈药集团股权结构为，哈尔滨市国资委持股38.25%，中信冰岛持股19.125%、华平冰岛持股18.7%、中信资本医药持股0.425%、哈尔滨国企重组管理顾问有限公司持股8.5%、重庆哈珀持股10%、黑马祺航持股5%。比较两次改制，投资人由原股东之一变为二家新的外部投资人；第一轮认购增资为15亿元，第二轮认购增资为12亿元；第二次改制中，哈尔滨市国资委股权减持到38.25%，改制后的股权更加多元化，因此对于公司治理市场化与规范化要求更高。

根据《证券法》第六十五条规定，通过证券交易所的证券交易，投资者持有或者通过协议、其他安排与他人共同持有一个上市公司已发行的有表决权股份达到30%时，继续进行收购的，应当依法向该上市公司所有股东发出收购上市公司全部或者部分股份的要约。本次增资项目中，因重庆哈珀和黑马祺航通过增资方式分别取得哈药集团10%和5%的股权导致哈药集团股东层面结构发生重大变化。根据《证券法》《上市公司收购管理办法》的相关规定，哈药集团触发要约收购义务，需要对哈药股份进行要约收购。而此次要约收购的主要目的系赋予投资者充分选择权，并不以终止哈药股份上市地位为目的。

① 资料来源：国家企业信用信息公示系统中重庆哈珀股权投资基金合伙企业查询，载http://www.gsxt.gov.cn/corp-query-search-1.html，最后访问日期为2019年12月10日。

② 资料来源：天眼查，载https://www.tianyancha.com/human/2258174199-c3296126398，最后访问日期为2020年8月10日。

2019年8月23日，哈药股份公告了《哈药集团股份有限公司要约收购报告书》，哈药集团向哈药股份其他所有股东发出收购所持有的全部上市流通普通股（A股）的全面要约。在2019年8月27日至9月25日要约收购期限内，预受要约户数28个，共计63138股股份接受哈药集团发出的要约。最终，截至2019年9月30日，本次要约收购的清算过户手续已经办理完毕。哈药集团持有上市公司股份1173237023股，占上市公司总股本的46.49%[①]。

哈药集团增资扩股及要约收购后，集团与上市公司股权结构图如下：

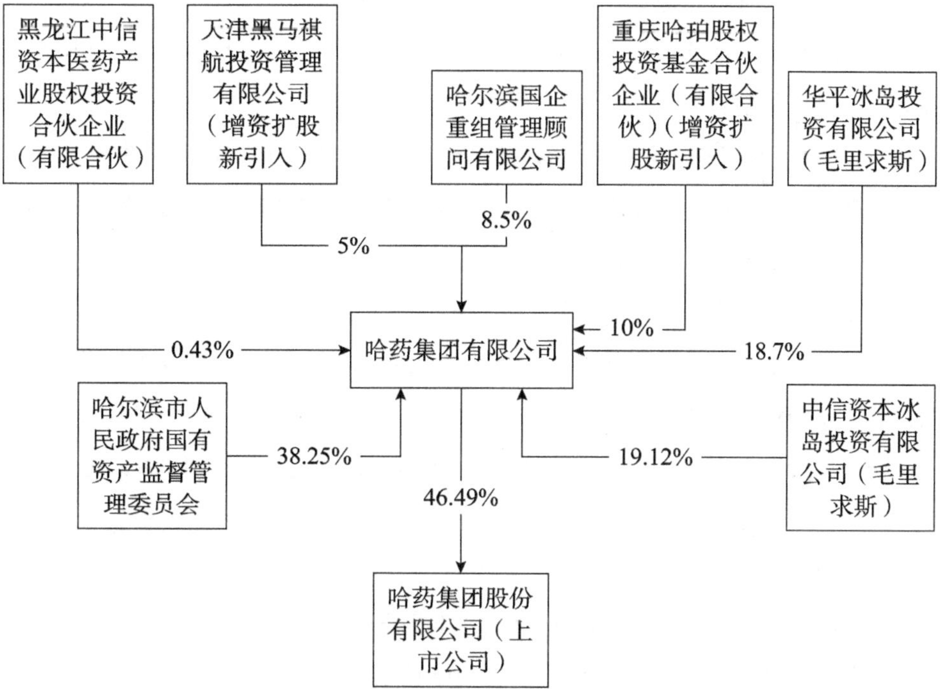

图5-1　股权结构图

哈药集团混改项目虽然经历了第一次的曲折，但最终通过增资引入外部投资者

① 资料来源：巨潮资讯网《要约收购报告书》，载 http://www.cninfo.com.cn/new/disclosure/detail?orgId=gssh0600664&announcementId=1206556557&announcementTime=2019-08-23，最后访问日期为2020年8月10日。

的方式完成改制，该项目有如下特点：

1.母公司实现股权多元化，有利于激发母公司及上市公司发展活力

增资扩股后，哈尔滨市国资委的持股比例将由45%下降至38.25%，哈药集团股东变为七家。根据2019年5月30日哈药股份《关于控股股东哈药集团增资扩股事宜的进展公告》，增资之后哈药集团将由国有控股企业变为国有参股企业，哈药集团的控制权将发生变更，公司实际控制人将由哈尔滨市国资委变更为无实际控制人。哈药集团从国资控股变为国资参股企业，真正实现了混改中股权多元化的内在要求，通过引入外部投资人，实现了上市公司母公司的融资与公司股权混合所有制改革。新的股东无论在资金投入还是制药领域的经验，都有助于哈药集团及子公司哈药股份更好地面对市场竞争，激发企业发展活力。

2.股权多元化带来公司治理机制的提升，有助于实现公司市场化管理

根据公开信息，增资项目完成后，哈药集团董事会将由现有的5名董事增加至6名董事，其中哈尔滨市国资委委派两名，中信冰岛、华平冰岛、国企重组公司、重庆哈珀分别有权委派一名董事。混改后，不存在可控制半数以上股权或半数以上董事会席位的股东，哈药集团的控制权将发生变更。也正是因为公司控制权的变更，使得各股东均对公司拥有一定话语权，有利于保护小股东利益，还利于哈药集团建立、健全以市场化为核心的公司治理体系，实现公司的现代化管理目标。母公司治理机制的改善，必定带动母公司对于哈药股份的管理水平，将会间接促进上市公司的市场竞争力。

3.引入投资者，解决企业发展资金需求，有助于母公司与上市公司提高市场竞争力

哈药集团通过引入财务投资者，可实现部分领域内国有股权的退出，间接盘活国有经营性资产。同时，哈药集团可以借助财务投资者的资金支持以及其专业的融资能力，来盘活企业资金、降低负债率、拓宽融资渠道，从而促进哈药集团产业升级。通过融资，不仅可以使集团公司获得充足的资本，更会使这部分资本间接流入上市公司，保证其拥有充足的资本来进行技术创新、开拓市场，实现了上市公司与母公司的联动共赢。哈药集团改制项目看似国有股权比例被稀释，但是随着母公司与上市公司经营业绩的改善，股权的价值亦会随之提升，国有资产的保值增值未必通过控股才能完成。

本次混改的特点在于通过上市公司母公司改制，实现母公司层面在股权比例、企业融资、公司治理机制等各方面全面提升，实现了复合目标，改变了哈药股份大股东的面貌，哈药集团进入了多元股权与规范治理的发展阶段；同时，也会促进上市公司的良性发展。

综合本案例和其他增资混改案例来看，通过增资方式引入投资者，有利于在国有企业与投资者之间实现资源整合，促进国有企业产业升级、优化股权结构、促进企业经营机制转变，增强企业市场运作及拓展能力，提升企业竞争力等。同时，因增资是国企混改的主要方式之一，增资又涉及各方利益，所涉程序较为复杂，故我国现行法律法规对增资的程序进行了严格的规定，下面笔者将从实操角度为读者介绍增资的一般程序。

（二）增资方式引入投资者的一般程序

增资涉及国有股权的变动、股权的评估与定价、征集及遴选投资者、信息披露、交易文件签署及交割等程序。混改中增资的基本程序如下：

1.增资的决策与批准

根据《企业国有资产交易监督管理办法》（国资委、财政部令第32号，以下简称32号令），国有企业增资的决策与批准程序如下：

（1）国资监管机构负责审核国家出资企业的增资行为。其中，因增资致使国家不再拥有所出资企业控股权的，须由国资监管机构报本级人民政府批准。

（2）国家出资企业决定其子企业的增资行为。其中，对主业处于关系国家安全、国民经济命脉的重要行业和关键领域，主要承担重大专项任务的子企业的增资行为，须由国家出资企业报同级国资监管机构批准。

（3）增资企业为多家国有股东共同持股的企业，由其中持股比例最大的国有股东负责履行相关批准程序；各国有股东持股比例相同的，由相关股东协商后确定其中一家股东负责履行相关批准程序。

（4）企业增资涉及上市公司实际控制人发生变更的，应当同时遵守上市公司国有股权管理以及证券监管相关规定。

（5）增资企业还应按照《公司法》及企业章程和内部管理制度进行决策，形成书面决议。

企业增资应当符合国家出资企业的发展战略，做好可行性研究，制定增资方案，明确募集资金金额、用途、投资方应具备的条件、选择标准和遴选方式等。

2.审计评估

根据32号令规定，企业增资在完成决策批准程序后，应当由增资企业委托具有相应资质的中介机构开展审计和资产评估。

就资产评估方法而言，目前财政部要求重置成本法和收益现值法两种方法同时进行。资产评估是交易价格的基础，交易价格一般不能低于评估值。所以，评估过高交易难以进行，评估过低会造成国有资产损失风险，科学合理的评估非常重要。

3.公开征集投资方

在审计评估的基础上，企业通过产权交易机构网站对外披露信息，公开征集投资方。企业增资通过产权交易机构网站对外披露信息公开征集投资方，时间不得少于40个工作日。

以下情况可以依据评估报告或最近一期审计报告确定企业资本及股权比例，不须公开征集增资的投资方：

（1）增资企业原股东同比例增资的；

（2）履行出资人职责的机构对国家出资企业增资的；

（3）国有控股或国有实际控制企业对其独资子企业增资的；

（4）增资企业和投资方均为国有独资或国有全资企业的。

信息披露内容包括但不限于：（1）企业的基本情况；（2）企业目前的股权结构；（3）企业增资行为的决策及批准情况；（4）近三年企业审计报告中的主要财务指标；（5）企业拟募集资金金额和增资后的企业股权结构；（6）募集资金用途；（7）投资方的资格条件，以及投资金额和持股比例要求等；（8）投资方的遴选方式；（9）增资终止的条件；（10）其他需要披露的事项。

4.投资方资格审查与选定

产权交易机构接受增资企业的委托提供项目推介服务，负责意向投资方的登记工作，协助企业开展投资方资格审查。产权交易机构负责统一接收意向投资方的投标和报价文件，协助企业开展投资方遴选有关工作。根据《关于印发〈中央企业混合所有制改革操作指引〉的通知》（国资产权〔2019〕653号）规定，从事中央企业增资扩股业务的机构有北京产权交易所和上海联合产权交易所。

通过资格审查的意向投资方数量较多时，可以采用竞价、竞争性谈判、综合评议等方式进行多轮次遴选。采用竞争性谈判或综合评议方式择优的，需要分别成立谈判小组和评议小组。谈判小组及评议小组的成员可由混改企业相关人员及中介机构人员组成，但须与合格意向投资方不存在关联关系或利益关系，并须向混改企业出具相关承诺函。企业董事会或股东会以资产评估结果为基础，结合意向投资方的条件和报价等因素审议选定投资方。

例如，2014年中国石化油品销售业务混改增资项目，在最后的引资对象选择以及确认股权转让定价过程中，中石化没有选择挂牌交易而是做了竞价谈判。由潜在投资者对中石化销售公司价值进行独立判断，并提交非约束性报价及约束性报价，并由中石化和中石化销售公司共同成立由独立董事、外部监事和内外部专家组成的独立评价委员会根据报价、投资规模等因素进行评议。最终，25家境内外投资者以1070.94亿元（含等值美元）认购中石化销售公司29.99%的股权[①]。

5.协议签署与交割阶段

（1）签署增资协议

在收到《增资结果通知书》后，混改企业和最终投资者在各自履行完毕内部决策程序后，便可签署《增资协议》。

（2）产权变更登记/工商变更登记

在最终投资方与增资企业等相关方签订《增资协议》并支付增资款后，需由增资企业相应修改公司章程，并完成注册资本及股东情况的产权变更登记及工商变更登记。

（三）非公开协议增资方式引入投资者

根据《企业国有资产交易监督管理办法》规定，以下情形可以采取非公开协议

① 资料来源：《中国证券网》2015年3月6日报道《中石化销售公司混改交割完成千亿资金到账》，载 http://finance.sina.com.cn/stock/s/20150306/201021664684.shtml，最后访问日期为2020年8月10日。

方式进行增资：

1. 以下情形经同级国资监管机构批准，可以采取非公开协议方式进行增资

（1）因国有资本布局结构调整需要，由特定的国有及国有控股企业或国有实际控制企业参与增资；

（2）因国家出资企业与特定投资方建立战略合作伙伴或利益共同体需要，由该投资方参与国家出资企业或其子企业增资。

2. 以下情形经国家出资企业审议决策，可以采取非公开协议方式进行增资

（1）国家出资企业直接或指定其控股、实际控制的其他子企业参与增资；

（2）企业债权转为股权；

（3）企业原股东增资。

国家出资企业，是指国家出资的国有独资企业、国有独资公司，以及国有资本控股公司、国有资本参股公司。

国资监管机构批准、国家出资企业审议决策采取非公开协议方式的企业增资行为时，应当审核下列文件：

- 增资的有关决议文件；
- 增资方案；
- 采取非公开协议方式增资的必要性以及投资方情况；
- 增资企业审计报告、资产评估报告及其核准或备案文件；
- 增资协议；
- 增资企业的国家出资企业产权登记表（证）；
- 增资行为的法律意见书；
- 其他必要的文件。

二、股权转让方式引入投资者法律要点问题

（一）股权转让方式引入投资者概述

与增资不同，股权转让是指国有股东转让部分或全部存量股权，非公有投资人

是以受让股权方式参与混改，支付的股权对价并不成为标的企业的资产，而是归属于国有股东。但是，国企混改的主要目标不在于收回投资，而是引入不同所有制的股东并提高国有企业治理水平与经营效益，所以产权转让方式一般和增资扩股，甚至职工持股、管理层持股等混改方式综合使用。

与非国有企业转让股权不同，国企混改转让股权必须适用国企改制关于产权转让的相关规定，包括《企业国有资产交易监督管理办法》（国资委、财政部令第32号）、《国务院国有资产监督管理委员会关于印发〈企业国有产权交易操作规则〉的通知》（国资发产权〔2009〕120号）等，履行基本程序。

【案例】天津一商混改项目

天津一商集团有限公司（以下简称一商集团）自2018年启动混改，其间两次公开挂牌未果。2018年4月，一商集团在天津产权交易中心挂牌，拟以股权转让的方式引入两个战略投资者，分别持有55%和10%股权，天津国资保留35%股权，转让底价共计26.92亿元。9月20日，一商集团在天津产权交易中心第二次进行挂牌，分别挂牌55%和10%股权的转让信息，转让底价共计28.66亿元。这两次挂牌均以失败告终。11月，天津津诚国有资本投资运营有限公司与辽宁方大集团实业有限公司（以下简称方大集团）共同签署产权交易合同，方大集团以22.69亿元受让一商集团全部股权，包括友谊新天地广场在内的参与混改的一商集团旗下51家企业，成为大型民营企业集团的新成员。原国有股东通过转让全部股权变现方式，彻底退出①。

《中共中央国务院关于深化国有企业改革的指导意见》（中发〔2015〕22号）明确提出：主业处于充分竞争行业和领域的商业类国有企业，国有资本可以绝对控股、相对控股，也可以参股，并着力推进整体上市。54号文明确提出，稳妥推进主业处于充分竞争行业和领域的商业类国有企业混合所有制改革，积极引入其他国有资本或各类非国有资本实现股权多元化。一商集团国有资本退出传统零售行业，也是混

① 资料来源：《新浪财经》2019年9月20日报道《天津混改新突破，100%国有股权转让如何落地？—天津一商集团》，载 https://baijiahao.baidu.com/s?id=1645207820839263550&wfr=spider&for=pc，最后访问日期为2020年8月10日。

改大背景下鼓励的大方向选择。事实上，一商集团通过转让100%股权的方式退出市场的决定不是一蹴而就的，而是根据其近一年的混改经验而敲定的。一商集团国有资本退出后，可以把该部分国有资本向关系国家安全、国计民生的新兴产业集中，促进国民经济持续稳定发展。因此，此次改革不仅是一次大胆的尝试，更是一个成功且具有创新性的范例。

（二）股权转让方式引入投资者的一般程序

如果采用股权转让的方式进行国企混改，根据32号令的规定，国有企业的股权转让一般应当通过产权交易中心进行，其一般程序如下。

1.转让方做好可行性研究和方案论证

根据32号令规定，转让方应按照企业发展战略做好产权转让的可行性研究和方案论证。

2.股权转让决策与审批

（1）国资监管机构负责审核国家出资企业的产权转让事项。其中，因产权转让致使国家不再拥有所出资企业控股权的，须由国资监管机构报本级人民政府批准。

（2）国家出资企业应当制定其子企业产权转让管理制度，确定审批管理权限。其中，对主业处于关系国家安全、国民经济命脉的重要行业和关键领域，主要承担重大专项任务子企业的产权转让，须由国家出资企业报同级国资监管机构批准。

（3）转让方为多家国有股东共同持股的企业，由其中持股比例最大的国有股东负责履行相关批准程序。各国有股东持股比例相同的，由相关股东协商后确定其中一家股东负责履行相关批准程序。

（4）产权转让应当由转让方按照企业章程和企业内部管理制度进行决策，形成书面决议。

（5）产权转让涉及职工安置事项的，安置方案应当经职工代表大会或职工大会审议通过。涉及债权债务处置事项的，应当符合国家相关法律法规的规定。

3.审计评估及核准备案

对于按照有关法律法规要求必须进行资产评估的产权转让事项，转让方应当委托具有相应资质的评估机构对转让标的进行资产评估。在审计基础上进行资产评估，产权转让价格应以经核准或备案的评估结果为基础确定。评估结果按照《企业国有资产评估管理暂行办法》规定，实行核准制和备案制。

负责核准备案的机构职权划分如下：经各级人民政府批准的股权转让事项涉及的资产评估项目，分别由其国有资产监督管理机构负责核准。经国务院国有资产监督管理机构批准股权转让事项涉及的资产评估项目，由国务院国有资产监督管理机构负责备案；经国务院国有资产监督管理机构所出资企业（中央企业）及其各级子企业批准股权转让事项涉及的资产评估项目，由中央企业负责备案。地方国有资产监督管理机构及其所出资企业的资产评估项目备案管理工作的职责分工，由地方国有资产监督管理机构根据各地实际情况自行规定。

根据《企业国有资产评估管理暂行办法》规定，企业有下列股权转让行为之一的，可以不对相关国有资产进行评估：

（1）经各级人民政府或其国有资产监督管理机构批准，对企业整体或者部分资产实施无偿划转；

（2）国有独资企业与其下属独资企业（事业单位）之间或其下属独资企业（事业单位）之间的合并、资产（产权）置换和无偿划转。

4.公开征集受让方与信息披露

国有企业股权转让原则上通过产权市场公开进行。

转让方通过产权交易机构网站分阶段对外披露产权转让信息，公开征集受让方。其中正式披露信息时间不得少于20个工作日。因产权转让导致转让标的企业的实际控制权发生转移的，转让方应当在转让行为获批后10个工作日内，通过产权交易机构进行信息预披露，时间不得少于20个工作日。

转让方披露信息包括但不限于以下内容：（1）转让标的基本情况；（2）转让标的企业的股东结构；（3）产权转让行为的决策及批准情况；（4）转让标的企业最近一个年度审计报告和最近一期财务报表中的主要财务指标数据，包括但不限于资产总额、负债总额、所有者权益、营业收入、净利润等（转让参股权的，披露最近一个年度审计报告中的相应数据）；（5）受让方资格条件（适用于对受让方有特殊要求的情形）；（6）交易条件、转让底价；（7）企业管理层是否参与受让，有限责任公司原股东是否放弃优先受让权；（8）竞价方式，受让方选择的相关评判标准；

（9）其他需要披露的事项。其中信息预披露应当包括但不限于以上（1）至（5）规定内容。

产权转让原则上不得针对受让方设置资格条件，确需设置的，不得有明确指向性或违反公平竞争原则，所设资格条件相关内容应当在信息披露前报同级国资监管机构备案，国资监管机构在5个工作日内未反馈意见的视为同意。

5. 受让方遴选与交易价格的确定

产权转让信息披露期满、产生符合条件的意向受让方的，按照披露的竞价方式组织竞价。竞价可以采取拍卖、招投标、网络竞价以及其他竞价方式，且不得违反国家法律法规的规定。投资人遴选过程中，对战略投资者主要关注与企业发展战略、经营目标、主营业务等方面的匹配和协同情况，对财务投资人主要关注资金实力和财务状况等。

根据32号令规定，非上市央企通过产权转让，应在国资委确定的可以从事相关业务的产权交易机构中公开进行。从事中央企业产权转让业务的机构有北京产权交易所、天津产权交易中心、上海联合产权交易所和重庆联合产权交易所。中央企业产权转让项目首次正式挂牌底价不得低于经备案的评估结果，信息披露期满未征集到受让方拟降价的，新的挂牌底价低于评估结果的90%时，应经混合所有制改革批准单位同意；交易价格确定后，交易双方不得以交易期间损益等理由对交易价格进行调整。

6. 产权交易合同签署、交割及公告

受让方确定后，转让方与受让方应当签订产权交易合同，交易双方不得以交易期间企业经营性损益等理由对已达成的交易条件和交易价格进行调整。

交易价款原则上应当自合同生效之日起5个工作日内一次付清。金额较大、一次付清确有困难的，可以采取分期付款方式。采用分期付款方式的，首期付款不得低于总价款的30%，并在合同生效之日起5个工作日内支付；其余款项应当提供转让方认可的合法有效担保，并按同期银行贷款利率支付延期付款期间的利息，付款期限不得超过1年。

产权交易合同生效后，产权交易机构应当将交易结果通过交易机构网站对外公告，公告内容包括交易标的名称、转让标的评估结果、转让底价、交易价格，公告

期不少于5个工作日。

产权交易合同生效，并且受让方按照合同约定支付交易价款后，产权交易机构应当及时为交易双方出具交易凭证。各方凭交易凭证办理工商变更登记。

（三）非公开协议股权转让方式引入投资者

根据32号令规定，以下情形的股权转让可以采取非公开协议转让方式：

1.涉及主业处于关系国家安全、国民经济命脉的重要行业和关键领域企业的重组整合，对受让方有特殊要求，企业产权需要在国有及国有控股企业之间转让的，经国资监管机构批准，可以采取非公开协议转让方式；

2.同一国家出资企业及其各级控股企业或实际控制企业之间因实施内部重组整合进行产权转让的，经该国家出资企业审议决策，可以采取非公开协议转让方式。

采取非公开协议转让方式转让企业产权，转让价格不得低于经核准或备案的评估结果。以下情形按照《公司法》、企业章程履行决策程序后，转让价格可以依据资产评估报告或最近一期审计报告确认的净资产值为基础确定，且不得低于经评估或审计的净资产值：

1.同一国家出资企业内部实施重组整合，转让方和受让方为该国家出资企业及其直接或间接全资拥有的子企业；

2.同一国有控股企业或国有实际控制企业内部实施重组整合，转让方和受让方为该国有控股企业。

国资监管机构批准、国家出资企业审议决策采取非公开协议方式的企业产权转让行为时，应当审核下列文件：（1）产权转让的有关决议文件；（2）产权转让方案；（3）采取非公开协议方式转让产权的必要性以及受让方情况；（4）转让标的企业审计报告、资产评估报告及其核准或备案文件；（5）产权转让协议；（6）转让方、受让方和转让标的企业的国家出资企业产权登记表（证）；（7）产权转让行为的法律意见书；（8）其他必要的文件。

（四）股权转让方式引入投资者的法律要点问题

1.产权转让项目首次正式信息披露的转让底价，不得低于经核准或备案的转让标的评估结果。

2.新的转让底价低于评估结果的90%时，应当经转让行为批准单位书面同意。

3.转让项目自首次正式披露信息之日起超过12个月未征集到合格受让方的，应当重新履行审计、资产评估以及信息披露等产权转让工作程序。

4.产权转让导致国有股东持有上市公司股份间接转让的，应当同时遵守上市公司国有股权管理以及证券监管相关规定。

5.企业产权转让涉及交易主体资格审查、反垄断审查、特许经营权、国有划拨土地使用权、探矿权和采矿权等政府审批事项的，按照相关规定执行。

6.职工安置问题：根据32号令规定，产权转让涉及职工安置事项的，安置方案应当经职工代表大会或职工大会审议通过充分竞争企业及领域的国有股东可能不再控股甚至不再持股，此时涉及职工安置问题时，需要转让双方充分协商，妥善处理职工的安置问题，在制定产权转让方案、起草产权转让合同的过程中，职工安置方案的设置是必要的组成部分。

三、债转股方式引入投资者法律要点问题

（一）债转股方式引入投资者概述

债权转股权，是指债权人以其依法享有的对公司的债权，转为公司股权，增加公司注册资本的行为。

根据《公司注册资本登记管理规定》（国家工商行政管理总局令第64号）规定，债权人可以将其依法享有的对在中国境内设立的公司的债权，转为公司股权。转为公司股权的债权应当符合下列情形之一：

1.债权人已经履行债权所对应的合同义务，且不违反法律、行政法规、国务院决定或者公司章程的禁止性规定；

2.经人民法院生效裁判或者仲裁机构裁决确认；

3.公司破产重整或者和解期间，列入经人民法院批准的重整计划或者裁定认可的和解协议。

根据《国务院关于积极稳妥降低企业杠杆率的意见》（国发〔2016〕54号）规定，鼓励实施机构引入社会资本，发展混合所有制，增强资本实力。2019年7月，四部门联合发布《2019年降低企业杠杆率工作要点》，在加大力度推动市场化法治化债转股增量扩面提质部分，特别提出拓宽社会资本参与市场化债转股渠道。国有企业的负债率较高，在债转股中引入社会资本是实现国企混改的方式之一。通过国企混改助推债转股，其目的是降低国有企业的负债率，减小债务压力，改善国有企业治理结构，提高国有企业的经营效益。

【案例】中鼎国际债转股混改项目

中鼎国际建设集团有限责任公司（以下简称中鼎国际）原系江西省能源集团全资子公司，是江西省入选国企改革“双百行动”的7家企业之一。在实施混改前，中鼎国际股权结构单一、体制机制落后、资产负债率居高不下，实施市场化债转股的难度较大。最初，江西省能源集团拟通过在省产交所公开挂牌，转让中鼎国际股权。由于金额不匹配，江西省能源集团、中鼎国际和建信投资存在“三角”债务关系；同时股权转让解决不了中鼎国际降低负债率的需求，难以达到理想的效果。经过研究后，中鼎国际创新性地制定了以市场化债转股为主体、同步引入战略投资方及实施员工持股的增资扩股混改方案。混改方案主要内容为：中鼎国际通过公开挂牌，以市场化的方式引入战略投资方，债转股及员工持股平台按照同股同价的原则同步进行认购增资。重新设计的实施方案可以一次性解决中鼎国际在资产负债率、公司治理和激励机制等方面的问题，释放企业活力，激发员工积极性和主动性；另外，混改方案创造性地利用“债转股”有效地解决了“三角”债务关系，为中鼎国际清理债务，降低了其资产负债率。2018年8月，通过公开挂牌征集战略投资方，中鼎国际成功引进民营资本投资方江西文东实业有限公司，并同步实施债转股及员工持股，合计募集资金近5.8亿元。增资方建信金融资产投资有限公司和江西鼎新企业管理股份有限公司分别以债转股及员工持股平台的形式，参与本次混改。增资后，中鼎国际注册资本由4.3亿元增至近8.8亿元[①]。

① 资料来源：江西省产权交易所2018年8月28日报道《江西省属国企市场化债转股第一单落地——中鼎国际建设集团有限责任公司债转股暨混改和员工持股增资协议签订》，载 http://www.cspea.org.cn/article/hydt/hydt/201808/20180800006517.shtml，最后访问日期为2020年8月10日。

【案例】中国重工债转股混改项目

根据中国船舶重工股份有限公司（以下简称中国重工）2017年公告，中国重工引入8名投资人对全资子公司大船重工和武船重工进行增资，合计投资金额218.68亿元。其中，位列国有四大AMC的中国信达和中国东方均参与其中。中国信达与中国重工及其子公司大连船舶重工集团有限公司（以下简称大船重工）、武昌船舶重工集团有限公司（以下简称武船重工）签署市场化债权转股权协议，对大船重工和武船重工实施总额50.34亿元的债转股（大船重工31.5亿元、武船重工18.84亿元）。中国东方则对大船重工实施了20亿元的市场化债转股。此外，其他6家央企以现金方式对大船重工和武船重工增资合计148.34亿元，用于其偿还债务。根据媒体报道，大船重工和武船重工在获得增资前的资产负债率分别高达80%、82%。大船重工和武船重工正是以债转股加现金增资的方式解决居高不下的资产负债率问题[①]。

上述两个案例都是以债转股的方式实现的混改，具体而言，债转股的混改方式具有如下优势：

第一，“债转股”有利于减轻企业债务包袱。债转股是解决国有企业负债高、融资难的办法之一。对于国有企业而言，债转股可以优化企业债务结构，促进企业产业升级、调整产权结构、促进技术设备更新，实现资源优化配置，提高企业利润率。

第二，“债转股”有利于盘活企业资产。“债转股”后，国有企业的负债率明显降低，资金可使用率提高，可以把有限的资金投入到企业生产中，促进产业升级、盘活企业资产。

第三，“债转股”有利于保证国有企业的控股地位。债权转为股权后，债权人成为国有企业阶段性的持股股东，依法行使股东权利，参与公司重大事务决策，但不参与企业的正常生产经营活动。在企业经济状况好转以后，通过资产重组、上

① 资料来源：《21世纪经济》2017年10月31日报道《中国重工“债转股”两步走 220亿再控大船、武船》，载 http://finance.sina.com.cn/stock/s/2017-10-31/doc-ifynffnz3796752.shtml，最后访问日期为2020年8月10日。

市、转让或企业回购形式回收这笔资金，这是债转股运作的常用形式。因此，此种混改方式不会使国有企业控制权发生任何改变，反而会借此机会使企业产能得到大幅提升。

（二）债转股方式引入投资者的流程

1. 方案制定

单纯以债转股方式进行混改比较少见，因为仅债转股，只是形式上增加了企业注册资本，既不能增加混改企业资金实力，也无法从实质上改善企业治理与经营效益。所以，正如上述案例，债转股一般结合其他混改方式进行，债转股方案制定需要考虑混改综合目标，包括但不限于：在债转股的基础上，是否引入非公有资本及比例；是否考虑同时以现金方式引入其他增资者；债转股的规模；是否配套实施股权激励及员工持股等。

在混改中，根据项目实际情况，往往会结合使用不同融资方式，来实现引入投资者、获得奖金、更新管理层、激励员工等综合改制目标。本章重点对增资、股权转让、债转股三种融资形式进行分析介绍。

2. 审批程序

债转股属于增加企业注册资本，适用混改中增资的审批程序及审批机构的职权划分。另外，根据《企业国有资产交易监督管理办法》第四十三条，“投资方以非货币资产出资的，应当经增资企业董事会或股东会审议同意”。债权转股权会导致公司注册资本增加，属于非货币出资，就公司是否接受债权出资，须企业董事会或股东会就此事宜通过相关决议。

3. 审计评估

根据《企业国有资产评估管理暂行办法》第六条，“企业有下列行为之一的，应当对相关资产进行评估：……（四）非上市公司国有股东股权比例变动……”由于国企实施债转股涉及国有股东股权比例变动，需对标的公司进行评估，并根据评估结果确定债转股价格，同时需要按照相关规定进行评估备案。

同时，根据《公司法》第二十七条，“股东可以用货币出资，也可以用实物、知识产权、土地使用权等可以用货币估价并可以依法转让的非货币财产作价出资；但是，法律、行政法规规定不得作为出资的财产除外。对作为出资的非货币财产应当评估作价，核实财产，不得高估或者低估作价。法律、行政法规对评估作价有规定的，从其规定”。

值得注意的是，在债转股中，既要对混改企业股权进行评估，又要对转为股权的债权评估。现实中，混改企业对股权价值评估要满足相关规定，金融机构作为出资方（债权出资）在衡量股权价值方面要符合金融监管规定，因而在定价问题上，存在一定的复杂性。如在上述中鼎国际的案例中，混改方案最后确定，债转股及员工持股平台、战略投资者按照同股同价的原则认购增资。

4.是否需要进场交易

根据32号令第46条，企业债权转为股权经国家出资企业审议决策，可以采取非公开协议方式进行增资。

5.签署协议及作价入股

根据《公司法》规定，股东应当按期足额缴纳公司章程中规定的各自所认缴的出资额。股东以货币出资的，应当将货币出资足额存入有限责任公司在银行开设的账户；股东以非货币财产出资的，应当依法办理其财产权的转移手续。

债权的作价和转移手续，应当由债权方和债务方先各自进行合法有效的内部审批程序，双方并签订相关的协议，包括但不限于债转股协议、增资协议、以股抵债协议等，必要时也可办理验资程序以规避出资不实的风险。

在债转股时，债权人一般对股权有退出预期。因此，在签订协议时，债权人一般会与混改企业协商约定其所持股权的退出方式。如债转股标的公司为上市公司，债转股股权的股份可以依法转让退出，转让时应遵守限售期等证券监管规定。如债转股标的公司为非上市公司，实践中较为常见的退出方式有上市公司并购重组标的公司、标的公司原大股东回购等。如大船重工和武船重工债转股后的第二步战略，就是中国重工发行股份从上述8家企业手中回购股权，由此实现对大船重工和武船重工的全资控股。

6.办理工商登记变更手续

完成债转股后，由于注册资本、股东及持股比例发生了变化，应相应地修改公司章程并向公司登记机关依法办理变更登记。

第二节 | 引入民营企业参与混改法律要点问题

引入民营企业，尤其是战略投资者参与混改，可以有效克服国有企业一股独大的各种弊病，是国企混改的重要形式。但是，引入社会资本实现企业融资是市场行为，还需要激励社会资本积极参与。在引入非国有投资者的过程中，必须重视国有资本与社会资本、混改企业各方利益的平衡，才能达成共识，实现混改目标。

一、引入民营企业参与混改的概述

近年来，随着一系列促进民营经济发展的政策文件接连落地，无论是中央还是地方政府均开始鼓励民营企业参与国企混改。民营资本逐渐在涉及电信、铁路、石油、天然气等领域的国企中占有股份。综合来看，推动民营企业参与国企混改，对国企来说至少有以下好处：其一，通过引入大规模的民企资金，可以偿还国企到期债务，降低国企负债率；其二，在民企资金引入之后可以扩大再生产，做大总资产规模，有利于降低国企杠杆率；其三，民企参与混改可以进一步完善国有企业的公司治理结构。

【案例】中冶集团破产重整后混改项目

中冶集团原持有中冶葫芦岛有色金属集团有限公司（以下简称葫芦岛有色）51.1%股权。2012年年末，葫芦岛有色资产负债率高达241.68%，严重资不抵债。中冶集团在2013年对葫芦岛有色进行重组，通过破产重整加引入社会资本的方式，完成混改。

葫芦岛有色混改第一步进行破产重整，实现3个重组方的进入。第二步推进企业改制，增资后中冶集团持股55%、葫芦岛宏跃集团有限公司（以下简称宏跃集团）持股35%、辽宁省国资和葫芦岛市国有资本投资运营有限公司各持5%的股权比例。2014年，葫芦岛有色破产重整后的第一年，公司实现利润6028万元，下属企业锌业股份成功恢复上市。

根据2020年1月21日锌业股份公告，葫芦岛市国有资本投资运营有限公司将其持有的公司控股股东葫芦岛有色12.6229%股权有偿转让给宏跃集团有限公司。转让后，宏跃集团持股达到51.6229%，葫芦岛市国有资本投资运营有限公司16.3771%，中国冶金科工集团有限公司持股27%，辽宁省国有资产经营有限公司持股5%。葫芦岛有色混改过程中，原国有大股东逐渐退出控股地位，民营企业最终获得企业大股东地位，企业的经营效益得到提高①。

葫芦岛有色混改的特殊之处在于，混改后民营企业宏跃集团成为葫芦岛有色的大股东，并将市场化的管理模式运用到葫芦岛有色改制中，激发了企业的生产动力和经营活力，使得葫芦岛有色从"僵尸企业"转变为"盈利企业"。具体而言，混改后，葫芦岛有色及时调整了技术创新奖励机制，使得企业管理机制更为灵活；同时，认真梳理并解决了历史遗留问题，大力实施环保技改、管理提升、降本增效等有力措施，充分借助外部力量，使企业重新获得持续盈利能力。以上一系列的内部及外部改革，不仅提高了葫芦岛有色的产能，也提高了员工的积极性，使葫芦岛有色彻底摆脱了"僵尸企业"的困局。

【案例】云南白药混改国资不再控股项目

2017年3月，新华都实业集团股份有限公司（以下简称新华都）完成对云南白药控股有限公司（以下简称白药控股）增资，增资额约为254亿元。本次交易完成后，云南省国资委和新华都分别持有白药控股50%的股权，云南省国资委一下子让出50%的国有股权，形成了白药控股国有资本和民营资本并列第一大股东的股权结构。云南省国资委与新华都在双方签订的《股权合作协议》中约定："自协议生效之日起六年内，未经其他股东的书面同意，不得向第三方转让、出售、赠予或以其他方式处置其持有的白药控股股权（不含股权质押）。六年的期限届满后，一方股东向股东以外的第三方转让其持有的白药控股股权的，在同等条件下，其他股东享有优

① 资料来源：《中国医药报》2017年1月3日报道《云南白药母公司混改获批》，载http://epaper.cnpharm.com/zgyyb/html/2017-01-03/content_552359.htm?div=-1，最后访问日期为2020年7月31日。

先购买权。”上述“锁定”安排绑定了国有股东与新股东的利益，双方着眼于共同长期发展公司业务。

2019年4月，云南白药集团股份有限公司（以下简称云南白药）公告重组方案，拟向云南省国资委、新华都、江苏鱼跃发行股份，换股吸收合并白药控股，实现整体上市。交易完成后，白药控股的全部资产、负债及其他权利与义务均由上市公司承继。同时，为确保吸收合并完成后省国资委与新华都所持有上市公司的股份数量一致，白药控股将定向回购新华都持有的白药控股部分股权并在白药控股层面进行减资。定向减资与吸收合并互为交易前提，若任何一个环节未获得监管部门批准，则两项交易均不生效。此外，参与本次交易的第三方也承诺延续前次白药混改中引入股东的长期股权锁定安排，确保未来上市公司股权结构的长期稳定，保证交易完成后云南白药股东层面形成国有资本与民营经济共同经营上市公司的架构。至此，云南白药及集团公司混改实现了股权多元化、整体上市及市场化经营[①]。

此次混改使得民营企业顺利进入云南白药，国有资本不再绝对控股，这有助于云南白药建立市场化治理体系，引入市场化的先进管理制度。同时，在内部管理上，混改后公司董事、监事和高级管理人员均实现了市场化聘任，极大地激发了员工的工作积极性。至此，云南白药对外成为真正的市场主体，对内建立了规范、激励有效的治理机制，激发了企业的活力。

二、混改中引入民营企业的重点问题

在实现混改目标，平衡国有股东、标的企业、投资者利益方面，笔者认为应该重点考虑以下问题：

1. 重点选择具有产业链或价值链关联、能与企业形成协同效应的战略投资者

混改最终效果取决于融合的程度和发展的质量，与普通投资者相比，选择意愿

① 资料来源：《经济参考报》2019年1月31日报道《老字号云南白药的创新路：“均衡股权”探索混改路径》，载 http://www.xinhuanet.com/fortune/2019-01/31/c_1124067844.htm，最后访问日期为2020年8月10日。

强烈、契合度高的产业战略投资者，给国企在战略协同、公司治理、经营创新等方面带来的增值效应更显著，有助于国企混改后的深度融合，优势互补，形成合力。

比如中国东方航空股份有限公司（以下简称东方航空）2018年公告重大资本项目，公司拟向上海均瑶（集团）有限公司（以下简称均瑶集团）及上海吉祥航空股份有限公司（以下简称吉祥航空）合计发行不超过13.4亿A股、向吉祥航空及/或其指定的控股子公司发行不超过5.2亿H股、向中国国有企业结构调整基金发行不超过2.7亿A股。之后，吉祥航空向东航集团旗下的东航产投发行1.69亿A股股票，东航集团通过旗下东航产投合计持有吉祥航空15%股份，而均瑶集团及旗下吉祥航空则合计持有东方航空10%股份。东航集团混改中通过与同业民营公司交叉持股、成为彼此的第二股东，实现同业协同效应[①]。

2.引入战略投资者，除了引入社会资本，还要同时引入“管理”与“市场”

与资本不足、负债率高的困难相比，国有企业的痼疾内部在于企业治理机制的不完善，外部在于市场化与竞争力，考察投资者重点在于投资者进入后对内、对外对企业的市场化以及现代企业制度的改造，比仅引入资本的单纯融资更重要。也就是说，引入非公有资本的“混”与公司经营管理的“改”同样重要，选择投资者要看是否能够带来增值效应。

3.混改可以根据企业的发展战略，同时选择多类型投资人

如国家电投黄河公司混改项目，它是国家电投乃至五大发电集团迄今为止最大规模的股权融资项目。此次混改通过北京产权交易所签约，释放35%股权，引入8家金融战略投资者，包括中国人寿、工商银行、农业银行、中国国新、国投集团、浙能集团、云南能投以及中信证券，共募资242亿元。该混改项目通过引入多家规模雄厚的金融战略投资者，为未来发展清洁能源实现了股权融资，锁定了规模巨大的自有资金[②]。

---

① 资料来源：中国东方航空集团有限公司2018年7月11日发布《东方航空宣布引进两家战略投资者》，载 http://www.sasac.gov.cn/n2588025/n2588119/c9230811/content.html，最后访问日期为2020年8月10日。

② 资料来源：《证券日报》2019年12月17日报道《央企混改年内最大单：国家电投黄河项目“引战”8家增资242亿元》，载 http://ccnews.people.com.cn/n1/2019/1217/c141677-31509471.html，最后访问日期为2020年8月10日。

4.引入战略投资者股权定价的复杂性

无论是不是国有企业，其股权融资都涉及股权的定价问题，不仅涉及股权的估值，还涉及股权融资是否引入竞价交易，以及不同阶段的估值定价。如果混改中既有增资，又有股权转让、职工持股，还要判断各种认购股权方式是否具备价格一致及合理的基础。上市公司可以采取非公开定向增发或股份转让方式，非上市公司可以采取产权交易所挂牌交易等方式。但是无论什么方式，既要符合法律与政策要求的程序规定，还要在国有股东利益与投资人、职工股东之间找到平衡，所以合理的定价机制与定价过程非常重要，需要借助专业人士，如律师、会计师、财务顾问的专业判断，谨慎确定。

值得注意的是，根据《国资委关于印发〈中央企业混合所有制改革操作指引〉的通知》(国资产权〔2019〕653号)规定，中央企业混合所有制改革后继续保持国有控股地位的，如增资过程中国有股东拟同步转让其所持有的少部分企业产权，统一按照增资流程操作，产权转让价格应与增资价格保持一致。

5.混改中的股权比例

根据国务院国有资产监督管理委员会、财政部、国家发展和改革委员会联合印发的《关于国有企业功能界定与分类的指导意见》(国资发研究〔2015〕170号)，混改过程中不同所有制资本混合的比例和结构，需要因时因地因事动态调整，属于充分竞争行业和领域的商业类国有企业，国有股权可以是绝对控股、相对控股和参股。关系国家安全、国民经济命脉的重要行业和关键领域、主要承担重大专项任务的商业类国有企业，要保持国有资本控股地位。公益类国有企业一般采取国有独资形式，具备条件的可推行投资主体多元化，也可以通过购买服务、特许经营、委托代理等方式，鼓励非国有企业参与经营，通过管理层与经营层分离实现间接的股权结构优化。

本轮混改中，股权结构基本存在三种形式：一是混改后继续保持国资控股或实控人的地位；二是混改后国资不再控股，成为参股股东；三是整体出售国有企业，彻底退出充分竞争领域。第一种方式如中国联通混改，混改后联通集团仍持有中国联通36.67%的股份，但外部投资者在董事会席位上占优，来打消投资者对于治理僵局的顾虑；第二种方式如北方信托混改，成功引入日照钢铁控股集团有限公司等三家民营企业新股东，合计受让50.07%的股权，原第一大股东国资背景的泰达控股持股稀释至17.94%，成为第二大股东[①]；第三种方式如国有上市公司武汉中商，通过发行股份方式，实现国有资本退出。

对于充分竞争、非国民经济关键领域的国有企业，应当摒弃国有资本一股独大的固有思维，充分引入社会资本，甚至退出控股地位，以打消非公有资本担心小股东利益无法保障的顾虑。在“混”的基础上，更好地推进公司治理等现代企业制度改革。现实中，有些混改项目之所以失败，在于混改方案坚持国有控股，无法吸引社会资本积极参与。例如，2018年10月，重庆长安汽车股份有限公司（以下简称长安汽车）发公告称，其全资子公司重庆长安新能源汽车科技有限公司（以下简称长安新能源）公开挂牌增资，将引入不少于3家战略投资者，认购新增注册资本不低于1.03亿元，且增资的股权比例不低于51%。然而，在上海联合产权交易所挂牌近8个月后，长安新能源宣布终止此次公开挂牌增资扩股申请[②]。

所以，随着混改的进行，国资部门逐渐意识到这个问题。2019年12月3日，长安汽车发布公告称，其全资子公司长安新能源拟引入南京润科、长新基金、两江基金、南方工业基金作为战略投资者。此次增资扩股完成后，长安汽车对长安新能源的持股比例由100%降至48.9546%，不再坚持控股。再如，山东省国资委发布《关于支持推进省属国有企业引进战略投资者的意见》，除国家和省明确规定国有控股的企业外，省属国企引入战略投资者不设国有持股比例限制，宜控则控，宜参则参。战略投资者可通过新设企业、增资扩股、受让股权、债转股等多种方式参与省属国企改革。

三、央企混改引入民营企业的操作流程

国有企业混改主要的法律文件如前所述，主要有32号令、54号文等规范性文件，

① 资料来源：中证网2018年11月20日报道《独家！北方信托混改落地　三家民企合计受让50.07%股权》，载http://www.cs.com.cn/jg/06/201811/t20181120_5894964.html?from=groupmessage&isappinstalled=0，最后访问日期为2020年8月10日。

② 资料来源：《蓝鲸财经》2019年6月14日报道《长安新能源增资扩股遭搁浅，产品销量全线大跌难盈利》，载https://xueqiu.com/1133075318/128193131，最后访问日期为2020年8月10日。

关于增资、股权转让、债转股等方式引入投资者的一般程序，笔者已在本章第一节详细论述，此处不再赘述。在国企混改中，央企是重中之重，根据国资委关于印发《中央企业混合所有制改革操作指引》的通知（国资产权〔2019〕653号，以下简称《指引》）规定，国有企业混改，可以通过产权转让、增资扩股、首发上市（IPO）、上市公司资产重组等方式，引入非公有资本等投资者。根据《指引》规定，中央企业引入投资者进行混改应履行以下基本操作流程。

（一）进行可行性研究并制定报告

对于拟混改的企业进行调研分析，进行可行性研究并制定混改可行性报告。可行性报告的内容应当包括企业现状、企业生产经营、市场数据调研，企业内部、外部环境调研，企业所在行业调研，企业混改的初步设想等。可行性研究环节是对于拟进行混改的企业进行初步摸底，以便在此基础上形成混改的方案。

（二）制定混合所有制改革方案

拟混改企业应制定混合所有制改革方案，方案一般包括以下内容：企业基本情况，混合所有制改革必要性和可行性分析，改革基本原则和思路，改革后企业股权结构设置，转变运营机制的主要举措，引进非公有资本的条件要求、方式、定价办法，员工激励计划，债权债务处置方案，职工安置方案，历史遗留问题解决方案，改革风险评估与防范措施，违反相关规定的追责措施，改革组织保障和进度安排等。

在制定国有企业改制方案中，以下几个环节需要重点关注：

1.混合所有制各股东股权比例与公司治理机制

要设计科学的混合所有制企业股权结构，充分向非公有资本释放股权，尽可能使非公有资本能够派出董事或监事。

2.职工安置与职工权利保障

注重保障企业职工对混合所有制改革的知情权和参与权，涉及职工切身利益的要做好评估工作，职工安置方案应经职工大会或者职工代表大会审议通过。

3.混改架构设计充分考虑税务成本

科学设计改革路径，用好用足国家相关税收优惠政策，降低改革成本。

4.聘请外部专家、中介机构等参与

改制方案不仅涉及各类复杂的法律问题，还涉及整个混改过程的蓝图，所以应该在混改初期就引入律师等专业人士协助制定混改方案。

（三）履行决策审批程序

根据《指引》规定，混合所有制改革方案制定后，中央企业应履行企业内部决策程序。拟混改企业属于主业处于关系国家安全、国民经济命脉的重要行业和关键领域，主要承担重大专项任务子企业的，其混合所有制改革方案由中央企业审核后报国资委批准，其中需报国务院批准的，由国资委按照有关法律、行政法规和国务院文件规定履行相应程序；拟混改企业属于其他功能定位子企业的，其混合所有制改革方案由中央企业批准。也就是说，混改方案包括企业混改引入投资者的融资方式，按照拟混改企业的性质，由国资委（国务院）或中央企业批准。

（四）开展审计评估

企业实施混合所有制改革，应合理确定纳入改革的资产范围，需要对资产、业务进行调整的，可按照相关规定选择无偿划转、产权转让、产权置换等方式进行。企业混合所有制改革前如确有必要开展清产核资工作的，按照有关规定履行程序。拟混改企业的资产范围确定后，由企业或产权持有单位选聘具备相应资质的中介机构开展财务审计、资产评估工作，履行资产评估项目备案程序，以经备案的资产评估结果作为资产交易定价的参考依据。

（五）引进非公有资本投资者

拟混改企业引进非公有资本投资者，主要通过产权市场、股票市场两大市场进行。通过产权市场引进非公有资本投资者，主要方式包括增资扩股和转让部分国有股权。通过股票市场引进非公有资本投资者，主要方式包括首发上市（IPO）和上市公司股份转让、发行证券、资产重组等。

（六）推进运营机制改革

混合所有制企业要完善现代企业制度，健全法人治理结构，就要充分发挥公司章程在公司治理中的基础性作用，各方股东共同制定章程，规范企业股东（大）会、董事会、监事会、经理层和党组织的权责关系，落实董事会职权，国有资本应明确监管边界，股东不干预企业日常经营。

四、律师在引入民营企业参与混改中可提供的法律服务内容

国企混改也属于国企改制，所以也要适用国资监管的诸般规定。如涉及企业产权的变化，一般需要确认纳入改制的资产范围、清产核资、审计评估及备案等环节，都是国企改制的必经程序。由于国企改制政策性与程序性很强，整个过程各个环节多涉及国资监管，建议进行混改的企业尽早聘请有丰富国企改制经验的律所担任混改方案整个程序的总协调角色。

在混改项目中，律师的具体法律服务内容如下：

1.就引入投资者方案的可行性、合规性与申报程序，提供法律咨询意见；

2.担任增资或股权项目所涉中介机构的总协调人；

3.就混改项目进行法律尽职调查，就尽职调查过程中发现的相关问题，提供解决问题的法律建议；

4.协助起草、修改、审核交易文件及混改方案，包括但不限于增资协议、股权转让协议、股权置换协议、债转股协议、改制方案及职工安置方案；

5.根据主管部门的要求，就引入投资者事项出具法律意见书；

6.根据主管部门的反馈意见，对法律意见书进行调整或补充；

7.根据混改方案的具体内容，起草、修改其他法律文件，如公司章程、职工代表大会决议、员工持股与股权激励方案；

8.协助交易各方办理股权变更等变更登记事宜。

混改涉及的政策文件与法律关系、法律程序繁多复杂，律师在混改中担任的角色不仅是法律专业服务，往往还担负中介机构总协调人的角色，促进改制的顺利进行。

第三节 引入私募投资基金法律要点问题

在国企混改大力推进的背景下，越来越多的国有企业开始引入私募投资基金来充实资本，发展企业。事实上，私募机构作为重要的资本支持平台，早已成为国企重要的合作伙伴。对国企而言，私募机构参与国企混改具有以下两方面的优势：一方面能够引入现代企业机制和提高公司治理能力；另一方面还能为国企带来外部优质资源，加强企业资本运作能力，促进国企转型。

一、引入私募投资基金的概述

私募股权投资，是指以私募方式募集资金，对非上市企业进行权益性投资，通过企业上市、并购或管理层回购等方式，出售持股获利的投资方式。对企业而言，引入优质的私募股权基金既可以解决公司急需的发展资金，也可以借助私募基金丰富的经验获得公司治理与市场发展的突破，还不用承担债权融资的财务成本。所以，私募股权基金受很多有融资需求的企业青睐，众多知名企业发展过程中，私募基金的助推功不可没。但是，以往私募股权基金参与的大多是非国有企业。而国企混改的推进，也为私募股权基金提供了更多的投资机会。诸如绿地集团通过增资扩股引进平安创新资本、鼎晖嘉熙等五家PE机构，以及弘毅投资陆续投资中国玻璃、石药集团、中联重科等一系列国企，均为私募股权基金参与国企混改的代表案例。

【案例】奇瑞增资混改项目

2019年12月，根据长江产权交易所公告显示，奇瑞控股集团有限公司（以下简称奇瑞控股）、奇瑞汽车股份有限公司（以下简称奇瑞汽车）增资扩股项目成交，青岛五道口新能源汽车产业基金企业（有限合伙）（以下简称青岛五道口）成为奇瑞控股、奇瑞汽车的新股东。公告显示，青岛五道口持有奇瑞控股、奇瑞汽车的股权比例分别为30.99%和18.5185%；此外，奇瑞控股的股东华泰资管和瑞创投资将向青岛五道口分别转让15.78%和4.23%股权。增资扩股交易全部完成后，青岛五道口在奇瑞控股的持股比例将达到51%，在奇瑞汽车的直接持股比例为18.5185%，后者加上通过奇瑞控股间接持有的32.4815%，持股总比例也达到51%。

青岛五道口成立于2019年8月，是为参与奇瑞增资扩股项目专门设立的基金主体，其基金管理人为北京五道口投资基金管理有限公司，有限合伙人为二只私募基金济南畅赢金安投资合伙企业（有限合伙）、济南佳鼎投资合伙企业（有限合伙）和一名自然人。畅赢金安背后的投资人为山东高速股份有限公司、山东高速畅赢股权投资管理有限公司（执行事务合伙人）、山东高速（深圳）投资有限公司，佳鼎投资背后的投资人为山东高速航空产业投资管理（上海）有限公司（执行事务合伙人）、山东高速投资控股有限公司。

根据本项目增资公告显示，本次增资扩股分别以奇瑞控股、奇瑞汽车为增资扩股主体，即增资企业（融资方）为两个法人主体。遵循"奇瑞系一盘棋"的原则，本次奇瑞控股、奇瑞汽车增资的新增投资方为同一投资方，奇瑞控股增资扩股项目和奇瑞汽车增资扩股项目的"意向投资方资格条件"及"增资扩股的相关条件"均相同。对于意向投资方的资格要求：1.不存在同业竞争：公告要求意向投资方及其控股股东、实际控制人（若为自然人，也包括其关联方）及其控制的企业现在及未来均未直接或间接投资、控制整车生产、制造企业或通过控制关系从事整车生产、制造业务。2.对意向投资方资金实力要求较高：公告要求意向投资方应出具合计金额不低于100亿元的资信证明文件，并应缴纳50亿元诚意金且其中5亿元转为交易保证金；投资方应按照《奇瑞汽车股份有限公司增资扩股协议》约定对第二期60%增资款项提供合法有效担保。

由于奇瑞增资混改项目"绑定增资"的要求以及对投资方资金的高门槛导致第一次挂牌未能成功，本次是第二次挂牌增资完成成交。青岛五道口是2019年8月新成立的私募基金，媒体猜测该基金是专门为该增资项目设立。奇瑞作为汽车企业，在当前越来越激烈的产业竞争中，对新能源和新技术的投资带来的资金压力越来越大。奇瑞官方表示，增资将用于"偿债以及现有业务、新业务的发展和日常经营"。本次增资交易的投资金额共计约144.5亿元。根据媒体报道，混改结束后尹某仍将担任奇瑞董事长，管理层保持稳定，根据需要进行调整。可见，本次增资引入的是财务投资人，本项目通过出让大股东地位，解决奇瑞产业发展急需的资金问题[①]。

奇瑞增资混改项目之所以能成为业内“典型”，关键在于国有资本让渡控股权，引入了私募投资基金，使奇瑞控股和奇瑞汽车的改革较为彻底。具体而言，本次混改有如下优势：

1.有利于加强奇瑞的资本运作能力，协助“奇瑞2025战略”落地。此前，奇瑞制订了“2025战略”发展计划，要在新产品、新技术、新能源、智能互联+无人驾驶、品牌建设、高端国际市场等方面进行一系列布局。但是，上述计划的落地需要大量资金支持。因此，奇瑞发布了较为苛刻的“意向投资人选任条件”，希望通过本次改革，引入合适的投资人。本次改革完成后，青岛五道口作为参与奇瑞增资扩股项目专门设立的基金主体，能够为奇瑞提供充足的发展资金，提高奇瑞的资本运作能力，促进公司战略目标的实现。

2.有利于促使奇瑞优化内部管理体系。因私募股权基金在资本市场发展多年，对于提升投资标的企业治理水平经验丰富。所以，青岛五道口入股后，奇瑞内部一整套管理机制均将面临被变革的可能性，促使企业在管理体制、人员机构、市场运营等多个方面进行调整、优化，激发企业在市场的活跃度。

3.有利于奇瑞建立市场化的激励机制。混改后，为实现“2025战略”目标，奇瑞将以增强活力，提升效益、效率为目标，不断创新核心骨干人才激励机制，扩大薪酬市场化改革和骨干人才中长期激励试点范围，大力激发员工工作积极性，助推奇瑞高质量发展。

事实上，不少国有汽车公司面临转型，奇瑞增资项目只是国有汽车集团寻求发展的一个缩影，相信奇瑞的混改模式会给众多国有汽车集团带来新的思路与发展契机。

---

① 资料来源：《奇瑞144.5亿增资扩股　引入山东国资　芜湖基地不动青岛做增量》，载《21世纪经济》，https://m.21jingji.com/article/20191205/73bde1cc7e5fb6c66a09f11314b23389.html，最后访问日期为2020年8月10日。

二、选择私募基金的法律要点问题

国企混改如何选择私募基金，重点关注的问题如下：

1.如果私募基金作为财务投资人不控股，往往会要求董事会席位并对公司重大事项有话语权，这是保护投资人利益的常规机制。引入基金后，企业、国有股东和投资人是否能够顺利磨合，这对国有企业公司治理与决策机制是一个挑战。同时，以引入私募基金为契机提升公司治理水平，对国有企业来说也是发展机遇。

2.企业股权融资过程中，往往要和私募基金签署复杂的整套协议，协议涉及对企业、股东所要求的承诺与义务，以及对股东转让股权、企业后续融资等可能造成的各种限制，这些市场通行的投资者权利保护条款，是否能够与国有企业的国资监管现行制度相兼容？比如中国联通混改后，新组成的董事会中，5位分别来自百度、阿里、腾讯、京东等私募基金的董事，占到全部8位非独立董事中的大多数。这就是在公司治理上平衡国有控股股东和私募基金投资人利益的设计。

3.私募基金投资必然要退出，退出机制一般包括企业上市、并购重组或股东回购。在私募基金投资民营企业项目时，往往投资者具有更多的话语权，对退出条款可以规定得更灵活与更有保障。但是，在国企混改中，一向强势的投资人既有的退出机制是否和企业混改的方案与目标兼容，需要前期细致、具体的沟通与可行性论证。比如常用的投资者"对赌条款"是否适用混改企业？需要对国企混改相关规定予以细化。如山东影视混改中，即便引入多家战投基金，也全都没有签署"对赌条款"。

也就是说，只有从公司治理、投资者权益保护、退出机制等方面给予私募投资人"定心丸"，才能激励私募基金积极参与国企混改。这是一个双向选择的过程，也是国资管理部门了解并适应市场规则的过程。

三、引入私募基金的公司治理问题

私募股权基金在资本市场发展多年，内部治理与外部市场化水平较高。对国企而言，混改解决的是国有资本回报率的问题，对私募基金而言，参与混改也是要追求资金回报率的。所以，引入私募基金过程中非常重要的协商、谈判环节之一就是混改企业如何在公司治理机制上保障私募基金的合法利益。一般混改各方会在以下几个方面协商确定公司治理机制：

（一）股权比例层面的控股权

混改中，国企一方由于受国资监管固有思维的限制，对于充分竞争领域一般会坚持国有控股地位，私募基金一般不寻求控股。但是随着混改政策对社会资本持股比例的松动，私募基金开始寻求更多的话语权，甚至要求控股地位。比如在奇瑞汽车混改项目中，财务投资人青岛五道口同时成为增资后奇瑞控股、奇瑞汽车两家企业的大股东。从理论上讲，除非相关交易文件有约束性条款，青岛五道口对两家公司的重大事项，包括高管的任命与解聘都是有话语权的。

即使私募投资人只是参股而非控股，但是也可以在交易文件、公司章程中规定对于公司重大事项的否决权，比如股权质押或转让、增资引入新的投资人、对外担保等重大事宜。

（二）董事会席位的有利设置

私募投资人如果不控股，必然会通过董事会席位及表决机制来保障自己的利益。比如中国联通的混改项目，混改后联通集团持有A股公司的股份从原来的62.74%下降到36.7%，但仍为单一最大股东，同时引入中国人寿等国有股东，国有股东累计持有联通A股公司53.1%的股份。2018年3月，联通混改后新一届董事会正式成立。新董事会由独立董事5人、联通公司董事3人、新进入战略投资者董事5人组成，形成了市场化多元化的董事会结构。在13人的董事中，百度、阿里、腾讯、京东等外部投资者获得了6个席位的提名。

所以，虽然混改后的联通集团仍为联通A股公司的实际控制人，但是在董事会上，战略投资者获得了较多的董事会席位，同时有5名独立董事，该董事会人员构成有助于打破公司长期形成的僵化体制，打消战略投资者对于大股东的顾虑[①]。

---

① 资料来源：《新财富》2019年8月27日报道《中国联通深度：混改红利持续释放，四大趋势带来发展新机遇》，载 http://www.xcf.cn/article/d7e229b3c8a211e9bf3cd4c9efcfdeca.html，最后访问日期为2020年8月10日。

（三）原有管理层的激励约束

与产业战略投资者不同，私募基金参与国企混改不是为了具体经营，而是为了投资获益。所以，保持原有管理层稳定并予以激励、约束，也是混改企业公司治理重要的一环。例如，在白药控股混改项目中，白药控股选举新一届董事、监事，其中投资人新华都集团董事总裁陈某入选董事，紫金矿业前总裁王某担任董事长，并聘任白药控股原总裁王某担任公司总经理。还明确了原管理层均以市场化原则进行推选、聘任和管理，所有人员均不具有公务员或参照公务员管理的人员之身份。云南省国资委、新华都与管理层三方市场主体搭起了白药控股公司治理的基本架构：即云南省国资委代表国家持有股权，实现国有资产保值增值；战略投资者新华都实现产业布局，对原经营管理层实现市场化激励，体现其价值；而标的企业完成混改有助于建立市场化治理体系，成为真正的市场主体。

（四）公司治理制衡模式创新

2019年12月格力电器公告称，珠海市政府和珠海市国资委已批复同意珠海格力集团有限公司（以下简称格力集团）与珠海明骏投资合伙企业（有限合伙）（以下简称珠海明骏）协议转让格力集团15%股份的交易事项，总金额约为人民币417亿元。股权转让完成后，格力电器实际控制人由珠海国资委变更为无实际控制人。根据各方签订的转让协议，珠海明骏相关方与格力电器管理层已达成一致，各方均不谋求格力电器实际控制权；投资人将推进在格力电器层面给予管理层和骨干员工总额不超过4%的格力电器股份激励计划，同时，尽力促使格力每年净利润分红比例不低于50%。格力电器的18位高管组成管理层实体——珠海格臻投资管理合伙企业（有限合伙）（以下简称格臻投资），格臻投资通过持股珠海明骏管理人股权及认购该基金份额，参与分享该基金投资回报。

格力混改通过引入私募基金，解决了国有股东与管理层长期治理问题，达成了私募投资者、国有股东、管理层利益的平衡。转让完成后，格力集团还持有3.22%的股份，国有股东通过本次股改变现及未来分红获得资本回报，私募基金通过混改与股权激励激发企业活力获得投资收益，管理层通过股权激励计划获得激励，同时受业绩目标约束。这种混改后没有实际控制人，但是各方达到平衡与多赢局面，也是一种混改企业治理的新思路。但其中投资人及关联方与管理层实体利益错综复杂，需要复杂的法律交易结构及条款设计来实现投资者权利保障[①]。

四、私募股权基金退出法律要点问题

（一）私募基金退出主要方式

私募股权投资基金的退出方式主要有以下几种：

1. IPO

首次公开发行股票并上市（IPO）是基金退出的首选方式。当被投资的企业公开上市后，私募基金逐渐减持该公司股份，将所持股权变现获益退出。IPO退出方式可以使投资基金获得较高的收益回报，是实现投资者、企业管理层、企业自身三方利益最大化的理想途径。

2. 兼并收购

兼并收购是私募股权投资基金在时机成熟时，将目标企业的股权转让给第三方（往往是其他PE或产业并购方），以确保所投资资金的顺利撤出。并购方式与IPO相比退出回报较低，一般只是退而求其次的选择。

3. 股权回购

股权回购是指公司或第三方（如公司大股东）按照约定的价格将公司的股份购回，从而使基金退出的方式。通常情况下，股权回购是一种不理想的退出方式，回购条款的设置其实是保障兜底条款，以保证标的企业发展不如预期时，已投资资金能够安全退出。

4. 清算

清算是私募股权投资失败后的退出选择。在私募股权投资基金的几种退出方式中，清算退出是基金最不愿意采取的方式，只有在目标企业前景堪忧或者客观上已

---

① 资料来源：《透视格力混改：下一步格力电器谁说了算？》，载《第一财经》，https://www.yicai.com/news/100424352.html，最后访问日期为2020年8月10日。

经资不抵债的情况下，基金公司才会不得已而为之。

上述退出方式及触发条件一般会在私募股权投资基金与标的企业、原股东签署的投资协议中详细规定。一旦触发，私募基金有权采取相应的退出方式，保障投资的安全及追求最大收益。

（二）参与混改私募基金退出的特殊性

1.股权回购条款的效力

私募股权投资基金一般在投资协议中约定股权回购条款作为兜底条款。如前所述，触发回购条款应该是企业前景不乐观时基金采取的自保行为。因为国企混改的特殊性，一旦触发股权回购条款，回购义务人是否能够以以下理由主张回购条款无效?

（1）投资协议的“对赌条款”是否无效

“对赌条款”一般是投资人与公司股东、管理层签署的业绩约束条款，约定公司未达到约定业绩或约定上市时间，投资人有权要求公司或第三人以约定价格回购所持股权。

我国法律虽然没有明确规定，但是投资人与标的公司之间约定回购股权会导致公司注册资本减少，因其会对公司债权人及公司的利益造成损害以及违反《公司法》关于禁止抽逃出资和非特殊情形下不得回购本公司股份的强制性规定，目前主流司法裁判观点是认定无效，但基金与第三人（一般为公司大股东）的股权回购条款，只要不违反法律强制性规定，一般认为回购条款有效。

（2）回购条款未经批准或备案

根据《企业国有资产法》第三十八条规定，国有独资企业、国有独资公司、国有资本控股公司对其所出资企业的重大事项参照本章规定履行出资人职责。《企业国有资产评估管理暂行办法》第六条规定：“企业有下列行为之一的，应当对相关资产进行评估：……（十）收购非国有单位的资产……”第二十二条规定：“企业进行与资产评估相应的经济行为时，应当以经核准或备案的资产评估结果为作价参考依据；当交易价格低于评估结果的90%时，应当暂停交易，在获得原经济行为批准机构同意后方可继续交易。”因此，考虑到上述规定，涉及国有企业作为回购义务人承担回购股权义务的，建议按照上述规定做出相应的审批及履行评估备案程序，否则可能会影响回购条款的效力。

（3）回购股权定价高的问题

回购条款中约定价格因为包括投资本金及预期收益，所以往往大幅高于混改时标的企业股权评估价格或基金当初认购股权价格，回购义务人是否能够以协议约定价格明显高于评估价为由主张回购条款无效或调整回购价格？

笔者认为，若混改企业已于投资协议签订前后就股权回购条件及价格事宜取得相关批准，则回购方需按照协议约定价格履行回购义务。

至于回购股权时，是否要对标的股权进行评估（此时公司经营状况不佳会直接影响股权价值）并履行备案程序，笔者认为如果回购条款已经获得相关批准或其他内部决策审批程序，是协议各方协商一致的条款，体现各方真实意思表示，不应据此否定民事法律行为（即股权回购协议）的效力，亦不应以评估的资产价值来否定回购条款中保护的预期投资价值，否则将会损害私募投资人对国企混改及国际通行的退出机制的信赖利益。

2. 投资协议应当充分考虑混改的特殊性

因为混改涉及多重法律关系与利益主体，法律繁多，政策性强，决策与进程链条长，国资监管严格，使得私募股权基金参与混改更加复杂。所以在制定法律文件中应当充分考虑混改的特殊性，在关键问题上预留弹性空间。具体建议如下：

（1）尽量减少转让股权退出的障碍

根据《公司法》规定，股东向外转让股权，其他股东在同等条件下有优先购买权。私募投资人可以预先在投资协议中约定，国有股东在什么情形下不得行使优先购买权。同时要注意公司章程、投资协议等组织文件，尽量减少限制投资人转让股权的规定。

（2）预先约定陷入公司僵局选择退出的权利

投资人往往不控股混改企业，投资入股后如果与大股东磨合有问题或大股东损害小股东利益，若投资协议约定不明确，投资人可能连退出都有问题。建议在投资协议中规定公司陷入治理僵局或大股东损害小股东利益时享有“退出”选择权，以及触发按约定价格回购股权的情形。建议详细约定公司治理僵局或小股东利益损害的情况。

（3）详细约定各方承诺事项、确保可行性

在引入私募基金时，投资双方往往会承诺、保证各项事宜。该等内容不应格式化或概括化，应当具体详细约定落在合同实处，各方承诺保障需要内部批准或决策的，一定要事先或事后取得该等批准或决策文件。

鉴于混改的复杂性与政策性，建议私募机构参与混改时，聘请经验丰富的律师参与投资方案与文件起草，以及与混改企业、国有资产管理部门的协商、谈判中去，以避免因对政策、法规不了解、不熟悉导致参与混改的法律风险增加。

第四节 ▎引入外商投资者参与混改法律要点

根据《国务院关于促进外资增长若干措施的通知》（国发〔2017〕39号），积极利用外资是我国对外开放战略的重要内容，鼓励外资参与国内企业优化重组。由于外国投资者在中国投资要符合外商投资产业指导目录和负面清单管理要求，总体来看，外资参与国企混改的领域有限，外资股权占比仍旧不高，但是随着部分行业逐步放开，越来越多的混改项目将会吸引外国投资者积极参与。

一、引入外商参与混改的法律要点问题

（一）外商投资行为概述

根据《外商投资法》第二条规定，外商投资，是指外国的自然人、企业或者其他组织（以下简称外国投资者）直接或者间接在中国境内进行的投资活动，包括下列情形：（1）外国投资者单独或者与其他投资者共同在中国境内设立外商投资企业；（2）外国投资者取得中国境内企业的股份、股权、财产份额或者其他类似权益；（3）外国投资者单独或者与其他投资者共同在中国境内投资新建项目；（4）法律、行政法规或者国务院规定的其他方式的投资。

投资者参与混改属于外商投资行为，除了要遵循混改企业增资、转让股权、债转股、上市公司重组的交易规定和程序外，根据32号令第二十六条规定，还要符合外商投资产业指导目录和负面清单管理要求，以及外商投资安全审查有关规定。

（二）根据负面清单确定外商能否参与混改

负面清单，是指国家规定在特定领域对外商投资实施的准入特别管理措施。根据《外商投资法》第四条规定，国家对外商投资实行准入前国民待遇加负面清单管理制度。准入前国民待遇，是指在投资准入阶段给予外国投资者及其投资不低于本国投资者及其投资的待遇；国家对负面清单之外的外商投资，给予国民待遇。

根据《外商投资法》第二十八条规定，应根据混改企业所属领域，确定外商是

否能够进行投资、参与混改。

1.外商投资准入负面清单规定禁止投资的领域，外国投资者不得投资。

如根据《外商投资准入特别管理措施（负面清单）（2020年版）》，外商禁止投资稀土、放射性矿产、钨勘查、开采及选矿。而根据《鼓励外商投资产业目录（2019年版）》（国家发展和改革委员会、商务部令第27号），石油、天然气的勘探、开发和矿井瓦斯利用等采矿业属于鼓励类。

2.外商投资准入负面清单规定限制投资的领域，外国投资者进行投资应当符合负面清单规定的条件。

投资《外商投资准入特别管理措施（负面清单）》之内的非禁止投资领域，须进行外资准入许可。

3.外商投资准入负面清单以外的领域，按照内外资一致的原则实施管理。

根据《国务院关于促进外资增长若干措施的通知》（国发〔2017〕39号）规定，鼓励外资参与国内企业优化重组。鼓励外资参与国有企业混合所有制改革。所以只要没有列入负面清单，应该都属于鼓励或者不限制参与混改的范围。

（三）外商投资境内企业的审批

根据《外商投资法》第二十九条规定，外商投资需要办理投资项目核准、备案的，按照国家有关规定执行。根据《商务部关于外国投资者并购境内企业的规定》（商务部令2009年第6号），以下外商投资行为需要向商务部申报或获得批准：

1.境内公司、企业或自然人以其在境外合法设立或控制的公司名义并购与其有关联关系的境内的公司，应报商务部审批。

2.外国投资者并购境内企业并取得实际控制权，涉及重点行业、存在影响或可能影响国家经济安全因素或者导致拥有驰名商标或中华老字号的境内企业实际控制权转移的，当事人应就此向商务部进行申报。

3.依据《反垄断法》的规定，外国投资者并购境内企业达到《国务院关于经营者集中申报标准的规定（2018修正）》规定的申报标准的，应当事先向商务部申报，未申报不得实施交易。

商务部自收到规定报送的全部文件之日起30日内对并购申请进行审核，符合条件的，颁发批准证书。外国投资者资产并购的，投资者应自收到批准证书之日起30日内，向登记管理机关申请办理设立登记，领取外商投资企业营业执照。

（四）外商参与混改持股比例设置

根据负面清单（2020年版）规定，以下领域对于外商投资的持股比例及高管限制如下：

1.除专用车、新能源汽车外，汽车整车制造的中方股比不低于50%，同一家外商可在国内建立两家及两家以下生产同类整车产品的合资企业。（2022年取消乘用车制造外资股比限制以及同一家外商可在国内建立两家及两家以下生产同类整车产品的合资企业的限制）。

2.国内水上运输公司须由中方控股。公共航空运输公司须由中方控股，且一家外商及其关联企业投资比例不得超过25%，法定代表人须由中国国籍公民担任。通用航空公司的法定代表人须由中国国籍公民担任，其中农、林、渔业通用航空公司限于合资，其他通用航空公司限于中方控股。

3.电信公司：限于中国入世承诺开放的电信业务，增值电信业务的外资股比不超过50%（电子商务、国内多方通信、存储转发类、呼叫中心除外），基础电信业务须由中方控股。

（五）外商投资安全审查问题

外商投资涉及国家经济安全审查，根据《国务院办公厅关于建立外国投资者并购境内企业安全审查制度的通知》（国办发〔2011〕6号）规定，外国投资者并购境内企业安全审查的范围为：外国投资者并购境内军工及军工配套企业，重点、敏感军事设施周边企业，以及关系国防安全的其他单位；外国投资者并购境内关系国家安全的重要农产品、重要能源和资源、重要基础设施、重要运输服务、关键技术、重大装备制造等企业，且实际控制权可能被外国投资者取得。

外国投资者并购境内企业，属于上文明确的并购安全审查范围的，外国投资者应向商务部提出并购安全审查申请。当事人未予申报并购行为，但其并购行为对国家经济安全造成或可能造成重大影响的，商务部可以会同相关部门要求当事人终止交易或采取转让相关股权、资产或其他有效措施，以消除并购行为对国家经济安全的影响。

商务部将审查意见书面通知申请人（或当事人），以及负责并购交易管理的地方商务主管部门，审查的意见分别为：

1.对不影响国家安全的，申请人可按照《商务部关于外国投资者并购境内企业的规定（2009年修改）》（商务部令2009年第6号）、《商务部、国家工商行政管理局关于外商投资企业境内投资的暂行规定（2015年修正）》等有关规定，到具有相应管理权限的相关主管部门办理并购交易手续。

2.对可能影响国家安全且并购交易尚未实施的，当事人应当终止交易。申请人未经调整并购交易、修改申报文件并经重新审查，不得申请并实施并购交易。

3.外国投资者并购境内企业行为对国家安全已经造成或可能造成重大影响的，根据联席会议审查意见，商务部会同有关部门终止当事人的交易，或采取转让相关股权、资产或其他有效措施，以消除该并购行为对国家安全的影响。

二、引入外商参与混改的一般程序

结合外商投资、国企混改的相关法律规定及实践，外商通过增资或受让股权等并购方式参与股改的程序如下：

1.律师对目标公司做尽职调查；

2.制定具体并购方案；

3.报国资监管部门审批；

4.企业进行财务审计、资产评估；

5.律师出具法律意见书，设计并购方案，编写投资协议书；

6.双方进产权交易所交易，或根据法律规定及实际情况协商、谈判交易价格，签订收购协议书和合同；

7.签订收购后的外资投资企业合同，修改被收购公司章程；

8.准备审批文件，向商务部门办理审批手续，申请安全审查（如需），取得外商投资企业批准证书；

9.办理工商登记/变更手续。

6

CHAPTER

第六章

国企混改与科创板上市法律实务

MIXED-OWNERSHIP REFORM

本章导读

近年来，国有企业混合所有制改革不断向前推进。企业国有资产交易在其中扮演着至关重要的角色，是国企混改的主要方式之一。拟混改企业引进非公有资本投资者，主要通过产权市场、股票市场等市场化平台，以公开、公平、公正的方式进行。其中，通过股票市场引进非公有资本投资者，主要方式包括首发上市（IPO）和上市公司股份转让、发行证券、资产重组等。

国资委《关于印发〈中央企业混合所有制改革操作指引〉的通知》（国资产权〔2019〕653号）规定："符合国家战略、拥有关键核心技术、科技创新能力突出、主要依靠核心技术开展生产经营、具有稳定商业模式、市场认可度高、社会形象良好、具有较强成长性的企业，可积极申请在科创板上市。"《关于在上海证券交易所设立科创板并试点注册制的实施意见》（证监会公告〔2019〕2号）明确，"达到一定规模的上市公司，可以依法分拆其业务独立、符合条件的子公司在科创板上市"。国有企业通过科创板股票市场实现混改，将成为将来较为流行的一种混改类型。

2018年11月5日，习近平总书记在首届中国国际进口博览会开幕式上宣布，将在上海证券交易所设立科创板并试点注册制。科创板的使命包括助力国家经济转型，优化资本市场结构，让投资者享受新经济发展成果，完善资本市场基础制度以及推动中国资本市场国际化。试点注册制是科创板改革最大的制度突破，市场化、法治化原则体现在企业上市及交易的全过程。

本章主要介绍国有企业通过科创板股票市场实现混改需要了解的科创板上市的共性问题和"国企混改+科创板上市"的个性问题，主要内容包括：1.科创板设立背景；2.科创板上市与发行流程；3.科创板IPO审核法律实务要点；4.通过科创板股票市场实施混合所有制改革之相关法律问题。

第一节 ┃ 科创板设立背景

一、我国股票发行上市制度演变

1990年年底以“两所一网”（上海证券交易所、深圳证券交易所、全国证券交易自动报价系统）的建立为标志，新中国证券市场正式诞生。1992年10月，国务院证券委员会（以下简称证券委）和中国证券监督管理委员会（以下简称证监会）宣告成立，标志着中国证券市场统一监管体制开始形成，证券委是国家对证券市场进行统一宏观管理的主管机构，证监会是国务院证券委的监管执行机构，依照法律法规对证券市场进行监管。到1993年国务院颁发《股票发行与交易管理暂行条例》，意味着全国统一的股票发行审核制度正式建立，并先后经历了行政主导的审批制和市场化方向的核准制两个阶段，其中，审批制包括“额度管理”和“指标管理”两个阶段，核准制包括“通道制”和“保荐制”两个阶段。

1993年4月25日，国务院颁布了《股票发行与交易管理暂行条例》，标志着审批制的正式确立。在审批制下，股票发行由国务院证券监督管理机构根据经济发展和市场供求的具体情况，在宏观上制定一个当年股票发行总规模（额度或指标），经国务院批准后，下达给中华人民共和国国家计划委员会（以下简称国家计委，现名为国家发展和改革委员会），国家计委再根据各个省级行政区域和行业在国民经济发展中的地位和需要进一步将总额度分配到各省、自治区、直辖市、计划单列市和国家有关部委。这是审批制的“额度管理”阶段，时间从1993年到1995年。1996年，证券委公布了《关于1996年全国证券期货工作安排意见》，推行“总量控制、限报家数”的指标管理办法。由国家计委、证券委共同制定股票发行总规模，中国证监会在确定的规模内，根据市场情况向各省级政府和行业管理部门下达股票发行家数指标，省级政府或行业管理部门在指标内推荐预选企业，证券监管部门对符合条件的预选企业同意其上报发行股票正式申报材料并审核。这是“指标管理”阶段，时间从1996年到2000年。

1999年7月1日正式实施的《证券法》明确确立了核准制的法律地位。1999年9

月16日，证监会推出了股票发行核准制实施细则。随后，证监会又陆续制定了一系列与《证券法》相配套的法律法规和部门规章，例如《中国证监会股票发行审核委员会条例》《中国证监会股票发行核准程序》《股票发行上市辅导工作暂行办法》等，构建了股票发行核准制的基本框架。核准制的第一个阶段是"通道制"。2001年3月17日，证监会宣布取消股票发行审批制，正式实施股票发行核准制下的"通道制"，即每家证券公司一次只能推荐一定数量的企业申请发行股票，由证券公司将拟推荐企业逐一排队，按序推荐。所推荐企业每核准一家才能再报一家，即"过会一家，递增一家"（2001年6月24日又调整为"每公开发行一家才能再报一家"，即"发行一家，递增一家"），具有主承销资格的证券公司拥有的通道数量最多8条，最少2条。

2003年12月，证监会制定了《证券发行上市保荐制度暂行办法》等法规，这是适应市场需求和深化股票发行制度改革的重大举措。中国的保荐制度是指有资格的保荐人推荐符合条件的公司公开发行证券和上市，并对所推荐的发行人的信息披露质量和所做承诺提供持续训示、督促、辅导、指导和信用担保的制度。其主要内容包括：建立保荐机构和保荐代表人的注册登记管理制度；明确保荐期限；分清保荐责任；引进持续信用监管和"冷淡对待"的监管措施四个方面。

2013年11月，中共十八届三中全会通过的《中共中央关于全面深化改革若干重大问题的决定》明确提出"推行股票发行注册制改革"。2015年12月，全国人大常委会通过《关于授权国务院在实施股票发行注册制改革中调整适用〈中华人民共和国证券法〉有关规定的决定》，该决定自2016年3月1日起施行，期限为两年。2018年2月24日，第十二届全国人民代表大会常务委员会第三十三次会议通过《关于延长授权国务院在实施股票发行注册制改革中调整适用〈中华人民共和国证券法〉有关规定期限的决定》，注册制改革期限延长两年至2020年2月29日。2019年12月28日，第十三届全国人大常委会第十五次会议审议通过了修订后的《中华人民共和国证券法》，于2020年3月1日起施行，全面推行证券发行注册制度。①

---

① 鉴于证券市场有不同板块，有不同证券品种，推行注册制在客观上不可能一步到位，一蹴而就。注册制的推进将是分步到位的。《证券法》在此次修订中新增加了一条授权国务院对注册制的具体范围、实施步骤做出具体规定的条款，也为分步实施注册制预留了空间。

二、科创板的推出

（一）关于“战略新兴板”

2013年9月，上海证券交易所（以下简称上交所）启动了设立新兴板的相关研究工作，同年12月24日，向证监会上报了《关于上交所设立战略新兴产业板的请示》。2014年3月“两会”期间，时任上海证券交易所理事长桂敏杰首次公开表示正在研究设立“战略新兴板”，战略新兴板聚焦于新兴产业以及创新型企业，重点服务于已跨越了创业阶段，具有一定规模的新兴产业企业和创新型企业，尤其是这两类企业中国家战略意义明显的企业。2015年12月，国务院常务会议确立建立上海证券交易所战略新兴板，支持创新创业企业融资。2016年3月，全国人大常委会第四次会议修改了“十三五”规划纲要，删除“设立战略性新兴产业板”，意味着“战略新兴板”不再设立。

（二）关于“注册制”

2013年11月，中共十八届三中全会通过的《中共中央关于全面深化改革若干重大问题的决定》明确提出“推行股票发行注册制改革”。2015年12月，全国人大常委会通过《关于授权国务院在实施股票发行注册制改革中调整适用〈中华人民共和国证券法〉有关规定的决定》，决定自2016年3月1日起施行，期限为两年。2016年3月“十三五”规划纲要明确“创造条件实施股票发行注册制”。2016年3月，时任证监会主席表示，“配套的改革需要相当的过程、相当长的时间。注册制是不可以单兵突进的”。2018年2月，全国人大常委会审议通过，相关授权延长两年至2020年2月29日。2019年12月28日，第十三届全国人大常委会第十五次会议审议通过了修订后的《中华人民共和国证券法》，于2020年3月1日起施行。科创板试点注册制，已经在全国人大常委会授权实施注册制的有效期内实施了，这次《证券法》修订之后，正好做到无缝衔接，授权决定是2020年2月29日到期，新修订的《证券法》于2020年3月1日实施，继续实行注册制。

（三）创新试点企业

2018年3月30日，国务院办公厅转发《证监会关于开展创新企业境内发行股票或存托凭证试点若干意见的通知》，支持符合条件的试点企业（包括境内注册企业和红筹企业）在境内资本市场发行股票或存托凭证等证券。2018年6月6日，中国证监会发布《存托凭证发行与交易管理办法（试行）》等一系列试点工作配套规则，2018年6月15日，上海证券交易所和深圳证券交易所发布一系列上市交易配套业务规则。

（四）科创板与注册制的进程

2018年11月5日，习近平总书记在首届中国国际进口博览会开幕式上宣布，将在上海证券交易所设立科创板并试点注册制。科创板的使命包括助力国家经济转型，优化资本市场结构，让投资者享受新经济发展成果，完善资本市场基础制度以及推动中国资本市场国际化。2019年1月23日，中国共产党中央全面深化改革委员会通过设立科创板并试点注册制总体实施方案。2019年1月30日，证监会发布《关于在上海证券交易所设立科创板并试点注册制的实施意见》。同日，证监会和上交所发布科创板规则体系征求意见稿。2019年3月1日，证监会和上交所正式发布科创板主要制度规则。2019年3月18日，上交所开始受理科创板上市申报文件；2019年6月5日，首批3家企业通过上市委审议会议；2019年6月13日，科创板正式开板；2019年6月18日，首批2家企业注册生效；2019年6月27日，首家企业开始发行；2019年7月22日，首批25家企业挂牌上市。

截至2020年3月6日，上交所共受理211家科创板企业上市申报文件，合计通过上市委审议112家，通过上市委审议后不予注册1家（恒安嘉新），通过上市委审议后终止注册2家（利元亨、世纪空间），未通过上市委审议而终止审核的3家（国科环宇、泰坦科技、博拉网络），撤回申请终止审核22家；已挂牌上市公司合计91家。

（五）科创板的数个“第一家”

试点注册制是科创板改革最大的制度突破，市场化、法治化原则体现在企业上市及交易的全过程。例如，在上市条件方面，科创板设置多元包容的上市条件，允许符合科创板定位、尚未盈利或存在累计未弥补亏损的企业在科创板上市，允许符合要求的特殊股权结构企业和红筹企业在科创板上市。在上市审核及注册环节，上交所和证监会实行完全公开化的问询式审核，交易所的提问和企业的回复均充分披露，不断突出重点、聚焦风险。除特殊情况下中止审核等情况外，在注册制下，上交所自受理发行上市申请文件之日起3个月内出具同意发行上市的审核意见或者作出终止发行上市审核的决定，但发行人及其保荐人、证券服务机构回复上交所审核问询的时间不计算在内，发行人及其保荐人、证券服务机构回复上交所审核问询的时间总计不超过3个月，因此，目前已上市科创板公司从受理到注册完成平均用时大都未超过7个月（包括证监会的注册时间），甚至前期很多公司在3个月至4个月内完成了从申报到上市的全流程，比传统核准制效率大幅度提升。

另外，科创板还在发行和交易规则方面进行了一系列制度创新，包括采用市场化定价、保荐机构跟投、放宽涨跌幅限制、完善盘中临时停牌、实行“价格笼子”等。

截至2020年3月6日，科创板上市公司中，有数个中国IPO“第一家”：第一家同股不同权公司（优刻得科技股份有限公司）；第一家以有限责任公司形式上市、第一家红筹企业、第一家港币面值的公司（华润微电子有限公司）；第一家亏损上市、“标准五”获通过的公司（苏州泽璟生物制药股份公司）；第一家国际投行保荐及跟投企业、“H+科创板公司”（上海昊海生物科技股份有限公司）；上海市硅产业集团作为第一家在上市前股权授予上市后行权的申报企业，也已通过上交所科创板股票上市委员会通过（审核状态为提交注册）。由此可见科创板的包容性和创新性。

第二节 ▎科创板上市与发行流程

一、科创板发行上市基本条件

（一）企业定位

发行人申请首次公开发行股票并在科创板上市，应当符合科创板定位，面向世界科技前沿、面向经济主战场、面向国家重大需求。优先支持符合国家战略，拥有关键核心技术，科技创新能力突出，主要依靠核心技术开展生产经营，具有稳定的商业模式，市场认可度高，社会形象良好，具有较强成长性的企业。重点支持新一代信息技术、高端装备、新材料、新能源、节能环保以及生物医药等高新技术产业和战略性新兴产业，推动互联网、大数据、云计算、人工智能和制造业深度融合，引领中高端消费，推动质量变革、效率变革、动力变革。具体行业范围由上交所发布并适时更新。

《上海证券交易所科创板企业上市推荐指引》对科创板定位的行业范围进一步进行了明确，其中提到：

1.保荐机构在把握科创板定位时，应当遵循下列原则：（1）坚持面向世界科技前沿、面向经济主战场、面向国家重大需求；（2）尊重科技创新规律和企业发展规律；（3）处理好科技创新企业当前现实和科创板建设目标的关系；（4）处理好优先推荐科创板重点支持的企业与兼顾科创板包容的企业之间的关系。

2.下列企业将得到保荐机构的优先推荐：（1）符合国家战略、突破关键核心技术、市场认可度高的科技创新企业；（2）属于新一代信息技术、高端装备、新材料、新能源、节能环保以及生物医药等高新技术产业和战略性新兴产业的科技创新企业；（3）互联网、大数据、云计算、人工智能和制造业深度融合的科技创新企业。

3.同时，对于科技创新的发展趋势的准确把握非常重要，下列领域的科技创新企业将得到保荐机构的重点推荐：（1）新一代信息技术领域，主要包括半导体和集成电路、电子信息、下一代信息网络、人工智能、大数据、云计算、新兴软件、互联网、物联网和智能硬件等；（2）高端装备领域，主要包括智能制造、航空航天、先进轨道交通、海洋工程装备及相关技术服务等；（3）新材料领域，主要包括先进钢铁材料、先进有色金属材料、先进石化化工新材料、先进无机非金属材料、高性能复合材料、前沿新材料及相关技术服务等；（4）新能源领域，主要包括先进核电、大型风电、高效光电光热、高效储能及相关技术服务等；（5）节能环保领域，主要包括高效节能产品及设备、先进环保技术装备、先进环保产品、资源循环利用、新能源汽车整车、新能源汽车关键零部件、动力电池及相关技术服务等；（6）生物医药领域，主要包括生物制品、高端化学药、高端医疗设备与器械及相关技术服务等；（7）符合科创板定位的其他领域。

下图列示了2019年国内科创板主题行业的情况：

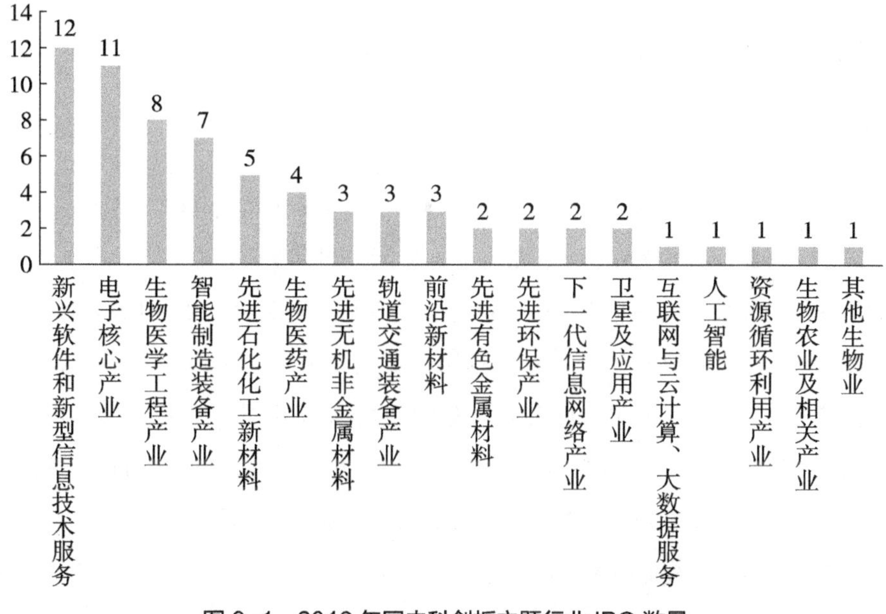

图6-1　2019年国内科创板主题行业IPO数量

注：数据来源为IT桔子©Itjuzi.com。

（二）主体资格

发行人是依法设立且持续经营3年以上的股份有限公司，具备健全且运行良好的组织机构，相关机构和人员能够依法履行职责。有限责任公司按原账面净资产值折股整体变更为股份有限公司的，持续经营时间可以从有限责任公司成立之日起计算。

参照《首发业务若干问题解答（2020修订）》（2020年6月10日发布并生效）问题1的解答，如有限公司以经评估的净资产折股设立股份公司，视同新设股份公司，业绩不可连续计算；科创板IPO规则中规定的“最近1年”以12个月计，“最近2年”以24个月计，“最近3年”以36个月计。

（三）财务及内控规范

发行人会计基础工作规范，财务报表的编制和披露符合企业会计准则和相关信息披露规则的规定，在所有重大方面公允地反映了发行人的财务状况、经营成果和现金流量，并由注册会计师出具标准无保留意见的审计报告。发行人内部控制制度健全且被有效执行，能够合理保证公司运行效率、合法合规和财务报告的可靠性，并由注册会计师出具无保留结论的内部控制鉴证报告。

（四）持续经营能力

发行人业务完整，具有直接面向市场独立持续经营的能力：（1）资产完整，业务及人员、财务、机构独立，与控股股东、实际控制人及其控制的其他企业之间不存在对发行人构成重大不利影响的同业竞争，不存在严重影响独立性或者显失公平的关联交易。（2）发行人主营业务、控制权、管理团队和核心技术人员稳定，最近2年内主营业务和董事、高级管理人员及核心技术人员均没有发生重大不利变化；控股股东和受控股股东、实际控制人支配的股东所持发行人的股份权属清晰，最近2年实际控制人没有发生变更，不存在导致控制权可能变更的重大权属纠纷。（3）发行人不存在主要资产、核心技术、商标等的重大权属纠纷，重大偿债风险，重大担保、诉讼、仲裁等或有事项，经营环境已经或者将要发生重大变化等对持续经营有重大不利影响的事项。

（五）合法性要求

发行人生产经营符合法律、行政法规的规定，符合国家产业政策。最近3年内，发行人及其控股股东、实际控制人不存在贪污、贿赂、侵占财产、挪用财产或者破坏社会主义市场经济秩序的刑事犯罪，不存在欺诈发行、重大信息披露违法或者其他涉及国家安全、公共安全、生态安全、生产安全、公众健康安全等领域的重大违法行为。董事、监事和高级管理人员不存在最近3年内受到中国证监会行政处罚，或者因涉嫌犯罪被司法机关立案侦查或者涉嫌违法违规被中国证监会立案调查，尚未有明确结论意见等情形。

（六）上市条件

发行人申请在上交所科创板上市，应当符合下列条件：

1.符合中国证监会规定的发行条件。

2.发行后股本总额不低于人民币3000万元。

3.公开发行的股份达到公司股份总数的25%以上；公司股本总额超过人民币4亿元的，公开发行股份的比例为10%以上。

4.市值及财务指标符合《上海证券交易所科创板股票上市规则》规定的标准。

5.上交所规定的其他上市条件。

其中第4点，发行人申请上市的，市值及财务指标应当至少符合下列标准中的一项：

（1）标准一：市值+净利润或市值+净利润+营业收入

预计市值不低于人民币10亿元，最近两年净利润均为正且累计净利润不低于人民币5000万元，或者预计市值不低于人民币10亿元，最近一年净利润为正且营业收入不低于人民币1亿元。

（2）标准二：市值+营业收入+研发投入

预计市值不低于人民币15亿元，最近一年营业收入不低于人民币2亿元，且最近三年累计研发投入占最近三年累计营业收入的比例不低于15%。

（3）标准三：市值+营业收入+经营活动现金流

预计市值不低于人民币20亿元，最近一年营业收入不低于人民币3亿元，且最近三年经营活动产生的现金流量净额累计不低于人民币1亿元。

（4）标准四：市值+营业收入

预计市值不低于人民币30亿元，且最近一年营业收入不低于人民币3亿元；

（5）标准五：市值+技术优势

预计市值不低于人民币40亿元，主要业务或产品需经国家有关部门批准，市场空间大，目前已取得阶段性成果。医药行业企业需至少有一项核心产品获准开展二期临床试验，其他符合科创板定位的企业需具备明显的技术优势并满足相应条件。

本条所称净利润以扣除非经常性损益前后的孰低者为准，所称净利润、营业收入、经营活动产生的现金流量净额均指经审计的数值。

（6）红筹企业适用的标准

符合《国务院办公厅转发证监会关于开展创新企业境内发行股票或存托凭证试点若干意见的通知》（国办发〔2018〕21号）相关规定的红筹企业，可以申请发行股票或存托凭证并在科创板上市。营业收入快速增长，拥有自主研发、国际领先技术，同行业竞争中处于相对优势地位的尚未在境外上市红筹企业，申请在科创板上市的，市值及财务指标应当至少符合下列标准之一：①预计市值不低于人民币100亿元；②预计市值不低于人民币50亿元，且最近一年营业收入不低于人民币5亿元。

（7）表决权差异企业适用的标准

发行人具有表决权差异安排的，市值及财务指标应当至少符合下列标准中的一项：①预计市值不低于人民币100亿元；②预计市值不低于人民币50亿元，且最近一年营业收入不低于人民币5亿元。

二、科创板发行上市程序

（一）审核机构

首次公开发行股票并在科创板上市，应当符合发行条件、上市条件以及相关信息披露要求，依法经上交所发行上市审核并报经中国证监会履行发行注册程序。

上交所设立科创板发行上市审核机构，对发行人科创板股票发行上市申请文件进行审核。上交所科创板发行上市审核机构为科创板上市审核中心（以下简称中心）下设综合部、审核部、质量控制部。其中，综合部负责中心的组织协调工作，负责材料受理、文件流转、工作协调，以及上市委员会秘书处工作；审核部负责科创板股票发行上市审核和科创板上市公司并购重组审核工作；质量控制部负责对审核工作进行监督，承担中介机构监管，实施监管措施与纪律处分，以及科技创新咨询委员会秘书处工作。

上交所设立科创板股票上市委员会，对上交所审核机构出具的审核报告以及发行上市申请文件进行审议，就审核机构提出的初步审核意见，提出审议意见；对发行人提出异议的上交所不予受理、终止审核决定进行复审；对上交所审核工作提供咨询等。上市委员会委员共30名至40名，主要由上交所以外的专家和上交所相关的专业人员组成。上市委员会通过上市委工作会议的形式履行职责。上市委会议以合议方式进行审议和复审，通过集体讨论，形成合议意见。

上交所设立科技创新咨询委员会，负责向上交所提供专业咨询、人员培训和政策建议。咨询事项包括：上交所科创板的定位以及发行人是否具备科技创新属性、符合科创板定位；上交所《科创板企业上市推荐指引》等相关规则的制定；与发行人业务和技术相关的问题；国内外科技创新及产业化应用的发展动态等。咨询委员会委员共40名至60名，由从事科技创新行业的权威专家、知名企业家、资深投资专家组成，所有委员均为兼职。上交所通过召开会议、书面函件等方式，向咨询事项涉及的相关行业委员进行咨询。

（二）注册程序

1.发行人内部决策流程（IPO）

（1）发行人董事会应当依法就本次股票发行的具体方案、本次募集资金使用的可行性及其他必须明确的事项作出决议，并提请股东大会批准；

（2）发行人股东大会就本次发行股票作出的决议，至少应当包括下列事项：本次公开发行股票的种类和数量；发行对象；定价方式；募集资金用途；发行前滚存利润的分配方案；决议的有效期；对董事会办理本次发行具体事宜的授权；其他必须明确的事项；

（3）发行人申请首次公开发行股票并在科创板上市，应当按照中国证监会和上交所有关规定制作注册申请文件，由保荐人保荐并向上交所提交发行上市申请文件。

提示：自注册申请文件受理之日起，发行人及其控股股东、实际控制人、董事、监事、高级管理人员，以及与本次股票公开发行并上市相关的保荐人、证券服务机构及相关责任人员，即承担相应法律责任。

2. IPO 审核流程

科创板审核流程图如下。[①]

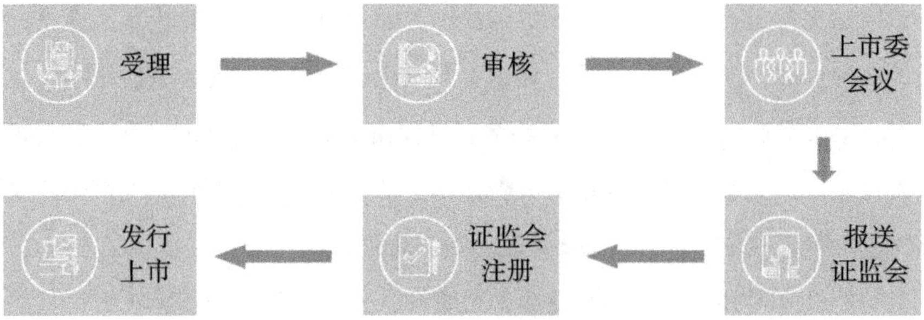

图 6-2　科创板审核流程图

注：数据来源为上海证券交易所网站。

三、企业提交科创板发行上市申请前的准备工作

（一）聘请中介机构、IPO 项目启动

企业在科创板上市之前，需要确定中介机构，启动中介机构协调会，确定上市时间表，中介机构分别制订查验计划，提供法律、财务以及业务等尽职调查清单，发现企业存在的问题并提出解决方案。

（二）尽职调查问题整改及股改

企业根据中介机构在尽职调查中发现的问题，和中介机构一起确定各个问题的整改方式，并尽快完成全部瑕疵的整改。大多数时候，中介机构进场时发行人方为有限责任公司状态，在尽职调查完成及大部分整改完成后，发行人方整体变更为股

① 对本流程图的具体解释，可于上海证券交易所科创板股票审核之机构职能页面查询。（http://kcb.sse.com.cn/aboutus/function/）

份有限公司。同时，由于科创板审核时间要求非常明确，节奏十分紧张，在前期问题的解决时发行人需彻底整改，重要资料收集完善，中介机构需充分留存相关底稿，以便申报后回答反馈问题时准确充分，尽量减少反馈的轮次。

（三）上市辅导

发行人向当地证监局报送了首次在科创板公开发行股票并上市辅导备案材料，并接受上市辅导机构的上市辅导，辅导内容包括尽职调查、辅导整改、辅导考试以及辅导验收。和传统板块相比，科创板辅导验收时间明显变短，传统板块审核过程中各地证监局提交给证监会发行监管部的辅导验收报告，在科创板中也变为《无异议函》，由各地证监局出示给保荐机构，作为申报材料之一上传上交所申报系统。

（四）制作申报材料并向上交所提交申报材料

发行人及中介机构撰写招股说明书，制作法律意见书、全套申报材料并向上交所提交申报材料。在提交发行上市申请文件前，对于重大疑难、无先例事项等涉及上交所业务规则理解与适用的问题，发行人及保荐人可以通过上交所发行上市审核业务系统进行咨询；确需当面咨询的，可以通过上交所发行上市审核业务系统预约。

四、科创板信息披露

科创板实行以信息披露为中心的股票发行审核制度，注册制是一种不同于审批制、核准制的证券发行监管制度，它的基本特点是以信息披露为中心，通过要求证券发行人真实、准确、完整地披露公司信息，使投资者可以获得必要的信息对证券价值进行判断并做出是否投资的决策，证券监管机构对证券的价值好坏、价格高低不做实质性判断。

（一）信息披露的要求

发行人作为信息披露第一责任人，应当诚实守信，依法充分披露投资者做出价值判断和投资决策所必需的信息，保证发行上市申请文件和信息披露的真实、准确、完整，不得有虚假记载、误导性陈述或者重大遗漏。发行人应当为保荐人、证券服务机构及时提供真实、准确、完整的业务运营、财务会计及其他资料，全面配合相关机构开展尽职调查和其他相关工作。发行人的控股股东、实际控制人应当全面配合相关机构开展尽职调查和其他相关工作，不得要求或者协助发行人隐瞒应当披露的信息。

（二）信息披露的审核

上交所对发行上市申请文件进行审核，通过提出问题、回答问题等多种方式，督促发行人及其保荐人、证券服务机构完善信息披露，真实、准确、完整地披露信息，提高信息披露质量。在信息披露审核中，重点关注发行人的信息披露是否达到真实、准确、完整的要求，是否符合招股说明书内容与格式准则的要求。

上交所充分利用发行上市审核问询的监管方式，其此前明确表示，公开化的问询式审核，是科创板发行上市审核的重要机制，目的是通过一轮或多轮问询“问出一家真公司”。同时，让市场主体在信息充分披露基础上，对公司的质量和价值进行投资判断。

以首轮问询为例，遵循“全面问询、突出重点、合理怀疑、压实责任”的原则，在首轮问询中针对突出问题予以督促说明，以提高科创板试行注册制下信息披露质量。上交所首轮问询问题一般是40—60个（大问题，有些大问题还分为若干个小问题），主要分为6个部分：（1）公司股权结构、董监高等基本问题；（2）公司核心技术相关问题；（3）公司业务相关问题；（4）公司治理与独立性相关问题；（5）公司财务会计信息与管理层分析问题；（6）其他事项问题。覆盖招股说明书中包括财务、法律、行业等不同层面的全部内容，同时对信息披露是否充分、一致、可理解等方面进行评价。与传统板块的审核问题相比，科创板审核对核心技术和业务问题关注明显更多，重点关注“技术先进性”“行业领先性”的充分说明及披露，对受理企业的研发团队情况、核心技术先进程度、业务盈利模式等信息进行重点关注，以保证其科创属性、契合科创板块定位。上交所坚持审慎的问询态度，以防范欺诈发行、虚假陈述等违法行为，并针对中介机构把关不严的情况进行约谈，严格履行其“看门人”职责。

第三节 科创板IPO审核法律实务要点

一、核心技术、知识产权与科创板定位

核心技术和知识产权是监管部门关注的重点之一，知识产权（专利权、商标权、著作权等）作为企业的无形资产，其权属的合法合规性是基本要求，体现为外部登记和企业自身的知识产权管理及权属保护体系，涉及知识产权授权许可或者权利共有的情形需予以关注，确保拟上市企业在可预见的期限内，不会由于知识产权保护而导致企业经营出现不利变化。许多核心技术从法律层面看也是知识产权的一种，同时从技术角度以及对企业生产经营重要程度的角度看，需特别关注其在众多知识产权中"脱颖而出"的特点，即其"核心"性。如果说一般知识产权的权属不利变化可能对拟上市企业资产及生产经营产生一定的不利影响，需要根据具体情况予以评估，那么"核心技术"这类知识产权的权属不利变化甚至可预见的潜在不利变化甚至纠纷等事项的出现，将直接影响拟上市企业是否具有持续经营的能力，即是否符合科创板上市条件。此外，拟上市企业要在科创板上市，应当符合科创板定位，面向世界科技前沿、面向经济主战场、面向国家重大需求。优先支持符合国家战略，拥有关键核心技术，科技创新能力突出，主要依靠核心技术开展生产经营，具有稳定的商业模式，市场认可度高，社会形象良好，具有较强成长性的企业。

科创板企业的核心竞争力，就是企业自身所拥有的科技创新能力与成果，而一个企业科技创新成果数量最好的体现，就是企业所拥有的专利数量。以首批上市的科创板企业为例，根据科创板申报书披露，光峰科技在全球范围内获授权专利792项，同时正在申请授权的专利超700项；福光股份拥有175项发明专利、166项实用新型专利和4项外观设计专利；澜起科技已获授权的国内外专利达90项，获集成电路布图设计证书39项；安集科技及其子公司共获得190项发明专利等。拥有数量可观的高质量专利，最直观的利好是可基于技术垄断取得优势市场地位，将非核心技术专利授权许可也可获利。拥有核心产品专利、高价值专利，能够加强投资者对企业经营及发展的信心，有助于提升品牌形象。专利的数量和质量关系到企业未来能

走多远。

科创板对核心技术和知识产权的要求是目前IPO中最高的，在《科创板首次公开发行股票注册管理办法（试行）》的发行条件中首先要求发行人不存在主要资产、核心技术、商标等的重大权属纠纷。同时《上海证券交易所科创板企业上市推荐指引》中明确了保荐机构应当准确把握科技创新企业的运行特点，充分评估企业科技创新能力，重点关注以下事项：（1）是否掌握具有自主知识产权的核心技术，核心技术是否权属清晰、是否在国内或国际领先、是否成熟或者存在快速迭代的风险；（2）是否拥有高效的研发体系，是否具备持续创新能力，是否具备突破关键核心技术的基础和潜力，包括但不限于研发管理情况、研发人员数量、研发团队构成及核心研发人员背景情况、研发投入情况、研发设备情况、技术储备情况；（3）是否拥有市场认可的研发成果，包括但不限于与主营业务相关的发明专利、软件著作权及新药批件情况，独立或牵头承担重大科研项目情况，主持或参与制定国家标准、行业标准情况，获得国家科学技术奖项及行业权威奖项情况；（4）是否具有相对竞争优势，包括但不限于所处行业市场空间和技术壁垒情况，行业地位及主要竞争对手情况，技术优势及可持续性情况，核心经营团队和技术团队竞争力情况；（5）是否具备技术成果有效转化为经营成果的条件，是否形成有利于企业持续经营的商业模式，是否依靠核心技术形成较强成长性，包括但不限于技术应用情况、市场拓展情况、主要客户构成情况、营业收入规模及增长情况、产品或服务盈利情况；（6）是否服务于经济高质量发展，是否服务于创新驱动发展战略、可持续发展战略、军民融合发展战略等国家战略，是否服务于供给侧结构性改革。保荐机构应当在《关于发行人符合科创板定位要求的专项意见》中披露相关核查过程、依据和结论。

《上海证券交易所科创板股票发行上市审核问答》问题9“《上市审核规则》规定发行人应当符合科创板定位。对此应如何把握？”的解答中，亦从发行人自我评估、保荐机构的相关要求、上交所审核中的关注要点进行了明确的指引；同时，在问题10“《上市审核规则》规定，发行人应当主要依靠核心技术开展生产经营，对此应当如何理解？信息披露有哪些要求？中介机构应当如何进行核查？”的答复中，对发行人研发产生和拥有先进核心技术的产权，同时必须拥有将该核心技术应用于生产、取得相应的营业收入等重要性，进行了强调，二者缺一不可，具体要求如下。

1.主要依靠核心技术开展生产经营的理解

主要依靠核心技术开展生产经营，是指企业的主要经营成果来源于依托核心技术的产品或服务。一是发行人能够坚持科技创新，通过持续的研发投入积累形成核心技术。二是发行人主要的生产经营能够以核心技术为基础，将核心技术进行成果转化，形成基于核心技术的产品（服务）。如果企业核心技术处于研发阶段，其主要研发投入均应当围绕该核心技术及其相关的产品（服务）。三是核心技术的判断主要结合发行人所处行业的国家科技发展战略和政策、整体技术水平、国内外科技发展水平和趋势等因素，综合判断。

2.发行人信息披露要求

发行人应在招股说明书中披露以下信息：（1）报告期内通过核心技术开发产品（服务）的情况，报告期内核心技术产品（服务）的生产和销售数量，核心技术产品（服务）在细分行业的市场占有率；（2）报告期内营业收入中，发行人依靠核心技术开展生产经营所产生收入的构成、占比、变动情况及原因等。

3.保荐机构核查要求

保荐机构应结合发行人所处的行业、技术水平和产业应用前景，重点核查以下事项：（1）发行人的研发投入是否主要围绕核心技术及其相关产品（服务）；（2）发行人营业收入是否主要来源于依托核心技术的产品（服务），营业收入中是否存在较多的与核心技术不具有相关性的贸易等收入，核心技术能否支持公司的持续成长；（3）发行人核心技术产品（服务）收入的主要内容和计算方法是否适当，是否为偶发性收入，是否来源于显失公平的关联交易；（4）其他对发行人利用核心技术开展生产经营活动产生影响的情形。

保荐机构应当就发行人是否“主要依靠核心技术开展生产经营”发表明确意见。保荐机构在全面核查并发表明确核查意见的基础上，应审慎选择并推荐符合科创板定位的企业上市，督促发行人做好相关信息披露和风险揭示。

《公开发行证券的公司信息披露内容与格式准则第41号——科创板公司招股说明书》第三十三条，“发行人应结合科创企业特点，披露由于重大技术、产品、政策、经营模式变化等可能导致的风险”，包括技术被替代风险、未充分发掘风险、权属风险、申请风险、不授权风险、失效风险、被无效风险、被侵权风险、诉讼风险、许可风险、实施风险等；第五十四条："发行人应披露主要产品或服务的核心技术及技术来源，结合行业技术水平和对行业的贡献，披露发行人的技术先进性及具体表征。披露发行人的核心技术是否取得专利或其他技术保护措施、在主营业务及产品或服务中的应用和贡献情况……"

二、核心技术人员认定及稳定性

由于科创板的科技属性，对于核心技术人员的要求也高。根据《科创板首次公开发行股票注册管理办法（试行）》规定，发行条件要求发行人核心技术人员稳定，最近2年内核心技术人员没有发生重大不利变化；信息披露方面要求发行人应当在招股说明书中披露公开发行股份前已发行股份的锁定期安排，特别是核心技术人员股份的锁定期安排。保荐人和发行人律师应当就前款事项是否符合有关规定发表专业意见。

关于核心技术人员的认定及稳定性，在《上海证券交易所科创板股票发行上市审核问答》问题6"对发行条件中发行人最近2年内'董事、高级管理人员及核心技术人员均没有发生重大不利变化'，应当如何理解？"的解答中，对发行人的相关行为指引、信息披露和中介机构的核查要求予以了明确。

在以往传统板块的IPO审核中，审核部门重点关注的是实际控制人、董事和高级管理人员的变动，科创板第一次把核心技术人员的认定和稳定性要求提了出来，就是为了强调其科技属性，同时在股权激励上给予更多的操作空间。

三、股东出资、股本演变及股份权属清晰

《科创板首次公开发行股票注册管理办法（试行）》中规定，发行条件要求发行人业务完整，具有直接面向市场独立持续经营的能力：控股股东和受控股股东、实际控制人支配的股东所持发行人的股份权属清晰，不存在主要资产、核心技术、商标等的重大权属纠纷。

关于股东出资、股本演变及股份权属方面的问题，和传统板块的IPO关注事项

一样，强调合法合规（股东出资、公司改制、国有股东进入及退出、相关税款缴纳等）和无纠纷及潜在纠纷（股权代持、股权转让等）两类主要条件的满足，同时也特别关注是否存在不正当的利益输送。

《上海证券交易所科创板股票发行上市审核问答（二）》问题3“发行人历史上存在出资瑕疵或者改制瑕疵的，中介机构核查应当重点关注哪些方面？”的答复中，对发行人历史沿革中是否存在股东未全面履行出资义务、抽逃出资、出资方式等存在瑕疵，或者发行人历史上涉及国有企业、集体企业改制存在瑕疵的情形，相关的发行人的整改要求、信息披露和中介机构的核查要求予以了明确。

发行人股本演变中，有一个重要的环节是由有限责任公司整体变更为股份有限公司，传统板块IPO的审核要求是，在有限责任公司按原账面净资产值折股整体变更为股份有限公司时存在未弥补亏损，或者整体变更时不存在未弥补亏损，但因会计差错更正追溯调整报表而致使整体变更时存在未弥补亏损。针对此类企业的发行人，应当自完成整体变更的工商登记后运行满36个月。而科创板特别对此给予了豁免，《上海证券交易所科创板股票发行上市审核问答》问题13“发行人在有限责任公司整体变更为股份有限公司时存在累计未弥补亏损的，信息披露有哪些要求？中介机构应当如何进行核查？”的答复中，对发行人的相关行为指引、信息披露和中介机构的核查要求予以了明确。

发行人历史沿革中的历次股本演变的真实性和无纠纷性的确认十分重要，尤其是涉及员工持股、大量的自然人持股的情况，由于出资及股权变更、价款支付的留痕经常不规范，因此本类股东最容易出现股权纠纷的情况，为此，《上海证券交易所科创板股票发行上市审核问答（二）》问题1“发行人历史上存在工会、职工持股会持股或者自然人股东人数较多等情形的，发行人应当如何进行规范？中介机构应当如何进行核查？”的答复中，对发行人的相关行为指引、信息披露和中介机构的核查要求予以了明确。

为防止不正当利益输送的情形，对于突击入股，《上海证券交易所科创板股票发行上市审核问答（二）》问题2“发行人申报前后新增股东的，应当如何进行核查和信息披露？股份锁定如何安排？”的答复中，对发行人的相关行为指引、信息披露和中介机构的核查要求予以了明确。

在审核实践中，上交所审核部门关于历史沿革的主要反馈问题（需保荐机构和律师答复部分）集中在以下几类：1.关于历史沿革中的股权转让、增资等事宜；2.关于无形资产出资；3.关于历史沿革中的出资/改制瑕疵；4.关于发行人申报前一年内通过增资或股权转让引入的新股东；5.关于历史沿革中存在股权代持；6.关于国有股东、国有股权。

四、实际控制人认定及稳定性

《科创板首次公开发行股票注册管理办法（试行）》中规定，发行条件要求发行人控制权稳定；最近2年实际控制人没有发生变更，不存在导致控制权可能变更的重大权属纠纷。这旨在以公司控制权的稳定为标准，判断公司是否具有持续发展、持续经营的能力，以便于投资者在对公司的持续发展和经营能力拥有较为明确预期的情况下做出投资决策。由于公司控制权往往能够决定和实质影响公司的经营方针、决策和经营管理层的任免，一旦公司控制权发生变化，公司的经营方针和决策、组织机构运作及业务运营等都可能发生重大变化，给发行人的持续发展和持续经营能力带来不确定性。认定公司控制权的归属，既需要审查相应的股权投资关系，也需要根据个案的实际情况，综合对发行人股东大会、董事会决议的实质影响，对董事和高级管理人员的提名及任免所起的作用等因素进行分析判断。

根据《第十二条"实际控制人没有发生变更"的理解和适用——证券期货法律适用意见第1号》（证监法律字〔2007〕15号，以下简称《证券期货法律适用意见第1号》）的规定，"公司控制权是能够对股东大会的决议产生重大影响或者能够实际支配公司行为的权力，其渊源是对公司的直接或者间接的股权投资关系"，"多人共同拥有公司控制权的情况，一般应当通过公司章程、协议或者其他安排予以明确，有关章程、协议及安排必须合法有效、权利义务清晰、责任明确，该情况在最近3年内且在首发后的可预期期限内是稳定、有效存在的"。根据《上海证券交易所科创板股票上市规则》第4.1.6条的规定，"上市公司应当根据股权结构、董事和高级管理人员的提名任免以及其他内部治理情况，客观、审慎地认定控制权归属。具有下列情形之一的，构成控制：（一）持有上市公司50%以上的股份，但是有相反证据的除外；（二）实际支配上市公司股份表决权超过30%；（三）通过实际支配上市公司股份表决权能够决定董事会半数以上成员的任免；（四）依其可实际支配的上市公司股份表决权足以对公司股东大会的决议产生重大影响；（五）可以实际支配或者决定上市公司的重大经营决策、重要人事任命等事项；（六）中国证监会和本所认定的其他情形”。

关于实际控制人认定的问题，《上海证券交易所科创板股票发行上市审核问答（二）》问题5“关于实际控制人的认定，发行人及中介机构应当如何把握？”的答复中，对发行人的信息披露和中介机构的核查要求予以了明确。

此外，《上海证券交易所科创板股票发行上市审核问答（二）》问题6亦对“发行人没有或难以认定实际控制人的情况下，发行人股东所持股票的锁定期如何安排？”进行了明确答复。

五、员工持股平台及股权激励

科创板由于科技创新的属性，鼓励员工参与持股计划，把员工的利益和公司利益绑定，共同发展，由于被激励员工全部直接持股发行人一是不利于公司决策的效率，二是不利于员工股权管理（进入、退出持股等），三是有时候在非公众公司发行人股东不超200人的条件上无法满足，因此，发行人中存在大量的通过员工持股平台进行股权激励的操作，员工对发行人间接持股。

《上海证券交易所科创板股票发行上市审核问答》问题11“发行人在首发申报前实施员工持股计划的，信息披露有哪些要求？中介机构应当如何进行核查？”的答复中，对发行人的相关行为指引、信息披露和中介机构的核查要求予以了明确。

区别于传统板块，科创板允许发行人首发申报前制定期权激励计划并在上市后实施的情形，《上海证券交易所科创板股票发行上市审核问答》问题12“发行人存在首发申报前制定的期权激励计划，并准备在上市后实施的，信息披露有哪些要求？中介机构应当如何进行核查？”的答复中，对发行人的相关行为指引、信息披露和中介机构的核查要求予以了明确。

六、机构投资人股东资格、“对赌协议”

股东适格性问题属于企业上市主体资格问题，而主体资格符合法律、法规和规范性文件的规定是企业上市的最基本要求。

股东适格性主要是指企业在整体变更为股份有限公司的时候作为发起人的身份，以及发行人在申报时、上市后的股东是否符合相关法律法规的规定，是否可以被登记为股东。适格的股东，即要求公司的股东不存在相关法律法规规定的不得或限制成为企业股东的情形。其中，目前市场上对拟上市企业进行投资的机构投资者的资格要求，根据《私募投资基金管理人登记和基金备案办法（试行）》第十四条规定，经备案的私募基金可以申请开立证券相关账户。中国证券登记结算有限责任公司先后发布《关于私募投资基金开户和结算有关问题的通知》《关于私募基金管理人开立证券账户有关事项的通知》，明确私募投资基金开立证券账户必须提供基金业协会出具的登记备案证明文件。因此，私募投资基金如未经登记备案，将无法在中国证券登记结算有限责任公司开立证券账户，进而影响其投资上市公司。根据中国证监会《发行监管问答——关于与发行监管工作相关的私募投资基金备案问题的解答》《关于与并购重组行政许可审核相关的私募投资基金备案的问题与解答》，中介机构应对相关投资者是否属于《证券投资基金法》《私募投资基金监督管理暂行办法》《私募投资基金管理人登记和基金备案办法（试行）》规范的私募投资基金以及是否按规定履行备案程序进行核查并发表明确意见。

“对赌协议”，早就成为VC/PE投资的潜规则。在创业型企业投资、成熟型企业投资中，都有“对赌协议”成功应用的案例，最终企业也取得了不错的业绩。关于“对赌协议”，《上海证券交易所科创板股票发行上市审核问答（二）》与《首发业务若干问题解答（2020修订）》第五条规定一致。《上海证券交易所科创板股票发行上市审核问答（二）》问题10“部分投资机构在投资时约定有估值调整机制（对赌协议），发行人及中介机构应当如何把握？”的答复中，对发行人的相关行为指引、信息披露和中介机构的核查要求予以了明确。

经查询，近年来，拟IPO公司及相关中介机构对于存在“对赌协议”情形的处理方式，大致可分为以下类别：一是首次递交申报材料前无条件终止“对赌”条款；二是向监管层提交IPO申请时终止“对赌”条款；三是签署附带效力恢复条款的中止协议。

为满足拟IPO公司申报IPO的要求，投资机构股东通常愿意配合拟IPO公司清理“对赌”条款，但为防止相关条款解除后若IPO失败则无法保障投资人的利益，财务投资人可能要求与拟IPO公司或其控股股东签署附带恢复“对赌”条款效力的补充协议。也就是说，同意在拟IPO公司申报IPO前中止执行“对赌”条款，在特定情形下（通常为IPO失败或一定期限内未完成IPO）将恢复“对赌”条款的效力。

结合近年来IPO审核案例，采用此种解决方式的过会案例较为稀少，除越博动力（300742.SZ）及铂力特（688333.SH）等极少数附带效力恢复条款的“对赌协议”顺利通过审核外，大部分在首次提交IPO中申请时签署附带“对赌协议”效力恢复条款的拟IPO公司，均在后续审核或上会过程中与财务投资人签署了彻底解除“对赌条款”的协议。

七、董监高的任职资格及团队稳定性

董监高人员合法合规的任职是完善公司法人治理结构和规避经营风险的核心。董监高的任职资格需要严格依照法律、法规和规范性文件的要求进行审核。不符合要求的，企业需要进行人员调换。关于团队的稳定性，企业还需根据监管机构的最新要求，对董监高人员的变动慎重对待，以免出现变动过于频繁，核心人员离职，令监管机构认为公司管理团队不稳定。

《公司法》明确了股份有限公司董事会、监事会的设置要求，以及董事、监事及高级管理人员的任职资格，此外，董事、监事、高级管理人员应当遵守法律、行政法规和公司章程，对公司负有忠实义务和勤勉义务。

《关于在上市公司建立独立董事制度的指导意见》（证监发〔2001〕102号）明确了禁止担任独立董事的人员类型，而《上海证券交易所上市公司独立董事备案及培训工作指引》对于独立董事的任职资格要求更高。

关于董监高在外兼职，原则上来说，公司的董事、总经理在外兼职要严格遵守不得在企业的控股股东、实际控制人及其控制的其他企业中担任除董事、监事以外的其他职务，不得在控股股东、实际控制人及其控制的其他企业领薪的要求，也就是人员独立性的要求，但是在非控股股东、实际控制人及其控制的其他企业中任职，只要不影响公司的正常管理运营且有合理原因，一般是可以接受的，但其他兼职单位涉及高校及事业单位等，则需要核实是否违反了中组部《关于进一步规范党政领导干部在企业兼职（任职）问题的意见》和中共教育部党组《关于进一步加强直属高校党员领导干部兼职管理的通知》、教育部办公厅《关于开展党政领导干部在企业兼职情况专项检查的通知》等相关法律法规和规范性文件的任职资格规定及其兼职单位的内部规定，一般需要取得兼职单位的证明，此外，前述兼职不能占用公司的关键人员在公司的履职精力。

对于发行人实际控制人、董监高及核心技术人员曾在竞争对手/同类型行业公司任职的，需要特别关注相关竞业禁止、保密、职务发明等知识产权的纠纷风险，以及是否存在不正当的利益输送。

《上海证券交易所科创板股票发行上市审核问答》问题6“对发行条件中发行人最近2年内‘董事、高级管理人员及核心技术人员均没有发生重大不利变化’，应当如何理解？”的答复中，对发行人的相关行为指引、信息披露和中介机构的核查要求予以了明确。

八、业务合规性及资质

公司在生产经营方面受到包括工商、税务、环保、劳动和社会保障、安监、质监、海关、外汇及特定的行业监管等行政机关的管辖，如违法违规可能受到相应的处罚，同时公司需要受与生产经营相关的法律法规及其他规范性文件的约束，如违法违规可能导致业务行为无效。例如，公司生产经营中取得订单的方式是否合法合规，是否需要招投标，如未履行是否存在法律风险等，是否导致业务合同无效、收入返还，是否可能引起相关的处罚等，均是审核部门关注的问题，尤其是一些特殊的行业，如建筑类行业，客户主要是为政府或者国有企业的公司，以中国通号为例，其审核问询中，多轮涉及其生产经营的资质和合法合规性问题。

拟上市企业需要具备从事现有业务的合法资质，其从事现有业务必须取得必要的批准和许可方能生产经营。从申报文件和中介机构核查的内容来看，向上交所报送的文件中包括企业的各种资格证、资质证或者其他合格证书，也包括许可证、执照或者其他许可证书。任何开展业务需要的资质都需具备，这是企业上市的基本要求。

从目前监管机构审核企业的反馈意见中可以看出，业务合规性和资质都是常规要核查的问题，企业和中介机构需要就公司的具体情况对监管机构如实披露并发表合法合规性意见。

本部分的核查和相关问题的处理，需要中介机构对发行人所在的行业，适用的相关法律法规及其他规范性文件甚至行业惯例性操作，均非常熟悉。

九、主要客户、供应商、经销商及外协生产等

中国证监会发布的《首发业务若干问题解答（2020修订）》明确提出了“发行人来自单一大客户主营业务收入或毛利贡献占比超过50%以上的，表明发行人对该单一大客户存在重大依赖”，而科创板未对客户集中的占比情况进行明确。并且，由于科创板不对盈利能力进行要求，因此保荐机构仅需对客户集中是否对持续经营能力构成重大不利影响发表意见。

《上海证券交易所科创板股票发行上市审核问答（二）》问题12“发行人客户集中度较高，中介机构应当重点关注哪些方面？”的答复中，对发行人的相关行为指引、信息披露和中介机构的核查要求予以了明确。

科创板发行条件要求“发行人会计基础工作规范，财务报表的编制和披露符合企业会计准则和相关信息披露规则的规定，在所有重大方面公允地反映了发行人的财务状况、经营成果和现金流量”，财务真实性是审核部门重点关注的问题，而财务造假往往从公司上下游的收入、成本、费用等入手，因此，公司的供应商（原材料、设备、外协、劳务外包等）和客户的合作关系、是否存在关联关系和利益输送，发行人和中介必须充分核查并披露清楚，尤其是经销商客户，需要层层核实其终端销售情况，此外，在公司的财务状况真实的情况下，如果公司对于重要客户有依赖，那么该客户和公司的长期顺利合作的预期以及该客户自身的生产经营状况的稳定性，

对拟上市公司的持续经营有着非常重要的影响。

在审核实践中，上交所审核部门关于客户集中度高、持续经营稳定性和真实性相关的主要反馈问题（需保荐机构和律师答复部分）集中在以下几类：一是关于主要客户集中度高和销售的真实性及可持续性；二是关于经销商；三是关于境外销售及设立子公司经营；四是关于美国主要客户及中美贸易摩擦；五是关于发行人存在外协加工、委托生产、对供应商的采购。

十、生产经营所需房产土地

《科创板首次公开发行股票注册管理办法（试行）》的发行条件要求发行人资产完整，不存在主要资产等的重大权属纠纷，经营环境已经或者将要发生重大变化等对持续经营有重大不利影响的事项。涉及企业的资产问题，尤其是生产型企业，主要集中在土地、房产权属上。例如，土地问题最典型的情形就是由于土地使用权本身的问题而导致的房产所有权证不能办理的情况，房地一体，判断这些法律问题的关键在于土地的性质和使用该土地对企业经营造成的法律上的瑕疵，如果涉及搬迁可能产生的成本及营业收入的损失等，一般需要充分披露不构成重大影响，同时需要取得控股股东/实际控制人的兜底承诺。

根据《公开发行证券的公司信息披露内容与格式准则第42号——首次公开发行股票并在科创板上市申请文件》，发行人向上交所报送的申请文件中明确包含资产的产权证书："7-1 产权和特许经营权证书 7-1-1 发行人拥有或使用的对其生产经营有重大影响的商标、专利、计算机软件著作权等知识产权以及土地使用权、房屋所有权等产权证书清单（需列明证书所有者或使用者名称、证书号码、权利期限、取得方式、是否及存在何种他项权利等内容）7-1-2 发行人律师就7-1-1清单所列产权证书出具的鉴证意见。"因此，拟上市公司的自有物业，产权证书应齐全，而租赁的物业，其产权情况及租赁备案情况同样需要核查，确保出租人的产权合法及租赁关系的稳定。

《首发业务若干问题解答（2020修订）》问题18"土地使用权是企业赖以生产发展的物质基础，对于生产型企业尤其重要。中介机构核查及发行人披露涉土地资产时，应重点把握哪些方面？”的答复中，对发行人的相关行为指引、信息披露和中介机构的核查要求予以了明确。

《上海证券交易所科创板股票发行上市审核问答（二）》问题7“发行人租赁控股股东、实际控制人房产或者商标、专利、主要技术来自于控股股东、实际控制人的授权使用，中介机构核查应当注意哪些方面？”的答复中，对发行人的相关行为指引、信息披露和中介机构的核查要求予以了明确。

十一、同业竞争及关联交易、独立性

科创板的发行条件要求发行人资产完整，业务及人员、财务、机构独立，其实就是自身具有独立持续经营的能力，不会由于和控股股东、同一控制下的其他关联方之间存在的同业竞争及/或关联交易而影响其自身的独立性。控股股东、实际控制人不会利用同业竞争及/或关联交易侵害发行人的利益。这种问题在集团类企业中的某一个企业上市时非常关键，因为实践中利用集团内的其他主体非法占用上市公司资金、偷窃上市公司的商业机会、利用关联交易协助发行人造假等，均是证监会和交易所关注的拟上市公司或上市公司的重要违规问题之一。传统板块中历年被否的IPO案例中，由于同业竞争和关联交易瑕疵被否的比例非常高。

对比一下科创板对同业竞争的规定就能发现，科创板在这个问题上宽松一些。科创板要求发行人与控股股东、实际控制人及其控制的其他企业间不存在对发行人构成重大不利影响的同业竞争。而传统板块的IPO则是直接要求不存在同业竞争。只要不存在严重影响独立性就行。涉及重大疑难问题、重大无先例事项要请示中国证监会。

在《上海证券交易所科创板股票发行上市审核问答》问题4“对发行条件发行人‘与控股股东、实际控制人及其控制的其他企业间不存在对发行人构成重大不利影响的同业竞争’中的‘重大不利影响’，应当如何理解？”的答复中，对发行人的相关行为指引、信息披露和中介机构的核查要求予以了明确。

与中国证监会发布的《首发业务若干问题解答（2020修订）》要求“发行人不能简单以产品销售地域不同、产品的档次不同等认定不构成同业竞争”相比，科创板对于同业竞争更加宽容，即：竞争方与发行人的经营地域、产品或服务的定位如存在差异，且不存在利益输送的情形，可以不认定为同业竞争。并且，科创板明确了同业竞争的收入或毛利占比不高于30%，则可认为不构成重大不利影响。

在《首发业务若干问题解答（2020修订）》问题15中，则就核查判断同业竞争事项时应当关注的方面进行了明确。

遇到同业竞争问题的时候要结合科创板的特殊要求和《首发业务若干问题解答（2020修订）》的规定进行核查。

涉及关联交易，仍然要按照规范并减少的原则对企业进行规范。

关于关联交易，在《首发业务若干问题解答（2020修订）》问题16“首发企业报告期内普遍存在一定比例的关联交易，请问作为拟上市企业，应从哪些方面说明关联交易情况，如何完善关联交易的信息披露？中介机构核查应注意哪些方面？”的答复中，对发行人的相关行为指引、信息披露和中介机构的核查要求予以了明确。

《上海证券交易所科创板股票发行上市审核问答（二）》问题8“一些发行人在经营中存在与其控股股东、实际控制人或董事、监事、高级管理人员的相关共同投资行为，发行人对此应当如何披露，中介机构核查应当重点关注哪些方面？”的答复中，对发行人的相关行为指引、信息披露和中介机构的核查要求予以了明确。

十二、环保、安全、质量合法合规

在企业首发融资、再融资、重大资产重组等资本运作过程中，环境保护问题一直以来就是被高度关注的问题。高污染的企业或者缺乏有效环保措施的企业都可能因为违规而对社会造成危害，所以在这方面对拟上市企业的审核是严格的。不仅需要关注发行人报告期内以及当前的环保合法合规状况，也要关注本次募集资金投向在环保方面的合法合规性，从可持续发展的角度督促发行人完成环境保护和企业经营发展的同步性，不能以污染换发展。

《首发业务若干问题解答（2020修订）》问题19“请问对于环境保护问题，发行人应在信息披露中关注哪些事项，中介机构核查相关问题中应重点把握哪些核查要求？”的答复中，对发行人的相关行为指引、信息披露和中介机构的核查要求予以了明确。

而生产经营中是否涉及安全、质量等相关方面的违法违规情况，亦是IPO信息披露和核查的惯常要求，若涉及相关行政处罚或相关诉讼，则直接和下文的公司诉讼仲裁及行政处罚的核查要点重合。

十三、劳动用工

公司的劳动用工合规性首先要求公司全部按照劳动合同法的要求和员工签订劳动合同，其次关于劳动派遣工需要核实其人数比例和岗位分布等，此外，按照企业上市的规范要求，企业的劳动、人事、社保等问题会被关注，按照规定，报告期内拟上市企业及其子公司均需为其员工足额缴纳社保费用和住房公积金。

从目前的IPO审核情况来看，对该方面的问题仍然较为严格。企业和中介机构需根据企业的实际情况进行合规整改和信息披露，对于特殊情况下未全员缴纳社保和住房公积金的，需要从人员类别及数量上解释其合理的原因，发行人亦需要测算未完全合规缴纳给公司节约的费用金额及对公司财务状况的影响，同时，实际控制人和控股股东需要做出相关承诺，确保如果补缴或产生相关经济纠纷时，发行人不会受到经济损失。

此外，由于科创板的高科技属性，很多申报企业存在外聘顾问人员，外聘顾问协议与劳动协议不同，外聘人员属于没有编制的一种聘用形式，不属于聘用单位的正式员工。但外聘顾问也需要签订书面顾问协议，列明双方的权利、义务，并对报酬及个人所得税申报等问题做出明确约定，属于劳务关系，由合同法来约束。此外，关注要点还包括：外聘顾问是否违反竞业禁止或保密约定的情形；职责如何界定，是否参与公司经营管理；参与股权激励，关注其身份是否适格，关注股份对价是否公允等。同时，对于中介机构而言，需要加强对外聘顾问的核查，避免产生法律风险。

《首发业务若干问题解答（2020修订）》问题21“对于发行人执行社会保障制度的相关问题，应当如何做好披露工作，中介机构在核查有关问题时应如何把握？”的答复如下：“发行人报告期内存在应缴未缴社会保险和住房公积金情形的，应当在招股说明书中披露应缴未缴的具体情况及形成原因，如补缴对发行人的持续经营可能造成的影响，揭示相关风险，并披露应对方案。保荐机构、发行人律师应对前述事项进行核查，并对是否属于重大违法行为出具明确意见。”

十四、关于资产/业务等重组

在企业经营过程中经常会出现资产及业务重组的情况，有同一控制下的和关联方之间的重组，亦有和非关联方之间的重组，拟上市企业为了优化资产结构、理顺业务关系、减少关联交易或避免与股东之间的同业竞争等情况，通过合并、分立、收购、出售、债务重组等形式进行以资产为纽带的企业组织的优化和再造。当前，企业在进行资产/业务整合过程中存在的主要问题有：一是整合不彻底，没有达到减少关联交易、避免同业竞争、增强公司独立性的目的；二是整合比例过大，影响业绩连续计算，还有些可能涉及“拼凑上市”的嫌疑，不仅增加了企业上市的时间成本，同时可能出现被否的可能。

1.报告期内的资产重组要以增强独立性，实现企业上市为目标

企业通过资产/业务整合等重组应达到拥有独立完整的生产工艺流程及相关配套设施，将产供销纳入统一体系，与主营业务没有关系的业务资产一般应予剥离。

2.报告期内的资产重组相关财务指标不要影响经营业绩的连续计算

企业上市要保证不能出现影响经营业绩的情况，企业资产/业务整合等重组要考虑到这一因素，尽量避免发生这样的情况，否则将付出高昂的时间成本。一般而言，要考虑“同一控制之下的资产重组”和“非同一控制之下的资产重组”两个不同情况下的法规要求。

《上海证券交易所科创板股票发行上市审核问答（二）》问题11的回复对于“企业合并过程中，对于合并各方是否在同一控制权下的认定应当重点关注哪些内容？红筹企业如存在协议控制或类似特殊安排，在与合并报表编制相关的信息披露和核查方面有哪些要求？”从“总体要求”“红筹企业协议控制下合并报表编制的信息披露与中介机构核查要求”等方面进行了明确的解答。

在审核实践中，上交所审核部门关于发行人报告期内的业务/资产重组的主要反馈问题（需保荐机构和律师答复部分）集中在以下几类：1.关于发行人和关联方之

间曾进行业务/资产重组；2.关于历史上存在和公司之间的业务重组的主体；3.关于下属非全资子公司；4.关于报告期内注销或转让子公司或关联方的；5.关于历史上的重大/较大规模的资产收购或出售等。

十五、纳税合规、高新技术企业及税收优惠

税务问题是拟上市企业面临的一个比较综合的问题，一般会涉及企业报告期内的经营成果在税务层面的反映、历次股权变动过程中股东完税情况这两个方面。

高新技术企业需要重点关注资质的申报、取得的合法合规性。有很多企业由于申报时候的不合规操作导致在IPO过程中被举报。

税收优惠和财政补助要考虑地方政策的合法合规性，同时考虑是否附条件，发行人是否满足相关条件，是否对税收优惠和财政补助存在依赖等。

在审核实践中，上交所审核部门关于纳税合规及税收优惠的主要反馈问题（需保荐机构和律师答复部分）集中在以下几类：1.关于发行人历次股权转让、整体变更相关的股东个人所得税缴纳及相关行政处罚风险；2.关于高新技术企业及税收优惠；3.关于其他税收优惠和财政补助；4.关于纳税合法合规。

十六、诉讼、仲裁、行政处罚

重大诉讼事项是指对发行人的财务状况、经营成果、声誉、业务活动、未来前景等可能产生较大影响的诉讼或者发行人的董事、监事、高级管理人员受到的刑事起诉。上市公司中重大诉讼事项的规定：《上海证券交易所科创板股票上市规则》中规定："第9.3.1条 上市公司应当及时披露下列重大诉讼、仲裁：

（一）涉案金额超过1000万元，且占公司最近一期经审计总资产或者市值（按照第7.1.5条规定计算）1%以上；

（二）股东大会、董事会决议被申请撤销或者宣告无效；

（三）董事会认为可能对公司控制权稳定、生产经营或股票交易价格产生较大影响的其他诉讼、仲裁。"

拟上市企业如果在申报过程中存在重大诉讼和仲裁，可能会对公司的生产经营造成影响，尤其是科创板企业，重要知识产权相关的诉讼结果直接影响其核心竞争力和核心资产，如果应对措施不到位就会成为企业上市的一个瑕疵和障碍。

《首发业务若干问题解答（2020修订）》问题13“对于发行人的诉讼或仲裁事项，应如何进行核查和信息披露？”的答复中，对发行人的相关行为指引、信息披露和中介机构的核查要求予以了明确。

合法合规性，是指拟上市企业在规范过程中，要按照法律、法规和规范性文件规定合法合规地经营。如果存在重大违法违规行为，则不符合企业上市的要求了。科创板的发行条件明确，发行人不存在主要资产、核心技术、商标等的重大权属纠纷，重大偿债风险，重大担保、诉讼、仲裁等或有事项；最近3年内，发行人及其控股股东、实际控制人不存在贪污、贿赂、侵占财产、挪用财产或者破坏社会主义市场经济秩序的刑事犯罪，不存在欺诈发行、重大信息披露违法或者其他涉及国家安全、公共安全、生态安全、生产安全、公众健康安全等领域的重大违法行为；董事、监事和高级管理人员不存在最近3年内受到中国证监会行政处罚，或者因涉嫌犯罪被司法机关立案侦查或者涉嫌违法违规被中国证监会立案调查，尚未有明确结论意见等情形。

关于公司重大违法行为的理解，根据《上海证券交易所科创板股票发行上市审核问答》问题3“对发行条件中‘其他涉及国家安全、公共安全、生态安全、生产安全、公众健康安全等领域的重大违法行为’，应当如何理解？”的答复中，对发行人的相关行为指引、信息披露和中介机构的核查要求予以了明确。

以传音控股、昊海生科为例，发行人在报告期内受到行政处罚的，除了通过分析相关法律法规中对于“重大违法违规”的界定外，一般还需要取得处罚机关出具的明确意见，认定不属于重大违法违规，不属于重大处罚。

《首发业务若干问题解答（2020修订）》问题9“发行人申报前或在审核期间，如果出现股东股权质押、冻结或发生诉讼仲裁等不确定性事项的，应如何进行核查和信息披露？”的答复中，对发行人的相关行为指引、信息披露和中介机构的核查要求予以了明确。

《首发业务若干问题解答（2020修订）》问题11“《证券法》将最近3年无重大

违法行为作为公开发行新股的条件之一。对发行人及其控股股东、实际控制人的合规性，发行人和中介机构应如何把握？”的答复中，对发行人的相关行为指引、信息披露和中介机构的核查要求予以了明确。

十七、募集资金投向

《科创板首次公开发行股票注册管理办法（试行）》发行条件中，并无关于募集资金投向的要求，但在第四章“信息披露”之第四十条规定：“发行人应当披露其募集资金使用管理制度，以及募集资金重点投向科技创新领域的具体安排。”科创板相较于传统板块，优化了对于募集资金投资项目的具体要求，未对必须投向主营业务、对募投项目做出清晰界定和量化预测做出明确要求，仅对于募集资金使用管理制度和投向科技创新领域进行了要求，更加符合国际成熟市场的通行做法。但募集资金投向是否合法合规，相关审批手续是否齐全，募集资金管理制度是否健全等，也都是审核关注的常规事项。

十八、关于公司治理及内控

企业的法人治理有狭义（依据股东中心理论）和广义（依据利益相关者理论）之分。前者是在公司内部组织管理架构上对利益的利用和对权力的监控制约之间的安排和处理，或者说是股东、董事会和经营层之间的相互激励、相互制衡的组织结构安排的形式。后者是指公司治理的范畴要扩大到公司外部，即劳动者、消费者、贷款者、供应商和企业所在地区的居民都要参与企业的法人治理，其治理方向是限制大股东的权利，防止小股东及其他利益方的利益被剥夺。

科创板的发行条件中，要求发行人具备健全且运行良好的组织机构，相关机构和人员能够依法履行职责。发行人内部控制制度健全且被有效执行，能够合理保证公司运行效率、合法合规和财务报告的可靠性。

企业的法人治理是企业上市审核机关审核重点关注的问题，企业法人治理审核的要点是：1.三会制度是企业规范运作的基础；2.独立董事制度和董事会秘书制度作为必备的补充；3.企业的高级管理人员需要参加相应的培训。

企业进行改制的目的是发行上市，而发行上市对企业的要求是具备现代股份制企业形式，这其中，对企业的法人治理结构提出很高的要求。企业上市之后成为公众公司，需要接受市场的监督，之前不规范的运作模式将被改变，企业要按照法律、法规、规范性文件和中国证券市场的规章制度来进行生产经营。尤其是如果公司受到税务、安检、质量等相关的行政处罚，则在一定程度上反映了其内控的不完善，将受到上市审核部门的关注。

内控除了是公司治理相关的法律问题，更是审计机构关注的财务内控问题。《上海证券交易所科创板股票发行上市审核问答（二）》问题14“发行人报告期存在财务内控不规范情形，应当如何进行规范？中介机构核查应当重点关注哪些方面？”以及问题15“关于第三方回款，发行人及中介机构应当重点关注哪些方面？”均进行了明确的指导，前述两类问题本质上也属于内控的问题。

十九、红筹架构、新三板、已上市公司与科创板上市

由于科创板的包容性，科创板吸引了之前无法在境内传统板块上市的红筹架构公司。此外，2019年12月22日，中国证监会发布《上市公司分拆所属子公司境内上市试点若干规定》，对上市公司分拆子公司境内上市的具体条件、监管要求和关注问题等进行了明确，因此科创板企业中也存在符合条件的已上市公司的子公司。而新三板公司由于其巨大的体量，其中不乏优质的科创板上市资源，符合上市条件的新三板公司也采取在新三板挂牌同时申报科创板，或者在新三板摘牌后申报科创板。

红筹架构本质上是一个股权和控制架构，而科创板发行条件要求发行人的股份权属清晰，《上海证券交易所科创板股票发行上市审核问答》问题5“发行条件规定，控股股东和受控股股东、实际控制人支配的股东所持发行人的股份权属清晰。对于控股股东、实际控制人位于国际避税区且持股层次复杂的申请在科创板上市企业，如何做好核查及信息披露工作？”的答复中，对发行人的相关行为指引、信息披露和中介机构的核查要求予以了明确。

对于科创板申报企业的资产来自于上市公司，《上海证券交易所科创板股票发行

上市审核问答（二）》问题4“发行人的部分资产来自于上市公司，中介机构核查应当重点关注哪些方面？”的答复中，对发行人的相关行为指引、信息披露和中介机构的核查要求予以了明确。

由于新三板挂牌企业属于非上市公众公司，其合格投资者中存在契约性基金、信托计划、资产管理计划等“三类股东”的情况，曾经有段时间在传统板块的申报过程中，不允许发行人带着“三类股东”申报上市，需要在上市前进行清理，而一些公司由于无法完成清理，导致无法申报上市，科创板考虑到发行人的实际需要，允许发行人带着“三类股东”申报上市，但是提出了一些特别的要求和条件，《上海证券交易所科创板股票发行上市审核问答（二）》问题9“发行人在全国股份转让系统挂牌期间形成契约性基金、信托计划、资产管理计划等‘三类股东’的，对于相关信息的核查和披露有何要求？”的答复中，对发行人的相关行为指引、信息披露和中介机构的核查要求予以了明确。

《首发业务若干问题解答（2020修订）》问题22“发行人为新三板挂牌、摘牌公司、H股公司，或者涉及境外分拆、退市的，除财务信息一致性外，发行人和中介机构在信息披露、相关合规性、股东核查等方面应注意哪些事项？”的答复中，对发行人的相关行为指引、信息披露和中介机构的核查要求予以了明确。

二十、信息披露、申报文件质量及科创板特殊承诺

科创板实行以信息披露为中心的股票发行制度，对照传统板块，科创板的申报文件中，招股说明书、发行保荐书、上市保荐书、审计报告和法律意见书等文件在上交所网站预先披露。此举进一步拓展了预先披露文件的范围，对于保荐机构、审计机构和律师的文件质量和信息披露准确度要求更高。《科创板首次公开发行股票注册管理办法（试行）》第四章“信息披露”之第三十四条规定：“发行人申请首次公开发行股票并在科创板上市，应当按照中国证监会制定的信息披露规则，编制并披露招股说明书，保证相关信息真实、准确、完整。信息披露内容应当简明易懂，语言应当浅白平实，以便投资者阅读、理解。中国证监会制定的信息披露规则是信息披露的最低要求。不论上述规则是否有明确规定，凡是对投资者作出价值判断和投

资决策有重大影响的信息，发行人均应当予以披露。”第三十九条规定：“发行人应当根据自身特点，有针对性地披露行业特点、业务模式、公司治理、发展战略、经营政策、会计政策，充分披露科研水平、科研人员、科研资金投入等相关信息，并充分揭示可能对公司核心竞争力、经营稳定性以及未来发展产生重大不利影响的风险因素……”

当然，审核机构需要考虑信息披露的真实性、准确性和完整性与信息披露中可能涉及的国家秘密、商业秘密保护之间的平衡，因此，《上海证券交易所科创板股票发行上市审核问答》问题16“《上市审核规则》规定，发行上市申请文件和对本所发行上市审核机构审核问询的回复中，拟披露的信息属于国家秘密、商业秘密，披露后可能导致其违反国家有关保密的法律法规或者严重损害公司利益的，发行人及其保荐机构可以向本所申请豁免披露。对此在审核中应当如何处理？”的答复中，对发行人的相关行为指引、信息披露和中介机构的核查要求予以了明确。

此外，鉴于科创板申报企业需要充分论证其符合科创板定位，因此关于相关行业的信息、引用数据的来源受到了审核部门的特别关注。同时，由于科创板本着保护投资者的理念，有一些有别于传统板块的承诺函，例如上交所科创板上市审核中心下发的《关于切实提高招股说明书（申报稿）质量和问询回复质量相关注意事项的通知》，其中要求公司及其控股股东、实际控制人承诺，在被确认欺诈发行后5个工作日内启动股份购回程序，另有关于控制权转让承诺、股份减持承诺等。因此，如发行人首次申报中的相关承诺事项不符合科创板的要求，审核部门会通过问询方式要求相关主体补齐承诺。

第四节 通过科创板股票市场实施混合所有制改革之相关法律问题

一、通过股票市场实施混合所有制改革概述

拟混改企业引进非公有资本投资者，主要通过产权市场、股票市场等市场化平台，以公开、公平、公正的方式进行。通过产权市场引进非公有资本投资者，主要方式包括增资扩股和转让部分国有股权。通过股票市场引进非公有资本投资者，主要方式包括首发上市（IPO）和上市公司股份转让、发行证券、资产重组等。

《关于印发〈中央企业混合所有制改革操作指引〉的通知》（国资产权〔2019〕653号）规定，中央企业所属各级子企业通过产权转让、增资扩股、首发上市（IPO）、上市公司资产重组等方式，引入非公有资本、集体资本实施混合所有制改革，相关工作参考本操作指引，其中“二、‘混资本’相关环节操作要点/（三）通过股票市场实施混合所有制改革”对于拟混改企业通过股票市场实现混合所有制改革的具体方式进行了明确指导，其方式对于其他非中央企业的混改思路亦有着非常好的借鉴作用。通过股票市场实施混合所有制改革应做好信息披露工作，切实防控内幕交易，其中涉及的投资人遴选、商业秘密保护等事项按照“通过产权市场实施混合所有制改革”中明确的原则操作。

在首发上市、上市公司的并购重组乃至所有资本运作活动中，凡是涉及国有股权，除了满足资本市场的相关监管规则外，还需要满足国有资产相关的规范。通过股票市场发行证券、转让上市公司股份、国有股东与上市公司资产重组等方式实施混合所有制改革，应按照《公司法》《证券法》《企业国有资产法》《企业国有资产监督管理暂行条例》《上市公司国有股权监督管理办法》（国资委 财政部 证监会令第36号，以下简称36号令）及证券监管的有关规定履行程序。

2018年5月16日颁布并于2018年7月1日起正式实施的36号令第二条规定：“本办法所称上市公司国有股权变动行为，是指上市公司国有股权持股主体、数量或比例等发生变化的行为，具体包括：国有股东所持上市公司股份通过证券交易系统转让、公开征集转让、非公开协议转让、无偿划转、间接转让、国有股东发行可交换

公司债券；国有股东通过证券交易系统增持、协议受让、间接受让、要约收购上市公司股份和认购上市公司发行股票；国有股东所控股上市公司吸收合并、发行证券；国有股东与上市公司进行资产重组等行为。”

概括来说，36号令监管的上市公司国有股权变动行为包括国有股东减持、国有股东增持、国有上市公司发行股份、上市公司与国有股东重组四大领域：

1. 国有股东减持所持上市公司股份（具体包括通过证券交易系统转让、公开征集转让、非公开协议转让、无偿划转、间接转让、国有股东发行可交换公司债券等六种方式）；

2. 国有股东增持上市公司股份（具体包括通过证券交易系统增持、协议受让、间接受让、要约收购上市公司股份和认购上市公司发行股票等方式）；

3. 国有股东所控股上市公司吸收合并、发行证券；

4. 国有股东与上市公司进行资产重组等行为。

现行上市公司国有股权变动管理的法规层级包括如下：

第一个层级是法律与行政法规，这构成了国有资产的监管基础，主要包括《企业国有资产法》和国务院发布的《企业国有资产监督管理暂行条例》。

第二个层级是行政规章，主要是国务院国资委自身及与相关部委共同颁发的规章。

其中，针对非上市公司国有股权管理的主要是《企业国有资产交易监督管理办法》（2016年）（国资委 财政部令第32号）（以下简称32号令）。32号令第六十三条明确规定：“……上市公司的国有股权转让等行为，国家另有规定的，依照其规定。”

针对上市公司国有股权管理的就主要是36号令。

第三个层级是国务院国资委及相关部委的一些专项规定。比如国务院国资委对国有资产评估、产权登记等的专项规定，财政部对金融国有资产监管的专项规定等。

第四个层级是各个省级地方国资委对所属国有企业的监管要求。

二、拟混改企业通过科创板股票市场发行证券实施混改

通过发行证券形式实施混合所有制改革，可以采取首发上市（IPO）、国有股东以所持上市公司股票发行可交换公司债券、上市公司发行股份购买非国有股东所持

股权、增发和发行可转换公司债券等方式。采取首发上市（IPO）方式的，应当按照要求履行国有股东标识管理程序。符合国家战略、拥有关键核心技术、科技创新能力突出、主要依靠核心技术开展生产经营、具有稳定商业模式、市场认可度高、社会形象良好、具有较强成长性的企业，可积极申请在科创板上市。

（一）首发上市（IPO）

目前已完成上市或通过上市委审核的科创板公司中，中国通号（688009）、中国电研（688128）、华润微（688396）等企业的实际控制人均是国资委。此外，国盾量子（提交注册）、中科星图（上市委会议通过）、西部超导（688122）、南新制药（注册生效）等企业的实控人，分属央企、中央国家机关、地方政府、地方国资委及大学等。而中微公司（688012）、澜起科技（688008）、交控科技（688015）、硅产业（提交注册）等公司，虽无实际控制人，但是公司大股东的背后也各自有着国务院、地方国资委、地方政府的身影。前述公司在IPO前后的实际控制人均未发生变化，但是由于IPO的增发新股，引入公众股东，其原国有股东的持股比例在公司发行上市后受到一定程度的稀释下降。

尚未混改的国有企业，可以通过科创板IPO的方式，引入公众股东，科创板的上市条件要求公司公开发行的股份达到公司股份总数的25%以上，公司股本总额超过人民币4亿元的，公开发行股份的比例为10%以上。如果国有企业通过科创板IPO实现混改，需要关注发行前后的实际控制人不能发生变更，亦发行后依然为国有控股的公司。

（二）分拆上市

2019年1月，经党中央、国务院同意的《关于在上海证券交易所设立科创板并试点注册制的实施意见》明确，“达到一定规模的上市公司，可以依法分拆其业务独立、符合条件的子公司在科创板上市”。上市公司分拆所属子公司在科创板上市，将成为将来较为流行的一种科创板上市类型。

2019年12月22日，中国证监会发布《上市公司分拆所属子公司境内上市试点若干规定》，对上市公司分拆子公司境内上市的具体条件、监管要求和关注问题等进行了明确。根据前述规定，上市公司分拆，是指上市公司将部分业务或资产，以其直接或间接控制的子公司（以下简称所属子公司）的形式，在境内证券市场首次公开发行股票上市或实现重组上市的行为。

《上市公司分拆所属子公司境内上市试点若干规定》主要明确以下内容：一是明确分拆条件。为保障上市公司分拆后具备独立上市地位，要求上市公司具备一定的盈利能力和规范运作水平，分拆后母公司与子公司符合证监会、证券交易所关于独立性的基本规定。二是规范分拆流程。上市公司分拆应及时披露信息，并经董事会、股东大会审议通过，子公司发行上市须履行首发上市或重组上市程序。三是强化中介机构职责。要求上市公司聘请独立财务顾问、律师事务所、会计师事务所等中介机构就分拆是否合规等发表意见，独立财务顾问还应对分拆后的上市公司进行持续督导。

截至目前，有多家公司完成了分拆上市，有A股公司分拆子公司至香港上市，包括复星医药分拆复宏汉霖、保利地产分拆保利物业、康德莱分拆康德莱医械、三六零分拆鲁大师；有港股公司分拆子公司赴A股上市，包括石药集团（HK.01093）分拆新诺威（300765）在深交所创业板上市，中信股份（HK.00267）分拆中信出版（300788）在深交所创业板上市；港股公司分拆子公司赴A股上市中，分拆至科创板完成上市的就有两家，分别是微创医疗（HK.00853）分拆心脉医疗（688016）并于2019年7月22日登陆科创板，金山软件（HK.03888）分拆金山办公（688111）并于2019年11月18日登陆科创板。

A股分拆上市相关制度的完善有助于吸纳优质公司留在包括科创板在内的境内资本市场，过去有很多上市公司孵化的企业最终都选择了境外上市，实际上是资源外流。尽管此次新规并未限定A股分拆上市的具体承接板块，但科创板凭借其更具包容性的上市条件、较高估值水平以及良好的流动性，有望成为承接A股市场分拆上市的重要板块。

国内A股上市公司公告拟分拆子公司在A股上市的公司中，有三家国有控股上市公司备受关注，其中两家公司分拆所属上市公司的上市板块均为科创板：

1. 2019年12月18日，中国铁建（SH.601186）发布分拆所属子公司中国铁建重工集团股份有限公司（以下简称铁建重工）至科创板上市的议案，这是2019年12月

13日中国证监会公布《上市公司分拆所属子公司境内上市试点若干规定》后首家央企发布分拆子公司上市。中国铁道建筑集团持有中国铁建51.13%的股份，国务院国资委是中国铁建实际控制人。2020年2月18日，中国铁建发布公告，香港联交所已同意公司分拆铁建重工于科创板上市，建议分拆须待公司股东大会批准，亦须待中国证监会及上交所批准后，方可坐实。本次分拆完成后，中国铁建仍将控股铁建重工，铁建重工的财务状况和盈利能力仍将反映在公司的合并报表中。尽管本次分拆将导致公司持有铁建重工的权益被摊薄，但是通过本次分拆，铁建重工的发展与创新将进一步提速，进而有助于提升公司未来的整体盈利水平。

2. 2020年1月6日，上海电气（SH.601727，HK.02727）发布公告称，拟分拆子公司上海电气风电集团股份公司至科创板上市，上海电气的实际控制人是上海市国资委。这是2019年12月13日，中国证监会发布《上市公司分拆所属子公司境内上市试点若干规定》后首家地方国资控股上市公司发布分拆上市的议案。

3. 2020年1月8日，上海建工公告称，拟分拆全资子公司建工材料至上交所主板上市。

首先，分拆上市有利于公司（尤其是集团化公司）产业做大做强，即上市公司通过分拆上市，可以在自身实现聚焦主业的同时，利用新的上市平台进行产业并购或引入战略投资者，实现集团产业的做大做强；其次，分拆上市有利于提升公司融资效率，即通过分拆上市，子公司可以与资本市场直接对接，从而拓宽集团的整体融资渠道，提高融资效率；再次，子公司独立出来直接借助资本市场平台进行产业并购等资本运作，进一步拓展业务范围，实现跨越式发展；最后，站在国有企业的角度，分拆上市有利于落实国企改革工作，通过分拆上市，可优化国资布局，并提升公司治理水平，有效推动国有资产做大做强做优，实现国有资产保值增值。

（三）国有股东以所持上市公司股票发行可交换公司债券

可交换公司债券是指上市公司的股东依法发行、在一定期限内依据约定的条件可以交换成该股东所持有的上市公司股份的公司债券。目前传统板块的上市公司股东发行可交换公司债券需要适用的规范性文件主要是《公司债券发行与交易管理办法》《上市公司股东发行可交换公司债券试行规定》，另有上海证券交易所或者深圳证券交易所关于可交换公司债券业务的实施细则，此外，可交换公司债券的发行需要符合《证券法》、《上市公司收购管理办法》、上海证券交易所或者深圳证券交易所的上市公司规范运作指引、股票上市规则、上市公司股东及董监高减持股份等相关法律、法规、规章、业务规则的规定。

但是目前科创板设立时间尚短，科创板上市公司股东发行可交换公司债券的相关操作规则尚未出台，亦没有相关案例，尚待下一步具体制度出台方具有可操作性。

（四）上市公司发行股份购买非国有股东所持股权

本方案就是常说的“换股”交易，国有控股上市公司以其股份换取非国有股东所持的公司股权，原国有股东的持股被稀释，换股完成后，国有控股上市公司引入非国有股东，同时该上市公司完成了一次股权收购，增加一个或数个下属子公司（需要属于优质资产，有利于提高上市公司的盈利能力及/或经营优势），如同时有配套募集资金，上市公司也会完成一次现金融资。

除36号令等一系列国资监管法律法规及其他规范性文件外，国有控股上市公司发行股份购买资产（包括股权类资产）需要适用的规范性文件主要是与上市公司证券发行、上市公司重大资产重组（与发行股份购买资产相关）相关的规定。

其中，科创板上市公司发行股份购买非国有股东所持股权需要适用《上市公司重大资产重组管理办法》《科创板上市公司重大资产重组特别规定》《上海证券交易所科创板上市公司重大资产重组审核规则》的相关规定，上交所科创板发行上市审核机构会同科创板公司监管部门（以下简称重组审核机构），对科创板上市公司并购重组申请文件进行联合审核，科创公司发行股份购买资产实施注册制，须由上交所重组审核机构进行审核，中国证监会收到上交所报送的审核意见等相关文件后，在5个交易日内对科创公司注册申请作出同意或者不予注册的决定。

科创公司发行股份购买资产，不构成重大资产重组，且符合《上海证券交易所科创板上市公司重大资产重组审核规则》第四十四条、第四十五条规定的，申请文件受理后，上交所重组审核机构经审核，不再进行审核问询，直接出具审核报告。

《上海证券交易所科创板上市公司重大资产重组审核规则》第四十四条和第四十五条规定如下：

“第四十四条　科创公司发行股份购买资产，不构成重大资产重组，且符合下列情形之一的，申请文件受理后，本所重组审核机构经审核，不再进行审核问询，直接出具审核报告：

（一）最近12个月内累计交易金额不超过人民币5亿元；

（二）最近12个月内累计发行的股份不超过本次交易前科创公司股份总数的5%且最近12个月内累计交易金额不超过人民币10亿元。

适用前款规定的，科创公司应当按照本规则第二十九条的规定提交申请文件，并提交独立财务顾问关于本次发行股份购买资产符合前款规定，且不存在本规则第四十五条规定情形的专项意见。

第一款所称‘累计交易金额’，是指以发行股份方式购买资产的交易金额；‘累计发行的股份’，是指用于购买资产而发行的股份。未适用第一款审核的发行股份购买资产行为，无需纳入累计计算的范围。

第四十五条　科创公司发行股份购买资产，存在下列情形之一的，不得适用前条规定：

（一）同时募集配套资金用于支付本次交易现金对价，或者募集配套资金金额超过人民币5000万元；

（二）科创公司或者其控股股东、实际控制人最近12个月内受到中国证监会行政处罚或者本所公开谴责，或者存在其他重大失信行为；

（三）独立财务顾问、证券服务机构或者其相关人员最近12个月内受到中国证监会行政处罚或者本所纪律处分。”

【案例】华兴源创发行股份购买资产[①]

截至2020年3月6日，科创板上市公司中发布了发行股份购买资产相关公告的公司仅有一家华兴源创，相关披露信息如下：

2019年12月6日，苏州华兴源创科技股份有限公司（以下简称公司）召开了第

① 相关案例信息来源于巨潮资讯网（http://www.cninfo.com.cn/new/index）华兴源创（688001）公告信息。

一届董事会第十三次会议，会议审议通过了关于公司发行股份及支付现金购买资产并募集配套资金交易方案的相关议案，公司拟通过发行股份及支付现金的方式购买李某花、陆某初（以下简称交易对方）持有的苏州欧立通自动化科技有限公司（以下简称欧立通或标的公司）100%的股权并募集配套资金（以下简称本次交易）。公司和交易对方初步商定标的资产的作价为115000万元，其中公司拟以发行股份的方式支付交易对价的70%，即80500万元，拟以现金方式支付交易对价的30%，即34500万元。

欧立通未经审计的最近一期资产总额、资产净额（与交易对价相比孰高）占上市公司最近一个会计年度经审计的合并财务报告相关指标的比例超过50%，根据《重组管理办法》《科创板上市公司重大资产重组特别规定》的规定，本次交易构成中国证监会规定的上市公司重大资产重组行为，由于本次交易涉及科创板上市公司发行股份购买资产，需经上海证券交易所审核，并经中国证监会注册后方可实施。

本次交易预计构成关联交易：交易对方李某花、陆某初为夫妻关系。本次交易完成后，本次交易对方李某花、陆某初预计将直接合计持有上市公司5%以上股份，根据上交所《股票上市规则》的规定，本次交易预计构成关联交易。在本次交易相关议案提交董事会、股东大会表决时，关联董事和关联股东将按规定回避表决。

本次交易不构成重组上市：本次交易前36个月内，上市公司实际控制权未发生变更。本次交易前，上市公司的控股股东为华兴源创，实际控制人为陈某源、张某夫妇；本次交易完成后，上市公司的控股股东仍为华兴源创，实际控制人仍为陈某源、张某夫妇。本次交易不存在导致本公司实际控制权变动的情况。因此，本次交易完成后，公司的实际控制人未发生变更，本次交易不构成重组上市。

根据本次重组的预案及华兴源创于2020年2月7日发布的《苏州华兴源创科技股份有限公司关于重大资产重组事项的进展公告》（编号：2020-004），本次交易尚需履行的审批程序包括但不限于：

1.本次交易标的资产的审计、评估工作完成后，上市公司尚需再次召开董事会审议通过本次交易的相关议案；

2.上市公司股东大会审议通过本次交易的相关议案；

3.本次交易构成科创板上市公司发行股份购买资产事项，需经上海证券交易所审核，并获得中国证监会注册。

（五）增发股票和发行可转换公司债券

2020年7月3日，中国证监会发布《科创板上市公司证券发行注册管理办法（试行）》（以下简称《科创板再融资办法》），适用范围为科创板上市公司发行如下证券品种的行为：（一）股票；（二）可转换公司债券（以下简称可转债）；（三）存托凭证；（四）中国证监会认可的其他品种。

前款所称可转债，是指上市公司依法发行、在一定期间内依据约定的条件可以转换成股份的公司债券。《科创板再融资办法》共七章、九十三条，主要包括以下内容：一是明确适用范围，上市公司发行股票、可转换公司债券、存托凭证等证券品种的，适用《科创板再融资办法》。二是精简优化发行条件。区分向不特定对象发行和向特定对象发行，差异化设置各类证券品种的再融资条件。三是明确发行上市审核和注册程序。上交所审核期限为二个月，证监会注册期限为十五个工作日。同时，针对"小额快速"融资设置简易程序。四是强化信息披露要求，要求有针对性地披露行业特点、业务模式、公司治理等内容，充分披露科研水平、科研人员、科研资金投入等信息。五是对发行承销作出特别规定，就发行价格、定价基准日、锁定期，以及可转债的转股期限、转股价格、交易方式等作出专门安排。六是强化监督管理和法律责任，加大对上市公司、中介机构等市场主体违法违规行为的追责力度。

上交所亦于2020年7月3日发布了《上海证券交易所科创板上市公司证券发行上市审核规则》《上海证券交易所科创板上市公司证券发行承销实施细则》等配套业务规则。

三、通过国有股东与科创板上市公司资产重组实施混改

根据36号令，国有股东与上市公司进行资产重组是指国有股东向上市公司注入、购买或置换资产并涉及国有股东所持上市公司股份发生变化的情形。这里的上市公

司在本次重组前，可以是国有控股上市公司、国有参股上市公司，也可以是无任何国有股东的民营上市公司，根据混改的具体方案，“国有股东与上市公司进行资产重组”这一操作在其中发挥不同的作用。

除36号令等一系列国资监管法律法规及其他规范性文件外，国有股东与上市公司进行资产重组需要适用《上市公司重大资产重组管理办法》《上市公司重大资产重组信息披露业务指引》《上海证券交易所科创板股票上市规则》《科创板上市公司重大资产重组特别规定》《上海证券交易所科创板上市公司重大资产重组审核规则》的相关规定，国有股东持有上市公司的股份变动，还需要按照《证券法》和《上市公司收购管理办法》的相关要求进行信息披露并履行相关收购程序（如触发要约收购）。例如，在信息披露方面，上市公司首次披露重组方案后，应当每30日公告一次本次重组的最新进展情况，直至发出召开股东大会通知。

国有股东与上市公司资产重组的，国有股东应按照符合国有股东发展战略及有利于提高上市公司质量和核心竞争力等原则，在与上市公司充分协商基础上，科学策划重组方案，合理选择重组时机。国有股东履行内部决策程序后，书面通知上市公司，由其依法披露并申请停牌，并按照相关规定履行国资委预审核、上市公司董事会审议预案、对外披露预案、复牌、资产评估及备案、董事会审议草案、对外披露草案、集团公司或国资委审批重组方案、股东大会审议重组方案、报送证券监管机构审核等程序。资产重组发行股份价格在符合证券监管规则基础上，按照有利于维护包括国有股东在内的全体股东权益的原则确定。

以下案例为国有股东与上市公司资产重组实施混改的操作，可供科创板上市公司同类型项目借鉴：

【案例】中粮资本混改“三步走”之重大资产重组[①]

根据上市公司中原特钢（002423）的相关公告，中粮资本混改“三步走”具体如下：

① 相关案例信息来源于巨潮资讯网（http://www.cninfo.com.cn/new/index）中粮资本/中原特钢（002423）公告信息。

第一步：上市公司重大资产重组前的标的资产增资

2017年8月，中粮资本顺利引入7名战略投资者，首农集团、温氏投资等7名投资者以14.54元/股注册资本的价格向中粮资本增资49亿元，同时，以相同单价从中粮集团手中合计接过13.7552%的股权，交易价格为20亿元。引入上述投资者后，中粮集团持有中粮资本的股权比例从100%降至64.51%，其他投资者的合计持股比例为35.49%。结合上述交易金额计算，彼时引入战投时，中粮资本整体估值约为194.42亿元。

第二步：上市公司股份无偿划转

2018年4月13日，根据国务院国资委《关于中原特钢股份有限公司国有股东所持股份无偿划转有关问题的批复》（国资产权〔2018〕114号），中国兵器装备集团有限公司所持上市公司中原特钢33911.5147万股股份无偿划转给中粮集团持有。本次无偿划转完成后，上市公司总股本不变，其中中粮集团（SS）持有33911.5147万股股份，占总股本的67.42%。

第三步：国有股东与上市公司重大资产重组

由于中原特钢原本拥有体量不小的资产，所以此次方案由重大资产置换和发行股份购买资产两部分组成，二者互为条件、同时进行。

2018年4月25日，上市公司发布本次重组的预案，本次重组方案开始得以公示。根据本次重组方案等上市公司公告，本次重大资产重组基本情况如下：

本次交易的整体方案由重大资产置换和发行股份购买资产两项内容组成，互为条件、同时进行。本次交易的主要内容如下：

“（一）重大资产置换

中原特钢以其持有的截至2017年9月30日经评估的全部资产及负债与中粮集团持有的截至2017年9月30日经评估的中粮资本64.51%股权的等值部分进行置换。上市公司置出资产由中粮集团承接。中原特钢将其持有的除特钢装备100%股权外的其他资产及负债注入特钢装备，于本次交易实施时，将其持有的特钢装备100%股权作为置出资产完成交付。

（二）发行股份购买资产

中粮资本64.51%股权经上述资产置换后的差额部分由中原特钢向中粮集团发行

股份购买。同时，中原特钢向弘毅弘量、温氏投资、首农食品集团、结构调整基金、宁波雾繁、航发资产、上海国际资管发行股份购买其合计持有的中粮资本35.49%股权。本次交易完成后，中粮资本将成为上市公司的全资子公司。”

本次交易相关决策过程及批准文件如下：

“(一)上市公司履行的决策程序

1.上市公司职工代表大会已审议通过职工安置方案；

2.本次交易方案已经上市公司第三届董事会第四十八次会议、第三届董事会第四十九次会议审议通过；

3.本次交易方案已经上市公司2018年第三次临时股东大会审议通过；

4.本次交易的股份发行价格调整已经公司第三届董事会第五十次会议审议通过。

(二)交易对方履行的决策程序

中粮集团、弘毅弘量、温氏投资、首农食品集团、结构调整基金、宁波雾繁、航发资产、上海国际资管已通过内部决策程序。

(三)国有资产监督管理部门的批准程序

1.本次交易方案已获得国务院国资委的原则性同意；

2.本次交易注入资产和置出资产已完成国务院国资委评估备案程序；

3.本次交易方案已获得国务院国资委正式批复(国资产权〔2018〕330号)；

4.本次发行股份价格调整涉及的国有股权管理事项已获得国务院国资委正式批复(国资产权〔2018〕646号)。

(四)行业主管部门的批准程序

本次交易方案已获得国防科工局的同意批复(科工计〔2018〕331号)。

(五)证券监管部门的批准程序

2019年1月2日，中国证监会下发了《关于核准中原特钢股份有限公司重大资产置换及向中粮集团有限公司等发行股份购买资产的批复》(证监许可〔2018〕2217号)，核准了本次交易。”

2019年2月，本次重组实施完毕。

从2019年10月8日起，上市公司证券简称由“中原特钢”变更为“中粮资本”，公司股票代码保持不变，仍为“002423”。

四、通过国有控股上市公司股份转让实施混改

上市公司股份转让包括直接转让和间接转让（国有股东所持上市公司股份间接转让是指因国有产权转让或增资扩股等原因导致国有股东不再符合36号令第三条规定情形的行为），除36号令等一系列国资监管法律法规及其他规范性文件外，上市公司股份转让需要遵守《上市公司收购管理办法》、股票交易规则、控股股东减持行为规范等一系列规范性文件的规定，做好信息披露，同时，如果股份转让涉及触发要约收购的，收购人还需要履行相应的要约收购义务。

国有控股上市公司股份转让。应坚持公开、公平、公正原则，一般采取公开征集方式进行。国有股东履行内部决策程序后，书面通知上市公司，由其依法披露，进行提示性公告。国有股东将转让方案、可行性研究报告、内部决策文件、拟发布的公开征集信息等内容通过国资委产权管理综合信息系统报国资委同意后，书面通知上市公司发布公开征集信息，内容主要包括拟转让股份权属情况和数量、受让方应当具备的资格条件、受让方的选择规则、公开征集期限等。公开征集信息中对受让方资格条件不得设定指向性或违反公平竞争要求的条款。收到拟受让方提交的受让申请和受让方案后，国有股东成立由内部职能部门及独立外部专家组成的工作小组，严格按照已公告的规则选择确定受让方。转让价格不低于上市公司提示性公告日前30个交易日的每日加权平均价格的算术平均值及最近一个会计年度经审计的每股净资产值中的较高者。

五、历史沿革中存在混改情况的公司通过科创板实现上市

国有企业混改完成后，再申请科创板上市，审核部门对于其历史沿革中的混改操作的程序合规性会给予特别关注，需要上市前的混改操作相关主体均充分履行了相应的内外部审批程序，同时相关授权亦需要具有合法合规性。以中央企业混改为例。一些主要的操作要点包括如下。

（一）资产审计评估

1.财务审计。实施混合所有制改革，应当按照《国务院办公厅转发国务院国有资产监督管理委员会关于规范国有企业改制工作意见的通知》（国办发〔2003〕96号）、《国务院办公厅转发国资委关于进一步规范国有企业改制工作实施意见的通知》（国办发〔2005〕60号）等规定，开展财务审计工作。

2.资产评估。实施混合所有制改革，应当按照《资产评估法》《企业国有资产评估管理暂行办法》（国资委令第12号）等规定，开展资产评估工作。

（二）通过产权市场实施混合所有制改革

1.产权交易机构选择。非上市企业通过产权转让、增资扩股方式实施混合所有制改革应按照《企业国有资产交易监督管理办法》（国资委、财政部令第32号）、《关于印发〈企业国有产权交易操作规则〉的通知》（国资发产权〔2009〕120号）等有关规定，在国资委确定的可以从事相关业务的产权交易机构中公开进行。

2.信息披露。进场交易项目要严格按照规定在产权交易机构进行信息披露。企业混合所有制改革方案确定后，可合理选择信息发布时机，及早披露相关信息。产权转让项目正式信息披露时间不少于20个工作日，涉及企业实际控制权转移的应进行信息预披露，时间不少于20个工作日。增资扩股项目信息披露时间不少于40个工作日。

3.投资人遴选。拟混改企业要合理确定投资人的遴选方式。产权转让项目可采取拍卖、招投标、网络竞价等方式，增资扩股项目可采取竞价、竞争性谈判、综合评议等方式。投资人遴选过程中，对战略投资者主要关注与企业发展战略、经营目标、主营业务等方面的匹配和协同情况，对财务投资人主要关注资金实力和财务状况等。

4.重点关注事项。

（1）企业增资与产权转让同步进行。企业混合所有制改革后继续保持国有控股地位的，如增资过程中国有股东拟同步转让其所持有的少部分企业产权，统一按照增资流程操作，产权转让价格应与增资价格保持一致。

（2）商业秘密保护。在配合意向投资人尽职调查过程中，如涉及拟混改企业商业秘密，应按照《关于印发〈中央企业商业秘密保护暂行规定〉的通知》（国资发〔2010〕41号）要求，与相关方签订保密协议，保护自身权益。

（3）交易价格。产权转让项目首次正式挂牌底价不得低于经备案的评估结果，信息披露期满未征集到受让方拟降价的，新的挂牌底价低于评估结果的90%时，应经混合所有制改革批准单位同意；交易价格确定后，交易双方不得以期间损益等理由对交易价格进行调整。增资扩股项目的交易价格以评估结果为基础，结合意向投资人的条件和报价等因素综合确定，并经企业董事会或股东会审议同意。

（三）关于激励约束机制

1.混合所有制企业员工持股。员工持股应按照《关于印发〈关于国有控股混合所有制企业开展员工持股试点的意见〉的通知》（国资发改革〔2016〕133号）稳慎开展。坚持依法合规、公开透明，增量引入、利益绑定，以岗定股、动态调整，严控范围、强化监督等原则。优先支持人才资本和技术要素贡献占比较高的科技型企业开展员工持股。

2.国有科技型企业股权和分红激励。规范制度执行，中央企业开展股权和分红激励要按照《关于印发〈国有科技型企业股权和分红激励暂行办法〉的通知》（财资〔2016〕4号）等有关规定，不得随意降低资格条件。

因此，在混改方案制定和实施的过程中，需要确保合法合规，不存在任何国有资产流失的情形，亦不存在有任何股权纠纷或者潜在纠纷，这也是科创板发行条件中一个非常重要的要求。同时需要符合“控股股东和受控股股东、实际控制人支配的股东所持发行人的股份权属清晰，最近2年实际控制人没有发生变更，不存在导致控制权可能变更的重大权属纠纷”的要求，如果混改中引入员工持股等股权激励，其持股平台的要求亦需要考虑其合规性，“闭环原则”是否适用的问题。

附表：截至2020年3月6日科创板上市公司审核、上市标准及募资情况①

序号	公司简称及股票代码	受理至注册生效时长	问询次数	适用上市标准	募集资金总额（万元）
1	华兴源创 688001	不足3个月	3	第一项	97282.60
2	睿创微纳 688002	不足3个月	2	第一项	120000.00
3	天准科技 688003	不足3个月	2	第三项	123420.00
4	杭可科技 688006	不足3个月	3	第一项	112463.00
5	澜起科技 688008	不足3个月	3	第一项	280193.84
6	容百科技 688005	不足4个月	2	第四项	119790.00
7	中国通号 688009	不足3个月	3	第四项	1053000.00
8	铂力特 688333	不足3个月	3	第一项	66000.00
9	光峰科技 688007	不足4个月	3	第一项	119000
10	新光光电 688011	不足4个月	2	第一项	95225.00
11	安集科技 688019	不足4个月	2	第一项	52032.94
12	福光股份 688010	不足4个月	2	第一项	97853.60
13	中微公司 688012	不足4个月	4	第四项	155163.54
14	乐鑫科技 688018	不足3个月	3	第一项	125200.00

① 相关信息来源于巨潮资讯网（http://www.cninfo.com.cn/new/index）公告的各公司招股说明书，以及上海证券交易所科创板股票审核页面（http://kcb.sse.com.cn/）公示的各公司审核进度信息，经作者统计。

续表

序号	公司简称及股票代码	受理至注册生效时长	问询次数	适用上市标准	募集资金总额（万元）
15	虹软科技 688088	不足 4 个月	4	第四项	132848.00
16	南微医学 688029	不足 3 个月	3	第一项	174868.30
17	西部超导 688122	不足 3 个月	2	第一项	66300.00
18	心脉医疗 688016	不足 3 个月	3	第 项	83214.00
19	方邦股份 688020	不足 3 个月	2	第一项	107760.00
20	航天宏图 688066	不足 3 个月	4	第一项	71587.50
21	交控科技 688015	不足 4 个月	3	第一项	64720.00
22	沃尔德 688028	不足 3 个月	3	第一项	53360.00
23	天宜上佳 688033	不足 3 个月	3	第一项	97531.56
24	嘉元科技 688388	不足 3 个月	3	第一项	163342.80
25	瀚川智能 688022	不足 3 个月	3	第一项	69633.00
26	晶晨股份 688099	不足 4 个月	4	第四项	158312.00
27	柏楚电子 688188	不足 4 个月	3	第一项	171450.00
28	微芯生物 688321	不足 4 个月	3	第一项	102150.00
29	安博通 688168	不足 5 个月	4	第一项	72777.96
30	天奈科技 688116	不足 6 个月	3	第一项	92743.2464

续表

序号	公司简称及股票代码	受理至注册生效时长	问询次数	适用上市标准	募集资金总额（万元）
31	热景生物 688068	不足 5 个月	4	第一项	45810.30
32	山石网科 688030	不足 5 个月	4	第一项	94887.94
33	传音控股 688036	不足 6 个月	3	第一项	281200.00
34	晶丰明源 688368	不足 6 个月	3	第一项	87287.20
35	海尔生物 688139	不足 6 个月	6	第一项	123103.11
36	申联生物 688098	不足 6 个月	5	第一项	44000
37	赛诺医疗 688108	不足 6 个月	4	第二项	34950.00
38	致远互联 688369	不足 6 个月	4	第一项	95075.75
39	昊海生科 688366	不足 6 个月	3	第一项	158829.40
40	杰普特 688025	不足 6 个月	3	第一项	101282.14
41	宝兰德 688058	不足 6 个月	3	第一项	79300.00
42	华熙生物 688363	不足 6 个月	4	第一项	236859.46
43	久日新材 688199	不足 6 个月	3	第一项	185415.74
44	长阳科技 688299	不足 6 个月	4	第一项	96850.4562
45	博瑞医药 688166	不足 7 个月	3	第一项	52111.00
46	鸿泉物联 688288	不足 7 个月	3	第一项	62475.00

续表

序号	公司简称及股票代码	受理至注册生效时长	问询次数	适用上市标准	募集资金总额（万元）
47	美迪西 688202	不足 7 个月	3	第一项	64325.00
48	普门科技 688389	不足 7 个月	3	第一项	39130.00
49	奥福环保 688021	不足 6 个月	2	第一项	52340.00
50	中国电研 688128	不足 6 个月	3	第一项	93950.00
51	安恒信息 688023	不足 7 个月	3	第一项	104629.63
52	联瑞新材 688300	不足 7 个月	2	第一项	58633.9952
53	三达膜 688101	不足 6 个月	3	第一项	152416.22
54	金山办公 688111	不足 6 个月	2	第一项	463186.00
55	卓越新能 688196	不足 6 个月	3	第一项	128790.00
56	清溢光电 688138	不足 5 个月	2	第一项	58650.40
57	迈得医疗 688310	不足 6 个月	2	第一项	51811.10
58	祥生医疗 688358	不足 6 个月	3	第一项	101060
59	建龙微纳 688357	不足 6 个月	3	第一项	62582.88
60	普元信息 688118	不足 5 个月	2	第一项	64156.50
61	硕世生物 688399	不足 7 个月	3	第一项	68579.48
62	卓易信息 688258	不足 7 个月	3	第一项	57587.14

续表

序号	公司简称及股票代码	受理至注册生效时长	问询次数	适用上市标准	募集资金总额（万元）
63	江苏北人 688218	不足 8 个月	4	第一项	50934.24
64	佰仁医疗 688198	不足 7 个月	5	第一项	56832.00
65	当虹科技 688039	不足 7 个月	4	第一项	100960.00
66	芯源微 688037	不足 5 个月	2	第一项	56637.00
67	嘉必优 688089	不足 7 个月	3	第一项	71700.00
68	聚辰股份 688123	不足 8 个月	4	第一项	100449.80
69	华特气体 688268	不足 8 个月	4	第一项	66480.00
70	龙软科技 688078	不足 8 个月	6	第一项	38192.71
71	兴图新科 688081	不足 6 个月	2	第一项	51906.40
72	八亿时空 688181	不足 7 个月	3	第一项	106072.08
73	万德斯 688178	不足 8 个月	3	第一项	53548.64
74	威胜信息 688100	不足 9 个月	3	第一项	68900.00
75	特宝生物 688278	不足 9 个月	4	第四项	38316.00
76	优刻得 688158	不足 9 个月	4	第二十四条第二款	194395.50
77	洁特生物 688026	不足 7 个月	4	第一项	41225.00
78	有方科技 688159	不足 8 个月	4	第一项	46642.20

续表

序号	公司简称及股票代码	受理至注册生效时长	问询次数	适用上市标准	募集资金总额（万元）
79	泽璟制药 688266	不足 7 个月	3	第五项	202560.00
80	东方生物 688298	不足 8 个月	4	第一项	63750.00
81	广大特材 688186	不足 9 个月	5	第一项	71728.80
82	赛特新材 688398	不足 6 个月	2	第一项	48240.00
83	映翰通 688080	不足 9 个月	4	第一项	36215.1853
84	道通科技 688208	不足 7 个月	3	第一项	121800.00
85	瑞松科技 688090	不足 8 个月	4	第一项	46394.60
86	华峰测控 688200	不足 6 个月	2	第一项	164297.53
87	神工股份 688233	不足 10 个月	4	第一项	86680.00
88	百奥泰 688177	不足 7 个月	2	第五项	196560.00
89	石头科技 688169	不足 10 个月	4	第一项	451866.68
90	华润微 688396	不足 7 个月	2	第二十三条第二款	375032.38（行使超额配售选择权之前）；431287.10（若全额行使超额配售选择权）
91	紫晶存储 688086	不足 10 个月	5	第一项	102284.07

注：1.按照《招股说明书》刊登的先后顺序排列；2.上市标准均指如下标准中的一种：《上海证券交易所科创板股票发行上市审核规则》第二十二条第（一）项至第（五）项标准，第二十三条第（一）项至第（二）项标准，第二十四条第（一）项至第（二）项标准。

7

CHAPTER

第七章

国企混改与公司治理法律实务

MIXED-OWNERSHIP REFORM

本章导读

2017年年底国有企业公司制改革基本完成，国有企业公司治理结构有了进一步完善，但很多国有企业尚未形成有效运行的公司治理结构，仍存在制度不健全、权责不请、缺乏制衡等问题。公司治理是公司制度发挥作用的基础和企业制度建设的核心，国有企业从混合所有制改革实际出发，完善公司治理结构，积极适应国有企业改革的新形势新要求，对健全中国特色现代国有企业制度、深化国企改革、激发国有经济市场活力和强化国有企业市场经济主体具有重要意义。

本章主要介绍国企混改与公司治理的以下几部分内容：1.公司治理概述；2.章程是公司治理的基本法；3.优化股权结构，保护股东权利是公司治理的基础和出发点；4.董事会建设是公司治理的中心；5.监事会功能是公司治理的保障。

第一节 ┃ 公司治理概述

随着现代企业制度的建立和不断发展，公司治理的重要性就越发凸显，特别是国企混合所有制企业的改革，其目的就是通过优化国有企业的股权结构，进一步改善国有企业的公司治理，提升企业活力和市场竞争力，从而放大国有资本功能，实现国有资产的保值和增值。公司治理相关理论是伴随着现代企业的形成和发展而形成和改变，随着国企混合所有制企业改革的进一步深入，更多的适应国企混合所有制企业公司治理的理论和实践也必将更加丰富和完善，最终实现为企业建立一健全的治理制度，保证企业的规范高效运行，从而维护公司各方面的利益的目的。

一、公司治理的概念

公司治理（Corporate Governance）又称为公司管制、公司督导等，广义上的公司治理涵盖公司内部法人治理结构、外部治理市场体系和以《公司法》、公司章程为核心的法律规则体系三个层面内容，是现代公司制度中最重要的内容。狭义上的公司治理就是公司法人治理结构。

法人治理结构是公司制的核心，是明确划分股东（大）会、董事会、监事会和经理层之间权利、义务和责任以及明确划分相互制衡关系的一整套制度安排。公司制区别于其他市场主体的特点就在于所有权和经营权的分离，这就需要在所有者和经营管理者之间形成一种相互制衡的机制进行管理和控制。

二、公司治理的原则

（一）完善组织结构的原则

股东会、董事会和监事会是公司治理基本且最为重要的组织结构，是股东表达意志、董事和经营者代表股东执行决策和监事代为监督经营管理活动的基础，公司治理的重点是解决股东会、董事会和监事会如何有效运行，因此要建立完善的股东（大）会、董事会、经营管理层和监事会的组织结构，规范“三会一层”的权责。

（二）平等对待股东的原则

股东作为公司的所有者，有权利能够及时、真实透明地了解公司，并对相关事项进行表决，无论是大股东、小股东，国有企业股东还是民营企业股东，公司理应一视同仁，平等对待所有股东，尊重股东的权利，通过建立实行公开有效的信息披露、信息交流机制，规范治理主体责任，给予民营资本股东等非国有股东和国有资本股东平等的权利，提供同等程度的保护，鼓励非国有股东参与混合所有制改革的热情。

（三）明确董事权责的原则

董事会经公司股东授权，代表股东经营公司，最大限度追求股东的投资回报。明确董事会和董事的权责和角色定位，让其在法律法规和公司章程的约束下行使权利、履行义务对于混合所有制企业而言尤为重要，只有独立负责高效运转的董事会才能克服不同所有制股权之间因为不同利益诉求和不同意识形态背景而产生的矛盾和冲突，也才能有效整合不同所有制股权各自的优势，取长补短，达到“1+1 > 2”的结果。

（四）建立激励约束的原则

激励约束制度是公司治理的重要内容，好的激励约束制度能够提高企业经济效益的增长、增强企业的活力和竞争力。国有企业之所以要进行混合所有制改革，其中一个很重要的原因就是作为单一投资主体的国有企业的激励动力不够，约束制约不足，投资效率不高，要通过混合所有制改革，吸收不同投资主体的优势，进一步增强激励动力，改进约束机制，提高投资回报。

（五）尊重利益相关方的原则

公司利益相关方主要包括投资者/股东、公司职工、债权人、供应商、社区、消费者和政策制定者等，从不同层面对公司的经营与发展起着重要作用，公司需要尊重公司利益相关方并对其承担相应的责任，稳妥处理维系与利益相关方的关系。通过混合所有制改革，引进多种所有制投资主体，在相互制衡中加速和深度融进市场机制，在市场中，只有不断地体会和尊重公司的各利益相关方，才能营造公司良性发展的战略平台和市场环境。

（六）维护财务独立的原则

维护财务报告的诚信及外部审计的独立性，鼓励建立内部审计部门，增强财务信息披露力度和透明度，更好地维护公司财务的独立性，监督财务制度的有效运行。在混合所有制企业中，存在不同所有制的多种投资主体，只有维护公司财务的独立和透明，才能有效促进公司的健康发展，否则，如果公司的财务被某一股东所控制和支配，对公司的治理必然是毁灭性的。

三、公司治理的模式

（一）英美外部监控模式

英美法系国家公司法人治理结构主要采取单线制，即股东大会下面仅设置董事会，而不设立专门的监督机构。其内部的权力分配是：由公司股东大会选举董事组成董事会，全面负责经营管理事务并进行监督，董事会直接对股东大会负责。

英美外部监控模式的特点：（1）股东缺乏“用手投票”参与公司经营的积极性，主要根据公司获利水平采取“用脚投票”的方式向经营者实施压力。（2）股票期权成为激励经理人员工作的重要手段，经理人员非常关注短期收益。（3）外部成为监控经理人的重要力量。首先是证券市场，其次是资本市场收购或兼并的风险，发达的经理人市场，完善的法律监督体系。（4）董事会中独立董事比例大。

英美外部监控模式的优点：（1）经理人员的压力直接产生动力。（2）较完善的法律体系，保护股东利益。缺点是：（1）公司管理层面临较大的盈利压力，易产生短期行为，不利于对涉及公司长远利益的投入。（2）公司股权的高分散性和高流动性，导致公司的资本结构缺乏稳定性，公司被兼并接管的可能性加大。

（二）德日内部监控模式

以德、日国家为代表的公司治理是一种典型的内部监控模式，将公司的业务执行职能和监督职能分离。虽然它们也有发达的股票市场，但对于公司筹资以及监控而言，发挥的作用极其有限。其主要原因在于公司的资本负债率较高，股权相对集中，特别是法人之间相互稳定持股，以及银行对公司的持股和干预，使公司内部的各相关利益主体监控公司成为可能。但是这种公司治理模式存在市场治理机制薄弱的缺陷。

德日内部监控模式的优点：（1）核心股东同时具备行使股东监控权力的动力与能力；（2）股东追求长期投资而轻易不转让股权，使公司股权结构比较稳定，市场接管的危险小，避免了恶性兼并带来的资源浪费问题；（3）公司经理以及整个公司的行为倾向于长期行为，对公司的长远发展有利；（4）银行与企业相辅相成；（5）相互持股的法人股权结构，有助于维系企业间长期稳定的交易关系。缺点：（1）公司一味地追求增长率和市场份额，而不是利润和股价的上涨，这在一定程度上侵害了公司和个人股东的利益；（2）公司经理人缺乏危机感，创新性较差；（3）资本流动性差，内部封闭使外部力量难以对公司施加影响；（4）银行主导与公司法人交叉持股导致一荣俱荣、一损俱损；（5）银行主导制有时会导致过分垄断，不利于公平竞争。

（三）我国的借鉴与选择

各国的政治经济制度不同，治理模式也不同，没有可借鉴的统一模式。我国主要学习借鉴了英美模式董事会制度中的独立董事制度和股权激励制度。我国法定的公司治理内部结构中形式上学习了日本的平行三角式，在监事会上学习了德国的共同决策[①]。

我国公司治理模式主要表现为股东（大）会为最高决策机关和权力机关；董事会受股东（大）会委托，对股东（大）会负责，指导公司业务的执行；监事会是监

---

① 马永斌：《公司治理之道控制权争夺与股权激励》（第二版），清华大学出版社 2018 年版。

督机关，对股东大会负责，对董事会和经理层执行公司事务实行监察。监事会与董事会平行对等，都直接对股东大会负责，同时监事会与董事会相互独立，互不隶属。我国的治理模式中，监事会平行于董事会，既有职工参与又独立于管理层，按理说应该做到在充分了解信息的情况下，独立地行使监督的职责。但由于《公司法》没有明确赋予监事会强制董事履行责任的权力，而且也没有规定董事会和经理层必须定期向监事会报告，这就使得监事会的权威性受到很大的影响，监事会很多时候成为公司治理中的摆设。而且监事会中的职工监事都是企业内部人，其薪水、升职都受制于董事会和经理层，很难做到独立监督。

需要指出的是，必须认识到，从来就没有一个放之四海而皆准的十全十美的公司治理模式，公司治理模式需要与经济、政治、法律、文化以及公司的具体实际相结合，在实践中遵循公司运行的客观规律，不断总结、创新和完善，走出我国国有混合所有制企业具有自己特色的公司治理模式。要基于中国当前现实条件与改革的渐进性，选择适合自己的，加强公司治理的系统性和适应性，体现内部治理与外部治理相结合，提高整体的效力与效率。

四、公司治理的检验标准

完善的公司治理一定是人尽其才，才尽其能，公司的每一位员工，无论是管理层还是普通员工，都能在自己的岗位上发挥其最大的作用，从而保证公司的高效快速发展。为实现完善的公司治理，需要做到以下几个方面：

1. 清晰的产权结构是公司治理的起点。产权结构是指企业内部产权构成和比重，国企混改后必将为二元或多元化产权结构，调整和优化产权结构，明确不同产权主体的权能和利益是公司治理的起点，适度集中的股权结构奠定公司治理的基础。

2. 简洁有效的委托代理是公司治理的重要环节。通过纵向层层授权委托，公司实现“建议、批准、执行和监督”一系列经营活动，委托代理制度的有效运行决定公司治理机制能否发挥作用。

3. 合理的激励约束机制是公司治理的动力，薪酬与业绩和责任相挂钩，激励与约束并存，是管理者和全体职工努力工作的原动力。

4.良好的“三会一层”的制衡机制是公司治理实现目标的关键所在。完善混合所有制企业“三会一层”的功能，明确管理职能、决策机制和相应的制度规则，各董事、监事、管理层等依法依规积极行使权力，保证治理机制运行顺畅和高效。

5.严格的信息披露制度是监督与约束的有效手段。建立信息公开披露制度，及时公开透明披露信息尤其是重要事件，以保证全部投资者能够获得准确的信息。明确董事和管理层的角色和责任并使公众知情，从而方便利益相关方对之问责。

6.优秀的企业文化是公司治理运行的“软”环节。良好的文化建设能够积极宣传渗透公司治理理念，有助于营造公司规范治理的氛围。

五、规范公司治理对国企混改的意义

建立科学、规范、有效的法人治理结构，对于振兴国有企业具有重要的现实意义，完善法人治理结构，是国有混合所有制企业制度创新和成为具有可持续发展能力的现代企业的关键。

（一）不断完善法人治理结构才能持续提升经营绩效

规范的公司治理结构通常是资产所有者拥有公司的所有权；股东通过股东（大）会选举董事会，董事会成为由股东（大）会授权的公司财产托管人，拥有重大决策及对以总经理为首的经理人员的任免权和报酬决定权；以总经理为首的经理人员受聘于董事会，作为董事会的代理人，具体负责公司的日常经营管理事务；监事会对公司财务和董事、经理进行监督，向股东（大）会负责。公司法人治理结构的功能，就是在所有者与经营者之间合理配置权力、公平分配利益，建立有效的激励、监督和制衡机制，从而提高公司运行效率，实现公司经营目标。

（二）不断完善法人治理结构才能规范公司行为

合理的公司法人治理结构能够解决国有企业的体制性矛盾，实现出资者所有权与企业法人财产权的分离；有利于政企分开，形成科学的决策、执行和监督机制；有利于防范经营风险，促进公司规范运作。国内外出现的一些公司违规行为，特别是财务造假行为，最主要的原因是公司治理结构存在缺陷。国有企业只有通过混合所有制改革，完善公司法人治理结构，才能从根本上规范公司的行为，杜绝经营风险。

（三）不断完善法人治理结构才能强化融资功能

解决资金匮乏是任何企业都会面临的难题，虽说国有企业的地位具有较强的融资功能，但投资者只有在确认自己的利益能够得到保护的情况下才会向企业投资。因此，企业在资本市场上为获得资金而进行的竞争，实际上是公司治理水平的竞争。治理结构健全的公司会得到投资者的信赖，以较低的成本融得较多的资金，从而获得更好的发展机会；治理结构不健全的公司，无法得到投资者的信任，往往难以筹集到资金、筹资成本较高，筹资数额较少，发展空间受到限制。

（四）不断完善法人治理结构才能实现改革新突破

目前，国有混合所有制改革进入到结构调整和制度创新的阶段。不断完善法人治理结构，对于推进集团公司的结构调整，具有牵引和示范作用。通过混改完善法人治理结构，有利于建立国有资本经营预算制度和企业经营业绩考核体系；有利于积极探索国有资产监管和经营的有效形式，完善授权经营制度；有利于继续推进企业转换经营机制，深化劳动人事和收入分配制度改革，为企业改革发展创造良好的环境。

六、公司治理与党的建设

实践中，我们如何在混合所有制企业中加强党的建设，如何发挥党组织的政治核心作用和政治引领作用，还是一个新课题，还需要进一步探索。但我们认为，应该坚持以下几条原则。

1.要把党的建设纳入混合所有制改革方案整体设计。国有企业在进行混合所有制改革时，要同步谋划党的建设，使党的建设与企业改革相适应，在体制机制、制度设计、工作开展上相对接，保证党的建设在混合所有制改革中发挥独特优势，体现独特价值。

2. 要明确党组织在混合所有制企业中的职责边界，杜绝和防止党组织与公司股东会、董事会和监事会的权责冲突。党组织应维护公司股东会作为公司所有权人的法律地位，维护《公司法》关于公司董事会职能的法律规定，党组织不能成为凌驾于股东会和董事会之上的又一个决策核心。但党组织在董事会决策前可以积极提出意见和建议，也可以为董事会的决策做事前的调查研究，为董事会的决策提供可行性调研意见，在董事会决策后，随时了解跟踪董事会决议的执行情况，积极反馈情况，为董事会推进、改进工作提供建设性意见。

3. 发挥党组织的政治核心作用和政治引领作用，就是在公司发展的各个方面和公司治理的各个环节，党组织都要时刻关注公司的发展是否符合党和国家的政策方针和法律法规，始终引领公司依法合规经营、守法照章纳税，每一位党员在各自的工作岗位上始终保持共产党员的先进性，在各项工作中起模范带头作用，做业务标兵、劳动模范。

4. 积极支持监事会的工作，对公司董事会、经理层尽责履职进行监督，对公司存在的不利于公司发展的违法违规行为进行必要的批评斗争。积极关注并引导工会、职代会等群众自治组织的工作，了解群众的意见和呼声，倾听他们的愿望和要求，尊重和维护他们的合法权益，努力平衡和消弭管理层和普通员工的差别和隔阂。

第二节 ┃ 章程是公司治理的基本法

公司章程是公司设立的最基本条件和最重要的法律文件，又被称为“公司宪章”，是公司治理的基本法。公司章程是公司在设立阶段由发起人针对公司的名称、组织结构、设立、运营、解散及股东和高级管理人员等相关人员的权利、义务等方面所作意思表示的产物。作为规定公司组织规则和活动规则最重要的法律文件，公司章程不仅是全面保障公司独立法人人格正当性的自治性文件，同时也是公司运作过程中内部治理的基本准则和公司管理者保障公司主体良性运作的行为准则。公司章程虽然如此重要，但我国的很多投资者，尤其是有限责任公司的一些中小股东，在进行公司注册时，却不能认真而细致地考虑如何约定股东之间的权利和义务，而只是照搬由市场监督部门提供的公司章程的示范文本，导致各个企业的章程几乎千篇一律，公司章程实际上已经成为一种可有可无的形式，已完全失去其意义。作为混合所有制企业，面对不同所有制的多种投资主体，利益诉求、价值判断和公司治理理念各有不同是必然的，因不同引起的冲突也在所难免，靠什么平衡关系，完善治理，避免和减少冲突，在有了冲突和矛盾之后，又靠什么去解决和化解，第一要靠的就是规则，只有依靠规则，尊重规则，运用规则，才能有效地进行公司治理，而章程就是公司规则的基本大法，从这个意义来说，如果没有一个好的公司章程，混合所有制企业就算建立起来了，也是空中楼阁，基础不稳。

一、公司章程的法律含义

公司章程，根据《大辞海》的解释，其含义分为三层：其一，从内容上讲，它是记载公司组织、行动的基本规则的文件；其二，从程序上讲，公司设立必须依照法律制定公司章程，根据各国法律的不同规定，公司章程还需依法登记；其三，从效力上讲，章程一旦制定和登记，对制定章程的股东、以后参加公司的人甚至第三人都有约束力[①]。从词文含义可以看出，公司章程是具有约束力和公示效用的规则性文件。但是，当前法学界因对章程的内部性和外部性理解存在分歧，尚无公司章程的确切定义。如“所谓章程是记载有关公司组织和行为基本规则的法律文件”[②]。“公司章程是关于公司的组织、内部关系和开展业务活动的基本规则和依据。”[③]“公司章程是就公司组织和运作规范、对公司性质、宗旨、经营范围、组织结构、活动方式和权利义务等内容进行记载的法律文件。”[④]“公司章程是全体发起人共同的书面意思表示，为申报股份公司的必备文件和股份公司成立的条件。”[⑤]

在我国，《公司法》明确了公司章程自治的弹性与限度，一方面，使得各公司可以依法形成自身独特的治理机制；另一方面，由于相关自治范围是由《公司法》予以规定的，基于法律的推定知悉效力，公司章程的自治也在一定程度上增加相对人的注意义务，进而使公司在特定情境下可以基于公司章程的规定而对抗相对人；同时，公司相对人也可以基于对公司章程中已登记的自治记载事项的信赖而对抗公司的真实情况。所有这些，都使得公司章程大大突破了契约的相对性而具有了一定“法”的意义，是一种“自治法”。

二、公司章程的功能及作用

公司章程随公司初始设立而存在，并随公司的消亡而归于终结。“商事主体的权利能力与功能能力是一致的，始于成立，终于消灭。能力的范围是通过商事主体的章程规定并经过工商登记主管机关审核同意后，表现在营业执照的经营范围和经营方式一栏。”[⑥]公司章程是公司诸多基本和重要规定的集中体现，因其公示性和内部强制性，成为股东之间合意、工商性质管理部门核准备案以及社会公众了解公司的基

---

① 夏征农:《大辞海（法学卷）》，上海辞书出版社 2003 年版，第 76 页。
② 毛亚敏:《公司法比较研究》，中国法制出版社 2001 年版，第 76 页。
③ 石少侠:《公司法教程》，中国政法大学出版社 1997 年版，第 77 页。
④ 刘志文:《论公司章程》，载《民商法论丛》（第六卷），法律出版社 1997 年版，第 195 页。
⑤ 徐燕:《公司法原理》，法律出版社 1997 年版，第 151 页。
⑥ 许凌洁、罗静:《年检制度对商事主体资格的影响及适用建议》，载《当代法学》2002 年第 1 期。

本依据。

概括而言，公司章程主要具备以下功能及作用：

1.公司章程随公司设立而产生，是公司设立的必备条件和必经程序。

《公司法》第十一条明确规定："设立公司必须依法制定公司章程。公司章程对公司、股东、董事、监事、高级管理人员具有约束力。"

2.公司章程是社会公众了解公司的基本依据，也是公司对外展示的路径。

公司章程是公司对外展示实力及信誉的依据。一般而言，公司债权人和社会公众在判断公司的信誉度及投资安全性的主要考察依据之一就是公司章程所刊载的内容，借此分析对公司性质的规定、公司规模的大小、公司治理结构的设计及其职权的划分，确定是否交易、是否投资、是否并购等经营行为。

3.公司章程对公司内部具有约束力，是引导和规范内部行为的基本准则。

公司章程对公司内部组织和活动的约束力表现在：首先，公司依章程对股东负有义务，这些义务同时表现为股东的权利。股东在其权益受到侵犯时可以对公司起诉以取得其应有的权利。其次，公司依章程对社会（交易第三人）负有义务。公司章程视为公司对社会的承诺，公司有义务按照章程规定履行其所承诺的义务。

4.公司章程是《公司法》管理和规范公司行为的有效手段。

公司章程是管理和规范公司行为的准则，而对于公司章程的自治和管理范围，则由《公司法》通过以下几种方式明确：一是公司法明确了公司章程的效力范围，如《公司法》第十一条明确了公司章程效力范围："设立公司必须依法制定公司章程。公司章程对公司、股东、董事、监事、高级管理人员具有约束力。"二是公司法要求以明文规定授权公司章程自治事项。如根据《公司法》第十二条第一款规定，公司的经营范围由公司章程规定，并依法登记。明确将公司经营范围的决定权完全交给了公司章程。三是公司法概括性规定了公司章程的自治范围，如《公司法》第二十五条第一款规定，"有限责任公司章程应当载明下列事项：……（八）股东会会议认为需要规定的其他事项"。即明确股东可以在章程中记载其认为需要记载的其余事项。四是《公司法》用强制性规范限制章程自治的范围，如《公司法》第四十三条第二款规定，"股东会会议作出修改公司章程、增加或者减少注册资本的决议，以及公司合并、分立、解散或者变更公司形式的决议，必须经代表三分之二以上表决权的股东通过”。则公司章程针对股东会重要事项决议的自治性议事规则，可以高于三分之二以上表决权通过，但不能低于《公司法》规定的三分之二表决权通过。

5.合法、完备和具体的公司章程是解决纠纷的重要依据。

公司章程是法院审理公司类案件的重要依据，合法、完备和具体的公司章程可以为纠纷解决提供证明，是案件审理的重要依据。

三、公司章程与《公司法》

（一）公司法范畴的公司章程

尽管公司章程在私法自治的原则之下允许充分的个人意志表达，但在市场环境下，个人意志必须有一个限定的边界，否则，势必会造成市场秩序的混乱。而界定这一边界的准绳就是公司法。

实践中，在制定公司章程的过程中究竟该如何适用公司法？这首先就涉及对公司法规范的理解。作为法的基本组成单位之一，规范性法律条文是法律得以实施和国家意志得以最终贯彻的基础。在公司法领域，法律规范分为强制性规范和任意性规范。

1.强制性规范与任意性规范

所谓强制性规范，就是公司法明文规定的，而不允许在公司章程中以意思自治的方式更改或排除适用，反映了国家对社会经济生活的规制。公司法的强制性规范通常以两种方式表述：第一种是规定股东积极义务的规范，见诸“应当……”或“必须……”等。例如，《公司法》第六十六条第一款规定，“国有资产监督管理机构可以授权公司董事会行使股东会的部分职权，决定公司的重大事项，但公司的合并、分立、解散、增加或者减少注册资本和发行公司债券，必须由国有资产监督管理机构决定；其中，重要的国有独资公司合并、分立、解散、申请破产的，应当由国有资产监督管理机构审核后，报本级人民政府批准”。第二种是规定股东消极义务的规范，见诸“不得……”或“禁止……”等。例如《公司法》第七十条第一款关于国有独资公司监事会成员数量的限制，具体为："国有独资公司监事会成员不得少于五人，其中职工代表的比例不得低于三分之一，具体比例由公司章程规定。"

所谓任意性规范，即公司法没有作出强制性规定，可在章程中按照股东自己的意思表示决定适用、变更与否的规范，并可以基于这种意思表示来约定不同于公司法规范的规则。同时，以确认适用还是排除适用为标准，又可分为可选择适用的规范和可排除适用的规范。可选择适用的任意性规范，即依照股东自己的意思表示选择适用时该规范才对股东发生约束力的规范；如《公司法》第一百二十九条关于公司发行股票的种类的规范性指引，"公司发行的股票，可以为记名投票，也可以为无记名投票"。可排除适用的任意性规范，是公司设立时股东在制定公司章程的过程中，必须以明确的意思表示方式才能排除《公司法》的该条规定对公司的约束力。如《公司法》第三十四条关于股东分红与出资比例关系的约定的规范，"股东按照实缴的出资比例分取红利；公司新增资本时，股东有权优先按照实缴的出资比例认缴出资。但是，全体股东约定不按照出资比例分取红利或者不按照出资比例优先认缴出资的除外"。如果股东没有另行约定，或者虽有其他的约定，但没有明确地排除适用该条款的约定，那么《公司法》的该法律条文的红利分配规定仍然对相关的股东有约束力。公司法规范作为规制公司章程的原则性工具，一方面对公司章程提出了原则性规定；但是，另一方面由于市场中的每个公司实际情况各不相同，这就导致作为原则的规范性条文无法事先逐一作出全面详尽的规范，因此，就需要借助公司章程所记载事项对规范性条文进行细化、补充，甚至在一定条件下排除规范性条文的适用。

2. 绝对必要记载事项、相对必要记载事项与任意记载事项

绝对必要记载事项是公司章程必须记载的事项，一般都是与公司设立或组织活动有重大关系的基础性的事项，例如公司的名称和住所、公司的经营范围、公司的资本数额、公司机构、公司的法定代表人等。[①]按照通说，绝对必要记载事项的任一事项缺失或者无效都会导致章程无效，公司也会因不合法定程序而无法登记注册。在我国，《公司法》第二十五条和第八十二条分别规定了有限责任公司和股份有限公

① 赵旭东：《公司法学》（第二版），高等教育出版社 2006 年版，第 179 页。

司章程中必须载明的事项。

所谓相对必要记载事项是指法律列举的一些事项，章程制定者可以自主决定是否载入章程，一旦载入，就要产生约束力；没有记载或者某项记载不合法，仅该事项无效，不影响章程的效力。[①]相对必要记载事项和绝对必要记载事项的相同点在于，二者在公司法中都以明确规定为表征，不同点在于公司章程欠缺绝对必要记载事项会导致章程无效，而欠缺相对必要记载事项则不会导致这一后果；而其区别于任意记载事项之处在于公司法是否提供了相应的制度资源以便于公司做出自由选择[②]。

任意记载事项是指法律上并无明确规定和要求，股东在不违反法律、行政法规强行性规定和公序良俗的情况下，根据本公司实际情况而选择予以记载的事项。若任意记载事项的规定违法，则仅该事项无效，不影响整个章程的效力。例如，我国《公司法》第二十五条第（八）项所规定的“股东会会议认为需要规定的其他事项”就是关于任意记载事项的概括授权规定，据此，公司章程可以自由记载公司法所没有列举的内容。

3.公司法规范与章程记载事项之间的关系

正如前文已经提到的，公司法规范与章程登记事项相互联系，共同作用于公司章程。从公司章程的意思自治的范围来看，二者之间的关系类别主要有：

（1）章程记载事项对公司法规范进行细化

章程记载事项可以对公司法规范作出细化规定的情形，以“根据公司章程的规定”的语句为表征。如《公司法》第十三条所规定的“公司法定代表人依照公司章程的规定，由董事长、执行董事或者经理担任，并依法登记”。由于公司法规范只对法定代表人的人选范围作出了规定，因此，可由相对必要记载事项在此基础上进行细化。

（2）章程记载事项对公司法规范进行补充

章程记载事项可以对公司法作出补充性规定的情形，以“公司章程规定的其他职权”的语句为表征。如《公司法》第三十七条关于股东会职权范围的规定、第四十六条关于董事会职权范围的规定、第四十八条关于董事会议事方式和表决程序

---

① 参见李建伟：《公司法学》，中国人民大学出版社 2008 年版，第 137 页。

② 李飞：《法解释论视角下的公司转投资行为》，载《法学》2007 年第 11 期。

的规定、第五十五条关于监事会议事方式和表决程序的规定、第二百一十六条关于高级管理人员的规定等。

（3）章程记载事项排除公司法规范的适用

章程记载事项可以对公司法作出补充性规定的情形，以"除本法有规定的除外，由公司章程规定"或"公司章程另有规定的除外"的语句为表征，如《公司法》第四十一条关于股东会会议召集通知期限的规定、第四十二条关于股东会会议表决权行使规则的规定、第七十一条关于股权转让的规定、第七十五条关于股东资格继承的规定等。

（二）股东会和董事会的职权行使规范

针对股东会与董事会的职权，与1993年《公司法》不允许对法定职权作出任何偏离规定相比，无论是2006年施行的新《公司法》还是2013年修订的《公司法》都赋权公司在章程中规定股东会、董事会的"其他职权"，体现了放松监管和私权自治的特性。同时，就《公司法》第三十七条和第四十六条有关股东会和董事会各自职权的划分和行使而言，需要辩证地去看待这个问题。

《公司法》第三十七条规定，"股东会行使下列职权：（一）决定公司的经营方针和投资计划；（二）选举和更换非由职工代表担任的董事、监事，决定有关董事、监事的报酬事项；（三）审议批准董事会的报告；（四）审议批准监事会或者监事的报告；（五）审议批准公司的年度财务预算方案、决算方案；（六）审议批准公司的利润分配方案和弥补亏损方案；（七）对公司增加或者减少注册资本作出决议；（八）对发行公司债券作出决议；（九）对公司合并、分立、解散、清算或者变更公司形式作出决议；（十）修改公司章程；（十一）公司章程规定的其他职权。对前款所列事项股东以书面形式一致表示同意的，可以不召开股东会会议，直接作出决定，并由全体股东在决定文件上签名、盖章"。

《公司法》第四十六条规定，"董事会对股东会负责，行使下列职权：（一）召集股东会会议，并向股东会报告工作；（二）执行股东会的决议；（三）决定公司的经营计划和投资方案；（四）制订公司的年度财务预算方案、决算方案；（五）制订公司的利润分配方案和弥补亏损方案；（六）制订公司增加或者减少注册资本以及发行公司债券的方案；（七）制订公司合并、分立、解散或者变更公司形式的方案；（八）决定公司内部管理机构的设置；（九）决定聘任或者解聘公司经理及其报酬事项，并根据经理的提名决定聘任或者解聘公司副经理、财务负责人及其报酬事项；（十）制定公司的基本管理制度；（十一）公司章程规定的其他职权”。

根据《公司法》第三十七条，股东会职权的前十项条款均系通过明文列举的方式予以规定，而第（十一）项表述为“公司章程规定的其他职权”，虽然此处并未出现强制性规范的典型表述方式，但从立法者的角度而言，仍系将第三十七条的前十项纳入法律的强制性规范，属于股东会的专属职权，不得为公司章程变更，而将第（十一）项归为任意性规范，可由公司章程规定，第四十六条同理，也就意味着在《公司法》第三十七条和第四十六条中采取的列举方式是强制性规范，公司章程不可以通过章程的特殊约定改变股东会和董事会的底线职权，即使是有兜底条款，对兜底条款也要做出限制性解释。

综上，我们考虑公司章程制定的依据，首先是依据《公司法》的规定，将强制性条款与任意性条款的界限，绝对必要记载事项与相对必要记载事项、任意记载事项的界限区分好；再结合两类公司的自身功能、定位、特点等个性化因素，进行公司章程的制定。

四、公司章程及管理的主要问题

（一）章程内容上的主要问题

作为公司的自治规则，公司章程能否发挥作用以及发挥作用的程度，对公司的运营具有很重要的意义。2005年修订后的《公司法》赋予了公司更大的自治空间，淡化了公司法在公司治理中所体现的国家干预理念，寄希望于公司章程能发挥更大的功能和作用。然而，在我国的公司实践中，公司章程未能完全践行其作为自治规则的使命，存在许多问题。

1.公司章程缺乏权威性

在我国，绝大多数投资者和经营者的章程意识非常淡薄，有相当一部分投资者和经营者错误地认为，章程可有可无，仅为工商登记的形式要件。因而没有正确地认识和运用章程在公司治理中的重要作用，在制定公司章程时也不会赋予章程以权威性，章程作为法律、法规之下公司基本大法的地位没有得到体现。

2. 公司章程缺乏个性化

公司章程大量简单地照抄公司法规定，没有根据公司自身特点和实际情况制定相应的条款，导致公司章程成为形式化的书面文件，其内容千篇一律，差异只是表现为股东的姓名或名称、住所、注册资本等方面，除此之外，公司章程的其他文字以及通过这些文字所要建立的自治机制几乎没有任何差异，公司内部的制度结构呈现“千人一面”。千篇一律的格式章程起到的作用是虚化的，甚至是有害的，非但不能真正体现股东的真实意思表示，而且一旦在公司成立后的战略决策、资金使用、人员管理、利益分配等方面出现争议，股东就很难依据公司章程来维护自己的合法权益。

3. 公司章程缺乏可操作性

公司法确立的只是一般规则或原则，而各个公司在资本规模、股权结构、经营范围等方面都有自己的独特性，因而每一个公司都需要制定适合本公司特点的具体的自治规则，由公司章程对公司法所确立的一般规则或原则加以细化、补充，使其具体化、明确化，能够对公司的重要事项和特殊情况做出详细的规定，从而有利于公司治理。但实践中，大量公司的公司章程往往采用市场监管部门的格式文本，有的甚至仅规定《公司法》规定的绝对必要记载事项，未根据《公司法》规定的章程可自由约定的事项，结合公司的实际情况，对公司章程做出个性化设计，因而无法发挥公司章程在公司治理中的作用，造成公司章程缺乏可操作性。

4. 公司章程缺乏惩罚性

《公司法》对于违反章程的后果条款规定较少，从仅有的几个条文看，多为造成实际损害结果后的赔偿机制或责任追究机制；对于违反公司章程但尚未造成损害结果的，有两项规定，一项为所得收入归公司所有，一项为股东有权请求法院撤销。《公司法》没有规定违反公司章程但未造成实际损害的监督考核机制、惩罚机制。

实践中，由于公司章程多为《公司法》的照抄照搬，对于《公司法》未涉及的惩罚机制，公司章程鲜有涉及。而缺乏惩罚性的后果直接导致公司章程的执行力不够，形同虚设。

（二）章程管理中的主要问题

目前公司章程管理存在的主要问题是：

1.公司章程监管主体不明确

关于章程管理的主体，《公司法》仅规定了章程制定、修改的主体，没有明确章程在具体执行中的监督主体。《公司法》除规定监事对违反公司章程的董事、高管的罢免建议权，股东对股东会、董事会决议违反公司章程的请求法院撤销的权利外，没有明确哪个机构负责保障章程的有效执行，一旦出现违反公司章程的行为，由哪个机构负责监督纠正，现有公司的公司章程中也鲜有涉及。

2.公司章程执行力不够

公司章程缺乏权威性、可操作性和惩罚性，必然的结果是导致公司章程的执行力不够。实践中，公司章程的作用大多仅仅作为公司设立时的工商登记的形式要件，在公司的实际运行中很少发挥作用。

五、公司章程的具体管理

（一）加强公司章程管理的必要性

公司章程是约束公司、股东、董事、监事、经理的自律性文件，是维护股东、债权人合法权益的重要依据，公司章程在公司设立、存续以及公司解散过程中不可或缺，它在公司治理中发挥着举足轻重的作用，是一个公司的灵魂所在。因此，公司章程的制定、修改、执行监督等公司章程管理，是实现公司治理的重要途径，各类公司应根据自身的特点，在遵守法律、法规的前提下，制定行之有效的公司章程并进行有效的章程管理。

（二）公司章程的修订和执行监督

1.公司章程的制定程序

根据《公司法》第二十三条规定，有限责任公司由股东共同制定公司章程。根据《公司法》第七十六条规定，股份有限公司由发起人制订公司章程，采用募集方式设立的经创立大会通过。

一部量体裁衣、真正有效的公司章程，往往需要结合公司的实际情况进行诸多意思自治的制度设计，建议由有限责任公司的股东或股份有限公司的发起人在公司成立时，先进行讨论并草拟出章程草案，然后再和聘请的专业律师共同讨论，听取律师意见，在此基础上对章程草案进行修改，在修改后，再由股东或公司发起人审议，提出进一步修改意见，最后交股东会或公司创立大会通过。

2. 公司章程的修改程序

无论是有限责任公司还是股份有限公司，公司法规定修改公司章程的职权是股东（大）会的，这是股东会的法定职权。实践中，可以由投资人直接进行章程的修改，也可以由公司董事会制订章程修订案，报股东（大）会审核批准。

3. 公司章程的执行监督

公司章程的有效执行，首先需要明确相关权利的执行主体；其次需要明确执行的依据，即在公司章程中需要明确不同的执行主体依照公司章程执行的规则与内容；最后需要明确未予执行的法律后果，只有公司章程的执行处于被监督、不当执行处于被追究责任的体系中，公司章程才有可能得以良好的执行。而在法律后果的责任追究过程中，还需进一步明确有权监督、有权追究责任的主体及行权依据。

第三节 ┃ 优化股权结构，保护股东权利是公司治理的基础和出发点

国企混改，就是要通过吸收和引进民营资本等非国有股东，以解决国有企业一股独大，活力不足的弊端，国企混改能否成功，就在于是否能够给予民营资本等非国有股东同国有资本股东平等的权利，提供同等程度的保护，只有充分保护股东权利，才能鼓励非国有股东参与混合所有制改革的热情，激发国企活力。因此，通过混合所有制改革，优化股权结构，明确股东的权利权能、决策机制及相应的制度规则，完善信息披露评价体系，才能最终实现混合所有制改革的目的。

一、股东权利

（一）股东权利的概念和法律含义

股东权利是指股东因为出资而享有的实施参与重大决策和选择管理者、依法和依公司章程享有资产收益的权利。按照我国《公司法》以及相关法律、法规的规定，股东权利可以划分为四大类：财产权、管理权、知情权和救济权。其中，财产权主要包括股利分配权、清算剩余分配权和优先受让及认购新股权；管理权主要包括参与股东大会权、表决权和召集权与提议权；救济权主要是依据《公司法》第一百五十一条和一百五十二条规定的股东为维护公司利益的派生诉讼及股东维护个人利益的直接诉讼权。

（二）《公司法》对中小股东权益的保护

中小股东一般是指在公司中持股较少、不享有控股权、处于弱势地位的股东，其相对的概念是大股东或控股股东。在上市公司中，主要指社会公众股股东。中小股东权益是上市公司股东权益的重要组成部分，上市公司中的中小股东往往也是证券市场上的中小投资者。

1. 累积投票制度

根据《公司法》第一百零五条规定，股东大会选举董事、监事，可以依照公司章程的规定或者股东大会的决议，实行累积投票制。实行累计投票制的直接目的，在于防止大股东利用表决优势控制董事、监事的选举，弥补“一股一票”表决制度的弊端。按照这种投票制度，投票时股东将其表决权集中投给一个或几个候选人，通过这种局部集中的投票方法，能够使中小股东选出代表自己利益的董事、监事，避免大股东垄断全部董事、监事的选任，增强中小股东在公司治理中的作用。

2. 扩大中小股东的知情权

股东虽然将公司的经营权授予了董事会和经理管理层，但股东依然享有了解公司基本经营状况的权利。当然，股东行使该权利应以不影响公司正常运营为限。《公司法》第三十三条规定了股东查阅、复制公司章程、股东会会议记录、董事会会议决议、监事会会议决议、财务会计报告的权利和有限责任公司股东查阅会计账簿的权利。

3. 无效之诉或撤销之诉权

根据《公司法》第二十二条规定，股东会或者股东大会、董事会的会议召集程序、表决方式违反法律、行政法规或者公司章程，或者决议内容违反公司章程的，股东可以请求人民法院申请撤销。据此，股东就享有了在特定情况下，对股东（大）会决议、董事会决议提起无效之诉或撤销之诉的权利。

4. 股权异议收购及公司解散请求权

对于股东的股权收购请求权，根据《公司法》第七十四条规定，有限责任公司有下列情形之一的，对股东会该项决议投反对票的股东可以请求公司按照合理的价格收购其股权：（1）公司连续五年不向股东分配利润，而该公司五年连续盈利，并且符合本法规定的分配利润条件的；（2）公司合并、分立、转让主要财产的；（3）公司章程规定的营业期限届满或者章程规定的其他解散事由出现，股东会会议通过决议修改章程使公司存续的。自股东会会议决议通过之日起60日内，股东与公司不能达成股权收购协议的，股东可以自股东会会议决议通过之日起90日内向人民法院提起诉讼。第一百四十二条规定，股份有限公司的股东因对股东大会作出的公司合并、分立决议持异议时，有权要求公司收购其股份。《公司法》第一百八十二条规定了股东请求法院解散公司的情形，即公司经营管理发生严重困难，继续存续会使股东利益受到重大损失，通过其他途径不能解决的，持有公司全部股东表决权10%以上的股东，可以请求人民法院解散公司。

5.完善中小股东的诉权

《公司法》第一百五十一条、第一百五十二条不仅完善和增强了中小股东的各项权利，而且还赋予中小股东采取司法救济的权利，规定了董事、监事、高级管理人员执行公司职务时违反法律、行政法规或公司章程的规定，给公司造成损失的，或者侵害股东利益的，股东可以提起诉讼。

中小股东的权益保护是当今社会面临的法治难题，在国企混合所有制改革中，这一问题也是一个比较突出的问题，如果解决不好，混改就很难推进，即使勉强成立混改企业，在今后的公司治理中也会遇到种种困难。这一问题的解决需要长期的努力。《公司法》经过多次修订后增加了许多对中小股东权益保护的条款，提供了中小股东权利救济的途径，如上述提及的累积投票制度、知情权、股权收购请求权、公司解散请求权以及股东诉权等，这些法律规定对保护中小股东的权益，维护资本市场的稳定健康发展起到了重要作用，但还必须有相应的程序保障和正确的措施，才使股东权益的保护更具实用性。

（三）要创新股东权利的表达和实现方式

在国企混合所有制改革中，既要根据《公司法》的基本规定规范和保护股东特别是中小股东的权利，同时，要结合企业混改的实际情况和不同股东主体的不同诉求，探索实践中发展起来的优先股、黄金股等股权行权方式，创新股东权利的表达和实现方式。

对于不需要控股的业务领域，在推进国有企业混改中可以设立优先股或黄金股，在没有日常控制权的情况下获得财产优先清偿权或者特定领域、特定事项的一票否决权。相反，通过股权基金投入的一些前景看好的项目，即使国有资本份额较大的混改企业，也可将控制权放手给经理人或初创人，以期获得项目增值收益。特别是要理顺风险—创新治理体系，敢于实行“股权（所有权）、治权（经营权）、红权（收益权）”分离。

二、优化股权结构，厘清所有权责

国企混合所有制改革不是为了单纯地“为混而混”，不是简单的1+1=2，或者1+2=3，而是要引入竞争机制和治理结构更为灵活的民营经济，使其与国有经济取长补短，互利共生，是要通过混改改善公司治理，增强公司活力，提升公司的市场竞争力，要达到“1+1 > 2”，“1+2 > 3”的协同效应。而在影响公司治理的众多因素中，股权结构是最为重要的因素。股权结构直接决定了董事会的稳定和公司的权力架构，是整个公司治理的基础，也是混合所有制企业得以存在的制度保障。优化股权结构就是要合理设置企业股权比例，避免一股独大，要能够充分发挥股东间的制衡作用，使公司运行更加顺畅，公司绩效得到提升。

在国有企业混合所有制改革中，股权让渡引入非国有资本比例一直是改革的难点和关键所在，因为这涉及国企的控制权问题，决定着国有企业是控股还是参股，国务院国资委在此方面有明确意见，即主业处于充分竞争行业和领域的商业类国有企业在国企改革中国有资本可以绝对控股、相对控股和参股；主业处于关系国家安全、国民经济命脉的关键领域和行业、承担重大专项任务的商业类国有企业要保持国有资本的控股地位。虽然有明确的指导意见，但现实执行中还存在不少问题，应当在国有企业客观分类标准上考虑其是否有利于国有企业市场化改革目标、有利于国有资产保值增值和有利于国有企业市场资源的优化配置，片面地追求国有资本控股或民营资本控股都是偏离国有企业混改方向的，国有资本应在不同的功能定位中按照市场化的要求采取不同的股权结构。根据国务院发展研究中心企业研究所副所长张文魁等人的研究，当非国有投资者单股或与一致行动人多股占比达到33.4%，或者达到国有股比的1/2多一点时，国企的混合所有制改革才有效果。其研究发现，当非国有资本的股比从30%上升到40%的时候，混合所有制企业的公司业绩明显改善。中国建材董事长宋志平认为，理想的国企混改股权结构是：国有股权占40%左右，引入两名私有资本战略股东各占15%左右，其余股权由股票市场散户持有。也有研究发现，当非国有资本超过1/3时，非国有的股东才可以发挥实质性的制衡功能，参与公司的战略规划和日常管理，有效发挥其公司治理作用，从而有助于混合所有制企业的公司治理转型，促进企业的政企分开和依法行权。国内有专家从一般意义上研究我国上市公司后，认为存在最优股权结构：前五大股东最优股权集中度在44%附近、前十大股东最优股权集中度在52%附近，第2—5位非控股大股东最优股权比例在22%附近，第2—10位非控股大股东最优股权比例稳定在29%附近。其中大股东比例不宜过高，应在20%以内（控股股东为国家时应更低），这样才能保证大股东间分享控制权和互相监督、制衡。以上的研究和认识，为国企混改优化股权结构提供了参考和借鉴，实践中，企业的形态千差万别，每一个企业的混改都要根据自身的情况有针对性地设计混改方案，坚持市场导向，既不能照搬教条，也不能照搬其他成功混改企业的模式。

三、优化治理结构，规范股东（大）会及其运作机制

在公司治理结构中，股东（大）会是指由公司全体股东组成的一个机构，是公司的权力机关，也是股东行使股东权利的组织。混合所有制企业涉及不同所有制的多个股东，在股权结构确定后，如何通过股东（大）会正确行使股东权利，就是公司治理的关键，也是企业混改后能够有效治理的保障。

（一）股东（大）会会议

股东（大）会议一般分为定期会议和临时会议两类。对于有限责任公司，《公司法》规定三类主体提议召开股东会会议时，董事会应当履行召集职责，使股东会依法召开：代表1/10以上的表决权的股东；1/3以上的董事；监事会或者不设监事会的公司的监事。这里的“以上”包括本数，若是由监事会提议召开临时股东会，还应当由监事会做出决议。

对于股份有限公司，《公司法》规定股东大会应当每年召开一次年会，有下列情形之一的，应当在两个月内召开临时股东大会：（一）董事总人数不足本法所规定的人数或者公司章程所定的人数的2/3时；（二）公司未弥补的亏损达实收股本总额1/3时；（三）单独或者合计持有公司10%以上股份的股东请求时；（四）董事会认为必要时；（五）监事会提议召开时；（六）公司章程规定的其他情形。

因此，股东为了加强自身权利的保护，可以通过公司章程约定，公司应当召开临时会议的某些事由，比如公司需要就哪些重大事项做出决策，或公司出现严重亏损，或公司董事、监事有严重违法行为需立即更换等情况。

（二）会议的议事规则

股东（大）会作为公司的最高权力机构，其权力是通过股东会会议来行使的，股东会会议的召开应有一定的议事规则，主要包括：

1.股东的出席率。股东的出席率是指出席股东会会议的股东占全体股东的百分比。法律为了保护广大小股东的利益，避免大股东运用自己对公司的控制优势损害中小股东的利益，规定股东会会议必须有一定比例的股东出席才能召开，这样通过的决议才合法有效。对于股东出席率，《公司法》第九十条规定，创立大会应有代表股份总数过半数的认股人出席方可举行。

2.表决要求。任何决议要经过股东会会议审议通过，表决时一般都要求经过出席会议的多数表决通过，学界称此为多数决规则。多数决规则又可以分为简单多数和绝对多数。简单多数是指一项事件的通过只需要简单多数，即1/2通过即可，绝对多数是指一项事件在表决通过时，要求绝对多数（2/3）同意才能通过。根据《公司法》第四十三条规定，股东会会议做出修改公司章程、增加或者减少注册资本的决议，以及公司合并、分立、解散或者变更公司形式的决议等七类特别事项，必须经代表2/3以上表决权的股东通过。除此之外的一般决议事项，股东可以由公司章程进行约定。

对于股份有限公司，根据《公司法》第一百零三条规定，股东大会做出决议，必须经出席会议的股东所持表决权过半数通过。但是和有限责任公司一样，股东大会做出七类特别事项的决议，必须经出席会议的股东所持表决权的2/3以上通过。

3.表决方式。对于有限责任公司，根据《公司法》第四十二条规定，可由公司章程约定股东的表决权，如无特别约定按照出资比例行使表决权。《公司法》对于表决方式的规定较为灵活，给予了充分自由。股东表决权行使的方式包括：一是本人投票制与委托投票制；二是现场投票制与通讯投票制；三是直接投票制与累积投票制。

对于股份有限公司，根据《公司法》第一百零三条规定，股东出席股东大会会议，所持每一股份有一个表决权；但是，公司持有的本公司股份没有表决权。第一百零五条规定，股东大会会议选举董事、监事，可以根据公司章程的规定或者股东大会的决议，实行累积投票制。第一百零六条规定，股东可以委托代理人出席股东大会会议，代理人在授权范围内行使表决权。

4.会议记录。《公司法》第四十一条和第一百零七条都规定了股东（大）会应当将所议事项的决定做成会议记录，出席会议的股东应当在会议记录上签名，股份有限公司的主持人、出席会议的董事也应当在会议记录上签名，以备后续查阅参考。

【案例】中国联通的混合所有制改革

中国联合网络通信集团有限公司（China Unicom，以下简称中国联通或联通）于2009年1月6日在原中国网通和原中国联通的基础上合并组建而成，在国内31个省（自治区、直辖市）和境外多个国家和地区设有分支机构，是中国唯一一家在纽约、香港、上海三地同时上市的电信运营企业，连续多年入选“世界500强企业”，是中国三大电信运营商之一。中国联通在4G业务起步较晚，且对于网络建设与市场营销方面的重视程度不足，因此在4G网、用户、营收的规模方面始终落后于中国移动和中国电信。根据三大电信运营商2013—2017年年报数据，中国移动、中国电信、中国联通运营收入均值约为6798亿元、3391.4亿元、2813.4亿元，净利润均值约为1125.4亿元、171.6亿元、68.36亿元。中国联通的运营收入和净利润均远远低于中国移动和中国电信，运营状况不容乐观。

2017年8月20日，中国联通公布了价值约为780亿元的混改方案，打响了央企母公司混改第一枪。中国联通通过引入中国人寿、百度、腾讯、京东、阿里巴巴等战略投资者，若干外部董事和独立的专业财务人员，并向7000余名员工实施员工持股计划，实施混合所有制改革，建立了有效的法人治理结构，形成制衡机制。混改后，联通集团持股比例由62.7%大幅下降至37.7%，10家战略投资者合计持股比例约35.2%，员工持股2.7%，公众股东持股25.4%，形成了多元化的股权结构。公司采用非公开发行和老股转让等方式，引入其他多元化的国有与民营战略投资者，一方面实现了联通集团与其他国有资本的股权多元化，另一方面实现了国有资本与民营资本的股权多元化。虽然联通集团和中国人寿、企业结构调整基金等国有资本投资者合计持股依然超过50%，但国有资本的总体控股比例有了明显的下降，且原第一大股东联通集团放弃了绝对控股，不仅发挥了国有资本的杠杆作用，也为形成有效制衡的公司治理奠定了基础。

混改后，根据三大电信运营商2018年财报，中国移动、中国电信、中国联通的运营收入及净利润数额排名未变，但运营收入同比增长分别为1.8%、3%、5.8%，净利润同比增长分别为3.1%、13.9%、458%，中国联通在运营收入和净利润相对应的同比增长率均居三家首位，净利润明显大幅提高，混改红利初步显现，经济效益显著提升，说明中国联通混改促使公司股权结构优化，股权激励得到良好的效益反馈，并有进一步发展的潜力，有利于国有资本和非国有资本共同实现保值增值。

中国联通作为重点领域大型中央集团企业实施混合所有制改革实践具有五个方面的创新：一是完善了国有资本授权经营体系，与集团层面混合所有制改革形成兼容，有利于在集团不同层级实施不同形式的混合所有制改革；二是形成两种形式的股权多元化，即国有资本股权与非国有资本股权、不同国有资本的股权多元化，能够促进建立有效制衡的公司治理机制；三是民营战略投资者进入董事会，有助于提高董事会进行科学和市场化决策能力；四是促进国有和民营企业业务合作创新，提高混合所有制企业的核心竞争能力；五是实现了央企集团多层级的员工持股计划，形成了有效的激励机制。中国联通混合所有制改革试点有效解决了国有集团企业实施混合所有制改革的重点与难点问题，为其他国有集团企业提供了示范和借鉴[①]。

① 李有华、马忠、张冰石：《国有集团企业混合所有制改革的模式创新》，载《财会通讯》2019年第11期。

第四节 | 董事会建设是公司治理的中心

《中共中央、国务院关于深化国有企业改革的指导意见》(中发〔2015〕22号)中明确指出,"健全公司法人治理结构,重点是推进董事会建设,建立健全权责对等、运转协调、有效制衡的决策执行监督机制,规范董事长、总经理行权行为,充分发挥董事会的决策作用、监事会的监督作用、经理层的经营管理作用、党组织的政治核心作用,切实解决一些企业董事会形同虚设、'一把手'说了算的问题,实现规范的公司治理。要切实落实和维护董事会依法行使重大决策、选人用人、薪酬分配等权力,保障经理层经营自主权,法无授权任何政府部门和机构不得干预。加强董事会内部的制衡约束,国有独资、全资公司的董事会和监事会均应有职工代表,董事会外部董事应占多数,落实一人一票表决制度,董事对董事会决议承担责任。改进董事会和董事评价办法,强化对董事的考核评价和管理,对重大决策失误负有直接责任的要及时调整和解聘,并依法追究责任。进一步加强外部董事队伍建设,拓宽来源渠道"。《国务院关于国有企业发展混合所有制经济的意见》(国办发〔2015〕54号)也指出,"要进一步确立和落实企业市场主体地位。确保企业治理规范、激励约束机制到位。落实董事会对经营层成员等高级经营管理人员选聘、业绩考核和薪酬管理等职权,维护企业真正的市场主体地位。要健全混合所有制企业法人治理结构。混合所有制企业要建立健全现代企业制度,明晰产权,同股同权,依法保护各类股东权益。规范企业股东(大)会、董事会、经理层、监事会和党组织的权责关系,按章程行权,对资本监管,靠市场选人,依规则运行,形成定位清晰、权责对等、运转协调、制衡有效的法人治理结构"。上述文件精神无疑是国有混合所有制企业董事会建设的纲领性意见。

随着国企混合所有制改革的深化实施,董事会作为公司治理的核心必然也需要同步改革。董事会作为公司股东和管理者之间的纽带,对于公司的经营管理起着决定性的作用。国有企业的混合所有制改革,使国有持股比例减少,同时必然会影响董事会结构,当引入其他非国有资本的同时,非国有董事会人数会相应比例增加。非国有股东就会派驻董事进入董事会,一方面,维护了非国有股东的权益;另一方面，使得董事会的决策更加的合理。股权结构的变化有利于董事会治理的提高，能够适应市场化运作，从而提高企业绩效。

一、董事会构建和运作上的主要问题

（一）董事会中心地位缺失的问题

现代公司制企业起始于股东的有限责任，经由董事会的集中管理，走向企业的永续生命。但从中国公司这100多年，特别是改革开放40多年的发展历程来看，一般中国人的认识，都是把股东或者说大股东、控股股东看作公司的主人，董事会不过是主人的一个可有可无的工具，虽然法律上赋予了董事会的公司管理者的地位，但在实践中，由于国有企业股权集中度过高，一股独大，其董事会的组成更多的是被国有资产监督管理部门或者上级大股东任命，其独立性无法得到有效保障。中国公司的股东、董事会和经理层要么是一体的，不分彼此，要么矛盾纠纷不断，其根源就在于中国公司治理中没有把董事会居于中心地位，这是中国公司治理的根本问题所在。

（二）独立董事制度流于形式

很多混改企业在股权结构上没有较大的改变和突破，仍然是股权高度集中于国有股权，中小股东缺少话语权，其能力上不能与大股东抗衡，董事会多由大股东控制，导致公司内外部监督流于形式。其原因有二：一是董事会独立性不足，董事大部分是履行出资义务的国有资产监督管理部门以及上一级国有股东指定；二是大部分混合所有制企业的独立董事都是由离退休政府官员、中介机构人员担任，其专业能力、业务水平和管理经验参差不齐，选聘过程中中小股东参与程度不够，不能达到提升公司治理水平和科学决策水平的要求，也无法很好地起到制约大股东、保护中小股东利益的作用。

（三）董事会信任资本不足的问题

董事会是受股东的委托管理公司的，既然是受托管理，就要有股东的授权，而授权的前提是信任，而恰恰在中国的公司治理上，股东对董事的信任资本严重不足。也就是说，有些董事会很难独立行使决策权和管理权。要么出资人错位越位，要么虚位缺位，董事会的作用无从发挥。造成这种情形有多方面的原因。一是我国搞市场经济的时间还比较短，还没有形成一个成熟的董事市场，董事的选聘还缺乏成熟稳定的市场环境。二是我国现有的法律制度还缺乏比较成熟和完整的对董事不当履职的惩戒措施的规定，造成董事"不懂事"后无法追责。国资委成立近20年，国有企业改革取得了巨大的成就，国有经济获得了长足的进步。但是我们也要看到，公司治理中的董事会机制的完善成了重中之重要解决的问题。

二、如何组建和建设一个高质量的董事会

（一）董事选聘的指导原则

1.董事要符合法律规定的任职资格

我国《公司法》第一百四十六条明确规定，"有下列情形之一的，不得担任公司的董事、监事、高级管理人员：（一）无民事行为能力或者限制民事行为能力；（二）因贪污、贿赂、侵占财产、挪用财产或者破坏社会主义市场经济秩序，被判处刑罚，执行期满未逾五年，或者因犯罪被剥夺政治权利，执行期满未逾五年；（三）担任破产清算的公司、企业的董事或者厂长、经理，对该公司、企业的破产负有个人责任的，自该公司、企业破产清算完结之日起未逾三年；（四）担任因违法被吊销营业执照、责令关闭的公司、企业的法定代表人，并负有个人责任的，自该公司、企业被吊销营业执照之日起未逾三年；（五）个人所负数额巨大的债务到期未清偿"。以上规定是法律上对董事资格的基本要求。

2.董事的能力和知识要符合董事会履职的要求

董事会是公司的管理机构，要使董事会能够成为高质量的管理者，就必须使选聘的董事有相应的管理能力和公司业务发展所需要的知识结构，每位董事各有所长，取长补短，共同成为一个具有决策能力的团队。这个团队每个人虽各有不足，但作为一个整体，能够理解公司的产业背景，能够凝聚人心，能够对公司进行有效管理

和经营，带领公司向着一个既定目标前行。

3.董事会成员之间的适当平衡

混合所有制企业选择董事会成员时，首先是要体现基于股权结构的利益平衡。在董事会的构成上，既要反映不同股权的利益代表，同时也必须控制代表大股东利益的董事和内部董事数量，将更多的董事提名权分配给非国有资本出资人和非控股股东，使非国有资本在董事的人选上有足够的话语权，更好地在董事会发挥决策和监督管理层的作用，从制度上减少民营企业参与混改的顾虑。以中国联通的混改为例，中国联通在混改后即对董事会进行提前换届。换届后，董事会成员由7名扩大为13名，其中非独立董事8名、独立董事5名。根据公告披露的董事会成员名单，中国联通拥有三个董事会席位即董事长王晓初、总裁陆益民、集团副总经理李福申，中国人寿、百度、阿里、腾讯、京东各拥有一个席位。董事会改组后，中国联通在非独立董事中仅八占其三。这样的董事会结构使得任何一个股东都不能单独控制董事会，保证了董事会独立行使决策权和管理权。除此之外，还要考虑各个董事不同的知识结构和擅长能力，也要考虑董事之间性格的相容性，使彼此能够融洽共事，同时也要考虑新老交替和团队梯次，要注重董事背景的多样化，提高团队决策的质量，从而避免“思维共振”的风险。

4.确保拥有足够数量的外部董事和独立董事

外部董事与独立董事既有联系又有区别，外部董事与独立董事都不能是公司的员工，都不能负责所聘用公司的执行性事务，也不能在所聘用公司的经营管理层担任职务，独立董事必须具有独立客观地进行决策的利益基础，与公司不存在切身的利益关系，既独立于出资人，也独立于经理层和公司利益相关者，能够独立履行董事职责。但外部董事可以是与股东或公司经营活动有利益关系的人员。《董事会试点中央企业专职外部董事管理办法（试行）》（国资发干二〔2009〕301号）规定了国有企业外部董事任职条件、选拔和聘用等内容。

外部董事和独立的董事会成员可以更好地做出有关经理人员薪酬等困难决策，更客观地进行高层经理人员的评估和任命，在公司有关决策时能够更超脱和跳出公司自身的局限。国外发达国家很多公司董事会的独立董事都达到或超过3/4的比例，建议混改后公司的外部董事和独立董事超过董事会成员的半数甚至达到2/3，外部董事的投票权可以超过内部董事的投票权，可以避免董事与经理人员的高度重合，实现决策权与执行权的分权制衡。

混合所有制企业独立董事的产生方式，必须改变由大股东操纵独立董事提名和选举的做法，要赋予中小股东更多的独立董事提名权。

5.董事能够为公司投入更多时间

董事会成员，特别是独立董事，往往在多个董事会任职，这就造成其没有足够的时间尽到其董事的职责。因此，应该挑选那些能够并且愿意为公司提供服务的人进入董事会，并对这些董事进行必要的资格审查和工作考核。

（二）董事选聘的标准和程序

要把董事选聘和解聘的标准和程序、董事的考评标准和考评程序，写进公司章程，或者是一个股东会认可的董事会治理原则，严格遵照执行。要尽可能减少和化解“谁来选聘独立董事”之类的争执和冲突。如阿里巴巴的公司章程[①]就规定了一套特别的董事提名规则，把阿里巴巴公司董事的提名权划归阿里合伙人、大股东软银和公司董事会的提名与公司治理委员会三个主体分别行使。公司章程规定阿里合伙人有权提名过半数董事，并使该等董事尽可能分布在任职时间期限不同的各组董事中。在由阿里合伙人提名的董事不占董事会多数情况下，阿里合伙人有权提名新的董事人选，以使董事会中由阿里合伙人提名的董事占到多数。这些规定既规范了阿里巴巴公司董事的提名和产生的程序和规则，也有效地保障了阿里合伙人通过董事会对公司的控制权。

（三）董事的职责和工作要求

董事作为董事会成员，按照《公司法》及公司章程的规定，在股东（大）会、董事会的领导下负责公司的日常运作和管理工作，对公司负有忠实和勤勉义务。董事应当积极按时出席董事会，认真行使表决权，持续了解和分析公司的运行情况，定期阅读公司各项经营报告、财务报告以及风险管理的相关报告，对公司事务做出

① 仲继银：《董事会与公司治理》（第三版），企业管理出版社 2018 年版，第 166 页。

独立、专业、客观的判断，并通过有效渠道提出自己的意见和建议。

董事应当不断提高自身专业素质，提升履职能力，除保持良好的职业操守、工作上勤勉尽责之外，关键要通过不断的学习，研究国内外行业发展变化的趋势，坚持增强个人履职能力，根据不断变化的市场形势对未来的发展做出准确的预测和判断，针对公司改革发展中出现的各种问题，能够战略性地提出解决思路和办法。

（四）董事的激励与考核机制

董事的薪酬，涉及董事的切身利益，因此也直接关系到董事的工作积极性，是董事会建设中的一个非常重要的问题。董事的薪酬，不仅在于给多少，还在于如何给。董事是受托管理，因此，就必须有一整套的考核受托人的机制和制度，对工作积极有成效的董事，要有奖励激励措施，对失职的董事也应有淘汰和惩罚机制。

（五）董事会规模的适宜性

既然是董事会，就不可能是一个人，而是若干人。我国《公司法》规定有限责任公司的董事会人数是3—13人，股份有限公司的董事会人数是5—19人。每一个公司具体情况不同，只要在法律规定的范围内，本着利于决策、方便履职的原则，就可以根据公司的实际情况设置董事会的规模。

（六）切实可行的议事规则

为了提高工作效率，充分发挥董事的作用，就必须有一个切实可行的董事会议事规则以及董事会各专门委员会的议事规则。

第五节 ┃ 监事会功能是公司治理的保障

公司设立监事会，不仅仅是法律的要求，更是公司治理激励约束机制的内涵所在。公司的董事会受股东的委托，行使对公司的经营决策和管理权，董事会作为受托人，其利益并不必然和公司及股东保持一致，作为公司治理机制的关键角色，董事会成员以及其他公司的高级管理人员，在行使公司赋予的权力时也必然有其自身的缺陷和不足，其行为如果没有有效的监督，发生滥用权力的事情就不可避免。权力不能绝对化，必须得到监控。

然而，与实践中对监事会治理有效性认知的迫切要求不相匹配的是，理论上关于监事会建设相关问题的探索，相较于公司治理的其他方面而言（如董事会建设理论等）却较为薄弱。实践中，监事会的作用和功能发挥也同样是不尽如人意的，可以说，很多监事会都有一个共同点：除了个别的以外，大多数都不起作用，或者说作用不明显。实际上大公司破产，或者突然面临生存危机，企业监事会往往都是最后得知真相的。管理部门的成员、客户、供货商、媒体和公众通常都有更多、更好、更早的信息。虽然目前我国监事会治理水平总体较低，但是随着国企混合所有制改革的深入，众多非国有股东加入国有企业，其“逐利天性”使得公司治理氛围更加活跃，代表非国有股东利益的监事（外部监事）独立性要好于内部监事，可以有效监督董事、高管，避免其合谋侵占公司资源[①]。因此，落实和强化监事会的功能已经成为国企混合所有制公司治理有效性的一个迫在眉睫的问题。

一、监事会职权的法律规定

我国现行《公司法》第五十三条规定：“监事会、不设监事会的公司的监事行使下列职权：（一）检查公司财务；（二）对董事、高级管理人员执行公司职务的行为

---

① 李维安、王守志、王世权：《大股东股权竞争与监事会治理》，载《经济社会体制比较》2006年第3期，第61—66页。

进行监督，对违反法律、行政法规、公司章程或者股东会决议的董事、高级管理人员提出罢免的建议；（三）当董事、高级管理人员的行为损害公司的利益时，要求董事、高级管理人员予以纠正；（四）提议召开临时股东会会议，在董事会不履行本法规定的召集和主持股东会会议职责时召集和主持股东会会议；（五）向股东会会议提出提案；（六）依照本法第一百五十一条的规定，对董事、高级管理人员提起诉讼；（七）公司章程规定的其他职权。”

《公司法》第五十四条规定：“监事可以列席董事会会议，并对董事会决议事项提出质询或者建议。监事会、不设监事会的公司的监事发现公司经营情况异常，可以进行调查；必要时，可以聘请会计师事务所等协助其工作，费用由公司承担。”

应该说，上述《公司法》关于监事会和监事职权的规定，和1993年《公司法》相比，经过多次修订，有了很多的进步，赋予了监事会和监事更大的权力，为监事会和监事履职提供了有力的法律依据。但也毋庸讳言，实践中，已经写进法律的监事会和监事的职权，并没有很好地得到运用。同时，法律规定的不足，也限制了监事会和监事职权的发挥。如缺乏监事会和监事对公司责任的构成要件的规定以及监事不履职的责任追究程序，也缺乏监事会行使监督职权的操作细则等，使得监事会和监事的作用不能得到很好的发挥。

二、监事会建设的基本要求

1.监事要符合法律规定的任职资格。《公司法》第一百四十六条的规定，是对董事、监事和公司高级管理人员的共同的任职资格的规定，是法律规定的最基本的要求。

2.专业能力和工作经验的要求。监事会成员需要具备某个方面的专业能力，其中的重要性不言而喻，从业经验，或在其他社会领域的工作经验，还包括丰富的生活阅历，这些都是完成监事会工作不可缺少的条件。

3.独立性的要求。比专业能力更加重要的是独立性。这里指的独立性有两重意义，即监事会成员的利益不受企业的影响，反过来企业也不允许受监事会成员利益的影响。企业监事会只要有一点点利益倾向性在里面，就不能很好地工作。在混合所有制改革中，监事的选聘和提名要赋予非国有股东更大的权力，要避免和减少过去国有企业监事从公司内部产生从而独立性不强，起不到监督作用的弊端。

4. 回避原则。这一原则要求有一些人是不能进入监事会的。《公司法》第五十一条规定："……董事、高级管理人员不得兼任监事。"第一百一十五条规定："公司不得直接或者通过子公司向董事、监事、高级管理人员提供借款。"《全国中小企业股份转让系统挂牌公司治理规则》第四十八条规定："……挂牌公司董事、高级管理人员的配偶和直系亲属在公司董事、高级管理人员任职期间不得担任公司监事。"除了上述法律规定之外，还有一些人也不宜进入监事会，如同一个公司的行政机构现任或前任的成员，与本公司目前有业务关系的人员（客户、供货商、律师、咨询师、公共会计师等），身兼数职的人，以及没有时间的人。以上这些法律规定和要求实际上是进一步保障监事任职的独立性要求，只有这样，才能保证监事的正确履职。

三、监事会功能的强化措施

1. 在国企混合所有制改革中，首先要落实法律赋予监事和监事会的职权。在法律有明确的、可操作的规定的情况下，要不折不扣地遵照和落实法律的规定。在法律的规定不够清晰、不够具体的情况下，应该在公司章程中加以细化，充分利用法律赋予公司的自治权，在实践中弥补法律规定的不足。

2. 在国企混合所有制改革中，要明确监事会对公司责任的构成要件和追究程序。《公司法》仅规定，"监事在执行公司职务时违反法律、行政法规和公司章程的规定，给公司造成损失的，应承担赔偿责任"。这种规定还不够详细，在当前立法不足的情况下，可以在混改后的公司章程中进一步明确监事因怠于行使监察职责、未尽善良管理人之注意（如提交虚假监察报告、明知董事有违法行为而不予以检举等）而致使公司受到损害的，应作为向公司赔偿损失的责任要件。同时，规定监事因督察不力，致使董事业务执行行为直接损及公司利益时，监事与董事对公司应付连带性连带损害赔偿责任。

3. 要在混合所有制改革的实践中探索完善监事对股东的责任承担机制。可以在公司章程中明确规定，当公司股东基于自身利益对监事的失职行为提起诉讼时，监事应对起诉之股东所受之损害付赔偿之责任。

4.要在混改公司的章程中细化规定关于监事的财务检查权的操作细则，公司章程可规定：监事可随时调查公司财产状况，检查公司财务会计账簿及其他文件。对董事会编制并拟交股东会的各项表册，应规定提前一段时间先向监事会呈交，以便监事会的事先核对，并向股东大会报告其意见。为保障财务审核和调查的合法准确，监事还有权以公司名义委托律师、注册会计师、职业审计师等专业人士协查，产生的费用由公司负担。

5.混合所有制改革的一个重要内容就是要加强监事会履职的制度建设，包括监事会的工作规则、议事规则的规章制定，要把监事的履职贯穿于公司改革发展的全过程，而不仅仅是事后监督和检查，更要有事前和事中的监督和预警。

6.国有企业进行混合所有制改革后，应当提高专职监事的比例，要确保监事有足够的工作时间来完成企业赋予监事的工作任务。只有加大监事会对董事、高级管理人员履职行为的监督力度，才能落到实处，也才能真正强化监事会及监事的监督责任。

7.建立监事会工作机构和岗位，提供必要的资源支持。可将审计部门作为监事会的专门工作机构（监事会工作办公室），在审计部门内设立专门的处室负责监事会工作，细化部门、处室和岗位工作职责，由专门的部门和人员为监事会开展日常工作提供资源支持、工作协调和日程安排。监事会的日常工作经费纳入公司预算管理。

8.要加强对监事的业务培训，提高监事的履职能力。要把对监事的培训纳入公司的日常工作计划，培训经费纳入预算，对于不合格的监事，要根据公司章程的规定及时予以调整或更换。

图书在版编目 (CIP) 数据

国企混改法律实务 / 徐永前，李雨龙编著. —北京：中国法制出版社，2020.9（2022. 7 重印）

ISBN 978-7-5216-1224-0

Ⅰ. ①国… Ⅱ. ①徐… ②李… Ⅲ. ①国企改革—企业法—研究—中国 Ⅳ. ① D922.291.914

中国版本图书馆 CIP 数据核字（2020）第 147246 号

策划编辑：刘　悦（editor_liuyue@163.com）

责任编辑：刘　悦（editor_liuyue@163.com）　马春芳　　封面设计：李　宁

国企混改法律实务

GUOQI HUNGAI FALÜ SHIWU

编著 / 徐永前　李雨龙

经销 / 新华书店

印刷 / 北京虎彩文化传播有限公司

开本 / 710 毫米 ×1000 毫米　16 开　　印张 / 24.25　字数 / 391 千

版次 / 2020 年 9 月第 1 版　　2022 年 7 月第 3 次印刷

中国法制出版社出版

书号 ISBN 978-7-5216-1224-0　　定价：98.00 元

北京西单横二条 2 号　邮政编码 100031　　传真：010-66031119

网址：http://www.zgfzs.com　　**编辑部电话：010-66073603**

市场营销部电话：010-66033393　　**邮购部电话：010-66033288**

（如有印装质量问题，请与本社印务部联系调换。电话：010-66032926）